História

das Relações Internacionais
Contemporâneas

da sociedade internacional do século XIX
à era da globalização

INSTITUTO BRASILEIRO DE RELAÇÕES INTERNACIONAIS

A *Coleção Relações Internacionais* é composta por títulos especialmente preparados para amparar o ensino em disciplinas de cursos de Relações Internacionais e Ciências Humanas em geral, mas também para iluminar a descoberta, pelo público em geral, acerca dos grandes temas da vida internacional contemporânea. É composta por textos elaborados do ponto de vista da sociedade brasileira, abordando os constrangimentos internacionais que impõem ajustes à formulação e implementação das políticas públicas em suas dimensões econômicas, sociais e de segurança.

Coleção Relações Internacionais

História das Relações Internacionais Contemporâneas

da sociedade internacional do século XIX
à era da globalização

José Flávio Sombra Saraiva
(Org.)

2ª edição
revista e atualizada

INSTITUTO BRASILEIRO DE
RELAÇÕES INTERNACIONAIS

Editora Saraiva

Rua Henrique Schaumann, 270 – CEP: 05413-010
Pinheiros – TEL.: PABX (0XX11) 3613-3000
Fax: (11) 3611-3308 – Televendas: (0XX11) 3613-3344
Fax Vendas: (0XX11) 3268-3268 – São Paulo – SP
Endereço Internet: http://www.saraivauni.com.br

Filiais

AMAZONAS/RONDÔNIA/RORAIMA/ACRE
Rua Costa Azevedo, 56 – Centro
Fone/Fax: (0XX92) 3633-4227 / 3633-4782 – Manaus

BAHIA/SERGIPE
Rua Agripino Dórea, 23 – Brotas
Fone: (0XX71) 3381-5854 / 3381-5895 / 3381-0959 – Salvador

BAURU/SÃO PAULO (sala dos professores)
Rua Monsenhor Claro, 2-55/2-57 – Centro
Fone: (0XX14) 3234-5643 – 3234-7401 – Bauru

CAMPINAS/SÃO PAULO (sala dos professores)
Rua Camargo Pimentel, 660 – Jd. Guanabara
Fone: (0XX19) 3243-8004 / 3243-8259 – Campinas

CEARÁ/PIAUÍ/MARANHÃO
Av. Filomeno Gomes, 670 – Jacarecanga
Fone: (0XX85) 3238-2323 / 3238-1331 – Fortaleza

DISTRITO FEDERAL
SIA/SUL Trecho 2, Lote 850 – Setor de Indústria e Abastecimento
Fone: (0XX61) 3344-2920 / 3344-2951 / 3344-1709 – Brasília

GOIÁS/TOCANTINS
Av. Independência, 5330 – Setor Aeroporto
Fone: (0XX62) 3225-2882 / 3212-2806 / 3224-3016 – Goiânia

MATO GROSSO DO SUL/MATO GROSSO
Rua 14 de Julho, 3148 – Centro
Fone: (0XX67) 3382-3682 / 3382-0112 – Campo Grande

MINAS GERAIS
Rua Além Paraíba, 449 – Lagoinha
Fone: (0XX31) 3429-8300 – Belo Horizonte

PARÁ/AMAPÁ
Travessa Apinagés, 186 – Batista Campos
Fone: (0XX91) 3222-9034 / 3224-9038 / 3241-0499 – Belém

PARANÁ/SANTA CATARINA
Rua Conselheiro Laurindo, 2895 – Prado Velho
Fone: (0XX41) 3332-4894 – Curitiba

PERNAMBUCO/ ALAGOAS/ PARAÍBA/ R. G. DO NORTE
Rua Corredor do Bispo, 185 – Boa Vista
Fone: (0XX81) 3421-4246 / 3421-4510 – Recife

RIBEIRÃO PRETO/SÃO PAULO
Av. Francisco Junqueira, 1255 – Centro
Fone: (0XX16) 3610-5843 / 3610-8284 – Ribeirão Preto

RIO DE JANEIRO/ESPÍRITO SANTO
Rua Visconde de Santa Isabel, 113 a 119 – Vila Isabel
Fone: (0XX21) 2577-9494 / 2577-8867 / 2577-9565 – Rio de Janeiro

RIO GRANDE DO SUL
Av. A. J. Renner, 231 – Farrapos
Fone: (0XX51) 3371- 4001 / 3371-1467 / 3371-1567 – Porto Alegre

SÃO JOSÉ DO RIO PRETO/SÃO PAULO (sala dos professores)
Av. Brig. Faria Lima, 6363 – Rio Preto Shopping Center – V. São José
Fone: (0XX17) 3227-3819 / 3227-0982 / 3227-5249 – São José do Rio Preto

SÃO JOSÉ DOS CAMPOS/SÃO PAULO (sala dos professores)
Rua Santa Luzia, 106 – Jd. Santa Madalena
Fone: (0XX12) 3921-0732 – São José dos Campos

SÃO PAULO
Av. Antártica, 92 – Barra Funda
Fone: PABX (0XX11) 3613-3666 – São Paulo

354.802.002.004

ISBN 978-85-02-06191-0

**CIP-BRASIL. CATALOGAÇÃO NA FONTE
SINDICATO NACIONAL DOS EDITORES DE LIVROS, RJ.**

História das relações internacionais contemporâneas : da sociedade internacional do Século XIX à era da globalização / José Flávio Sombra Saraiva (organizador). - São Paulo : Saraiva, 2008

Inclui bibliografia
ISBN 978-85-02-06191-0

1. Relações internacionais - História. 2. Política internacional.
I. Saraiva, José Flávio Sombra.

06-4343.

CDD 327
CDU 327

Direção editorial	Flávia Alves Bravin
Coordenação editorial	Ana Paula Matos
	Gisele Folha Mós
	Juliana Rodrigues de Queiroz
	Rita de Cássia da Silva
Produção editorial	Daniela Nogueira Secondo
	Rosana Peroni Fazolari
Marketing editorial	Nathalia Setrini
Suporte editorial	Renata Moraes
Arte e produção	Know-how Editorial
Capa	Know-how Editorial/Juliana Midori Hori
Produção gráfica	Liliane Cristina Gomes
Impressão	Corprint Gráfica e Editora Ltda.
Acabamento	Corprint Gráfica e Editora Ltda.
Atualização da 4ª tiragem	ERJ Composição Editorial

As ilustrações apresentadas na capa de cada um dos títulos da *Coleção Relações Internacionais* foram especialmente elaboradas pela artista plástica Claudia Furlani.

Contato com o editorial
editorialuniversitario@editorasaraiva.com.br

2ª edição
1ª tiragem: 2007
2ª tiragem: 2007
3ª tiragem: 2008
4ª tiragem: 2010

 SaraivaUni

Amado Luiz Cervo, Doutor em História pela Universidade de Estrasburgo (França), é Professor Emérito em Relações Internacionais pela Universidade de Brasília.

José Flávio Sombra Saraiva, PhD pela Universidade de Birmingham (Inglaterra), é Professor do Instituto de Relações Internacionais da Universidade de Brasília. Dirige o Instituto Brasileiro de Relações Internacionais (Ibri) e é Pesquisador do Conselho Nacional de Desenvolvimento Científico e Tecnológico (CNPq).

Paulo Roberto de Almeida, Doutor em Sociologia (França), é Diplomata de carreira.

Wolfgang Döpckc, Doutor cm História pela Universidade de Hanover (Alemanha), é Professor de História Contemporânea da Universidade de Brasília e pesquisador do CNPq.

Contato com os autores:
colecaoRI@editorasaraiva.com.br

Sobre os autores

As teias da memória
e as redes do poder

*O homem é, por natureza, um animal destinado
a viver em comunidade.* (Aristóteles, *Política*, 1278.)

O mundo contemporâneo constitui-se de vastas
redes de poder, em que política, economia, sociedade
e cultura se entretecem em escala global. A história
das relações internacionais contemporâneas que este
livro traz ao leitor parte da constatação de que, malgrado sua obviedade original, tal história não é assim tão
facilmente reconhecida. No entanto, é forçoso admitir
que não há quem nasça em um mundo sem história. A essa história pertencem igualmente as relações
internacionais. Acresce que essas relações internacionais
não são exclusivamente o jogo atual da política dos governantes. Dependem, em parte, de importância nada
negligenciável, do longo prazo histórico, em cujo decurso
constituem-se as redes societais e institucionais que atuam
no jogo diplomático, militar, econômico, político, cultural
do mundo contemporâneo, como foi o caso nos diversos
mundos do passado. E assim foi sempre — ao menos aparentemente —, em busca da convivência ótima possível entre os homens, com seus êxitos e seus fracassos. Nesta obra, a introdução e a

conclusão mostram já com precisão a moldura que enfeixa o ponto de partida e o de chegada da análise. Posta essa referência do caráter histórico-analítico da obra, o primeiro capítulo (Saraiva) entrega às mãos do leitor um atualizado balanço do sentido, do alcance e dos componentes da história contemporânea das relações internacionais. Os capítulos 2 a 8 conduzem o leitor pelo emaranhado das redes nacionais e internacionais de poder: da redefinição das hegemonias mundiais com o Congresso de Viena, pelo esfacelamento da preeminência internacional da Europa ocidental e pela mundialização dos choques na guerra fria até o renascimento da busca por equilíbrios novos.

O tempo em que a ação política dos indivíduos e das sociedades realiza-se hoje está preenchido pelo fazer e pelo pensar das gerações que a antecedem. E a ação hodierna faz-se por contraste, adesão, modificação ou negação do agir passado. A diversidade dos modos pelos quais as situações políticas, as referências culturais e as formas de produção econômica constituem-se pelo mundo afora acarreta forçosamente que o tempo das ações não seja uniforme. Ritmos e resultados, atores e espectadores são múltiplos, quando não rivais. A cristalização das redes de poder ao longo do período moderno, estruturadas em torno dos egoísmos nacionais, das alianças oportunistas e das hegemonias amiúde alcançadas pela força, contribuiu para fazer do cinismo político uma das maneiras mais comuns de escusar todo e cada um da responsabilidade pelo conjunto das redes de poder que se instalaram.

O processo de difusão internacional dos sistemas de poder cunhados pelo modelo do Estado nacional e da sobrepujança obtida pelo conflito ou pelo domínio da economia e do comércio parece ter consagrado a vertente dita pragmática do exercício do poder, baseada, no entanto, muito mais na força e no interesse particular do que em razões e valores universais. Este livro apresenta um grande painel da evolução histórica dos processos políticos e culturais de cujo entrecruzamento resultou a tessitura contemporânea das relações internacionais. O grau de complexidade dessa rede somente pode ser adequadamente apreendido se estiver disposto desde a perspectiva histórica de suas origens e composição.

A reflexão produzida pelos autores deste livro, rica em pormenores relevantes e profunda na pertinente análise, torna-o um guia indispensável pelas teias da memória humana, sem a qual o entendimento adequado das redes de poder contemporâneas, em sua historicidade empírica e em sua densidade cultural, escaparia ao mais atento leitor. Com efeito, o balanço histórico que esta obra fornece é um fator decisivo da conformação das identidades sociais e políticas que povoam as culturas de cada comunidade agente na cena internacional, em quaisquer das suas dimensões. A interação dos atores políticos e econômicos, nos albores do século XXI, já não basta para explicar a gama de consciências históricas e culturais que hoje intervém nos processos sociais internacionais.

A corajosa ambição deste projeto, a de compreender e interpretar tais redes de poder e decisão no plano internacional, chega, indiscutivelmente, no momento certo. Que esta obra esteja agora em sua terceira edição é um indicador de sua relevância e de sua oportunidade. J. Flávio S. Saraiva, Amado L. Cervo, P. R. Almeida e W. Döpcke cobrem, com suas análises, o que há de relevante na história política e diplomática do mundo ocidental, cujo paradigma de relações interestatais e multilaterais tornou-se determinante na estruturação do sistema internacional de poder. Integrantes do grupo de pesquisa e reflexão existente há anos na Universidade de Brasília, entrementes conhecido como "escola de Brasília", os autores são responsáveis pela criação e pela consolidação — desde o universo brasileiro e latino-americano — do instrumental analítico das relações internacionais em que a perspectiva histórica vem temperar a teoria contemporânea (marcadamente político-pragmática) do jogo dos governos, dos Estados, das organizações multilaterais, da diplomacia em todas as direções.

No século XXI, como lembra Saraiva em sua conclusão, a perspectiva histórica ajuda a decifrar e explicar os meandros das redes de poder em todos os seus níveis e sugere ainda novos programas de pesquisa. A diversidade cultural, os processos sociais da identidade, a hipoteca das religiões sobre as mentalidades, a relativização crescente das ideologias, a valorização constante da lucratividade privada e da eficácia estatal, o conflito entre o universalismo dos direitos humanos de matriz euro-ocidental e o particularismo renitente dos interesses grupais, a resiliência do sistema internacional de poder econômico, eis aí uma série de temas merecedores de investigação continuada e aprofundada. Este livro, ao lançar esclarecedora luz sobre os grandes atores e fatores do passado, qualifica a rede contemporânea dos diversos sistemas atualmente em ação e indica as vias pelas quais estes vêm evoluindo.

A conformação do espaço internacional, com os resultados expostos neste livro, deixa de ser entendida como uma mera função formal da ação estatal ou governamental. A importância dessa ação, prevalente até pelo menos a guerra fria, fica claramente descrita e explicada. A reconfiguração do tempo histórico contemporâneo das relações internacionais ganha, com isso, o reconhecimento da irrupção de novos fatores e de novos atores. Esses personagens deixam de ser meras criaturas do Estado e atuam por si enquanto expressão da vontade social autônoma em um mundo cada vez mais consciente de sua emancipação e do eventual afastamento de seus interesses próprios daqueles porventura enunciados ou defendidos pelas instituições formais. O livro aponta com razão para a transição que se opera, sem a mistificar nem a glorificar.

Ao se concluir a leitura desta versão revisada e atualizada da *História das relações internacionais contemporâneas*, tem-se clareza sobre a dependência complexa entre passado, presente e futuro da ação humana no tempo, individual, coletiva, institucional. Dispõe-se de nitidez sobre os deslocamentos dos centros de referência e dos eixos de decisão desde o século XIX. Tem-se em mãos um instrumental valioso para vislumbrar as tendências que se delineiam no horizonte do sistema internacional em mutação.

Estevão C. de Rezende Martins
Universidade de Brasília — Departamento de História
Instituto de Relações Internacionais

AID	Associação Internacional de Desenvolvimento [IDA — *International Development Association*]
AIE	Agência Internacional de Energia [IEA — *International Energy Agency*]
Aiea	Agência Internacional de Energia Atômica [IAEA — *International Atomic Energy Agency*]
Aladi	Associação Latino-Americana de Integração
Alca	Área de Livre Comércio das Américas
Apec	(*Asia-Pacific Economic Cooperation*) — Cooperação Econômica da Ásia-Pacífico
Asean	(*Association of Southeast Asian Nations*) — Associação das Nações do Sudeste Asiático
BID	Banco Interamericano de Desenvolvimento [IDB — *Inter-American Development Bank*]
BIS	*Bank for International Settlements* [Banco de Compensações Internacional]
BM	Banco Mundial [WB — *World Bank*]
Ceaa	Comunidade Européia de Energia Atômica [Euratom — *European Atomic Energy Community*]
Ceca	Comunidade Européia do Carvão e do Aço [ECSC — *European Coal and Steel Community*]
CED	Comunidade Européia de Defesa [EDC — *European Defence Community*]
CEE	Comunidade Econômica Européia [EEC — *European Economic Community*]
CER	*Closer Economic Relations*
CIA	*Central Intelligence Agency*
Cocom	*Coordinating Committee for Multilateral Export Controls*

Siglas

CSCE	(*Conference on Security and Cooperation in Europe*) — Conferência sobre Segurança e Cooperação na Europa
CSNU	Conselho de Segurança das Nações Unidas
CTBT	*Comprehensive Test Ban Treaty*
FLN	(*Front de Libération Nationale*) — Frente de Libertação Nacional
FMI	Fundo Monetário Internacional [IMF — *International Monetary Fund*]
Gatt	(*General Agreement on Tariffs and Trade*) — Acordo Geral de Tarifas Aduaneiras e Comércio
IBRD	*International Bank for Reconstruction and Development*
IDE	Investimento Direto Estrangeiro
MCE	Mercado Comum Europeu
Mercosul	Mercado Comum do Sul
Nafta	(*North American Free Trade Agreement*) — Acordo de Livre Comércio da América do Norte
NEP	(*New Economic Politics*) — Nova Política Econômica
NIC	(*New Industrialized Countries*) — Novos Países Industrializados
NMD	*National Missile Defense*
Noei	Nova Ordem Econômica Internacional [Nieo — *New International Economic Order*]
OCDE	Organização de Cooperação e Desenvolvimento Econômico [OECD — *Organization for Economic Cooperation and Development*]
OEA	Organização dos Estados Americanos
Oece	Organização Européia de Cooperação Econômica [OEEC — *Organization for European Economic Cooperation*]
OLP	Organização para a Libertação da Palestina
OMC	Organização Mundial do Comércio [WTO — *World Trade Organization*]
ONGs	Organizações Não Governamentais
OPA	Operação Pan-Americana
Opaq	Organização para a Proibição das Armas Químicas [OPCW — *Organisation for the Prohibition of Chemical Weapons*]
Osce	Organização para a Segurança e Cooperação Européia
Otan	Organização do Tratado do Atlântico Norte [Nato — *North Atlantic Treaty Organization*]

Otase	Organização do Tratado do Sudeste Asiático [Seato — *Southeast Asia Treaty Organization*]
OUA	Organização da Unidade Africana [OAU — *Organization of African Unity*]
PAC	Política Agrícola Comum [CAP — *Common Agricultural Politics*]
PCUS	Partido Comunista da União Soviética
Salt	(*Strategic Arms Limitation Talks*) — Plano Salt
TNP	Tratado de Não-Proliferação de Armas Nucleares [NPT — *Treaty on the Non-Proliferation of Nuclear Weapons*]
UE	União Européia
UEO	União da Europa Ocidental [WEU — *Western European Union*]
Unctad	(*United Nations Conference on Trade and Development*) — Conferência das Nações Unidas para o Comércio e o Desenvolvimento

Sumário

Relações internacionais e o lugar da história

José Flávio Sombra Saraiva

Pode-se perguntar qual a contribuição da longeva ciência histórica em suas incursões nas relações internacionais, recente matéria acadêmica marcada por crescente relevância no Brasil e no mundo. Vale ainda indagar acerca da utilidade do conhecimento histórico para o desenvolvimento de uma disciplina que teve seu nascimento institucional — pelo menos nas instituições acadêmicas ocidentais — apenas no recente século XX. Qual a validade da investigação histórica de uma disciplina que, apesar de certa matriz interdisciplinar, nasceu vinculada ao ambiente epistemológico da ciência política?

Também poderíamos indagar sobre o valor metodológico da história para o estudo das relações internacionais do presente e do devir da convivência entre povos e nações. Existiram sociedades internacionais anteriores a esta que nos cerca, com características que permitam algum grau de comparabilidade com os fenômenos da globalização e da formação de hierarquias entre Estados, nas formas e deformações do ambiente internacional que nos cerca no início do século XXI? Quais as imbricações e contribuições, tanto para as teorias das relações internacionais quanto para a vida prática, daqueles que militam no campo profissional da diplomacia, da empresa, das organizações internacionais, do jornalismo internacional, bem como das forças ativas da sociedade civil e dos movimentos sociais e não governamentais de uma disciplina que tem o tempo como sua categoria científica central?

A presente obra, que tenho a honra de organizar, tem o objetivo de responder a tais questões por meio de tratamento teórico e prático. Busca demonstrar que, sem a história, fenece a capacidade crítica do entendimento das condições internacionais que rodeiam o momento atual. Em torno do estudo da evolução dos sistemas, das ordens e das sociedades internacionais que se formaram nos séculos mais próximos dos dias de hoje, procura-se instigar o leitor para a relevância cognitiva que a gênese e a evolução dos processos internacionais do passado exercem sobre as circunstâncias planetárias do momento.

Nesse sentido, dois aspectos iniciais correspondem às preocupações dos colegas autores. Em primeiro lugar, mereceu atenção o fato de que o estudo das relações internacionais deixou de ser a mera observação do movimento da diplomacia e dos processos do poder político, como aqui se procura demonstrar. A abordagem dos problemas internacionais na perspectiva histórica deixou de adotar a atuação dos Estados e dos sistemas de Estados como sua única referência. Em segundo lugar, deve-se considerar que esta área de conhecimento avançou nas últimas décadas. Novos problemas animaram a redefinição do objeto de estudo e moveram as relações internacionais para um campo bastante mais abrangente e rico que o da mera ciência política ou da economia política.

Qualquer observador menos desatento terá notado as crescentes críticas às explicações das relações internacionais sustentadas exclusivamente no papel da economia, da política e do jurídico. As relações internacionais passaram a inscrever-se no movimento mais amplo da cultura, dos valores, das identidades, da dimensão ecológica e de tantos outros fatores que não vinham sendo considerados até as décadas recentes. Vários ângulos da abordagem do presente, alguns deles discutidos ao longo deste volume, mostram a renovação do conhecimento disponível nesse campo do conhecimento.

Por que as relações internacionais podem ser estudadas por historiadores e teóricos de forma complementar? Porque mesmo utilizando métodos de reflexão diferentes, ambos têm algo a dizer sobre a globalização do presente, a integração econômica de ordem planetária, o recrudescimento das crises nacionalistas, as novas guerras, o terrorismo, o atraso econômico e as assimetrias internacionais, as novas coalizões de países interessados em desbloquear o protecionismo das economias do centro do capitalismo, o peso das heranças históricas no tempo presente, a força da cultura nas relações internacionais, entre tantos outros temas. Esses são alguns dos desafios comuns aos historiadores e aos especialistas das relações internacionais em disciplinas correlatas.

O primeiro capítulo do livro procura mostrar, de forma sistemática, o quanto a história está na própria base da formulação primeira da institucionalização do campo das relações internacionais como uma disciplina acadêmica forte nos grandes centros universitários mundiais. Tratadas por reis, diplomatas e homens de negócios, em locais como palácios e chancelarias, mas também no seio dos movimentos e das correntes de opinião transnacionalizadas, as relações internacionais do presente chegam a todos e são vividas por todos, mediante contatos que se ampliaram e imagens que penetram os lares pelos diferentes meios de comunicação. A globalização, a chamada terceira revolução industrial, a sociedade do conhecimento, a era da informática e a visibilidade on-line das guerras e dos movimentos de contestação à ordem global, entre outros motivos, em muito contribuem para a ampliação do espaço das relações internacionais. Para os analistas, há apenas uma crise: seu objeto socializou-se. O *doxa* confunde-se com o *episteme*. A opinião pública ganha força e o estudioso sistemático dos fenômenos internacionais necessita estar aparelhado para o desafio de comparar os fatos e fenômenos de hoje com os processos do passado recente. A responsabilidade aumentou. A urgência na formulação de estudos mais consistentes é imperativa.

Dado relevante para a evolução das relações internacionais como disciplina acadêmica emana da percepção de que a supremacia economicista e politológica no estudo das relações internacionais é declinante. Novos problemas, tão legítimos quanto os velhos temas da guerra, da paz, da negociação, da soberania, do atraso, do desenvolvimento, entre outros, irrompem a todo instante. Aos novos problemas correspondem novos temas e soluções que deverão ser buscadas pelas sociedades e pelos estudiosos das relações internacionais, que devem estar aparelhados de todos os métodos e meios de avaliar os desafios do futuro, sejam eles historiadores, cientistas políticos, sociólogos, economistas ou profissionais de outra formação. O que importa é que o objeto, ao final do dia, seja abordado em suas diferentes vertentes.

Em todas as partes do mundo, registra-se movimentação para a constituição de uma nova explicação para o pântano conceitual criado pela transição do presente. Os teóricos da globalização confundem-se, não todos é claro, com seus próprios ideólogos, na trama perversa do fetiche. Os "estatistas" insistem na irredutibilidade do Estado-nação como entidade maior do sistema internacional. Os apressados militam em torno da idéia de que já se pode falar de nova ordem internacional sob a égide do bloco norte-americano-europeu. Outros lembram a emergência do "dragão oriental" e seu horizonte de pólo de poder econômico e estratégico nas relações internacionais do século XXI. A Eurásia, em seu peso demográfico, econômico e estratégico, estaria fadada a ser o novo eixo de gravitação do século que emerge?

Ante tantos desafios de interpretação e prospectiva, há boas notícias no horizonte. A vigorosa construção do grupo britânico de teóricos e historiadores mostra a relevância da dimensão cultural nas relações internacionais. Também demonstra como é possível trabalhar juntos, sem os preconceitos arraigados de departamentalização dos conhecimentos. Os últimos livros da escola francesa das relações internacionais mostram a preocupação de circunscrever os desafios da explicação do presente às conquistas e à tradição de cientificidade que remonta a Renouvin e que chega a Girault, Milza e Frank. A contribuição do sul do continente chama a atenção para a dimensão da inserção internacional das regiões marginais, como o faz o grupo argentino-brasileiro de historiadores das relações internacionais.

As mais recentes reuniões da Comissão de História das Relações Internacionais, realizadas no âmbito dos Congressos da Associação Internacional de Ciências Históricas (Oslo, agosto de 2000; Sidney, 2005), debateram temas de relevância como o multiculturalismo nas relações internacionais, o impacto da formação de grandes blocos econômicos nos tempos da globalização, bem como os temas da ordem e da segurança internacional. Historiadores das relações internacionais de todo o mundo, muitos deles citados ao longo das páginas deste livro, demonstraram seu encantamento com os novos campos, temas e soluções. Mas o multiculturalismo e a globalização são apenas parte da longa lista de temas comuns a historiadores e politólogos no movimento que, revolucionando o ambiente da reflexão sobre as relações internacionais, pode criar um patamar inédito e produtivo para o avanço dos estudos nesse campo.

Nesse sentido, este livro apresenta-se com uma vontade generosa de poder contribuir à reflexão acerca do momento presente por meio da busca da compreensão da sua gênese. Defende-se aqui a idéia de que sem o estudo da formação e expansão do mundo liberal no século XIX e da sua crise no período de instabilidade que marcou várias décadas do século XX, não se alcança a compreensão do momento atual das relações internacionais. A formação do mercado mundial e das relações de poder do presente tampouco pode ser entendida sem a perspectiva histórica.

O valor da história não é apenas o de preâmbulo, mas de argumento que provê sentido, movimento e racionalidade ao presente. A contribuição do passado é, assim, elemento constitutivo da compreensão do presente e do domínio do futuro. Ao investigar dois séculos da evolução das relações internacionais, este livro oferece, para cada período analisado, as conclusões mais atualizadas e os dados bibliográficos disponíveis.

Os autores pretendem superar o falso embate entre teóricos e historiadores das relações internacionais. Criticam as posições entrincheiradas em divergências acerca do método. Combatem posições como a de teóricos que perdem tempo confundindo a história das relações internacionais com a superada história diplomática. Para os que imaginam que a história nada mais faz do que oferecer a matéria-prima a ser processada pela reflexão teórica, pouco há para debater. Do mesmo modo, deixam-se de lado historiadores que insistem em que os teóricos inventam a realidade sem a base sólida a ser erigida pela construção dos fatos e dos processos.

Este livro, portanto, tem a pretensão de avançar no assunto de forma mais madura. Por um lado, inexiste teoria consistente nas relações internacionais se ela não apresenta uma boa sustentação histórica. Considera-se que as próprias teorias são produtos históricos encapsulados, em geral, em certas condições do tempo em que tenham sido gestados, apesar de muitas trazerem contribuições de grande pertinência para tempos mais dilatados.

Os historiadores têm a beneficiar-se do esforço de abstração dos teóricos. A dimensão conceitual e a busca da generalização, ao presidirem uma boa parte dos enfoques teóricos das relações internacionais, são extremamente benéficas ao trabalho de interpretação das fontes e da própria reconstrução das relações internacionais ao longo do tempo.

O que separa os teóricos dos historiadores talvez seja a ânsia dos primeiros de abarcar a complexidade das relações internacionais em alguns poucos conceitos e modelos, enquanto os últimos têm-se mostrado mais cautelosos diante da precariedade e da própria historicidade das construções teóricas das relações internacionais. O teórico quer encontrar uma saída para o presente, sem dele se desvincular. O historiador vê o presente como o instante de um movimento com determinações anteriores que devem ser consideradas.

Os autores desta obra estão convencidos de que a dicotomia entre história e teoria é um falso problema: uma não pode prescindir da outra. Na verdade, o historiador faz teoria quando explica, sustentado em suas fontes, e quando elabora conceitos e categorias de análise; faz obra de teórico, exatamente como este faz obra de historiador quando amplia o espectro e a base empírica de suas hipóteses.

A experiência britânica tem sido modelar na interação entre teóricos e historiadores. Watson beneficia-se dos esquemas de Whight e de Bull, mas impõe limites a alguns dos seus conceitos. Outros exemplos de amadurecimento podem ser elencados. A experiência de Duroselle, em Todo império perecerá, também mostrou a possibilidade de uma teoria das relações internacionais de base histórica. Os suíços e os italianos também parecem convencidos do encontro dos dois campos. O caminho dos americanos, tanto no Sul quanto no Norte, revela que a captura do curso subterrâneo que alimenta a sociedade global deve animar uma trajetória intelectual comum e fraterna entre todos que desejem aportar às discussões. A história não quer (e não pode) ficar de fora.

História das relações internacionais:
o objeto de estudo e a evolução do conhecimento

José Flávio Sombra Saraiva

As transformações radicais na vida internacional, nos anos 1980 e 1990, trouxeram apreensão aos estudiosos dos temas atinentes às continuidades e às rupturas no panorama global. A derrocada da ordem da guerra fria, o desmoronamento da União Soviética, a universalização dos valores liberais associados à formação da globalização geraram forte tensão analítica nos estudos das relações internacionais.

Crises de paradigmas e proposições de novos enfoques, temas e objetos cruzaram-se no universo complexo de propostas ávidas por encapsular o sentido do novo mundo que se cria. O tradicional capítulo da ciência política voltado para os fenômenos internacionais passou a assistir a momentos de redefinição.

Parte das teorias e os modelos adotados na construção do conhecimento da vida internacional do período da guerra fria perderam consistência explicativa na passagem do milênio. Do realismo estrutural, que exagerou o sentido das guerras pelo poder (de base clássica advinda de Tucídides e de matriz moderna recriada em H. Mongenthau), passando pelo realismo prático e histórico de

Maquiavel e Edward Carr (no qual os princípios se subordinam às políticas) e pelo novo realismo estrutural de Rousseau e K. Waltz (em que o peso analítico recai sobre o caráter anárquico do sistema internacional e não sobre a natureza humana belicosa), ao realismo liberal de Hedley Bull (de inspiração hobbesiana), que enfatiza a capacidade de certos Estados de conter agressões e conformar uma ordem internacional mais equilibrada, todas essas vertentes do realismo ficaram petrificadas diante das modificações globais em curso.

Da mesma maneira, comportaram-se várias das vertentes liberais da teoria internacionalista. De Richard Cobden, Woodrow Wilson e J. A. Hobson, da segunda metade do século XIX ao início do século XX, aos teóricos modernos como Stanley Hoffmann, passando por institucionalistas como Mitrany e neo-liberais como Fukuyana, a grande maioria dos esquemas analíticos mostrou-se precária diante dos novos desafios de interpretação das complexidades de um mundo em movimento. Mesmo liberais disfarçados de culturalistas, como Samuel Huntington, não escapam de crítica severa acerca dos seus postulados sobre o chamado *choque de civilizações*.

O mesmo destino parece ser compartilhado pela tradição dos teóricos do sistema mundial que, originados dos esquemas do marxismo e da formulação moderna de Immanuel Wallerstein, passando pela teoria da dependência e chegando à obra de Christopher Chase-Dunn, *Global formation: structures of world economy*, de 1989, não têm conseguido abarcar a dinâmica dos novos tempos das relações internacionais.

Não muito longe de crises intelectuais estão os construtivistas sociais, os teóricos da moda nas relações internacionais, ao pretenderem estabelecer a ponte adequada entre as tradições racionalistas do realismo e do liberalismo, e os que se enfileiram no pós-modernismo de Richard Ashley, na teoria feminista de Sandra Harding, na teoria normativa de Chris Brown, na teoria crítica derivada da Escola de Frankfurt (como em Robert Cox ou Mark Hoffman) ou na sociologia histórica de Charles Tilly e Michael Mann. A construção desse novo abrigo doutrinário, como proposto por Kratochwil, Onuf, Wendt e Keohane, também ainda não conseguiu ocupar o espaço hegemônico dos esforços teóricos nas relações internacionais em tempos de profunda crise paradigmática.

Assim, com o declínio da projeção territorial do ex-império soviético, a politologia internacional perdeu parte da sua inspiração. Com a retirada do "inimigo oriental", desorientaram-se as explicações acerca do próprio mundo. Isso explica o reducionismo das análises que, diante da destruição da ordem internacional da Guerra Fria, passaram a supor que o contexto internacional do presente fosse uma nova forma acabada de sistema internacional.

A teoria, para essas análises, estaria resolvida na seguinte assertiva: dominadas pelos fenômenos da globalização econômico-financeira e pela integração liberalizadora dos mercados, as relações internacionais teriam encontrado seu novo modelo sistêmico. A fácil solução adotada, que concomitantemente decretou o fim das possibilidades soberanas do Estado-nação no final do século XX, veio agravar ainda mais a ausência de instrumentos analíticos consistentes para a compreensão das relações internacionais.

Uma outra trajetória científica no âmbito das relações internacionais foi empreendida pelos historiadores das relações internacionais e por alguns cientistas políticos insatisfeitos com os próprios padrões de análise do mundo contemporâneo da era pós-bipolar. Seus problemas, métodos e resultados têm chegado a explicações mais satisfatórias, não só para a evolução dos sistemas internacionais ao longo dos dois últimos séculos, como também para os desafios da interpretação do presente. Procurando abordar o curso subterrâneo da análise interdisciplinar que integra a história à tradição teórica das relações internacionais, esses estudiosos têm promovido verdadeira revolução acerca das relações entre povos, Estados e culturas.

A obra original de Jean-Baptiste Duroselle, *Tout empire périra. Une vision théorique des relations internationales*, do início da década de 1980, marcou os estudos das relações internacionais na Europa, nos Estados Unidos, no Brasil, na Argentina, no Japão e na Austrália ao pôr o conhecimento histórico no coração dos estudos das relações internacionais contemporâneas. Arraigado na tradição fundada por Pierre Renouvin, Duroselle diferenciou-se dos teóricos tradicionais das relações internacionais ao propor uma teoria com forte base empírica e um esquema de exposição com sentido prático e fenomênico, consonante com a própria renovação teórica e metodológica do conhecimento social.

Ao lado dos desdobramentos teóricos da obra, que atualizaram conceitos e solucionaram problemas de interpretação oriundos das primeiras formulações da disciplina, no período imediato à Segunda Guerra Mundial, Duroselle teve a visão da crise do império soviético, em momento ainda tenro para previsões acerca do tema. Afinal, como ele mesmo lembra, *tout empire périra*.

Nos anos 1990, os estudos de Watson, Bull, Milward, Sheehan, Girault, Frank, Thobie, Vigezzi, Cervo, Rapoport, entre outros, sobre diferentes campos empíricos e conceituais da disciplina, consolidaram, em diferentes partes do mundo, a contribuição da história das relações internacionais. Esta se apresenta, hoje, como uma das mais consistentes metodologias para a circunscrição dos problemas apresentados pelas mudanças cada vez mais velozes da vida internacional.

● 1.1 O continente e a ilha: de Pierre Renouvin a Adam Watson

A delimitação do objeto de estudo da história das relações internacionais está umbilicalmente ligada ao nome de Pierre Renouvin. Precursor da crítica à história diplomática, tratadística, jurisdicista e factual, Renouvin foi o arquiteto da primeira sustentação de fôlego sobre o estudo da história das relações entre os povos e as nações.

Coube a Renouvin o mérito de ter alargado, a partir dos trabalhos publicados e das aulas preparadas para os estudantes franceses dos anos posteriores à Segunda Guerra Mundial, os marcos limitados dos horizontes das chancelarias, dos tratados e das grandes conferências internacionais. Rechaçou, assim, o ponto de sustentação da história diplomática em benefício da construção de um campo novo e amplo. A explicação e a interpretação da evolução da vida internacional passavam a incluir outros atores e fatores que não eram tradicionalmente considerados nos livros disponíveis.

Daí o pioneirismo do empreendimento iniciado em 1953, desenvolvido por cerca de cinco anos e que culminou com a publicação, em oito volumes, da *Histoire des relations internationales*. Obra de grupo, sua inspiração foram os trabalhos daqueles que, seguindo Renouvin, não estavam satisfeitos com as interpretações vigentes sobre as razões das guerras, da paz e das paixões que haviam alimentado século tão turbulento na Europa, como o século XX.

Renouvin, um sobrevivente da Grande Guerra de 1914-1918, representava a geração daqueles que tinham vivido a perda de importância relativa da Europa no conjunto das relações internacionais. Buscava explicações para o impacto da Primeira Guerra sobre as sociedades européias, para as relações da Europa com o mundo, para o poder das forças econômicas nas relações internacionais e para a evolução dos movimentos nacionais e nacionalistas na construção das opções das políticas exteriores. Ensaiava, enfim, uma nova explicação para as relações entre os povos.

Decorridos mais de 40 anos desde os primeiros esforços empreendidos, a década de 1990 assistiu a uma verdadeira profusão de títulos que demonstram a espetacular expansão da história das relações internacionais. Construiu-se, ao longo das quatro décadas, em diferentes países, um cabedal teórico e metodológico de invejável alcance. E chega-se a oferecer pistas importantes para a produção de um conhecimento sobre as relações internacionais do presente.

A evolução do conhecimento levou os franceses, fundadores da primeira escola da história das relações internacionais, a assistirem à profusão, em ritmos distintos, de novas contribuições dos países vizinhos da Europa continental, especialmente da Suíça e da Itália. Na América, os norte-americanos tiveram um desenvolvimento próprio para a história das relações internacionais, quase sempre ligado à própria evolução da ciência política. Na América Latina, o Brasil e a Argentina chegaram a desenvolver, nos anos 1980 e 1990, uma abordagem própria e sofisticada no âmbito da história das relações internacionais.

O *locus* para melhor observar os desenvolvimentos recentes da disciplina vem sendo os próprios congressos científicos, os cursos e as obras publicadas pelos membros da Comissão de História das Relações Internacionais, seção do Comitê Internacional de Ciências Históricas. As listas de participação no último congresso internacional do comitê, em Montreal, em setembro de 1995, indicam que há mais de três centenas de historiadores, em todas as partes do mundo, dedicados à pesquisa, à docência e à publicação de obras acerca da evolução das relações internacionais, especialmente das contemporâneas.

Nesse rápido movimento de profissionalização e de consolidação da produção do conhecimento no âmbito das relações internacionais, destaca-se a obra de um historiador, teórico e diplomata sênior britânico. Adam Watson, por caminhos que fazem lembrar, em parte, os desafios de Pierre Renouvin, nas décadas de 1940 e 1950, ensaiou verdadeira renovação do conhecimento histórico acerca das relações internacionais contemporâneas.

Rediscutindo o conceito de sistema internacional para a evolução das relações internacionais européias do século XIX e início do século XX, Watson propôs o conceito de *sociedade internacional européia*. O amálgama cultural permitiu a construção de padrões de conduta, no jogo das relações internacionais daquela época, a partir da hegemonia coletiva exercida pelos Estados europeus nas relações internacionais européias e extra-européias. Nenhum sistema internacional historicamente estabelecido jamais tornara tal empresa possível.

Em análise comparativa dos diferentes sistemas internacionais, Watson apresentou em seu livro, lançado em Londres e Nova York, em 1992, intitulado *The evolution of international society*, uma atualização teórica e metodológica da história das relações internacionais. Sua incontestável contribuição faz inferir que há uma linha cumulativa de conhecimentos e descobertas científicas sobre a vida internacional, que permite vincular Watson, na presente década, ao pioneirismo de Renouvin nos anos 1950.

1.1.1 A escola francesa

Com a obra de Renouvin, inaugurou-se não só a história das relações internacionais, mas uma verdadeira escola francesa da disciplina. Tendo como referência os oito tomos concebidos por ele no início de 1950 e consolidados por quatro autores na obra *Histoire des relations internationales*, gerações de estudiosos franceses vêm desenvolvendo suas pesquisas inspirados nas concepções consubstanciadas nessa obra pioneira.

O primeiro volume foi publicado em 1953. Na introdução, Renouvin estabeleceu as regras do jogo. Não se trataria de escolher *a priori* uma corrente de interpretação histórica e torná-la aplicável à evolução das relações internacionais. Muito ao contrário, tratar-se-ia de construir uma nova leitura das relações entre os povos segundo os próprios problemas da vida internacional.

Isso não significava, contudo, que cada um dos quatro autores da obra pioneira, François-L. Ganshof, Gaston Zeller, André Fugier e o próprio Pierre Renouvin, deveria seguir método único, fechado, atado a conceitos predeterminados. Cada um deles, segundo Renouvin, seguiu suas intuições, concepções e temperamentos e procurou, em cada capítulo da obra, os problemas que conduzissem a uma explicação societária, e não principesca, da vida internacional.

Renouvin avocava seus colegas-autores ao desafio da construção de uma nova explicação que considerasse, nos diferentes momentos da evolução das relações internacionais, os variados aspectos da vida da sociedade. Nascia o conceito de "forças profundas", ou seja, o conjunto de causalidades, como atualizaria mais tarde Duroselle, sobre as quais atuavam os homens de Estado, em seus desígnios e cálculos estratégicos.

O mais importante, para Renouvin, era a superação dos limites criados pela história diplomática. Cátedra universitária organizada em torno do ponto de vista das chancelarias e dos tratados internacionais, a história diplomática fora insuficiente para explicar as catástrofes do século XX, as relações entre a guerra e a paz e o diálogo dos homens de Estado com a sociedade nas relações internacionais.

Essa percepção levou Renouvin a aproximar-se, de maneira cautelosa, dos novos problemas apresentados pela própria historiografia francesa que se organizara em torno da revista *Annales*. Ele nunca foi um seguidor das hostes estruturalistas que se arregimentaram em torno da experiência da *Annales*, mas foi partícipe de uma cultura historiográfica francesa que rompera com a história sustentada no fato político e na personalidade do príncipe.

Daí o enfoque civilizacional que marcou a obra pioneira iniciada em 1953. Para Renouvin, havia uma clara indissociabilidade entre a história das relações internacionais e a própria história das civilizações. Nesse sentido, pode-se reconhecer nele uma preocupação muito semelhante àquela encontrada na primeira geração dos historiadores da escola da *Annales*.

Na última edição da *Histoire des relations internationales*, publicada em fins de 1994, a apresentação crítica escrita por René Girault foca a ruptura que representou a obra de Pierre Renouvin. Desde os anos 1930, Renouvin enfatizava aos seus alunos que os arquivos diplomáticos eram relevantes para o campo das relações internacionais, mas não eram suficientes. As forças morais e materiais que agitavam o mundo do seu tempo, como os movimentos nacionais e as forças econômicas, deveriam ser sempre consideradas se o objetivo fosse construir conhecimento mais abrangente e dinâmico da vida internacional. As fontes da pesquisa, portanto, necessitavam ser ampliadas.

A obra de síntese, para utilizar a própria definição de Renouvin da *Histoire des relations internationales*, atingiria plenamente seus objetivos. Com ela, nascia a escola francesa das relações internacionais. Demonstraram-se, ao longo do empreendimento da obra, dois grandes desenvolvimentos. Em primeiro lugar, o caráter permanente das rivalidades e dos conflitos entre os Estados, na busca obsediante de todos eles por mais espaço de poder na cena internacional. Em segundo lugar, a elaboração das relações internacionais para fora da Europa, com o progresso material que facilitou o intercâmbio de idéias, os colonialismos e o deslocamento dos homens.

O primeiro discípulo da escola de Pierre Renouvin foi Jean-Baptiste Duroselle. Acompanhando a obra e as aulas do mestre na Universidade de Paris, Duroselle deu continuidade ao esforço da disciplina. Os dois publicaram, assim, *Introduction à l'histoire des relations internationales*, em 1964.

Diferentemente do trabalho anterior, *Introduction* não era explicação da evolução da vida internacional, mas uma reflexão teórica e metodológica sobre a disciplina. Paradoxalmente, depois dos desenvolvimentos científicos que emergiram do longo empreendimento dos oito volumes, os dois autores estabeleceram objetivo mais limitado para a nova obra: a discussão sobre as relações entre as comunidades políticas organizadas no quadro dos Estados na vida internacional. É evidente que não se renegaram a riqueza empírica e os ganhos conceituais desenvolvidos, mas a nova obra é menos arrojada do que a anterior.

Dividida em duas grandes seções, *Introduction* sepultava, de vez, o quadro estreito do ângulo das chancelarias. Na primeira parte, Renouvin procurava desenvolver, conceitual e empiricamente, a influência das forças profundas, dos fatores econômicos e dos comportamentos coletivos, entre outras forças, nas relações internacionais. Na segunda, Duroselle discutiu a influência dessas forças sobre a psicologia dos homens de Estado e dos formuladores das políticas exteriores, sobre os ambientes nos quais as decisões são tomadas e sobre o papel das circunstâncias no processo decisório.

Coube a Duroselle, ao longo das décadas seguintes, a tarefa de expandir a disciplina. Ministrou cursos na Suíça e nos Estados Unidos. Levou os temas e problemas da disciplina, até então relativamente restritos ao público francês, para outras partes da Europa e outros continentes. Levou, especialmente para Genebra, os cursos sobre a política externa francesa posterior a 1945 e sobre os fatores da política exterior: homens de Estado e forças profundas. Seguiu Duroselle, de forma mais agressiva, os passos dados por Pierre Renouvin nas suas conferências em Genebra, ainda no início dos anos 1950, sobre o papel das questões econômicas e financeiras nas relações internacionais.

A atualização teórica da disciplina foi obra da escola francesa. Com as obras de Duroselle, *La décadence*, de 1979, e *Tout empire périra*, do início da década de 1980, a disciplina adquiriu maturidade teórica. Quais as razões para esta segunda obra ter-se tornado um marco?

Em primeiro lugar, porque Duroselle percebera que os problemas apresentados pelo pós-guerra haviam perdido importância relativa nos anos 1980. Era preciso adequar a disciplina aos novos problemas. Ele enxergou a crise do império soviético com particular precocidade. Com isso, levou a escola Renouvin-Duroselle para o cerne dos estudos das relações internacionais contemporâneas.

Enquanto a maioria dos teóricos e politólogos seguia com os velhos esquemas herdados da guerra fria ou da preponderância norte-americana nas relações internacionais, Duroselle trilhou outro caminho, mais interessante e com mais consistência científica. Daí a originalidade da sua contribuição ao estudo das relações internacionais como um todo e, no particular, ao de temas como o do estrangeiro, das imagens do "outro" e dos nacionalismos que explodiriam novamente na Europa dos anos 1990.

Em segundo lugar, Duroselle consolidou uma teoria para as relações internacionais que, enraizada na tradição renouviniana, afirmou-se como uma das mais importantes teorias para a abordagem das relações internacionais contemporâneas. Isso não significa que ele rompeu com as visões de Renouvin. Ao contrário, manteve o dualismo da visão do pós-guerra, que consagrara os conceitos de forças profundas e de homens de Estado, e atualizou-os por meio da proposição dos dois sistemas de determinações básicas para as relações internacionais: o de causalidades e o de finalidades.

Em terceiro lugar, Duroselle consolidou sua escola como a tradição mais contínua na pesquisa da história das relações internacionais na França, do pós-guerra aos dias atuais. O Instituto Pierre Renouvin, dirigido durante muitos anos por Duroselle, foi o mais importante disseminador dos problemas e das abordagens das relações internacionais na França nas últimas décadas. As dissertações e teses, sob a orientação do grupo de professores do instituto, evidenciam o peso da tradição renouviniana. Dirigido até 1994 por René Girault e a partir de 1995 por

Robert Frank, o instituto, com sede em Paris, é o responsável pela formação da maior parte dos professores de relações internacionais e de história das relações internacionais daquele país.

René Girault é o terceiro da linhagem intelectual iniciada por Renouvin. Em suas três obras publicadas em 1979, 1988 e 1993, ele e seus colegas Robert Frank e Jacques Thobie promoveram verdadeiro *aggiornamento* do conhecimento das relações internacionais contemporâneas. Estabelecendo como ponto de partida o ano de 1871 e como ponto de chegada o de 1964, a obra, em três volumes, aborda a diplomacia européia e os imperialismos da passagem do século, as turbulências européias, os novos mundos que se descortinam a partir de 1914 e os gigantes da ordem internacional posterior a 1941.

A *Histoire des relations internationales* de Girault é, assim, obra fundamental na melhor tradição de Pierre Renouvin. Procedendo ao exame exaustivo dos condicionamentos das relações internacionais, a obra é parte de empreendimento que será concluído com a publicação de mais dois livros dedicados à decadência do sistema bipolar e à gestação de uma nova ordem internacional nos anos 1990.

O mesmo marco temporal do final do século XIX orienta obra de outro mestre das relações internacionais na França: Charles Zorgbibe. Em quatro volumes publicados entre 1994 e 1995, sua *Histoire des relations internationales* aborda o longo período que se estende de 1871 a 1995. Menos densa que a obra do grupo de Girault, a de Zorgbibe elenca a evolução factual e política das relações internacionais desse século. Embora confine a análise à esfera política, amplia levemente o espectro de questões descritas no clássico manual de Duroselle, *Histoire diplomatique de 1919 à nos jours*, que, em 1993, já aparecia em sua 11ª edição.

Outra grande contribuiçao da escola francesa, no presente, são as obras de Daniel Colard e Maurice Vaïsse que analisam a evolução das relações internacionais de 1945 a nossos dias, com preocupações e os mesmos conceitos posteriores ao fim da guerra fria. Criticando a linearidade das concepções da obra de Paul Kennedy, *The rise and fall of the great powers,* em seu *Le nouveau monde: de l'ordre de Yalta au désordre des nations,* Lellouche insiste, por sua vez, na importância da multiplicidade de atores, processos e procedimentos na derrocada da ordem bipolar. Sua visão das novas regularidades no sistema internacional é menos otimista que os reducionismos criados pela idéia do primado do liberalismo universalista ou do neoliberalismo.

Finalmente, a escola francesa começa a contribuir para a ruptura com alguns dos seus próprios nós górdios. Acusada algumas vezes de eurocêntrica e de portadora de construções analíticas excessivamente centradas na inserção internacional da França, a tradição francesa começa a mostrar maior abertura para inclusão de temas como a dependência, o atraso, o desenvolvimento econômico e as assimetrias internacionais. A obra recente de Paillard, *Expansion occidentale et dépendance mondiale*, explicita o esforço por novos cânones interpretativos. Observando a construção do mundo liberal e a expansão da hegemonia européia, Paillard descreve as novas dependências que deram origem histórica ao chamado Terceiro Mundo já no final do século XIX e que cederam lugar à velha assimetria colonial rompida no início do mesmo século pelas independências americanas.

1.1.2 O ângulo insular

O Reino Unido não viveu, ao longo das últimas décadas, a mesma animação intelectual e o calor dos embates da historiografia francesa das relações internacionais. O ângulo insular dos estudos da história das relações internacionais tampouco é tributário da difusão das concepções da escola renouvinianacomo, no resto da Europa e na América.

Houve um desenvolvimento próprio no Reino Unido, bastante *low profile* quando comparado à escola francesa; por isso, a disciplina ficou mais conhecida como história internacional do que como história das relações internacionais. Caracterizada pela ausência de tumultos ideológicos, para utilizar a expressão de Anthony Adamthwaite, a pesquisa e a docência no âmbito da história das relações internacionais no Reino Unido nutrem desconfiança diante das abstrações e dos esquemas teóricos a-históricos.

O ponto de partida da escola britânica foi o ano de 1954, quase simultâneo às iniciativas de Renouvin na França, quando Donald Watt assumiu a Stevenson Chair of International History na London School of Economics and Political Science. Naquele momento, só existia na instituição o trabalho isolado de W. N. Medlicott e de seus dois assistentes. A chegada de Watt determinaria a profissionalização e a consolidação do ângulo insular da história das relações internacionais. O papel da London School na formação de talentos dedicados à história das relações internacionais no Reino Unido iguala-se ao do Instituto Pierre Renouvin da França.

Igualmente importante, no entardecer da mesma década, foi o surgimento do British Committee on the Theory of International Politics, que reuniu, por cerca de 25 anos, entre 1959 e 1984, Herbert Butterfield, Martin Wight, Hedley Bull, Adam Watson e vários outros historiadores e teóricos britânicos interessados nas relações internacionais. Dominado por cientistas políticos, empíricos e apaixonados pela história, o grupo de teóricos britânicos enfatizou a obra do grupo da London School, à qual alguns deles pertenciam. Privilegiaram o estudo do Estado nas relações internacionais, a percepção do duradouro sobre o imprevisível, a ordem sobre a anarquia e os processos de continuidade nas relações internacionais. Rechaçaram, a seu modo, qualquer possibilidade interpretativa para as relações internacionais sem o rigor da pesquisa histórica.

Não há melhor lugar para observar o ângulo insular da história das relações internacionais que a aula inaugural, na London School, ministrada por Donald Watt em 1983. Intitulada *What about the people? Abstraction and reality in history and the social sciences*, nela, o decano da história das relações internacionais no Reino Unido chamou a atenção, decorridas três décadas de militância acadêmica na área, para a dimensão do concreto, do indivíduo, do histórico.

Daí decorre certa ênfase da escola britânica nas biografias dos homens de Estado. Mesmo para as décadas de 1970 e 1980, foram muitos os trabalhos: David Marquand escreveu a de MacDonald, em 1977; Kenneth Harris elaborou a de Attlee, em 1982; Martin Gilbert publicou a de Churchill, em 1983; David Dilks publicou a de Neville Chamberlain, em 1984; e John Grigg escreveu a de Lloyd George, em 1985.

A preocupação com as guerras mundiais é um elo entre as tradições francesas e britânicas. No Reino Unido, publicou-se muito sobre o assunto. A linhagem de historiadores da London School of Economics and Political Sciences foi, neste ponto, fundamental, mas também se fazem representar as correntes de historiadores de Oxford, Cambridge e Birmingham. Ressaltam-se algumas obras como a de Paul Kennedy, publicada em 1980, *The Anglo-German antagonism, 1860-1914*, e a brilhante incursão de James Joll nas origens da Grande Guerra, em 1984, no seu já clássico *The origins of the First World War*. A Segunda Guerra Mundial mereceu tratamento especial em duas grandes sínteses: a de Anthony Adamthwaite e a de William Carr, ambas intituladas *The making of the Second World War* e publicadas, respectivamente, em 1979 e 1985.

O fascínio da guerra conduziu os estudos pontuais sobre a estratégia militar nas relações internacionais na escola britânica. Michael Howard publicou *The causes of war*, em 1983; Geoffrey Best lançou seu *Humanity in warfare*, em 1980; e Briand Bond publicou, em 1984, seu estudo brilhante, de extensa duração, sobre a guerra e a sociedade ao longo do século XX: *War and society in Europe, 1870-1970*.

Outro tema recorrente na escola britânica é o das relações anglo-americanas. Donald Watt foi certamente um dos grandes estudiosos desta abordagem. Em *Succeeding John Bull: America in Britain's place, 1900-1975*, publicado em 1984, Watt revela a grande visão de conjunto para as relações dos Estados Unidos com o Reino Unido no século XX. E foi seguido por outros estudiosos como B. J. C. McKercher, que abordou as relações do segundo governo de Baldwin (1924-1929) com os Estados Unidos; C. A. MacDonald, que estudou as complicações das relações atlânticas entre o império em crise e a arrancada norte-americana nos anos

1930; e Kathleen Burk, que publicou seu livro, em 1985, dedicado às relações dos dois países na Grande Guerra.

Mas, se a guerra tem sido um tema relevante para a historiografia britânica das relações internacionais, e as conexões atlânticas entre o Reino Unido e os Estados Unidos têm sido um objeto de estudo permanentemente admirado, é igualmente interessante o movimento da escola britânica na renovação dos seus temas e objetos. Destacam-se as novas abordagens empreendidas sobre a mídia e as relações internacionais, a interação entre a opinião pública e as crises internacionais, o pacifismo, entre outros temas.

Sobre a mídia, há três estudos que mereceram atenção já no final da década de 1970 e no início da de 1980: o de N. Pronay e D. W. Spring, *Propaganda and politics and film*, de 1981; o de M. Balfour, *Propaganda for war*, publicado em 1978; e o de Philip Taylor, *Projection of Britain*, de 1981. O livro de Daniel Wayley, publicado em 1975, discutiu a opinião pública britânica com respeito à guerra da Abissínia. O pacifismo foi merecedor do estudo magistral de Martin Ceadel, *Pacifism in Britain, 1914-1945*, lançado em 1980.

Uma característica central da escola britânica é o seu aproveitamento da abertura dos arquivos diplomáticos dos anos 1940 e 1950. *Documents on British policy overseas*, dirigida por Roger Bullen, é a coleção tributária desse aproveitamento. Entretanto, a principal conseqüência da abertura dos arquivos do Foreign Office foi o *aggiornamento* do ângulo insular da história das relações internacionais. Os historiadores puderam manipular as fontes mais recentes e, portanto, rediscutir conceitos e construções teóricas equivocadas acerca dos anos 1950 e 1960.

Foi exatamente esse movimento que animou estudiosos como Ritchie Ovendale, que escreveu o livro *The foreign policy of the British labour government, 1945-1951*.

Contudo, o grande campo de renovação foram os estudos sobre os primórdios da construção da União Européia. Aqui, dois grandes estudiosos se destacam: John W. Young, com a comparação entre a França e a Grã-Bretanha na construção da unidade européia entre 1945 e 1951; e Alan S. Milward, com o livro *The reconstruction of Western Europe, 1945-1951*, publicado em 1984.

Os problemas das mutações de fontes para a pesquisa das relações internacionais do pós-guerra foram indicados por Adamthwaite, em 1985: por um lado, o Estado contemporâneo ficou cada vez mais complexo; por outro, aumentou enormemente a interdependência entre os Estados. Mas isso não desanimou scholars como Alan Milward que, liderando um grupo de historiadores da London School of Economics and Political Sciences, discutiu o próprio Estado europeu e as relações internacionais no seu *The European rescue of the Nation State*, em 1992.

Todavia, a obra mais interessante na linha da exploração das novas fontes disponíveis é o livro organizado por Milward, *The frontier of national sovereignty. History and theory, 1945-1992*, publicado em 1993, que conta com capítulos de autoria de Frances M. B. Lynch, Ruggero Ranieri, Federico Romano e Vibeke Sorensen. O ponto de partida da obra é a constatação de que os Estados da Europa ocidental, em sua maioria, estavam tão enfraquecidos pelas crises sucessivas do período de 1929-1945 que necessitavam ser recriados e redimensionados no imediato pós-guerra. A Grande Depressão de 1929-1932 havia aniquilado o frágil consenso político então existente e, ao mesmo tempo, a exposição dos cidadãos às ideologias em competição tornava limitada a capacidade de governo. As ocupações durante os conflitos deixaram marcas profundas que atingiram a própria legitimidade.

Naquelas circunstâncias, o objetivo fundamental dos governos da Europa era a reafirmação do Estado-nação como organização básica da vida política. Garantir seu vigor e sua segurança foi a tônica das políticas encetadas no pós-guerra. E, para desenvolver tais políticas, foi necessário avançar posições e compromissos por meio do sistema internacional. No caso da França, estudado por Lynch, o tema da reconstrução do Estado-nação andou sempre associado ao caminho da integração. A proteção à agricultura teve implicações profundas para todas as políticas externas européias do pós-guerra e foi sempre uma matéria determinada pelas escolhas políticas internas dos Estados.

Entretanto, a hegemonia coletiva européia herdada do século XIX já não fazia mais sentido depois da guerra. Assim, a saída foi alguma internalização das políticas nacionais européias, já que o contexto internacional era incerto e os interesses, diversos. Instalavam-se, desse modo, estruturas menos liberais nas relações européias.

Mas para a solução da crise das políticas menos liberais e para a reafirmação do Estado-nação, a Europa ensaiou a primeira experiência histórica de integração nas relações internacionais contemporâneas. Para a escola inglesa, liderada por Milward, o movimento de escolhas políticas, entre a fórmula da interdependência e a da integração, dependeu sempre, historicamente, da natureza das políticas nacionais encetadas pelos governos em cada momento.

A tese defendida é a de que é impossível teorizar acerca do futuro da integração européia sem se conhecer a natureza futura das políticas nacionais e suas escolhas. Desse modo não se pode prever, como muitos teóricos neofuncionalistas desejam, o caminho natural de superação das soberanias nacionais em favor do governo supranacional.

Com conclusões tão cativantes, os estudiosos da escola britânica da história das relações internacionais reafirmam sua desconfiança na teoria sem base histórica. Para eles, a única previsão que uma teoria da integração, derivada da pesquisa histórica, pode produzir é, como no caso da integração européia, aquela originada do conhecimento das políticas nacionais e de suas possíveis conseqüências para os interesses do Estado-nação. Assim, os historiadores da London School of Economics and Political Sciences criticam as visões monetianas românticas da integração européia e expõem a fragilidade da interpretação neofuncionalista dos processos de integração.

Por último, mas não menos importante, a contribuição da escola britânica não poderia ser discutida sem a obra monumental de Adam Watson. Diplomata-professor e um dos diretores do British Committee on the Theory of International Politics, Watson publicou *Diplomacy: the dialogue between States*, em 1981, e *The expansion of international society*, em co-autoria com Hedley Bull, em 1984.

Nesses livros, Watson preparou o campo para a obra publicada em 1992 e intitulada *The evolution of international society*. Beneficiando-se dos ensaios de Martin Whight, Desmond Williams e Herbert Butterfield acerca da dificuldade de construção de uma teoria universal para as relações internacionais, e das obras de Harry Hinsley, Hans Morgenthau, Paul Kennedy, Michael Mann, Michael Doyle e Robert Gilpin sobre o poder, a guerra e o império nas relações internacionais, Watson discute o funcionamento dos sistemas de Estado ao longo do tempo, comparando-os e elencando suas particularidades. Referindo-se à observação de Robert Gilpin acerca da experiência histórica, ao lembrar que o passado não é mero prólogo e que o presente não tem o monopólio da verdade, Adam Watson desenvolve uma verdadeira teoria de base histórica para a evolução do sistema internacional, desde os primórdios até a chamada sociedade internacional contemporânea.

Definindo os Estados como "autoridades políticas independentes que não reconhecem outras superiores" e um sistema de Estados como a resultante do "reconhecimento da reivindicação por independência pelos demais Estados-membros do sistema", Watson discute a distinção entre um "sistema de Estados" e uma "sociedade internacional". O primeiro, anteriormente discutido por Hedley Bull no seu *The anarchical society*, foca a rede de pressões e interesses que levam Estados a considerarem outros Estados em seus cálculos e desígnios. A sociedade internacional vincula o sistema ao conjunto de regras comuns, instituições, padrões de conduta e valores que são compartilhados e acordados por Estados.

As distinções propostas não são, entretanto, discutidas no plano exclusivamente teórico. Em um estudo bastante original e rico empiricamente, Watson examina, na prática, as diferentes experiências históricas de constituição dos principais sistemas de Estados do mundo antigo, da formação e crise da sociedade internacional européia e da sociedade internacional contemporânea.

1.1.3 Outras abordagens européias

Além dos dois grandes centros europeus responsáveis pelo verdadeiro aggiornamento do conhecimento da história das relações internacionais, outros países europeus também se destacam no desenvolvimento da disciplina. A Itália e a Suíça beneficiaram-se da difusão da escola francesa, embora os italianos, recentemente, tenham-se aproximado, de forma progressiva, dos estudiosos britânicos.

Nos dois casos, há uma certa tradição nos estudos da história das relações internacionais. No caso italiano, pode-se falar de um desenvolvimento relativamente próprio e rápido da área, bem como da construção de novos campos temáticos, especialmente o da relação da opinião pública com as políticas exteriores.

A Bélgica também se afirma como centro de gravitação, ainda que menor, nos estudos das relações internacionais na Europa. Na região oriental da Europa, a Rússia e a Suécia produziram enfoques próprios. Na Alemanha e na Península Ibérica, os estudos das relações internacionais ainda são periféricos. Na Rússia, com a degenerescência do sistema acadêmico, há novas experiências e maior aproximação aos debates da Europa ocidental.

1.1.4 A Itália: entre Chabod e Toscano

O pai da historiografia italiana das relações internacionais foi Federico Chabod. Com forte ligação ao mundo intelectual francês, Chabod discutiu com Renouvin suas concepções acerca das forças profundas. Às forças materiais originalmente sugeridas por Renouvin, desejou Chabod incluir outras como os sentimentos, as paixões, as mentalidades e as psicologias coletivas.

Em sua obra seminal, *Storia della politica estera italiana dal 1870 al 1896*, publicada em 1951, Chabod encabeçou as tendências de renovação da história das relações internacionais na Itália. Seguindo os passos de Croce, Chabod conduziu o historicismo italiano ao campo das relações internacionais. Para ele, as políticas exteriores na Europa contemporânea eram o ponto de inflexão de um processo histórico de excepcional amplitude, que advinha de uma gama de fenômenos, como a formação dos Estados modernos, das suas classes dirigentes, das condições econômicas e sociais, das tendências culturais e religiosas, das ideologias e da imaginação coletiva.

Partindo dessas concepções, Chabod desenvolveu metodologia muito próxima à de Renouvin. Para ele, como para Renouvin, não se tratava de privilegiar ou não as forças econômicas e sociais em relação aos movimentos políticos e às tendências intelectuais, mas de integrá-las à busca dos cursos profundos que animam a vida internacional. A subordinação, entretanto, dos fenômenos da superfície diplomática a esses cursos profundos foi uma orientação marcante em toda a obra de Chabod.

Com ele, nascia a primeira grande tradição italiana nos estudos históricos das relações internacionais. Outros estudiosos, como Morandi e Maturi, seguiam Chabod. Brunello Vigezzi, certamente um dos mais importantes *scholars* italianos da atualidade na área, identifica essa primeira tradição como polêmica. Dos anos 1950 aos 1980, Sestan, Moscati, Valsecchi, Garosci, Rosselli, Spadolini, Tessitore e Sasso percorreram o caminho de Chabod.

A inspiração de Chabod propiciou a esses autores compartilharem um sentimento do passado como algo complexo, difícil e problemático. Para eles, as relações entre os Estados, países e civilizações passam por períodos com características particulares. Verifica-se, assim, no grupo italiano, a mesma dimensão tão cara ao empreendimento coordenado por Renouvin nos anos 1950: a dimensão enciclopédica, racionalista e evolutiva das relações internacionais, da Idade Média aos tempos atuais.

A expansão do campo da história das relações internacionais na Itália, desde Chabod aos dias atuais, é algo que impressiona. No final dos anos 1950, havia três cadeiras de História dos Tratados e de Política Internacional nas universidades italianas. Hoje, esse número chega a 15, com mais de 20 professores associados e um bom número de pesquisadores. Há cerca de dez anos foi implantado o doutorado em história das relações internacionais em Roma e Florença. A documentação oficial foi ampliada com a publicação da coleção *Documenti Diplomatici Italiani*. Em 1985, lançou-se a revista semestral *Storia delle Relazioni Internazionali*, na Universidade de Florença. Em Milão, publica-se a *Relazioni Internazionali* há algum tempo.

Uma segunda vertente dos estudos de relações internacionais, na Itália, dedicar-se-ia a um tema mais restrito, porém apaixonante, da sua política exterior: a questão da unidade nacional e suas implicações internacionais. Em especial, chamou a atenção da historiografia o descompasso entre a "vontade de potência" e os meios para a consecução desse objetivo. Desde os anos 1920, Salvemini, Volpe e Croce e, nos dias atuais, os historiadores italianos das relações internacionais têm procurado avaliar os diferentes ângulos desse descompasso. As teses evocam o abandono da tradição liberal, o apego ou o repúdio ao imperialismo, a luta política e social interna e a vitória do conservadorismo ou do nacionalismo.

O nome mais proeminente das gerações de estudiosos da inserção internacional italiana foi Mario Toscano. Desenvolveu seus trabalhos no final da Segunda Guerra até 1968, quando morreu. Em sua obra seminal *Le origini diplomatiche del Patto d'Acciaio*, ele salta da história diplomática para uma verdadeira história das relações internacionais. Diferentemente de Chabod, seu diálogo com os franceses é menos evidente, mas suas conclusões não se afastaram dos movimentos de renovação do conhecimento das relações internacionais na França e na Grã-Bretanha. O estudioso contemporâneo Ennio Di Nolfo, da Universidade de Florença, chega a afirmar que Toscano foi o maior responsável, na Itália, pela superação da então chamada "história dos tratados" e pela fundação de uma explicação evolutiva para a política exterior italiana. Professor e diplomata, Toscano formou uma verdadeira escola italiana dos estudos internacionais.

Nessa segunda vertente dos estudos italianos, destaca-se ainda a corrente daqueles que procuraram separar radicalmente a política externa italiana anterior às guerras mundiais daquela que as segue. O mundo pós-1945 apresenta-se, para eles, como um universo à parte. A Itália, que viria a abandonar sua vontade de potência, desenvolveria uma política exterior democrática, articulada às forças sociais, aos partidos, à opinião pública e às relações complexas entre o Estado nacional e o continente europeu. Salvatorelli, Salvemini, o próprio Chabod, Mosca, também Toscano, Valiani, Venturi e Giordano foram os autores que mais se destacaram nessa abordagem.

Conseqüência notável desse esforço foi a formação e a consolidação de um dos mais importantes centros italianos de estudos da história das relações internacionais. Em Milão, o Centro per gli Studi di Politica Estera e Opinione Pubblica viria encontrar maturidade anos mais tarde, sob a direção de Brunello Vigezzi. Em seu artigo Politica estera e opinione pubblica, Vigezzi antecipou, em 1961, uma forte tendência de ampliação do campo da história das relações internacionais para a inclusão da sociedade interna no processo decisório. Trinta anos depois, ele viria escrever Politica estera e opinione pubblica dall'unità ai giorni nostri, uma obra definitiva.

Finalmente, os estudiosos italianos têm demonstrado enorme gosto pelo debate acerca do estatuto científico da disciplina. O encontro de Peruggia sobre a teoria e a metodologia, em 1989, e os artigos publicados por Brunello Vigezzi nos anos 1990 mostram que a península está inquieta. Dois temas chamam a atenção. Quanto ao primeiro, os seguidores de Chabod e Toscano, estimulados pelas diferenças entre os dois mestres, provocaram discussão sobre a validade do conceito renouviniano de "forças profundas". Fulvio D'Amoja argumenta que há uma limitação na sua aplicação ao movimento das relações internacionais. Para ele, as forças profundas são somente elementos de aceleração ou de retardamento da ação específica, dirigida, sempre, pela lei da raison d'État.

O segundo relaciona-se às imbricações entre a teoria e a história das relações internacionais. Vigezzi escreveu artigo extremamente pertinente acerca dos preconceitos mútuos enraizados nos historiadores e teóricos das relações internacionais. No seu *La vita internazionale tra historia e teoria* (*Relazione Internazionali*, 1991), Vigezzi discorda dos teóricos quando insistem que a história é mera acumuladora de fatos a serem processados pela teoria. E critica as teorias desprovidas de fundamentação empírica.

Ao insistir que muitas das querelas partem da noção equivocada do métier de ambos os especialistas, Vigezzi volta-se para as possibilidades que se abrem para a cooperação dos historiadores e teóricos em torno do mesmo objeto. Nesse sentido, a aproximação dos italianos aos debates britânicos, que foram muito felizes na integração da teoria à história, vem-se tornando cada vez mais frutífera. A introdução de Vigezzi ao livro organizado por Watson e Bull e publicado na Itália sob o título *L'expansione della società internazionale*, em 1994, mostra o quanto esses contatos modificam o perfil da historiografia das relações internacionais na Itália.

1.1.5 A Suíça: o instituto de altos estudos internacionais

Na Suíça, a história das relações internacionais é, em certa medida, uma extensão da escola francesa. Vigorosa em seus pressupostos, a tradição helvética nos estudos das relações internacionais é fecunda e constante desde os anos 1960.

A primeira grande característica dos estudos suíços é seu apego aos temas do mundo contemporâneo. A segunda, vinculada, em parte, à primeira, é a aproximação gradual da história à ciência política em torno do curso comum da vida internacional. O anuário suíço de ciência política registra, desde 1960, o título "relações internacionais" e inclui a obra dos historiadores. Antoine Fleury, Daniel Bourgeois, Yves Collart, Marco Durrer, Verdina Grossi, Jacques Freymond, entre outros, têm dado consistência, nas últimas décadas, aos estudos e à docência na Suíça, tanto na área específica da história como na da ciência política.

A inspiração da obra de Renouvin e Duroselle, na Suíça, está presente nos programas de ensino e pesquisa do Institut des Hautes Études Internationales, vinculado à Universidade de Genebra, que publica, há três décadas, a revista *Relations Internationales*. A influência da escola francesa, para Fleury, é difusa e indireta. Mas foi suficiente para deixar uma marca profunda. E isso foi reconhecido pelo diretor honorário do instituto, Jacques Freymond, ao preparar os números comemorativos dos 20 anos da revista, em 1985.

A leitura das teses doutorais produzidas no Institut des Hautes Études Internationales leva à constatação de que há, entre elas, um volume bastante considerável de trabalhos de história das relações internacionais e também de direito internacional. A aproximação da história ao direito é, assim, uma outra contribuição da tradição helvética dos estudos das relações internacionais. Talvez seja essa a sua característica mais particular, quando comparada a outras tradições no estudo das relações internacionais.

A mais atrativa característica dos estudos suíços, entretanto, é a sedimentação institucional construída pelo Institut des Hautes Études Internationales. Seus trabalhos de pesquisa são projetos acadêmicos que respondem a problemas concretos e urgentes e procuram superar lacunas de conhecimento. A orientação cronológica aos temas do século XX, especialmente no período que vai do final da Grande Guerra ao final da Segunda Guerra, mostra uma sistemática preocupação com a compreensão das raízes dos problemas do momento por meio de uma perspectiva de longa duração.

Freymond chega a afirmar que a maior contribuição do instituto foi não ter isolado a história da política internacional. Para o historiador, e não só para ele, o vigor da perspectiva suíça das relações internacionais está no seu método rigoroso, no estabelecimento dos fatos, na crítica das fontes, na inserção do contemporâneo na cultura histórica, na perspectiva mais longa, nas continuidades dos movimentos, na interação permanente de todas as variáveis.

Decorre daí a insistência dos pesquisadores e professores do instituto nos elementos que diferenciam os estudos suíços das relações internacionais da escola francesa: maior abertura para as demais disciplinas, especialmente a Economia, a Ciência Política e o Direito; concentração dos estudos em períodos, como o que transcorreu entre a Primeira e a Segunda Guerras; e originalidade na abordagem de temas como a imagem, as mentalidades e a opinião pública.

A tradição do Institut des Hautes Études Internationales não é a única na Suíça. Há uma outra de menor importância, em Zurique, liderada por Rudolf von Albertini, que seguiu trajetória particular e distante da preocupação dos estudos em língua francesa de Genebra. Nessa linha, destacam-se especialmente os estudos acerca das políticas coloniais européias na África e na Ásia. A descolonização também mereceu tratamento especial. São cerca de 30 títulos publicados sobre essas duas facetas do mesmo tema: as relações das potências européias com suas colônias e com os novos Estados independentes no contexto afro-asiático.

Finalmente, há uma forte tradição helvética nos estudos relativos à política exterior do próprio país. Daniel Bourgeois fez um balanço das publicações e tendências interpretativas em seu artigo *Notice bibliographique sur les publications récentes concernant les relations internationales de la Suisse de 1848 à nos jours* (*Relations Internationales*, n. 30, 1982, p. 231-48).

A neutralidade é certamente o tema de maior interesse da historiografia suíça das relações internacionais. Edgar Bonjour, da Universidade de Basiléia, escreveu a obra mais importante nesse campo, *Histoire de la neutralité suisse*, em vários volumes, que marcou uma linha bem definida de teses, estudos e livros sobre as relações da Suíça com seus vizinhos, com a Europa, nos momentos da paz e das guerras.

1.1.6 Situações periféricas: Bélgica, Alemanha e Península Ibérica

A situação da história das relações internacionais na Bélgica não chega a igualar-se, em densidade, aos estudos dos franceses, ingleses, italianos e suíços. Houve, todavia, uma gradual substituição da história diplomática pela história das relações internacionais, seguindo a tendência registrada em outros países.

Um interessante debate vem animando os estudiosos belgas acerca da sua própria inserção internacional. Willequet produziu, em 1981, um balanço da política exterior belga no período de 1830 a 1980, tendo constatado que a linha condutora da política exterior daquele país era o pragmatismo conduzido por um pequeno grupo de burocratas da *rue de la Loi*, a chancelaria belga. Michel Dumoulin discorda e chama a atenção para outros atores do processo decisório e para a dimensão das forças profundas, no sentido renouviniano.

A chamada "crise da neutralidade belga" diante das ameaças externas é um tema que também tem apaixonado a historiografia belga das relações exteriores. A expansão belga sob os reinados de Leopoldo I e II foi objeto dos trabalhos fundamentais de J. Stengers, *L'expansion belge sous Léopold Ier (1831-1865)*, publicado em 1965, e de G.H. Dumont, *150 ans d'expansion et de colonisation*, lançado em 1979.

A idolatria a Leopoldo II (1865-1909) na historiografia belga das relações internacionais aproxima-o de Prometeu. Muitos autores, sem atentar para a força da segunda revolução industrial e para o conjunto das forças profundas, apresentam o rei como dotado da virtu do homem de Estado que soube encontrar lugar especial para a Bélgica no sistema mundial que se desenhava na segunda metade do século XIX.

Um tema que a historiografia belga vem redimensionando é o da opinião pública. Seguindo a tradição italiana nesse campo, J. Stengers publicou em Roma, em 1981, o livro *Opinion publique et politique extérieure, t. I: 1870-1915*. Defendendo a tese da imprevisibilidade e do ilogismo para a compreensão dos movimentos da opinião pública às vésperas da Grande Guerra, Stengers provoca debates que envolvem, até o presente, autores como Michel Dumoulin e J. Willequet.

Há, finalmente, na historiografia belga, uma forte relação entre o trabalho científico dos estudiosos da academia e a reflexão dos altos funcionários da chancelaria. Testemunhas diretas do período entre as guerras e da Segunda Guerra Mundial, como Van Zuylen e Van Langenhove, deixaram obras importantes e farta documentação diplomática publicada nos *Documents diplomatiques belges, 1920-1940*. Em 1971, Fernand Van Langenhove publicou um livro fundamental sobre as negociações no período da guerra: *La sécurité de la Belgique. Contribution à l'histoire de la période 1940-1950*.

Se, na Bélgica, ainda é possível encontrar certa profusão de títulos sobre a história das relações internacionais em uma perspectiva relativamente articulada, isso não acontece na Alemanha. Apesar da forte influência internacionalista da obra de Leopold von Ranke e de sua dimensão verdadeiramente pioneira para os estudos da história mundial na perspectiva das relações internacionais, a Alemanha não desenvolveu uma escola pós-rankeana de história das relações internacionais. Em trabalho publicado na metade dos anos 1980, o estudioso Franz Knipping, da Universidade de Tübingen, afirmava o caráter periférico da produção historiográfica alemã nesse campo.

É evidente que se destacaram nomes, no passado, como os de Eduard Fueter, Max Immich, Adalbert Wahl e Walter Platzhoff com os seus *Geschichte des Europäischen Staatensystems*, publicados respectivamente em 1905, 1912, 1919 e 1928, e que seriam excelentes exemplos da passagem da história diplomática para uma moderna história das relações internacionais na Alemanha. Em décadas recentes, destacam-se nomes como os de Klaus Hildebrand, Werner Link, Gehard Schulz, Josef Becker, Ekkehart Krippendorf, Oswald Hauser, Wolfgang Mommsen, Hellmuth Rössler, Ernst-Otto Czempmel, Klaus-Jürgen Müller, Frank R. Pfetsch e o do próprio Knipping.

Não se pode afirmar, entretanto, que tenha existido uma escola alemã voltada para a história das relações internacionais. Diversamente do que ocorreu na França e na Grã-Bretanha, nunca houve na Alemanha uma coordenação dos múltiplos trabalhos dispersamente publicados pelos autores citados e por muitos outros. Não se registra na Alemanha uma tradição escolar como aquela estabelecida por Pierre Renouvin e Jean-Baptiste Duroselle. Inexistem instituições teutônicas que correspondam ao Instituto Pierre Renouvin, ao Departamento de História Internacional da London School of Economics and Political Sciences ou ao Institut des Hautes Études Internacionales de Genebra.

Há, em Bonn, o Forschungsinstitut der Deutschen Gesellschaft für Auswärtige Politik (Instituto de Pesquisa da Sociedade Alemã para a Política Externa), que publica a revista *Europa-Archiv*, e, em Munique, o Institut für Zeitgeschichte (Instituto de História Contemporânea). Mas, mesmo no último, cujos professores produziram uma das melhores obras da historiografia alemã sobre o século XX, a história das relações internacionais não figura em destaque em suas pesquisas.

Klaus-Jürgen Müller, da Universidade de Hamburgo, chegou a afirmar, em seu artigo na revista franco-suíça *Relations Internationales* (n. 42, 1985), que os estudos da história das relações internacionais na Alemanha estavam como em um país subdesenvolvido. Chamou a atenção para a falta de tradição no mundo universitário alemão e acusou o sistema educacional do país de ser autocentrado e o germanocentrismo historiográfico de ter separado profundamente os campos da história e da ciência política. Criticou também o exagero teoricista dos cientistas políticos alemães que se têm dedicado ao campo das relações internacionais.

Há, certamente, outras razões profundamente arraigadas na historiografia alemã que explicam sua condição tangencial nos estudos europeus da história das relações internacionais. Em primeiro lugar, alguns apontam a derrota da tradição fundada por Leopold von Ranke, que construiu, no seu tempo, uma certa história do sistema internacional e das grandes potências com sua noção de *Weltstaatensystem*. A historiografia alemã, após Ranke, ao ter restringido seu escopo à história germano-prussiana, que serviu à legitimação da política prussiana e ao Reich fundado por Bismarck, abandonou os esforços da história universal, ao contrário dos ingleses e franceses, para concentrar-se na história do Estado-nação alemão e na história da Prússia vitoriosa.

Em segundo lugar, devem ser lembradas as dificuldades acadêmicas de interpretação do mundo, na Alemanha, depois da derrota de 1918 e durante o ciclo do regime nazista. Essas forças mentais e políticas não podem ser subestimadas quando se compara o desenvolvimento da história das relações internacionais da Alemanha com o da Grã-Bretanha e mesmo com o da França.

Isso não significa que inexista potencialidade para o desenvolvimento da história das relações internacionais na Alemanha. Há iniciativas alvissareiras, como as experiências do Instituto John F. Kennedy da Universidade Livre de Berlim, que criou um programa para as relações teuto-norte-americanas, e do programa de estudos franco-alemão da Universidade de Sarrebruck. Mencione-se, ainda, o projeto de pesquisa cometido ao recém-criado Studienkreis Internationale Beziehungen (Grupo de Estudos em Relações Internacionais) que reúne cerca de 50 estudiosos de fala alemã, incluindo, além de alemães, suíços e austríacos, que se propõem a abordar as relações internacionais numa perspectiva histórica e interdisciplinar. Verifica-se, finalmente, certo interesse da chancelaria alemã pela continuidade da publicação de documentos diplomáticos do período de 1918-1945, documentação fundamental para a compreensão da participação alemã na Segunda Guerra Mundial.

Finalmente, há cerca de dez anos no 36º Congresso de Historiadores Alemães, em Treves, entre 8 e 12 de outubro de 1986, surgiu, no final da década de 1980 e na primeira metade da de 1990, o projeto de desenvolvimento da dimensão da história das relações internacionais nos cursos de história naquele país. No documento distribuído aos participantes, falava-se da redescoberta da disciplina "sob uma nova forma". Parece, no entanto, difícil imaginar que uma década tenha sido suficiente para retirar a Alemanha da periferia dos estudos das relações internacionais.

A Península Ibérica é certamente a mais marginal nos estudos das relações internacionais na Europa. O fim do ciclo autoritário em Portugal e na Espanha, em meados da década 1970, permitiu abrir, ainda que timidamente, o campo da história das relações internacionais. Os resultados, em ambos os países, ainda são bastante limitados.

Na Espanha, cuja proximidade intelectual dos estudiosos franceses permitiu um avanço menos tímido do que o de Portugal, algumas obras dos anos 1980 sinalizam o interesse crescente pelos assuntos internacionais. Obras como a de J. C. Pereira, *Introducción al estudio de la política exterior de España*, publicada em 1981, apresentam metodologia moderna de pesquisa das relações internacionais. A abertura da documentação diplomática espanhola, em 1984, reduzindo o tempo de proibição do acesso aos arquivos para os últimos 25 anos, foi celebrada pelos novos pesquisadores.

Mais recentemente, com a animação integracionista produzida pela construção da União Européia, portugueses e espanhóis parecem ter decretado o fim da letargia. Seminários internacionais do próprio Comitê de História das Relações Internacionais têm-se realizado sobretudo na Espanha, especialmente sob a coordenação de Manuel Espadas-Burgos.

• 1.2 As construções americanas: entre a teoria e a história

Fora da Europa ocidental, há núcleos de estudos e pesquisas de relativa importância na construção do conhecimento das relações internacionais contemporâneas. Na Finlândia, J. Nevakivi lidera, em Helsinki, um grupo de história das relações internacionais. Ele organizou, em 1992, o colóquio da Comissão de História das Relações Internacionais dedicado ao tema da neutralidade. Os russos têm procurado romper os esquematismos da guerra fria em favor de novos temas. Israel, na Universidade de Tel Aviv, reúne seus historiadores das relações internacionais.

No Oriente, o Japão e a Austrália têm desenvolvido perspectivas próprias. A Universidade de Sophia, da ONU, em Tóquio, é um centro renomado de inteligência em estudos internacionais. A Universidade de Sydney conta com especialistas como Neville Meaney. A Índia, especialmente o grupo de estudiosos da Universidade de Nova Deli, tem seguido os cânones dos debates britânicos.

Na África, os estudos isolados produzidos em Dakar, Pretória, Lagos e Cairo sublinham as heranças do colonialismo nas relações internacionais assimétricas. Lá, a teoria da dependência ainda ocupa papel preponderante na abordagem da evolução dos países africanos na cena internacional. Entretanto, as listas de especialistas e de centros de estudos publicadas pelas *newsletters* da Comissão de História das Relações Internacionais permitem avaliar a escassez de estudos desenvolvidos no continente africano.

Assim, em nenhum dos casos citados, mesmo com respeito ao Oriente, pode-se falar de uma tradição consistente, com ângulos e problemas próprios, nos estudos da história das relações internacionais. A exceção a esse quadro de liderança dos especialistas europeus é o desenvolvimento dos estudos das relações internacionais no continente americano.

Tanto no norte quanto no sul das Américas, pode-se falar que há certa efervescência dos estudos das relações internacionais. Embora nem sempre acompanhadas por uma reflexão teórica e histórica consistente, é mister reconhecer a existência de tradições, as quais convergem em certos aspectos e se distanciam na maioria dos seus pressupostos: a norte-americana e a do Cone Sul, destacando-se nesta última a Argentina e o Brasil.

1.2.1 As construções setentrionais: os Estados Unidos, o Canadá e o México

Os Estados Unidos criaram e difundiram, no Canadá e no México, uma perspectiva própria para a história das relações internacionais. Apesar da tradição autônoma do pensamento mexicano, que explica a profusão de cursos de graduação e pós-graduação nesta disciplina em centros de estudos na Cidade do México e nas universidades do interior, há uma crescente convergência dos programas desses cursos para a perspectiva dominante nos estudos e nos currículos das escolas norte-americanas. Isso deve ser dito acerca dos estudos das relações internacionais desenvolvidos pelos canadenses.

Nos Estados Unidos, não houve um Renouvin, um Chabod ou um Watson. Os estudiosos norte-americanos preferiram importá-los, já que os três, cada um a seu tempo, participaram ou participam, como é o caso de Watson (professor da Universidade da Virgínia desde 1978), do sistema universitário norte-americano.

Não há, assim, uma escola norte-americana de história das relações internacionais no sentido da francesa ou da britânica. O que existe é uma abordagem histórica das relações internacionais vinculada aos problemas postulados pelos cientistas políticos. Ao mesmo tempo, registra-se uma série de teorias e abordagens norte-americanas que seguem os grandes paradigmas de interpretação histórica dominantes em determinados momentos da vida internacional daquele país.

O livro clássico de Samuel Bemis, *A diplomatic history of the United States*, publicado em 1936, pode ser considerado um libelo contra o evolucionismo conservador que havia marcado as obras de Dennet (*Americas in Easter Asia*, 1922) e Dexter Perkins (*The Monroe Doctrine*, 1927). As três obras traduziram o triunfalismo heróico dos Estados Unidos em sua nova inserção internacional no período de instabilidade entre as duas guerras.

Foi Bemis quem iniciou a história diplomática nos Estados Unidos. Sustentada na análise das instituições, de matriz intelectual anglo-saxã, ele associou o conservadorismo ao nacionalismo, bem ao gosto da perspectiva etnocêntrica dos estudos sociais e humanistas nos Estados Unidos daquele período.

Mas, nas décadas seguintes, autores como Fuller, Smith, Pratt, Weinber, Whitaker, Bailey e Beard, marcados pelo impacto da chamada escola progressista das ciências sociais, criticaram o nacionalismo e o institucionalismo de Bemis. Defendendo uma história e um pensamento político associados ao reformismo social norte-americano, os novos autores da história das relações internacionais desenvolveram estudos que conduziram à superação do ângulo da chancelaria e da mera história institucional dos anteriores. Em certo sentido, esses autores defrontavam-se com os problemas que Renouvin assinalara para o caso europeu na mesma época.

A defesa de uma verdadeira história social das relações internacionais levou vários dos autores citados a deixarem de lado as continuidades e os princípios da política exterior norte-americana e a concentrarem-se nas mudanças e nas forças da economia. Buscavam, sobretudo, os contextos em que as ações institucionais, estudadas antes por Bemis, haviam impulsionado as mudanças na evolução da inserção internacional dos Estados Unidos.

Há dois fabulosos protagonistas nessa geração de renovadores nos Estados Unidos. O mais conhecido é Thomas Bailey. Tendo publicado, em 1940, *A diplomatic history of the American people* (para revisar a história diplomática oficial de Bemis) e, em 1948, *The man in the street* (em que discutiu as atitudes e ilusões populares na política externa), Bailey rompeu as explicações ufanistas acerca da política externa dos Estados Unidos. Buscou na opinião pública sua inspiração e em novas fontes, como os jornais, material farto para sua tese de que a política externa norte-americana era mais fortemente determinada por fatores endógenos do que internacionais.

O outro foi Charles Beard, o famoso presidente da American Historical Association no final dos anos 1930. Publicou, em 1939, o clássico *The idea of national interest* e discutiu as duas concepções conflitivas da política exterior norte-americana: o agrarismo jeffersoniano autocentrado e o industrialismo federalista expansionista.

Entretanto, o progressismo de autores como Bailey e Beard não vingaria nos anos da guerra fria. Protagonista da cena internacional depois da Segunda Guerra Mundial, os Estados Unidos patrocinariam a emergência da escola dos realistas nas relações internacionais. Nascida nos Estados Unidos, a teoria realista via limites no reformismo social e defendia o sentido consensualista da sociedade norte-americana, em que o seu caráter de permanência era mais relevante do que acidentes de percurso.

Iniciada por intelectuais preocupados com o expansionismo soviético, a teoria realista terminou por alimentar versões esquemáticas e superficiais de todo tipo e em muitos lugares do mundo. Uma das maiores degradações da teoria realista veio a ser a chamada teoria do dominó, que se aplicava à expansão do comunismo na Ásia e na América Latina. O Pentágono e a CIA beneficiaram-se da difusão internacional dessas análises, nos tempos áureos da guerra fria, e estimularam-nas.

Animados com temas como a decisão norte-americana de entrar na guerra, as diplomacias durante o conflito e as conseqüências internacionais da guerra e da bomba atômica, Walter Lippman publicou, em 1943, *US foreign policy*; Hans Morgenthau, em 1948, lançou *Politics among nations*; e George Kennan publicou *American diplomacy*, em 1951, e *American foreign policy*, em 1954. A ênfase no interesse nacional foi o lastro que permitiu unir os estudos citados, considerados a fonte do realismo político nas relações internacionais.

Nas décadas mais recentes, os Estados Unidos têm vivido movimentos diversos e irregulares na análise da história das relações internacionais. Por um lado, o fracasso norte-americano na Guerra do Vietnã propiciou um certo retorno aos cânones da escola progressista. O chamado grupo de Wisconsin, liderado por Fred Harrigton, e livros como os de William Williams, *The tragedy of American diplomacy*, e de David Horowitz questionaram os realistas e instalaram o debate em torno das responsabilidades mútuas dos Estados Unidos e da União Soviética na conformação da guerra fria. Autores do final da década de 1960 e da década de 1980, como Herring Junior, Paterson e Walker, chamaram a atenção para a natureza imperial da política externa norte-americana e para seu caráter autocentrado e auto-suficiente.

Por outro lado, seguiram os realistas animados com os livros de Liska, *Quest for equilibrium*, publicado em 1977, e *Cancer of empire*, de 1978; e os teóricos do equilíbrio de poder, alimentados pelas obras de Cole, Blake, Walters, mais voltados para a inserção dos Estados Unidos na economia internacional.

Assim, não houve uma escola propriamente histórica das relações internacionais nos Estados Unidos. O que houve, e há ainda hoje, foi uma simbiose entre historiadores e cientistas políticos em torno do tema recorrente da inserção internacional dos Estados Unidos e de teorias que emergiram, quase sempre, para justificar posições internacionais do país no cenário mundial.

Deve ser anotada, entretanto, a profusão de estudos internacionais nos Estados Unidos nos últimos anos. Muitos pesquisadores procuram redescobrir o novo papel dos Estados Unidos no presente contexto. Da linha de estudos estratégicos de Washington aos estudos de tradição crítica dos centros de estudos das universidades do oeste americano, há uma gama de novas teses e estudos que ainda não foi devidamente analisada do ponto de vista epistemológico.

De qualquer forma, há autores preocupados com os elementos multiculturais da política exterior norte-americana, como Mitchell, e os que resistem a essas novas abordagens. Há a escola da Universidade da Virgínia, em torno da presença do britânico Adam Watson. E existe, sobretudo, uma multiplicação de estudos consagrados ao tema da era pós-bipolar. As revistas especializadas em relações internacionais e os novos títulos dos primeiros anos da década de 1990 são abundantes sobre o fim da guerra fria e a construção dos novos paradigmas das relações internacionais contemporâneas.

Parece ser justamente nesta última linha de estudos que os estudiosos norte-americanos encontraram sua nova identidade. Criticando os progressistas e o revisionistas da era pós-Vietnã, os novos teóricos e historiadores procuram demonstrar que uma verdadeira nova ordem internacional, de corte liberal, domina as relações internacionais. Os processos de globalização da economia, dos mecanismos financeiros e dos meios de comunicação são apresentados, nos cursos de relações internacionais das grandes universidades norte-americanas, como o resultado de um processo acabado de nova ordenação sistêmica.

Para muitos dos novos autores norte-americanos, o declínio dos Estados e a emergência dos grandes conglomerados econômicos mundiais deram uma conformação absolutamente nova às relações internacionais. Daí a relevância das idéias apresentadas, no final da década de 1980, por Fukuyama. A polêmica em torno da idéia do "fim da história" atiçou o próprio debate acerca de uma nova ordem internacional ditada pelo predomínio do sistema neoliberal.

O Canadá e o México, animados com a formação da zona de livre-comércio, têm recebido forte influência dessa última linha de estudos. No caso do Canadá, mesmo com a aproximação aos problemas apresentados pela historiografia britânica e francesa (nas universidades do Quebec), o domínio dos currículos e das pesquisas pelos temas da integração regional e do mundo globalizado abafou a própria tradição de estudos sobre as posições de eqüidistância que marcaram a presença canadense nas relações internacionais do século XX.

Foi no Canadá que se reuniu, pela última vez, o Comitê de História das Relações Internacionais. Em Montreal, cerca de 60 historiadores participantes do 18º Congresso Mundial de Ciências Históricas discutiram, no final de agosto e no início de setembro de 1995, o tema do multiculturalismo nas relações internacionais. A presença das abordagens canadenses sobre o tema foi relevante, especialmente a do grupo de Pierre Savart, da Universidade de Montreal.

No México, houve uma abordagem própria da história das relações internacionais até o início dos anos 1980. Animados com a renovação intelectual do pensamento social da América Latina e com a grande leva de intelectuais perseguidos pelos regimes militares da América do Sul, o México tornou-se um *carrefour* do pensamento crítico acerca da inserção internacional dos países latino-americanos.

Os estudos de relações internacionais da Universidade Nacional Autônoma do México e do Colégio do México, nas décadas de 1960, de 1970 e no princípio da de 1980, abordaram as razões da assimetria mexicana em relação ao poder internacional ao norte do Rio Grande, a aproximação mexicana aos movimentos de libertação política na América Latina, especialmente aos da América Central, e um pensamento crítico em relação à exclusão de Cuba do sistema americano. John Saxe-Fernandez, no seu *Ciencia política y política exterior*, de 1978, sintetizou alguns dos desafios da política exterior mexicana.

Em uma das famosas sete teses equivocadas acerca da América Latina, Rodolfo Stavenhagen, um dos mais importantes intelectuais daquela geração no México, chamou a atenção para a dependência estrutural que tornava os Estados latino-americanos fracos e sem força própria para romper as hegemonias internacionais. No artigo *Challenging the Nation-State in Latin America* (*Journal of International Affairs*, n. 45(2), 1992), Stavenhagen ainda insiste nas dimensões profundas, especialmente aquelas herdadas das tradições indígenas, que tornam a inserção internacional dos Estados latino-americanos bastante peculiar.

Marcos Kaplan, outro dos teóricos daquela geração de estudiosos que adotaram o México como sua pátria, com o livro *Estado e sociedade*, expôs os limites dos Estados latino-americanos nas relações internacionais da época. A teoria da dependência foi, naquele momento, o elo entre historiadores e teóricos mexicanos dedicados aos assuntos internacionais.

Houve também uma forte associação, nas décadas referidas, entre os objetivos de governantes mexicanos (como a vontade do ex-presidente Luís Echeveria de ocupar a Secretaria-Geral das Nações Unidas) e a expansão dos estudos internacionais no México. Criou-se, por iniciativa do próprio Echeveria, o Centro de Estudos do Terceiro Mundo (Cestem), pelo qual foi publicada a mais relevante contribuição de idéias e textos da América sobre as possibilidades de construção de uma nova ordem econômica internacional nos anos 1970.

Mas essa linha de estudos foi praticamente abandonada nos anos 1990. O rea-linhamento mexicano ao projeto internacional norte-americano desse período, especialmente depois da aceitação do México no Nafta, em 1993, e da era neoliberal de Salinas de Gortari, reorientou a análise mexicana das relações internacionais. Os programas das disciplinas teóricas e históricas dos mais conceituados cursos de graduação e pós-graduação em relações internacionais do México, no Centro de Estudios Internacionales, do Colégio do México, foram readaptados aos novos temas da globalização e da integração setentrional. Basta verificar os títulos publicados recentemente pela tradicional revista Foro Internacional, editada pelo Colégio do México, e livros como *La integración comercial de México a Estados Unidos y Canadá. ¿Alternativa o destino?*, de 1991, organizado por Victor Bernal Sahagón.

As poucas vozes dissidentes, que propõem um certo retorno à tradição crítica mexicana no estudo das relações internacionais, parecem silenciadas, apesar da erupção do México profundo nas revoltas dos camponeses de Chiapas. O transe mexicano, para utilizar a expressão do livro de Igor Fuser, *México em transe*, de 1995, parece não ter fim.

1.2.2 As construções austrais: a Argentina e o Brasil

A Argentina e o Brasil são os países da América do Sul que possuem aborda-gens sistemáticas da história das relações internacionais. O reconhecimento de ambos os países como protagonistas da moderna análise histórica culminou, na reunião plenária da Comissão de História das Relações Internacionais, em Montreal, em setembro de 1995, na aprovação da inclusão de um segundo nome latino-americano no seu Bureau. Ladeando Amado Luiz Cervo, o historiador argentino Mario Rapoport foi conduzido à condição de 12º membro do órgão. Em agosto de 2000, no colóquio de Oslo, a comissão, diante da saída de Cervo, deliberou incluir José Flávio Sombra Saraiva no seu Bureau. Mantém-se, assim, a tradição de dois latino-americanos na mais representativa associação internacional da área.

Há muitos aspectos em comum nas construções argentino-brasileiras das relações internacionais. Os três principais são a influência da escola francesa, a ênfase no tema do desenvolvimento como um fator decisivo na inserção internacional de ambos os países no cenário internacional e o entrosamento que os historiadores argentinos e brasileiros vêm desenvolvendo nas obras coletivas em elaboração e nos seminários co-organizados na Argentina e no Brasil. Mas há também diferenças que fazem com que os argentinos se distanciem, nos seus arranjos institucionais e abordagens dos problemas, de seus colegas brasileiros.

Na Argentina, destaca-se, no início da década de 1990, a criação da Associação Argentina de História das Relações Internacionais, presidida por Mario Rapoport. A associação já realizou três encontros nacionais, tendo sido o de junho de 1996 sobre o tema "globalização e história". Os cursos universitários mais importantes de relações internacionais estão na Universidade de Buenos Aires, na Universidade Nacional de Córdoba, na Universidade Nacional de Rosário e na Universidade Nacional do Centro.

O desenvolvimento da história das relações internacionais na Argentina revela a existência de uma gama de pesquisadores que tem promovido uma grande renovação do conhecimento. O tema que amalgama a renovação vem sendo o estudo da história da inserção internacional da Argentina. Guillermo Figari e José Paradiso publicaram, em 1993, respectivamente, *Pasado, presente y futuro de la política exterior argentina* e *Debates y trayectoria de la política exterior argentina*. Mario Rapoport e seu grupo da Faculdade de Ciências Econômicas, na Universidade de Buenos Aires, têm feito publicações consistentes, como a revista Ciclos, dedicadas a aspectos da evolução da política externa argentina. Em todas essas iniciativas, percebem-se a força dos debates e a ampliação do escopo das análises.

Uma outra característica importante dos historiadores das relações internacionais na Argentina é o debate que eles vêm promovendo com os teóricos e formuladores da política exterior argentina. Carlos Escudé, com seu livro *Realismo periférico. Fundamentos para la nueva política exterior argentina*, publicado em 1992, provocou grande polêmica acerca da inserção internacional argentina no governo Menem. Roberto Russell, ao estudar e defender a associação da política externa argentina aos desígnios dos interesses norte-americanos no mundo, é acusado de confundir os meios com os fins. O debate é animado e estimulado por casas editoriais como o Grupo Editor Latinoamericano e o Editorial Planeta Argentina, que têm facilitado a publicação de muitos títulos de autores argentinos sobre as relações internacionais contemporâneas.

Buenos Aires é o centro da efervescência, mas as províncias também se inserem no debate. Edmundo Heredia, da Universidade de Córdoba, Raúl Bernal-Meza, da Universidade do Centro, Bruno Boloña, Gladys Lechini, Carlos Alfredo da Silva, entre outros, da Universidade Nacional de Rosário, participam animadamente do debate.

No Brasil, não há uma associação de historiadores das relações internacionais, como na Argentina. Em compensação, existe no país uma tradição acadêmica mais sólida no âmbito universitário. O primeiro programa de história das relações internacionais, da América do Sul, foi criado na Universidade de Brasília, no curso de pós-graduação em história, em 1976. Ao longo de mais de 20 anos de atuação, o programa produziu cerca de 60 dissertações de mestrado. Em 1994, a universidade implantou o doutorado em história das relações internacionais, único programa do gênero na América do Sul.

Com base no programa, desenvolveu-se uma tradição brasiliense de estudos internacionais, e que congrega estudiosos e diplomatas como Amado Luiz Cervo, Sérgio Bath, Paulo Roberto de Almeida, Moniz Bandeira, Corcino Medeiros dos Santos, Edmundo Heredia, Clodoaldo Bueno, León Bieber, Paulo Vizentini, José Flávio Sombra Saraiva e, mais recentemente, Albene Miriam F. Menezes, Wolfgang Döpcke e Norma Breda dos Santos. O programa colabora com o Instituto Brasileiro de Relações Internacionais (Ibri) na publicação da *Revista Brasileira de Política Internacional (RBPI)*, a mais antiga do país na área das relações internacionais.

Uma das contribuições do grupo de Brasília foi o aperfeiçoamento da área, numa linha de evolução que vinha dos estudos de Calógeras (*A política exterior do império, 1927-1933*), dos historiadores diplomáticos Hélio Vianna, Delgado de Carvalho, Renato de Mendonça, Teixeira Soares e, mais recentemente, dos de José Honório Rodrigues. Para isso, o contato dos historiadores de Brasília com seus colegas franceses e britânicos foi de fundamental importância.

Outro aporte do grupo de Brasília ao desenvolvimento da disciplina foi a percepção de que os arquivos diplomáticos não são suficientes para uma boa pesquisa da história das relações internacionais. A leitura de dissertações, teses, livros e artigos comprova a necessidade de ampliação das fontes, incluindo-se entre elas as parlamentares e jornalísticas, como também a importância de se fazer uso das técnicas da história oral e da análise do discurso. Foram trazidos à atenção temas e fatores novos, tais como a opinião pública e a história cultural. Ampliou-se o horizonte geográfico com estudos sobre as relações do Brasil com a África, a Ásia e, especialmente, com os países do Cone Sul.

A mais relevante contribuição do grupo de Brasília à modernização da história das relações internacionais vem sendo a frutífera investigação sobre a inserção internacional do Brasil nos dois últimos séculos. Com os estudos fundamentais de Amado Luiz Cervo sobre o século XIX (*O parlamento brasileiro e as relações exteriores, 1826-1889*), publicado em 1981, e de Clodoaldo Bueno (*A República e sua política exterior, 1889-1902*), de 1995, duas obras vieram ampliar essa linha de pesquisa: a síntese de Cervo e Bueno, *História da política exterior do Brasil*, lançada em 1992, e a obra coletiva *O desafio internacional. A política exterior do Brasil de 1930 a nossos dias*, publicada em 1994, contou com a colaboração de Amado Luiz Cervo, Clodoaldo Bueno, Moniz Bandeira, León Bieber, José Flávio Sombra Saraiva e Antônio José Barbosa. Além dessas obras gerais e fundamentais para a compreensão das relações exteriores do país, uma outra linha de investigação aprofundou o estudo das parcerias estratégicas, que se mostraram de relevância para a construção das sínteses gerais. Merecem destaque os estudos de Moniz Bandeira das relações do Brasil com os Estados Unidos, a Alemanha, a Argentina e a América Latina; o de Amado Luiz Cervo, com a Itália; o de José Flávio Sombra Saraiva, com a África; e o de Francisco Monteoliva Doratioto, com o Paraguai.

Esses estudos fundamentam a tese que renova o olhar sobre a inserção internacional do Brasil desde os anos 1930: a subordinação da política externa à busca obsediante pelo desenvolvimento nacional por parte das elites políticas do Brasil. Como desígnio que abrigou concepções distintas da política exterior, especialmente a tensão entre os livre-cambistas e os nacionalistas, o desenvolvimento permitiu certos padrões de continuidade verificados na conduta externa do país desde os anos 1930.

Ainda, a Universidade de Brasília mantém um curso de graduação e um de mestrado em relações internacionais, com ênfase nas áreas de política, economia e direito. No Rio de Janeiro, surgiram centros e programas dedicados à pesquisa das relações internacionais, como o Instituto de Relações Internacionais da Pontifícia Universidade Católica do Rio de Janeiro, que ministra um curso de mestrado e publica a revista Contexto Internacional. Nele atuou Gerson Moura, um dos mais profícuos historiadores brasileiros das relações internacionais. Nos anos 1990, foi implantado, na Universidade Estadual do Rio de Janeiro, o segundo programa de pós-graduação do Brasil em história das relações internacionais. Em São Paulo, os estudos, particularmente da história das relações internacionais, nunca estiveram entre as prioridades das universidades estaduais. Na Universidade Federal do Rio Grande do Sul e na Pontifícia Universidade Católica do Rio Grande do Sul, grupos de jovens pesquisadores animam os estudos de relações internacionais, que colocam em destaque o tema da integração do Cone Sul.

Sob os auspícios da Comissão de História das Relações Internacionais e da Universidade de Brasília, a primeira reunião dos historiadores brasileiros das relações internacionais ocorreu em Brasília, em 1994, quando da realização da International Conference on State and Nation in the History of International Relations of American Countries. Os atos da conferência foram publicados sob o título *Relações internacionais dos países americanos: vertentes da História*.

A reunião ensejou a ampliação dos contatos dos historiadores brasileiros entre si e com os argentinos. Animados pelo processo de integração regional, argentinos e brasileiros caminham, cada vez mais próximos, rumo à renovação da história das relações internacionais da região, superando as historiografias nacionais e o ângulo limitado de cada país. Desde aí, os numerosos encontros regionais de historiadores e de outros cientistas sociais, além de pesquisas coletivas, marcam o ritmo da cooperação. Entre os eventos, merecem destaque o seminário conjunto Argentina y Brasil en el Mercosur, Políticas Comunes y Alianzas Regionales, realizado em Buenos Aires, em novembro de 1994; o simpósio O Cone Sul no Contexto Internacional, em Brasília, em maio de 1995; o Simpósio

Internacional — os Estados Americanos: Relações Continentais e Intercontinentais, em Porto Alegre, em outubro de 1996; e a Conferência Internacional Procesos de Integración y Formación de Bloques Regionales, em Buenos Aires, em setembro de 1997. Uma obra coletiva, que reúne historiadores dos países do Mercosul, está sendo concluída e tem o objetivo de revisar as relações regionais e a inserção internacional do Cone Sul, desde a independência até os dias atuais.

Finalmente, cabe perguntar se já é possível falar de uma escola argentino-brasileira de história das relações internacionais. A leitura dos livros e das contribuições dos eventos conjuntos revela o surgimento de um ângulo de estudo próprio, bem como a identificação de problemas e desenvolvimentos particulares à região. Observam-se, com efeito, procedimentos e temas comuns, como a superação da velha história diplomática, construída nas nacionalidades; o distanciamento do estudo de conflitos, como o centro historiográfico; a ênfase nas possibilidades e na prática da cooperação; a busca de identidades que unam mais do que as singularidades que afastam; a preocupação, enfim, de substituir os velhos dogmas da teoria da dependência pela identificação das oportunidades concretas de desenvolvimento.

Referências

BERNAL-MEZA, Raúl. *América Latina en el mundo. El pensamiento latinoamericano y la teoria de relaciones internacionales*. Buenos Aires: Nuevohacer, 2005.

BULL, Hedley; WATSON, Adam (Org.). *The expansion of international society*. Oxford: Oxford University Press, 1984. [ver também a edição italiana, com introdução de Brunello Vigezzi: *L'expansione della società internazionale*. Milano: Jaca, 1994]

CERVO, Amado Luiz (Org.). *O desafio internacional. A política exterior do Brasil de 1930 a nossos dias*. Brasília: Editora da UnB, 1994.

CERVO, Amado Luiz; BUENO, Clodoaldo. *História da política exterior do Brasil*. São Paulo: Ática, 1992.

CHABOD, Federico. *Storia della politica estera italiana dal 1870 al 1896*. Bari: La Terza, 1951.

CHOMSKY, Noam. *Novas e velhas ordens mundiais*. São Paulo: Scritta, 1996.

DI NOLFO, Ennio. *Storia delle relazioni internazionali, 1918-1992*. Bari: La Terza, 1995.

DUNNE, Tim. *Inventing international society*: a history of the English school. London: MacMillan, 1989.

DUROSELLE, Jean-Baptiste. *Tout empire périra*. Une vision théorique des relations internationales. Paris: Publications de la Sorbonne, 1981.

_____. *Histoire diplomatique de 1919 à nos jours*. Paris: Dalloz, 1993.

FAWN, Rick; LARKINS, Jeremy. *International society after the cold war*: anarchy and order reconsidered. London: MacMillan, 1996.

FIGARI, Guillermo Miguel. *Pasado, presente y futuro de la política exterior argentina*. Buenos Aires: Grupo Editor Latinoamericano, 1993.

FURET, François. *Le passé d'une illusion*: essai sur l'idée communiste au XXe siècle. Paris: Robert Laffont, Calmann-Lévy, 1995.

GIRAULT, René. *Relations internationales contemporaines*. t. 1: Diplomatie européenne; nations et impérialismes, 1871-1914. t. 2 (em colaboração com Robert Frank): Turbulente Europe et nouveaux mondes, 1914-1941. t. 3 [em colaboração com Jacques Thobie e Robert Frank]: La loi des géants, 1941-1964. Paris: Masson, 1995, 1988, 1993.

HALLIDAY, Fred. *Repensando as relações internacionais*. Porto Alegre: Editora da UFRGS, 1999.

KNUTSEN, Torbjorn L. *A history of international relations theory*. Manchester, New York: Manchester University Press, 1997.

LELLOUCHE, Pierre. *Le nouveau monde; de l'ordre de Yalta au désordre des nations*. Paris: Bernard Grasset, 1992.

MILWARD, Alan S. (Ed.). *The frontier of national sovereignty. History and theory, 1945-1992*. London, New York: Routledge, 1993.

PAILLARD, Yvan G. *Expansion occidentale et dépendance mondiale*: fin du XVIIIe — 1914. Paris: Armand Colin, 1994.

PARADISO, José. *Debates y trayectoria de la política exterior argentina*. Buenos Aires: Editorial Planeta Argentina, 1993.

PIZZETTI, Silvia. *La storia delle relazioni internazionali nella Germania contemporanea*. Milano: Jaca, 1987.

RENOUVIN, Pierre (Org.). *Histoire des relations internationales*. t. 1: Du Moyen Âge à 1789; t. 2: De 1789 à 1871; t. 3: De 1871 à 1945. Paris: Hachette, 1994. [nova edição, com apresentação de René Girault].

ROSENAU, James. *Turbulence in World politics*: a theory of change and continuity. New Jersey: Princeton University Press, 1990.

SAHAGÓN, Victor Bernal (Org.) *La integración comercial de México a Estados Unidos y Canadá.¿Alternativa o destino?* México: Siglo XXI, 1991.

SARAIVA, José Flávio S. (Ed.) *Foreign policy and political regime*. Brasília: Ibri, 2003.

SARAIVA, José Flávio S.; CERVO, Amado (Org.) *O crescimento das relações internacionais no Brasil*. Brasília: Ibri, 2005.

SHEEHAN, Michael. *The balance of power*: history and theory. London, New York: Routledge, 1996.

TOSCANO, Mario. *Le origini diplomatiche del Patto d'Acciaio*. Florence: Sansoni, 1948 e 1956.

VERGOA, Hugo Fazio (Org.) *El sur en el nuevo sistema mundial*. Bogotá: Siglo del Hombre Editores, 1999.

VIGEZZI, Brunello. *Politica estera e opinione pubblica in Italia dall'unità ai giorni nostri*. Milano: Jaca, 1991.

WATSON, Adam. *The evolution of international society*. A comparative historical analysis. London, New York: Routledge, 1992.

WOODS, Ngaire. *Explaining international relations since 1945*. Oxford: Oxford Universtiy Press, 1996.

ZORGBIBE, Charles. *Histoire des relations internationales*. t. 1: 1871-1918; t. 2: 1918-1945; t. 3: 1945-1962; t. 4: 1962 à nos jours. Paris: Hachette, 1994, 1994, 1995, 1995.

Hegemonia coletiva e equilíbrio:
a construção do mundo liberal (1815-1871)

Amado Luiz Cervo

Para as relações internacionais contemporâneas, 1815 é visto como um marco cronológico com três significados importantes: as decisões do Congresso de Viena configuram uma nova ordem internacional; essa transição corresponde ao impulso econômico e político dos europeus; tendo por parâmetro o Concerto Europeu, regras e condutas serao estendidas ao mundo inteiro. Por volta de 1870-1880, novo marco é estabelecido com a criação do Império Alemão, o retorno ao protecionismo e o aumento da concorrência internacional, o revigoramento de todos os fatores de dominação e a nova corrida colonial. O século XIX esconde, portanto, fundamentos essenciais de compreensão do presente.

No século XIX, o sistema internacional ampliou-se da Europa para o mundo inteiro na forma de uma rede de interações tecida por um elemento cultural comum, rede que Adam Watson chama de "sociedade internacional européia". No século XIX, a revolução industrial expandiu-se, determinando nova modalidade de relações internacionais que Ekkehart Krippendorff ousa deduzir diretamente da economia política do capitalismo. Ao analisar o século XIX, Pierre Renouvin identifica as forças econômicas, políticas, espirituais e psicológicas que conduziram ao desenvolvimento das sociedades, mantiveram a paz e prepararam as grandes conflagrações do século XX. Foi no século XIX que Yvan G. Paillard encontrou os fatores de expansão ocidental que iriam separar o mundo em duas partes, colocando em íntima relação dominantes e dominados, desenvolvidos e atrasados. No século XIX, enfim, Caio de Freitas situa o esquema original por meio do qual a matriz do sistema, a Grã-Bretanha, soube controlar o modo de inserção internacional do Brasil.

Sobre as relações internacionais intereuropéias do século XIX, pesaram fundamentalmente as determinações políticas e estratégicas, ao passo que, sobre as relações entre as potências européias e o resto do mundo, preponderaram as determinações econômicas. Não convém insistir sobre essa dicotomia, mas a distinção entre esses dois mundos, que então se definiam. O estudo de suas interações parecem indispensáveis para compreender o século XX.

• 2.1 A sociedade internacional européia e as relações intereuropéias

2.1.1 O Império Napoleônico e a transição do sistema internacional

A emergência de Napoleão Bonaparte no processo da Revolução Francesa ampliou enormemente o impacto do movimento sobre as relações internacionais. Seu império significou a ruptura com o sistema de equilíbrio que, embora funcionasse com dificuldades, caracterizava as relações entre os Estados europeus nos séculos XVII e XVIII. Convém, pois, recuar a esse período em busca de compreensão para as características, sobretudo políticas e estratégicas, da sociedade internacional européia do século XIX.

Na Idade Média, a Europa ocidental concebia as relações entre comunidades ou Estados diferentemente do que ocorria nos antigos sistemas de Estados, como o sumeriano, o assírio, o persa, o grego, o macedônico, o indiano, o chinês, o romano, o bizantino ou o islâmico. A cristandade era o traço daquela civilização que determinava conceitos e práticas de governo e autoridade, bem como atitudes, diante da paz e da guerra, que lhe eram próprias. Por seu turno, a Renascença italiana modificou o Estado e as relações internacionais ao fazer avançar a cidade-Estado, a república e a concentração do poder no príncipe. Operações militares realistas, que incorporavam à arte da guerra, tanto os progressos da técnica como o desempenho do exército profissional de mercenários, passaram a desenvolver-se perigosamente e induziram, por prudência, a mise en place de uma diplomacia permanente e de uma balança de poder. A Europa modificou-se com o aparecimento desse novo *Stato* italiano.

Ao término da Renascença e das reformas religiosas, fragmentou-se a área da cristandade em Estados territoriais sob o mando fortalecido de reis que ignoravam a autoridade central e estavam dispostos a integrar uma associação anti-hegemônica em defesa das múltiplas independências. Tornam-se, pois, compreensíveis as dificuldades que enfrentavam os Habsburgos, herdeiros do Santo Império Romano Germânico, para restabelecer a autoridade central e repor a hegemonia da cristandade. Pequenas e médias potências européias, até mesmo com a ajuda do Império Otomano, compunham e recompunham alianças, obstando, desse modo, no século XVI, ao sonho dos Habsburgos.

O crescimento da associação anti-hegemônica, no período pós-renascentista, fez aflorar a idéia e estimulou a busca da balança do poder entre os europeus. Desde aí, a história dessa balança mostra que ele oscila entre os dois extremos de um espectro, no qual as relações internacionais deslocam-se do predomínio hegemônico ao das múltiplas independências, passando por situações quase inumeráveis, como se fossem o movimento de um pêndulo que busca, no ponto de equilíbrio, seu ideal, segundo a imagem de Watson. O século XVII acabou por legitimar a "sociedade de Estados independentes" como força histórica do sistema internacional. Com efeito, o Congresso de Vestfália (1648), primeiro grande foro internacional dos tempos modernos, consagrou a superioridade do princípio da independência dos Estados, em assuntos internos e externos, sobre o princípio antagônico da hegemonia. A *raison d'État*, conceito elaborado pelo cardeal de Richelieu, conselheiro do rei da França, para regular as relações internacionais, prevaleceu sobre o *imperium* universal, ao qual os Habsburgos haveriam de renunciar.

A filosofia política de Vestfália fez avançar a sociedade internacional européia em termos conceituais: a nova ordem era fruto da negociação, legitimava uma sociedade de Estados soberanos, enaltecia a associação e a aliança, mas não era ingênua a ponto de ignorar a existência de hierarquia e hegemonia entre Estados e a mobilidade da balança do poder. O direito internacional modernizou-se. O jurista holandês Grotius deu aos europeus a convicção de que as relações internacionais haviam migrado para fora da anarquia maquiavélica quando os convenceu de que obedeciam a um conjunto de princípios, valores e regras aceitos e praticados pelos novos Estados-nação.

Do século XVI ao início do século XIX, o funcionamento da sociedade internacional européia passaria por dois grandes desafios. O primeiro dizia respeito às relações internas ao sistema, em que, aparentemente, emergia a dimensão estratégica; o segundo envolvia as relações do sistema com o lado de fora e tinha uma visível dimensão econômica.

Internamente, os europeus perceberam que a propensão para a hegemonia era constante, sucedendo-se uma potência após outra em sua busca. Se a França de

Richelieu, com seus princípios e alianças, enfraqueceu o império dos Habsburgos, a de Luís XIV teve por desígnio substituir aquela hegemonia e, para tanto, o orador da corte, prelado e escritor Bossuet reanimou a arcaica doutrina do direito divino. Diante disso, ingleses e holandeses pensaram em edificar um contínuo e móvel equilíbrio, com regras e instituições assumidas pelos Estados-membros da sociedade internacional. O direito internacional secularizou-se e tornou-se racional, dando à sociedade internacional européia traços universalistas. Soberania e não-intervenção foram então, princípios incorporados a um novo *jus gentium*, que exaltava o diálogo diplomático permanente e multilateral e via o uso da força como recurso de última instância. Ao término do reinado de Luís XIV, os acordos de Utrecht, de 1714, segundo grande foro da sociedade internacional européia, consagraram esses avanços e abriram para a Europa um período de ordem e progresso que se estendeu à Revolução Francesa.

Enquanto os europeus amadureciam o modo de praticar relações internacionais em seu próprio espaço continental, movimentavam-se também para fora. A grande expansão européia do século XIX foi precedida de três séculos durante os quais se traçaram rotas e testaram-se mecanismos. Havia no Oriente sistemas de Estados, como os do Islã, da Índia e da China, baseados em civilizações consolidadas. Contudo, diferentemente da Europa, naqueles sistemas prevalecia, sem alternativa, a característica imperial ou hegemônica. Por outro lado, portugueses e espanhóis ignoraram as civilizações americanas e aplicaram ao novo mundo a estratégia da reconquista ibérica, tendo em vista fortalecer o *Stato* nacional. Como diferiam as realidades, diferiam também os métodos: a expansão para o Oriente evitou o confronto de poder e elegeu o comércio como objetivo; para o Ocidente, ela teve o caráter de dominação, espoliação e exploração, senão mesmo de destruição. Por meio da expansão ibérica do século XVI, os europeus conquistaram a América e tornaram-se clientes da Ásia. Holandeses, depois ingleses e franceses, seguiram os ibéricos atrás dos lucros dos empreendimentos, exigindo áreas de expansão, já que não poderiam obter a liberdade para o comércio. Dois Estados criados ou moldados por europeus, os Estados Unidos da América e a Rússia, expandiriam a sociedade internacional européia para fora da Europa, no século XVIII. Embora introduzindo regras e conceitos de sua experiência, os europeus não dominariam, todavia, outros sistemas de Estado até o século XVIII. O sistema único global de relações internacionais será implantado apenas no século XIX, como expansão da sociedade internacional européia.

O impulso radical para a ordem internacional, que iria prevalecer no século XIX, tirou da Revolução Francesa e do Império Napoleônico seu preâmbulo político, e da revolução industrial do capitalismo, seu fundamento econômico.

O Império Napoleônico não derivava de forma pura da tendência hegemônica dos Habsburgos ou de Luís XIV. Na medida em que sua expansão respondia a aspirações sociais e políticas de povos europeus, ele se alinhava, de certo modo, com a tendência posta em relevo por Vestfália e Utrecht. Contudo, na percepção dos estadistas europeus desse período, percepção de certa forma presente nas reações nacionalistas de diversos povos, Napoleão fizera o pêndulo do poder atingir, em seu espectro, o ponto extremo da hegemonia, como até então nunca ocorrera. Quando Napoleão caiu, as potências européias, reunidas no terceiro grande foro diplomático da história, o Congresso de Viena, decidiram, em 1815, que não mais convinha restabelecer a idade da razão na política internacional — o sistema de equilíbrio de múltiplas independências do século XVIII. A sociedade internacional européia vai evoluir para um sistema de entendimento e colaboração controlado pelas grandes potências, deixando no passado tanto a imposição unilateral de força de uma potência singular como a prevalência das múltiplas independências sobre as relações internacionais.

2.1.2 A sociedade internacional européia e a ordem internacional do século XIX

Ao analisar os estudos dos pesquisadores ingleses que integraram o British Committee on the Theory of International Politics, Brunello Vigezzi diferencia os conceitos de sociedade internacional e sistema internacional. O sistema internacional corresponderia à interação econômica, política e estratégica entre Estados-agente, os quais, ao guiarem-se pelos interesses próprios, dependem uns dos outros para atingir seus fins externos. Cada sistema fixa regras, instituições e valores comuns, que servem de veículos e parâmetros para a ação e condicionam a conduta dos Estados-membros. Em dado momento da evolução de um sistema para a maturidade, atinge-se o estágio de sociedade internacional.

Duas categorias de elementos qualificam uma sociedade internacional: os elementos derivados de princípios e práticas específicos de política internacional e a cultura comum que lhes dá unidade orgânica. A sociedade internacional espelha, portanto, a densa trama de interações entre comunidades e Estados que se comportam segundo regras e valores específicos. Um sistema internacional histórico, como o árabe-islâmico, o indiano, o chinês, o tártaro-mongol ou o incaico, pode evoluir ou não para uma sociedade internacional. Desde a revolução industrial e o século XIX, constituiu-se na Europa uma sociedade internacional que fez novos adeptos, contaminou as estruturas internas e as relações entre Estados, as normas jurídicas, os modos de viver e de pensar e os modos de produzir e de comerciar. Essa sociedade internacional européia ampliou-se a ponto de converter-se num sistema internacional em escala planetária. Ao considerar essa dimensão universal, deve-se dizer que nada comparável ocorrera antes. O incontestável domínio que as potências européias exerceram sobre as relações internacionais entre 1800 e 1914 deriva da íntima conexão entre a sociedade internacional européia e o sistema de dominação ocidental, domínio quebrado somente após 1945, com a ordem das duas superpotências e a emergência do Terceiro Mundo. Do século XIX ao presente, a sociedade internacional passou pela expansão e o declínio dos europeus, porém, por um lado, foi herdeira da sociedade precedente e, por outro, elaborou regras, instituições e valores diversos ou está à sua busca.

As relações internacionais do século XIX serão examinadas à luz de princípios e práticas cimentados pela cultura comum dos europeus e à luz do impacto provocado por seu encontro com o resto do mundo. Esse procedimento tem por base uma hipótese: a Europa do século XIX progrediu em todos os planos, tendo o denominado Concerto Europeu como sua própria e específica organização de Estados, com princípios e práticas de política exterior pressionados por uma rede de interesses econômicos, políticos e estratégicos, com grande unidade cultural, sobretudo quando se tratou da expansão para fora dela mesma.

Para compreender a organização do Concerto Europeu, torna-se necessário proceder ao *aggiornamento* dos conceitos de independência e hegemonia. Desde a criação do *Stato* renascentista, passando por Vestfália, Utrecht, a racionalidade do século XVIII e as independências da América, fortaleceu-se a liberdade de ação interna e externa do Estado soberano. Segundo essa tendência das relações internacionais, a ordem entre os membros da sociedade internacional européia foi buscada de duas formas importantes: por meio da negociação de interesses singulares dos Estados e mediante acordos e regras que, embora viessem a limitar a liberdade desses Estados, criavam uma sociedade que os beneficiava. A liberdade dos Estados independentes era assim limitada pelas coerções da interdependência, como também por vontade própria. Essa ordem era, todavia, posta em risco pelo surgimento espontâneo da hegemonia, que criava novo desafio para o gerenciamento das relações internacionais. A hegemonia, terceiro fator restritivo da liberdade dos Estados, haveria de ser incorporada à construção da ordem, sob pena de, não o sendo, destruí-la e substituí-la por outra.

A luta entre hegemonia e anti-hegemonia (coalizões, guerra, balança, acordos, regras de controle) movimentou o pêndulo das relações internacionais, permitindo visualizar teoricamente um espectro entre o triunfo absoluto da independência e o triunfo da hegemonia absoluta. Na verdade, a Europa evoluiria, no início do século XIX, de uma sociedade internacional de múltiplas independências com um *hegemona*, o Império Napoleônico, para uma sociedade internacional de múltiplas independências moderadas e administradas por um *pool* hegemônico de controle político, o Concerto Europeu. Segundo as palavras de Watson, esse concerto seria "uma hegemonia coletiva temperada pela balança do poder, portanto uma síntese das duas tradições opostas da procura européia pela ordem".

A legitimidade desse sistema internacional, o Concerto Europeu, fundava-se nos benefícios que seus membros supunham derivarem de seu funcionamento: como os extremos — a potência singular independente ou a hegemonia singular absoluta — não podiam impor-se, a prática tornava o sistema legítimo ao erradicar os males dos extremos. A *grande république* era o bem superior que socializava a singularidade da *res publica*. O senso realista das concepções e práticas de política internacional do Concerto Europeu do século XIX pretendeu corrigir o sistema de igualdade jurídica dos Estados implantado no século XVII, porque este último revelou-se incapaz de evitar a dominação dos impérios. Foi além, ao indicar que os grandes devem atender a interesses de todos os Estados-membros da sociedade internacional.

O encontro da sociedade internacional européia com o resto do mundo, desde os fins do século XVIII e ao longo do seguinte, significou a construção de um sistema internacional mundial e a difusão menos perceptível, por baixo dele, de uma nova sociedade internacional. Os europeus determinaram as relações com os novos Estados que eles ou seus descendentes criaram na América e, depois, na África do Sul e na Oceania, e exigiram ou impuseram essas mesmas relações ao mundo muçulmano e ao continente asiático. Ao tornar-se mundial, a sociedade internacional européia montou um efetivo sistema de dominação. A expansão européia não era um empreendimento coletivo, mas de Estados e empresas que não agiam com liberdade total, porquanto se submetiam a acordos coletivos ou intervenções concertadas segundo os padrões de conduta intra-europeus.

A independência da América foi uma fase decisiva da expansão da sociedade internacional européia. Vistos antes como colônias dependentes da metrópole, os Estados europeus de ultramar foram aceitos, após as independências, como extensões da *grande république*. Para tanto, contribuiu o fato de haverem acrescentado a retórica da descolonização à da sociedade internacional de múltiplas independências. Quase se verificou o mesmo, no século XIX, na Austrália e na África Austral, com o movimento de independência dos bôeres contra o imperialismo e as conquistas ingleses. A França apoiou a independência dos Estados Unidos por razões estratégicas e econômicas, e a Grã-Bretanha, a da América Latina. Além dos benefícios que anteviam com a abertura dos mercados periféricos aos produtos da revolução industrial, Grã-Bretanha e França pretendiam, desde 1823, em consonância com o governo dos Estados Unidos, reforçar a área dos governos constitucionais da sociedade internacional européia, no seio da qual poderosas monarquias absolutas tinham assento. Na trama dos cálculos europeus, a existência de forte monarquia constitucional no Brasil servia, além de tudo, para evitar que o republicanismo e o risco de dominação continental dos Estados Unidos viessem conturbar o Concerto Europeu. Os malogros do Congresso do Panamá e do sonho de unidade de Bolívar tranqüilizaram o concerto ainda mais: a América Latina incorporava à sociedade internacional européia novas independências pequenas e, fragmentada, abria-se, sem resistência, à competição internacional.

O resto do mundo foi posto sob controle hegemônico do concerto dos europeus. A revolução industrial forneceu-lhes os meios, e a sociedade internacional européia, as regras, os princípios e os valores. A resistência era minguada. Os europeus iriam impor a sociedades menos complexas ou organizadas e também a grandes civilizações seu modo de fazer comércio e de explorar a terra e os recursos naturais, como também regras e instituições desenvolvidas na matriz do sistema. As reações aos mecanismos de dominação serviam para expandir regras e instituições, como efeito desejado ou odiado, pouco importava: honrar contratos e acordos internacionais, garantir imunidades diplomáticas ou dos comerciantes, aceitar consulados. O resto do mundo não integrou a *grande république*, portanto estava excluído do direito de modificar suas regras e instituições. Seus Estados eram, aliás, chamados a copiar os europeus, mesmo no que dizia respeito à organização interna, se quisessem igualar-se a eles: instituições representativas, comércio liberal, direito internacional. Dessa forma, a expansão européia do século XIX galgou três patamares: dominação estratégica, exploração econômica e imperialismo cultural.

A administração do Concerto Europeu do século XIX far-se-ia com mais dificuldades para dentro do que para fora. Em outras palavras, os europeus guerreavam mais entre si, por motivos locais, do que quando partiam para fora com o intuito de dominar — exceção feita ao espaço do Império Otomano, precisamente porque se cuidava de não permitir, a seu custo, o engrandecimento de uma potência européia, fosse a Rússia dos Czares, fosse a Áustria. A coesão da sociedade internacional européia atingiu o clímax nas relações internacionais ao reforçar os mecanismos de dominação por meio do entendimento político, da negociação de interesses econômicos, da observância de regras jurídicas e da unidade cultural. Dessa forma, os europeus deram-se as mãos com o intuito de abraçar o mundo por meio de um sistema de dominação móvel, pluralista, concorrencial, sob hegemonia coletiva das grandes potências, que se guiavam por interesses próprios, porém, agiam coletivamente quando lhes convinha. A contestação dessa hegemonia registrou apenas um êxito político-estratégico, as independências da América. Embora os Estados Unidos tenham seguido os europeus pelos caminhos da expansão ocidental e o Japão tenha-se conformado, mais tarde, com os

requisitos dos europeus, as duas novas potências não foram admitidas como só-
cias do exclusivo e restrito clube dos cinco grandes, que compunham o diretório
mundial do século XIX.

2.1.3 Cinco grandes e múltiplas independências: o exercício da hegemonia coletiva (1815-1848)

Oriunda do Congresso de Viena, sob a forma de uma hegemonia coletiva, a
organização dos Estados europeus do século XIX ficou conhecida como Concerto
Europeu. Em teoria, os cinco grandes (Grã-Bretanha, Rússia, Áustria, Prússia,
aos quais logo se incorporou a França) haveriam de implantar a diplomacia de
conferências e entender-se sobre as grandes questões da política internacional,
auscultar e levar às reuniões do colegiado as necessidades das pequenas e médias
potências, não exercer hegemonia regional nem tampouco ampliar o próprio domínio, preservando, todavia, a liberdade de mover-se pelos próprios interesses. A
forma pela qual se apresenta a sociedade internacional européia retém elementos
da tradição de múltiplas independências que se conjugam com a tradição hegemônica, porém, agora, temperada pelo controle objetivo que as grandes potências exercem umas sobre outras. Elas eram chamadas a coligar-se para deter,
quando fosse o caso, aquela que infringisse os parâmetros de conduta.

Por mais úteis que sejam esses dados para compreender as relações internacionais entre 1815 e 1870, eles são nitidamente insuficientes. A ordem de Viena
iria flutuar sobre realidades de fundo, extremamente ricas e dinâmicas, que caracterizam o extraordinário progresso da Europa no século XIX. A conduta das
diplomacias e o movimento das relações internacionais dependem do estádio das
forças profundas cm cada circunstância, como ensinou Pierre Renouvin, e dos
homens de Estado, como acrescentou Jean-Baptiste Duroselle. Quanto ao segundo aspecto, a Guerra da Criméia marcou um *turning point* do sistema.

Até então, a ordem de Viena fora mantida por estadistas que a conceberam
originalmente como a melhor forma de administrar o sistema internacional ou
que, com as mesmas convicções, a tiveram sob sua responsabilidade: os ingleses
Castlereagh, Canning, Aberdeen e Palmerston; os Czares Alexandre I e Nicolau I;
o hábil austríaco Metternich; os Hohenzollern, da Prússia; os franceses Richelieu
e Villèle, tímidos, e o ousado Chateaubriand. Por volta de 1850, uma nova geração
de estadistas europeus, sem compromissos diretos com a ordem de Viena, quis
redistribuir o poder e estabelecer novo equilíbrio: Cavour queria a Itália pesando
no concerto, Napoleão III reanimou a vocação desafiadora e imperial da França,

Bismarck encarnou o nacionalismo alemão, enquanto a Inglaterra de Disraeli e Gladstone exerceu vigilância sobre o equilíbrio de poderes no continente.

Os desígnios externos dos homens de Estado consideram as condições objetivas de movimento. Essas condições correspondem a duas determinações fundamentais: na esfera política, o sentimento nacional dos europeus representa uma força revolucionária que ora advoga a conformação do Estado com a nação, ora reivindica as liberdades democráticas; na esfera econômica, as transformações da revolução industrial avançaram de oeste para leste, da Grã-Bretanha para o continente, com repercussões diretas sobre os salários, o emprego, as migrações, o comércio e o fluxo de capitais. Acrescentando-se a essas condições certa leviandade estratégica de governos que se deixam seduzir pela miragem da expansão territorial e tomam iniciativas com esse propósito, tem-se a complexa trama de forças que compõem o cálculo mediante o qual os Estados procuram conjugar suas decisões externas com os meios e as possibilidades disponíveis — uma equação de maior impacto para as cinco grandes potências do que para as pequenas.

Quando seus representantes reuniram-se em Viena, em 1814-1815, as grandes potências tinham desafios circunstanciais a enfrentar, mas pretendiam nortear as relações internacionais com visões de longo alcance. Era preciso conter o movimento revolucionário, as "idéias francesas" que Napoleão, do norte da África, esparramara, à força, pela Europa continental, até o interior da Rússia. O Pacto da Santa Aliança, firmado em 26 de setembro de 1815 pelas monarquias absolutistas da Áustria, da Prússia e da Rússia, com base nas doutrinas arcaicas da unidade cristã e do direito divino dos príncipes, pretendia colocar as relações internacionais sob a égide do cristianismo. Era uma proposta aberta à adesão de todas as cortes européias. O senso racional e realista dos ingleses tolheu-lhe o êxito. A Grã-Bretanha firmou, com as três potências, a Quádrupla Aliança, em 20 de novembro do mesmo ano, e admitiu a presença da França em suas reuniões futuras.

A primeira demonstração do concerto dos grandes deu-se, ainda, em Viena. As decisões do congresso guiaram-se, por um lado, pelo princípio da legitimidade do poder dos príncipes e contiveram, assim, o ímpeto revolucionário, restabelecendo as autoridades destituídas por Napoleão, e, por outro, pelo princípio do entendimento entre os grandes para manter a paz e construir uma nova ordem. A Inglaterra acabou por fazer prevalecer suas concepções sobre as das potências reacionárias, mesmo porque saíra industrial e financeiramente fortalecida das guerras napoleônicas e disposta a não tolerar nova hegemonia continental.

Tradicional cliente político da França, a Áustria tornou-se independente com Metternich. Contudo, enquanto Viena cogitava no equilíbrio em termos europeus e otomanos, Londres via a Europa como balança global, que incluía as Américas e os oceanos. A potência dominante de ultramar necessitava da paz européia. Sob esse aspecto, a visão inglesa de mundo coincidia com a da Rússia, cuja área de expansão estendia-se das estepes asiáticas ao Alasca. A divisão da Europa em potências reacionárias (Áustria, Prússia e Rússia) e potências liberais e constitucionais (Grã-Bretanha e França) oferece pouca explicação para as relações internacionais oriundas do Congresso de Viena. Se a Grã-Bretanha, por razões econômicas, apoiou e exigiu o reconhecimento das independências latino-americanas, por razões estratégicas, recusou-se a ir ao socorro dos movimentos liberais e constitucionais que iriam despertar na Europa, na primeira metade do século XIX. Quando muito, agia para conter exageros a que estavam dispostas as potências absolutistas. Se obrou com a Rússia para manter a Áustria e a Prússia como potências independentes, exigiu a integração da França, sem punição, ao Concerto Europeu, para manter o equilíbrio.

A Grã-Bretanha percebeu que as intervenções francesas levadas a termo por Napoleão, em nome de princípios revolucionários que atendiam a certas aspirações populares, legitimaram a política de intervenção. Como não se poderia continuar a praticá-la em nome daqueles princípios revolucionários, seria praticada em nome do equilíbrio, legitimando-a, como antes, com base na estabilidade resultante. Trata-se da mesma ideologia de intervenção, levada a efeito, anteriormente, pela doutrina revolucionária, agora pela da legitimidade dinástica. A mesma política de intervenção difere, pois, quanto à doutrina, e difere ainda quanto à prática. Não pode ser aplicada por uma potência singular, sem a colaboração ou o consentimento das outras. É a liga, Santa Aliança ou Quádrupla Aliança, pouco importa. É o exercício coletivo do poder.

O exercício da hegemonia coletiva era móvel, flexível, visto que cada Estado tinha interesses próprios. A Grã-Bretanha agregou à política internacional os interesses macroeconômicos de sua expansão capitalista e o das classes: liberalismo, comércio, constitucionalismo. A França acompanhava-a nessa via. As três monarquias absolutistas esforçavam-se para esmagar as liberdades e as aspirações por representação política, quando elas afloravam nas vizinhanças como movimentos populares. O ponto de entendimento entre democracia e absolutismo era um desafio do concerto — os dois grupos agindo em sentido antagônico a tal respeito, sobretudo nas vizinhanças. Os conjuntos de Estados liberais e autoritários, ao final, integravam-se no todo, até certo ponto — cinco grandes e múltiplas independências —, em razão da prática política: as aspirações dos pequenos eram levadas às reuniões dos grandes, mas nelas eles não tinham direito de voz ou voto. Os grandes dirigiam o concerto sem o consentimento dos pequenos, presumindo, todavia, que sua política estivesse refletindo realidades.

A primeira reunião da Quádrupla Aliança realizou-se em Aix-la-Chapelle, em 1818, já com a presença da França. Castlereagh obteve seu primeiro sucesso ao barrar a política intervencionista radical preconizada pela Rússia para esmagar agitações liberais. Nos encontros seguintes (Troppau, em 1820; Laybach, em 1821; Verona, em 1822), realizados após uma série de agitações e revoluções liberais na Itália, na Alemanha, em Portugal e na Espanha, a via russa se impôs e várias intervenções foram levadas a efeito pela Áustria e pela França, motivadas mais por interesses próprios do que pelos princípios da Santa Aliança. Contudo, a Grã-Bretanha voltaria a fazer-se ouvir. Ao obter, em 1823, o compromisso da França de não intervir contra as independências da América Latina, como também a concordância de Metternich, desarmava-se a possibilidade de reconquista das ex-colônias, com apoio europeu, por parte de Portugal e Espanha.

A revolução de julho de 1830, na França, provocou a queda da dinastia imposta pelos aliados em 1814 e significou um avanço liberal. No mesmo ano, a Bélgica rompeu com os Países Baixos, com apoio político concertado entre França e Grã-Bretanha. A independência da Bélgica modificava, pela primeira vez, a carta européia de 1815, como as independências da América Latina haviam infringido, também pela primeira vez, o princípio da legitimidade. A insurreição polonesa em 1830 não teve, todavia, a mesma sorte: eclodiu contra a dominação russa e acabou esmagada. Além do mais, a Áustria prosseguia reprimindo os movimentos liberais do norte da Itália, e a Prússia, os dos estados alemães.

Se diante desses movimentos populares ou políticos, o diretório dos cinco grandes, demonstrando grande flexibilidade de conduta, não reagiu sempre da mesma forma, mais acentuado tornou-se esse seu traço ao reagir com respeito à luta dos gregos para tornarem-se independentes do Império Otomano. A insurreição, que vinha de 1815, tomou feição de revolução nacional por volta de 1822-1825 e deparou-se com o envolvimento da Inglaterra e da Rússia, de seu lado, e, ainda, com o da França na condição de moderador. Desrespeitando os princípios da Santa Aliança, os russos moviam-se com o intuito de enfraquecer o Império Otomano e criar facilidades de expansão para o Mediterrâneo. Por seu turno, os ingleses moviam-se precisamente pelo temor do engrandecimento russo e, por isso, não aceitavam o esfacelamento do Império Otomano, que os franceses propunham para liquidar com o mapa geopolítico de Viena e fazer nova carta beneficiando os grandes. A solução veio em 1830, ao estilo inglês: a Grécia acedia à independência, pagando um simbólico tributo a Constantinopla, mas o Império Otomano seria mantido. Apesar de três políticas distintas a seu respeito — querendo a Rússia seu esfacelamento, a França sua repartição e a Inglaterra sua manutenção —, prevaleceria o entendimento dos grandes.

Entre 1815 e 1848, os cinco grandes agiam como diretório, usando o direito de intervenção coletiva. As divergências situavam-se mais na administração do sistema do que nas relações bilaterais, em fazer prevalecer a *raison de systhème* sobre a *raison d'État*. O papel de Metternich a esse respeito foi o destaque no período. A conduta das diplomacias e o balanço dos efeitos do exercício da hegemonia coletiva não podem ser qualificados simplesmente como reacionários. Os cinco acabaram por admitir independências na América e na Europa e governos liberais na Espanha e em Portugal. Agiam tendo em vista a estabilidade e intervinham por acordo ou aquiescência para manter o equilíbrio. Grã-Bretanha e Rússia voltavam-se para fora da Europa, mas zelavam pelo equilíbrio em seu interior.

2.1.4 O movimento das nacionalidades e o novo equilíbrio entre 1848 e 1871

Até meados do século XIX, a expansão dos europeus para fora não apresentou um ritmo acelerado. O imperialismo contentava-se em estabelecer bases para operações futuras e em desfechar golpes localizados, como na China e no Egito. À medida que o século avançava, as pressões tendiam a crescer sobre a China, o Japão, o continente asiático e o africano, havendo contribuído, para tanto, a percepção dos europeus de que os Estados Unidos e a Rússia teriam acelerado seu ritmo expansionista antes de 1850. Com a ascensão de Bismarck e a emergência alemã, os europeus também iriam movimentar-se, com mais determinação, mesmo porque procuravam satisfazer novas necessidades da expansão do capitalismo no continente, abrindo mercados para excedentes industriais e para aprovisionamento de matérias-primas. Entre 1848 e 1871, as questões européias permaneceram centrais para o sistema internacional.

A partir de 1840, um novo elã revolucionário colocou a Europa em crise, elã que se animou e generalizou-se em 1848. Mas os princípios básicos da ordem de Viena ainda sobreviveram e o movimento revolucionário foi controlado, senão mesmo esmagado.

Cantões suíços revoltaram-se em 1847, reivindicando democracia e federalismo e desencadeando a crise européia. Lutava-se por democracia na Alemanha e na Itália. Palmerston apoiava os movimentos, recusando-se, porém, a intervir a seu favor. A França hesitava e apenas Metternich dispunha-se à repressão. As jornadas de fevereiro de 1848, na França, deram à agitação liberal e nacional na Europa um caráter revolucionário, avivado pelas manifestações estudantis. Quando caiu, naquele ano, a monarquia francesa de Luís Filipe, Metternich teria confessado ao encarregado de negócios da Rússia: "Bem, meu caro, tudo acabou!". Enganava-se o velho estadista de 75 anos, sem forças para remodelar sua Europa. A onda revolucionária só parecia triunfar; ao cabo de alguns meses, refluía, para declinar com o tempo e quebrar-se um ano depois. Esse malogro devia-se a diversos fatores: o movimento não soube unir-se internacionalmente; criaram-se, assim, oportunidades de ações contra-insurgentes para os soberanos, em especial para o da Rússia e o da Áustria; a França e a Grã-Bretanha recusaram-se a agir em prol do movimento, que, aliás, por vezes, fracionava-se internamente. Em 1851, a carta territorial de 1815, que se mantivera até a onda revolucionária de 1848, estava restaurada. Até quando? A malograda onda revolucionária não produzira outros efeitos?

O Império Austríaco, que fora ameaçado, ficou em perigo. A França, que se recusara, dessa feita, a exportar a revolução, poderia mudar de idéia, a partir de 1851, ano em que Napoleão III chegou ao poder por um golpe de Estado. O movimento das nacionalidades não morrera; ao contrário, estava à espreita das circunstâncias para reflorescer com impetuosidade.

Cavour assumiu a Presidência do Conselho do Reino de Piemonte-Sardenha, em 1852. Homem instruído, arejado pelas idéias francesas e com visão modernizadora, queria mais do que seu reino, queria a Itália, Estado-nação liberal. Bismarck chegou à Presidência do Conselho prussiano em 1862. Este outro hábil construtor de nacionalidade queria, igualmente, mais do que seu reino — queria a Alemanha, Estado-nação forte e poderoso. Um terceiro homem descomprometido com as regras de 1815, com visões amplas e vigorosas, Napoleão III, dispôs-se a revirar a carta européia, favorecendo assim os dois outros e dando moral ao movimento das nacionalidades, ao repor na ordem do dia as idéias de liberdade, de nação e de soberania popular. A Rússia, que se conformara, desde a independência da Grécia em 1830, com a sobrevivência do Império Otomano, a partir de 1852, com Nicolau I, recolocou em marcha os tradicionais desígnios expansionistas para o sul, deixando os ingleses e franceses em estado de alerta, e os austríacos e alemães, em posição de observação.

O avanço da revolução industrial pela Europa coincidia com essas novas idéias e aspirações, tanto mais que a crise de 1848, sufocada à força, colocara milhões de europeus a caminho da emigração, como excedentes demográficos. Criticava-se a sociedade e o Estado. Três idéias-força européias fazem curso e afetam as relações internacionais: nacionalismo, democracia e interesse popular. As três são inter-relacionadas. A democracia era vista como emergência dos direitos do povo, de tal sorte que a cada *demos* corresponderia um Estado independente. Liberais e nacionalistas julgavam isso inevitável e justo, admitindo intervenções pela causa. Os conservadores preocupavam-se, tanto mais quando socialistas e teóricos raciais contribuíam para a efervescência das idéias. Somente a Igreja Católica lhes vem em socorro, com um pensamento social retrógrado e defasado.

No início da segunda metade do século XIX, o quadro europeu prenunciava, pois, relações internacionais intensas e agitadas, sob o impulso dessas novas forças econômicas, políticas, espirituais e demográficas. O sistema de hegemonia coletiva passaria por três guerras de reajuste, antes que o Império Alemão, triunfante, recompusesse o equilíbrio e, novamente, tornasse as potências européias cooperativas, mediante novo sistema de acordos para preservação da paz: a Guerra da Criméia e as guerras de unificação da Itália e da Alemanha.

A primeira crise do exercício da hegemonia coletiva adveio das ambições russas sobre o Império Otomano. Havendo alcançado sucesso contra a onda revolucionária de 1848, o Czar Nicolau I, imbuído de presunções políticas nascidas da relativa passividade com que observara, naquela ocasião, ingleses e franceses, decidiu movimentar-se, a partir de 1852, com os objetivos econômicos do comércio pelo Mediterrâneo e da exportação de trigo; com o motivo religioso de exercer maior influência sobre a Igreja Ortodoxa; e com o motivo político de controlar as minorias vizinhas à Rússia. Ou o império cederia ou seus objetivos seriam alcançados pela guerra, sendo, talvez, decomposto de sua parte européia, criando-se Estados nos Bálcãs e anexando-se à Rússia e à Áustria territórios conquistados.

Para a Grã-Bretanha, havia interesse em preservar o estatuto dos estreitos de 1841 e as vantagens comerciais que obtivera pelo tratado de 1838, em recompensa pela garantia dada, no passado, à sobrevivência do Império Otomano. Os franceses aparentemente desejavam exercer seu protetorado sobre todos os cristãos do império.

Desconsiderando a possível reação de ingleses e franceses, Nicolau I, em 1853, transmitiu suas exigências a Constantinopla, sob a forma radical de um ultimato. Sua previsão falhou, formando-se a coalizão. Por uma questão de prestígio, o Czar não pôde recuar e a guerra iniciou-se em outubro de 1853. Como lhes pareceu estarem envolvidos numa guerra longa, os aliados sondaram outras potências em busca de auxílio, mas a Prússia e a Áustria eram gratas à Rússia e somente se dispuseram, de início, a mediar o conflito, desenvolvendo intensa ação diplomática. Os aliados decidiram, então, atacar Sebastopol, o centro da ação russa no Mar Negro, e somente conseguiram tomá-la em 1855, após longa e trágica batalha. A Rússia aceitou as condições de paz, pelas quais os aliados limitaram as pretensões dela sobre o Império Otomano e conjugou-as com as suas. Duas cláusulas do Tratado de Paris, de 30 de março de 1856, contrariavam os interesses da Rússia, levando-a a empenhar-se contra suas próprias ambições: a sobrevivência do Império Otomano era posta sob a garantia dos signatários e o Mar Negro era neutralizado, abrindo-se os estreitos à livre navegação. O tratado era, pois, um triunfo dos interesses ingleses e uma reparação ao prestígio francês desgastado em 1815.

A Áustria acabou entrando no conflito sob pressão dos aliados e quebrou assim sua *entente* com a Rússia, pondo-se em perigoso isolamento. A Itália de Cavour teve pequena participação, com o objetivo de aflorar no cenário político europeu. A Rússia, derrotada, viu comprometido seu papel de defensora do conservantismo. Iria empreender reformas sociais, como a abolição da servidão. Ao proceder a um balanço da Guerra da Criméia, Pierre Renouvin conclui a seu respeito: significou o restabelecimento da *entente* e o triunfo franco-britânico, o eclipse da Rússia, o enfraquecimento da Áustria, a ruptura da frente conservadora no seio do Concerto Europeu, o despertar da Itália e o supercontrole dos europeus sobre o Império Otomano. Napoleão III buscara a Grã-Bretanha por cálculo político e fez a guerra desta. Sentiu-se livre, depois, para fomentar a unidade italiana contra a Áustria — que assim não mais estaria em condições de conter o expansionismo alemão —, para empreender a construção do canal de Suez e para aventurar-se a instalar uma dinastia cliente no México.

Ninguém ousaria tirar dos italianos o mérito da formação do Reino da Itália. Sob o comando inteligente de Cavour, lograram a unidade, vencendo particularismos locais, a resistência do Papa, a divisão das preferências dos intelectuais e da opinião entre monarquia e república, a interferência estrangeira. Desde o tratado secreto de janeiro de 1859, a França comprometeu-se a apoiar o movimento italiano contra a Áustria. Em maio, começava a guerra de independência e de unificação. Napoleão III recuou, todavia, e jamais se envolveria na guerra, com receio de provocar reações por parte da Áustria, da Prússia e da Inglaterra. Apesar disso, a guerra prosseguia, conduzida por Cavour e Garibaldi, rivais que lutavam pela mesma causa. Napoleão desejava uma federação de Estados independentes, Garibaldi, uma república. Mas a solução viria segundo os planos de Cavour: uma Itália unificada e monárquica. A política inglesa foi decisiva para essa solução. Querendo reduzir um pouco da simpatia de que gozava a França e impedir que a nova Itália se tornasse seu satélite político e que a posição da França, por conseqüência, fosse fortalecida no Mediterrâneo, a Grã-Bretanha, embora a contragosto, teve de apoiar a unidade que Cavour construía. Napoleão III ficou na impossibilidade até mesmo de defender os interesses ultramontanos, que dele exigiam uma garantia para os Estados Pontifícios. Em um dado momento, a defesa do Vaticano, que os católicos franceses cobravam, teve de ser abandonada porque era contra a lógica. A unidade se consumou em 1870, com a derrota do Papa, último baluarte da resistência, após a queda de Napoleão III na guerra franco-prussiana.

Ao apoiar o movimento italiano contra a Áustria, Napoleão III, que tinha grandes ideais e pouca habilidade política, estimulou a Prússia, a qual, aproveitando-se do enfraquecimento de sua rival na Europa Central, acabaria por engrandecer-se e liquidá-lo.

Nos anos 1960, a Prússia estabeleceu como objetivo externo a conquista da hegemonia alemã, que a Áustria não cederia voluntariamente. A guerra entre as duas potências germânicas teve como causas profundas o movimento nacional alemão e a vontade dos homens, com Bismarck à frente; como causas imediatas, a sorte dos ducados dinamarqueses e a reforma da Confederação Germânica. A Prússia amparou-se dos ducados e fundou a Confederação Germânica do Norte, sob sua direção. Derrotou a Áustria. Rússia, Inglaterra e França assistiam a tais operações como espectadoras ou como mediadoras "amigáveis". Napoleão III buscou mesquinhas compensações territoriais, que Bismarck lhe negou com desdém. Saindo humilhado desses episódios, seu prestígio não suportaria uma nova humilhação. Após a derrota austríaca, o conflito franco-prussiano era esperado.

O objetivo externo da Prússia não se consumaria sem a unidade, o que significava a anexação dos Estados da Alemanha do Sul. A França iria esforçar-se por abortar esse desígnio externo e os dois países preparar-se-iam para a guerra. Contudo, enquanto a Rússia cedeu apoio à Prússia, a França viu-se-lhe negar a aliança austríaca. Transformada em grande potência industrial e militar, a Prússia dispunha dos meios de guerra, que faziam falta à França. Nessas condições, as cartadas políticas decidiriam. A 2 de julho de 1870, o príncipe Leopoldo von Hohenzollern candidatou-se ao trono espanhol. A França exigiu a retirada dessa candidatura e foi atendida. Fez, então, sua jogada de prestígio, exigindo que essa retirada fosse declarada perpétua. Bismarck não só se recusou, mas tornou público o teor de um documento secreto francês. Com essa nova jogada, alcançou dois resultados que procurava: humilhar a França e arrancar-lhe uma declaração de guerra (19 de julho de 1870).

Era preciso quebrar a resistência francesa e derrotar a França para construir a unidade alemã? Sabe-se que esse passo estava nos cálculos de Bismarck, mesmo porque o requeria o sistema germano de alianças: glorificar a unidade com uma importante vitória externa. A derrota francesa foi tão rápida que as outras potências não tiveram tempo de reagir. Estariam dispostas a vir em socorro de Napoleão? Não era certo. O perigo do fim do concerto e do desequilíbrio de poder não advinha, ultimamente, das ambições revolucionárias e imperiais da França? Por que não a deixar sucumbir? A 18 de janeiro de 1871, na sala dos espelhos do Palácio de Versalhes, fundou-se o Império Alemão sobre os escombros do francês. A 10 de maio do mesmo ano, o Tratado de Francfort sancionou os resultados da guerra, sem oposição das outras potências, indiferentes até mesmo à anexação da Alsácia-Lorena, território que a França desesperadamente tentou salvar.

A Alemanha de Bismarck esteve fora do Concerto Europeu até poder controlá-lo. A distração das potências, na Criméia e na Itália, favoreceu seu intento, mas a diplomacia de conferências teria de reconstruir o Concerto Europeu, que as guerras mostraram ser necessário manter, sob novo equilíbrio de poder, que considerasse o consentimento austríaco, as unidades da Alemanha e da Itália, o reforço do absolutismo e o malogro da revolução e, ainda, o enfraquecimento da *raison de systhème*.

● 2.2 Liberalismo e expansão européia: o mundo entre a dependência e a interdependência

O centro do poder mundial, configurado no Concerto Europeu e exercido sob a forma de hegemonia coletiva dos cinco grandes, ocupou-se, no século XIX até por volta de 1870, em intensidade decrescente, de três áreas: o continente europeu e as relações intereuropéias; o Mediterrâneo e particularmente o Império Otomano; o progressivo e lento contato com a Ásia e a África.

Após as independências da América Latina, o continente americano manteve-se, ao longo do século, como zona de baixa pressão política e estratégica das grandes potências européias. A liberdade com que se moviam os Estados da América deu origem a concepções da ordem internacional distintas das decorrentes de Viena, que delinearam a conduta dos europeus. Tanto o monroísmo quanto o bolivarismo não vingaram a ponto de igualarem-se às concepções européias das relações internacionais. Tal fato criou facilidades para a extensão da sociedade internacional européia ao Ocidente no século XIX, com a particularidade de se consumar a integração da América Latina à economia internacional pela via do liberalismo comercial, e a dos Estados Unidos, pela da revolução industrial.

Da América Latina brotou o sistema exclusivo na fase mercantilista da expansão européia. Dela nasceria o liberalismo econômico internacional, na fase capitalista da revolução industrial. Tão bem-sucedida foi a inauguração da moderna era liberal, tanto para as elites socioeconômicas latino-americanas quanto para os negociantes europeus, que os governos dos países em que a revolução industrial avançava encetaram uma cruzada mundial com o intuito de solicitar o liberalismo econômico, exigi-lo ou, se fosse o caso, impô-lo às zonas economicamente retardadas, antes de adotá-lo nas relações entre si. Este foi o grande sentido da política internacional dos europeus para fora da Europa no século XIX.

A análise das relações internacionais do século XIX revela que, embora a dependência geradora das desigualdades estruturais lhes convinha e era procurada pelos europeus, algumas nações da periferia reagiram com o objetivo de integrarem-se à economia-mundo em condições de interdependência, demonstrando que a possibilidade do desenvolvimento estava ao alcance dos povos. As teorias disponíveis, sociológicas, econômicas e políticas, se lançam alguma luz sobre a estática das desigualdades internacionais, em pouco contribuem para esclarecer a dinâmica da história. Pequenas variáveis podem, até mesmo ao acaso, dirimir toda sua consistência. Nas ciências humanas, toda teoria que ultrapasse o nível do empírico mais corresponde a um exercício de divertimento intelectual, com capacidade heurística muito limitada.

2.2.1 A liberdade das Américas

Os líderes continentais do início do século XIX, ilustrados pelo iluminismo inglês nos Estados Unidos e francês na América Latina, responsáveis lá pela construção de um grande Estado-nação e aqui pelo controle do processo de independência, ficaram mal impressionados com o princípio de intervenção que compôs as regras de conduta da hegemonia coletiva fixadas em Viena. A intervenção e sua legitimidade seriam proscritas do ideário político americano, como modo de protesto e de reação a esse princípio da sociedade internacional européia e como forma de recuperar o ideário independentista que prevalecera na própria Europa, aquela de Vestfália e de Utrecht.

Duas versões do ideário político americano tomaram alento: a norte-americana, chamada de Doutrina Monroe, combinou o gênio político de Adams e Monroe e resultou na mensagem ao Congresso de 1823, segundo a qual os Estados Unidos abster-se-iam de intervir em assuntos europeus e instavam os europeus a não exercerem seu princípio de intervenção nos assuntos americanos; a versão bolivariana combinou sonhos de um "sistema internacional americano" guiado pela manutenção da paz, pela força do direito internacional, pela solução negociada de controvérsias, pela aliança política que proscrevesse o exercício da potência, pelo acordo geral de todos os Estados americanos, que seria concluído no Congresso do Panamá de 1826. Ambas as manifestações, a norte-americana mais que a latina, tinham fundamento realista: os Estados Unidos desejavam enfraquecer a preeminência européia na América Latina e preservar a região como sua área de influência; os hispano-americanos reagiam ante ameaças de reconquista européia.

Símbolo das concepções arcaicas e absolutistas para as lideranças americanas, a Santa Aliança era referida em seu discurso e alimentava seus temores. Sem razão. Com efeito, o direito de intervenção era uma regra do Concerto Europeu a exercer-se para manter o equilíbrio das potências de forma colegiada ou consentida. As intervenções eram discutidas nas reuniões da Quádrupla Aliança, com a presença da França, e não da Santa Aliança. Em 1817, a Rússia propusera uma solução concertada entre os cinco grandes para induzir a Espanha a ceder regimes constitucionais às possessões e a renunciar o uso da força para revertê-las ao regime colonial. A idéia de criar monarquias na América Latina também era discutida nas reuniões do Concerto Europeu, desde 1818. Apenas por um instante, após sua intervenção na Espanha, em 1823, a França cogitou apoiar um plano espanhol de reconquista. O Concerto Europeu, entretanto, jamais introduziu, na ordem do dia, a possibilidade de uma ação concertada de reconquista, pela força, das antigas possessões ibéricas. Por que se envolveria numa luta em favor das decadentes metrópoles portuguesa e espanhola, agindo contra interesses de nações avançadas? Os ingleses não tiveram dificuldade de dissuadir a França de

1823 de sua inoportuna veleidade, quando as outras potências européias haviam percebido que a independência da América lhes convinha por todos os títulos. Tanto a Doutrina Monroe quanto a projetada liga anfictiônica de Bolívar foram desnecessárias para defender a independência.

A independência da América Latina pôs em confronto, exclusivamente, as tropas portuguesas e brasileiras e as tropas espanholas e hispano-americanas, em suas respectivas áreas. A independência foi obra das armas locais, que infringiram derrotas definitivas aos portugueses, na Bahia, no norte e nordeste, em 1823, e aos espanhóis, em Ayacucho, em 1824. As razões pelas quais os latino-americanos usufruíram dessa liberdade política e estratégica, sem intervenção do Concerto Europeu, devem ser procuradas do lado da economia capitalista.

Após a vitória sobre os russos, tendo a Europa inteira sob seu jugo, Napoleão impôs ao Czar Alexandre, pelo tratado de Tilsit, de 1807, uma política de paz e amizade com a França, de humilhação à Prússia e de ruína para a economia inglesa, mediante o bloqueio do comércio e da navegação com o continente europeu. A vingar essa política, esvair-se-ia o sonho de Pitt de tornar a Inglaterra a grande potência comercial do mundo. Sua morte prematura, em 1806, encontrou em George Canning a disposição e a habilidade para levar adiante o projeto inglês. Em 1807, Canning ordenou a destruição da frota dinamarquesa e o bombardeio de Copenhague. Fortes reações, na própria Inglaterra, dissuadiram-no de fazer o mesmo com a frota portuguesa e com Lisboa, ante a iminente invasão francesa. Procurou, então, aliviar os males do bloqueio por outro modo: uma convenção secreta por cujos termos a corte portuguesa concordava com sua transferência para o Rio de Janeiro, onde se instalou em 1808.

Essa segunda operação de Canning teria melhor êxito para neutralizar os efeitos de Tilsit. Desde o Brasil, era toda a América Latina que poderia abrir-se ao comércio de têxteis e outros manufaturados britânicos, compensando a perda do mercado continental europeu. Esse fora o objetivo da transferência da corte e do apoio que daria ao processo de independência da América Latina.

Em sua chegada ao Brasil, o regente português D. João procedeu à chamada "abertura dos portos" às nações amigas, porém, em condições de promover o desenvolvimento das artes e das indústrias no país, no estilo da velha política modernizadora do marquês de Pombal. Não era o que queria Canning, cuja firme determinação consistia em assegurar privilégios para os negócios ingleses e não ver o mercado regulado pelo liberalismo universal, implantado no Brasil como a primeira experiência histórica do gênero no século XIX. As instruções que deu a Strangford, seu enviado ao Rio de Janeiro, resultaram no protótipo dos tratados desiguais com que as potências capitalistas iriam dominar e submeter áreas atrasadas do planeta aos interesses de sua expansão econômica. O Tratado de Comércio e Navegação, de 1810, introduzia franquias nos portos de ambos os países, em jogo de fictícia reciprocidade, instituía uma justiça privativa para os ingleses no Brasil, abrindo-lhes as portas do país onde poderiam livremente se fixar, exercer atividades e culto. Rebaixava a tarifa para produtos ingleses a 15% *ad valorem* e proibia o consumo dos produtos brasileiros (açúcar, café) no mercado inglês, visto que lá concorriam com os produtos coloniais.

Estavam lançados os mecanismos de dependência e atraso, ao se bloquear o desenvolvimento da navegação e da indústria nacionais. Ao expirar o de 1810, novo tratado seria concluído em 1827, com base na mesma planta e acabamento aprimorado para realizar interesses ainda mais sofisticados do capitalismo inglês. Um sistema de tratados, várias dezenas, ao estilo daquele firmado em 1810 entre o Brasil e a Inglaterra, seria implantado na América Latina, cujos países independentes vinculavam-se aos países industrializados pelo liberalismo comercial. A forma dependente dessa inserção internacional resultava de seu caráter político consentido bilateralmente e de seu caráter econômico, que inaugurava uma divisão internacional das atividades para funções complementares.

Havia benefícios compartidos nesse esquema de inserção dependente. Os europeus beneficiavam-se em toda a hierarquia social, empresários, financistas, comerciantes e trabalhadores assalariados. Os grupos socialmente hegemônicos da América Latina poderiam manter e ampliar a economia de exportação que controlavam e aumentar o consumo de produtos importados. Os malefícios do esquema eram unilaterais, latino-americanos: o sistema produtivo manter-se-ia voltado para o exterior, as populações locais teriam acesso restrito aos produtos importados e dissuadia-se a produção para o mercado interno; a baixa renda do trabalho incitava ao regime servil ou escravista.

Compreende-se por que a política inglesa de apoio às independências foi assimilada pelo Concerto Europeu. Generalizado o esquema liberal de vantagens compartidas, beneficiando-se pelo intercâmbio, na Europa, o conjunto social e, na América Latina, apenas a classe superior, a área deixou de ser objeto de preocupação política e estratégica. Os Estados Unidos puderam encetar, com desenvoltura, seu expansionismo territorial na década de 1840 e, ao abrigo de elevadas e permanentes tarifas protetoras, seu crescimento econômico no último quartil do século. Os europeus terão, na potência americana, um novo parceiro de sua expansão sobre a Ásia, a secundá-los moral e diplomaticamente e, portanto, não viam motivos para molestá-la. Quanto aos Estados latino-americanos, conviviam em relativa paz, perturbada por guerras de ajuste de fronteira e por algumas tentativas espanholas de intervenção. As ameaças e pequenos golpes do imperialismo europeu eram coerentes e localizados: contra a Argentina de Rosas, para forçá-la a liberalizar o comércio e a navegação dos rios da bacia do Prata, que restringira desde a década de 1830; contra o Brasil, para levá-lo à extinção do tráfico de escravos, que havia prometido por convenções; enfrentando os Estados Unidos para assegurar possessões no Caribe e adiantar-se, se possível, na construção de um canal no Panamá; implantando e abandonando uma monarquia que acabou em tragédia no México.

A modernização autônoma da América Latina, contida pelo liberalismo do século cedido por governos que não cuidavam da sociedade e não se preocupavam com perspectivas de desenvolvimento, seguirá em ritmo lento, estimulada por planos e iniciativas isolados e sem continuidade, favorecida por investimentos externos que melhoravam os serviços da economia de exportação, até que a imigração européia de massa, nas últimas décadas do século, viesse modificar o perfil das exigências sociais em alguns países.

2.2.2 Do liberalismo periférico ao liberalismo central

O capitalismo do século XIX caracterizou-se, em sua essência, pelo princípio da liberdade de trabalho e de mercado. Se esse traço prevalecia, no interior dos países, como norma de regulação econômica, tardou a impor-se nas relações internacionais.

Duas fases marcaram a conquista do mundo pelo liberalismo. Na primeira, as potências capitalistas européias impuseram o livre-comércio para fora de suas fronteiras, num leque que se abriu do tratado anglo-brasileiro de 1810 para a América Latina à época da independência, passando pelo tratado anglo-otomano de 1838, até a abertura da China na década de 1840 e a do Japão na de 1850. Na segunda fase, os países industrializados, à exceção dos Estados Unidos, introduziram o livre-comércio nas transações para dentro de suas fronteiras, desde a abolição das tarifas protecionistas inglesas, a partir de 1842, passando pelo tratado anglo-francês de 1860 e estendendo-se aos outros países centrais. Por volta de 1860, a construção do mundo liberal estava concluída, encerrando-se a fase mercantilista primitiva da economia capitalista.

O comércio exclusivo, inventado pelos portugueses no século XVI, tornou-se prática mercantil generalizada dos países europeus no século XVIII. As colônias ou entrepostos eram extensões da metrópole, que a Companhia de Comércio representava. Moralistas e economistas dos séculos XVIII e XIX passaram a criticar tanto o governo das companhias quanto o sistema exclusivo. Receberam o apoio dos crioulos das Américas que, por volta de 1780, exportavam três vezes mais do que importavam, em razão dos regulamentos da Casa de Contratação ou da Casa de Índias. A capacidade de importação da América Latina converteu-se na miragem que seduzia os olhos de ingleses, franceses e norte-americanos. As metrópoles ibéricas haviam flexibilizado o monopólio diante dessas pressões, mas foram as guerras napoleônicas, o bloqueio continental e a transferência da corte portuguesa para o Brasil que ajudaram a estabelecer o liberalismo comercial, tão esperado, na América Latina.

A concessão do liberalismo, pelos latino-americanos, fez-se sem barganha, em troca de nada, visto que o reconhecimento das independências, de que ele serviu de pretexto, fluiria naturalmente. O fato animou o governo britânico que, com outras nações industrializadas da Europa, passou a exigi-lo, primeiro, dos vizinhos otomanos e, depois, das populosas nações asiáticas.

Os otomanos haviam autorizado o comércio com os europeus em determinados portos da extensa costa mediterrânea, por meio de acordos chamados de capitulações. No século XIX, essas concessões minguadas não mais satisfaziam os interesses ingleses, que postulavam a penetração em todo o mercado do Império Otomano. Com a mesma tática política que obtivera êxito na América Latina — reconhecimento da independência e privilégios em recompensa —, a Grã-Bretanha atingia seus fins no Império Otomano: portando-se como garantidora de sua sobrevivência diante das ameaças russas e das ambições francesas, exigiu-lhe, pelo tratado de 1838, a tarifa de 5% *ad valorem*. O sultão teve de assistir à ruína de manufaturas e de ver proliferar a produção de ópio, que os mesmos ingleses contrabandeavam para a China com o intuito de equilibrar seu déficit comercial.

Com esse segundo sucesso, a Grã-Bretanha preparou-se para um passo decisivo no continente asiático. Os mercados da China e do Japão figuravam-se-lhe como nova miragem comercial. Como a troca de vantagens políticas por benefícios econômicos não se aplicaria a esses casos, a abertura dos dois países populosos envolveria o Concerto Europeu e o apoio diplomático norte-americano para desfechar golpes imperialistas de força, com notável senso de oportunidade e ostensiva imoralidade e covardia. Os interesses econômicos a tudo conferiam legitimidade.

Por uma série de tratados extorquidos entre 1842 e 1860, o mercado chinês abriu-se aos negócios europeus e norte-americanos, como ocorrera pacificamente com o latino-americano, no início do século, com o otomano, na década de 1830 e com o japonês, entre 1854 e 1858. Em 1860, a exportação britânica de manufaturados destinava-se um terço à Europa Continental, 16% aos Estados Unidos e 50% ao Terceiro Mundo. A partir de 1820, as revoluções econômicas (agrícola, industrial, dos transportes e demográfica) deram, pois, aos ocidentais novos meios para "impor seus interesses aos outros povos", segundo as palavras de Paillard, que se pergunta se a transição sem ruptura das modalidades coloniais e mercantilistas para o imperialismo, entre 1820 e 1870, não teria sido a transição do "imperialismo do livre comércio" informal e sem posse declarada. O sucesso dos europeus em expandir para fora de suas fronteiras o livre comércio suscitava, naquele período, dúvidas quanto à conveniência de se avançar na colonização.

Consumada a expansão do liberalismo para fora das próprias fronteiras, as matrizes capitalistas voltaram-se para dentro delas, com o intuito de estabelecê-lo nos negócios recíprocos. Até meados do século XIX, a política somente seguira as doutrinas na aplicação do liberalismo à periferia economicamente atrasada e, só então, por alguns anos, iria considerar a conveniência da abertura das economias avançadas. A resistência do protecionismo nos países centrais devia-se a motivações psicossociais, alimentadas pelos nacionalismos, e a determinações econômicas derivadas do desenvolvimento industrial e da concorrência, bem como da abertura do Terceiro Mundo, que servia de válvula de escape para os males da concorrência.

Embora enaltecido como benéfico para todas as nações, pelos economistas britânicos do início do século, particularmente por David Ricardo, o livre-comércio incorporou-se à política exterior britânica lentamente, a partir de 1846, décadas depois de os latino-americanos haverem-no convertido em princípio de política comercial para o exterior. Desde aí, em razão de seu avanço econômico relativamente às demais nações, a Inglaterra iria desencadear a luta pelo livre-comércio entre todas elas. Seu êxito seria, todavia, limitado. Nunca se suprimiriam todas as restrições, apenas atenuar-se-iam as barreiras tarifárias ou quantitativas. Contrariando, aliás, a onda liberal, os Estados Unidos, após a Guerra de Secessão, elaboraram suas tarifas, que figuravam, tradicionalmente, entre as mais protecionistas do mundo.

Os instrumentos com que os países capitalistas introduziram o liberalismo para dentro de suas fronteiras foram os mesmos que haviam utilizado na imposição do liberalismo à periferia, com exceção do emprego de golpes imperialistas: convenções ou tratados para baixar tarifas e aliviar proibições e cláusula de nação mais favorecida. Como o tratado anglo-brasileiro de 1810 servira de modelo na primeira fase, o anglo-francês de 1860 é referido como o modelo da segunda.

O estabelecimento do livre-comércio não era suficiente para estimular os negócios. Entre 1850 e a Primeira Guerra Mundial, outras condições contribuíram para a expansão do comércio mundial acima dos níveis de crescimento da produção, como a estabilidade política e monetária, o desenvolvimento econômico e o progresso dos transportes. O valor do comércio mundial cresceu à taxa anual de 4,6% entre 1850 e 1873, respondendo ao impulso liberalizante; caiu à taxa de 1,1% entre 1873 e 1896, em razão da crise da década de 1870 e do retorno do protecionismo, para estabilizar-se em 2,1% entre 1896 e 1913. O aumento da concorrência resultante da ampliação do livre-comércio provocou a elevação da produtividade econômica, a baixa dos preços industriais no mercado mundial, o déficit comercial dos países industrializados e o superávit dos exportadores de matérias-primas e alimentos.

2.2.3 O imperialismo do comércio livre na África e na Ásia

Os colonos norte-americanos e os descendentes de europeus radicados na América Latina desfecharam a primeira crítica frontal ao colonialismo oriundo das descobertas marítimas. Colocando em xeque instituições e valores do Antigo Regime, a Revolução Francesa também contribuiu para a contestação. Verificou-se, outrossim, a incompatibilidade filosófica do mercantilismo e do pacto colonial com as doutrinas econômicas liberais que se espalhavam pela Europa na virada do século XVIII para o XIX. Argumentos mais fracos também repercutiam na opinião européia: o despovoamento da metrópole, seu envolvimento em guerras de conquista, o enriquecimento de alguns poucos e as práticas de corrupção. Esses progressos do anticolonialismo vincularam-no, portanto, ao retrógrado e imoral: ao mercantilismo, à difusão do tráfico de escravos e da escravidão, ao Antigo Regime. Por enquanto, ao menos, explicam a política de não querer desembarcar em novas grandes conquistas.

As independências dos Estados Unidos e da América Latina deixaram Estados europeus enfraquecidos e feriram de morte companhias de comércio. A dominação de tipo colonial entrou em crise e pouco avançou, por prudência, durante a revolução industrial, até por volta de 1870, mesmo porque o livre-comércio e os lucros de inversões na periferia do mundo capitalista suscitavam dúvidas quanto à conveniência da colonização. A conjuntura modificou-se entre 1870 e 1914, quando todos os fatores de dominação adquiriram novo alento e se derramaram sobre a África e a Ásia. Mas o século XIX preparou, sem dúvida, as rotas e as bases da nova onda expansionista que, no seu final, revigorou-se.

Tendo de vencer as resistências ao colonialismo, o século XIX produziu razões para purificá-lo de seus males e, depois, passou a atribuir-lhe benefícios, desfazendo a idéia do "mau negócio". Em primeiro lugar, era mister lavar a consciência colonial de seus pecados. Uma grave acusação vinha da consciência religiosa e humanista: o vínculo que anteriormente se estabelecera entre colonialismo e tráfico negreiro. As estimativas indicam 15 mil expedições negreiras no século XVIII, em que tomaram parte, por ordem decrescente, ingleses, portugueses e franceses, que teriam levado aproximadamente oito milhões de escravos da África em troca de bugigangas, armas, têxteis e de algumas plantas (mandioca, milho, batata doce). De qualquer modo, o saldo desse comércio era feio. Como tornar o comércio com a África "legítimo"? A opinião pública exigia e os ingleses decidiram: abolindo-se o tráfico de escravos. Mas, com isso, os africanos não iriam produzir alimentos e abrir-se à "civilização"?

Em 1806, a Inglaterra aboliu o tráfico, obteve promessa de abolição por parte da Dinamarca (1807), de Portugal (1810) e da França (1814) e passou a usar, desde 1815, o Concerto Europeu para extirpá-lo. Em 1815, Napoleão aboliu-o. A marinha britânica incumbiu-se do exercício da função de polícia dos mares, da qual também se encarregou, posteriormente, em 1818, a marinha francesa. A vitória estava assegurada e apenas dois fluxos de tráfico ainda permaneceriam, para Cuba e para o Brasil, o último país a extingui-lo, em 1850. De oito milhões, a exportação africana de escravos caiu para três milhões no século XIX. A segunda etapa a vencer seria a abolição da escravidão onde ela ainda persistisse. Também, nesse ponto, a Grã-Bretanha foi pioneira (1833), seguida da França (1848), da Holanda (1863), de Cuba (1886) e do Brasil (1888), entre outros países. O colonialismo embranqueceu-se, com a interrupção da prática desse pecado. Ironicamente, o triunfo moral liberava a consciência européia para outra fase de expansão dominadora, que nova crítica iria qualificar de imoralidade histórica.

Acompanhando sua purificação moral, o colonialismo depurou-se ideologicamente. Intelectuais, missionários, cientistas, exploradores e aventureiros desencadearam a campanha civilizatória. Como já se havia purificado pelo comércio "legítimo", o colonialismo viu-se reforçado pelos contributos da religião, da ciência e da civilização. Por que não lhe acrescentar o do crescimento econômico? Saint-Simon morreu em 1825, porém, seus discípulos, pacifistas construtivos, sonhavam em unir o mundo por meios modernos de transporte (canais, estradas de ferro) e pregavam a "cruzada industrial". Políticos, diplomatas, jornalistas e homens de negócios queriam abrir canteiros de progresso em todo o mundo e aumentar as trocas entre todos os povos. Não seria a colônia o lugar adequado para destino desses bens e valores emigrantes? De todo modo, aos poucos, os políticos europeus assumiram a defesa do colonialismo. Somente a onda do livre-comércio imposto para fora ainda poderia suscitar dúvidas entre os estadistas europeus a respeito da excelência da política colonial.

Até por volta de 1870-1880, o colonialismo do século XIX foi feito a passo, sem plano e sem intensidade. Com efeito, como proteger a vida e os interesses de comerciantes e missionários sem *manu militari*, sem fixar forças em alguma base? Provisórias no início, essas bases tendiam a tornar-se permanentes. Assim começou, em 1830, a colonização da Argélia pelos franceses. Por vezes, foram as dificuldades do livre-comércio que forçaram os europeus a se fixarem e, quando preciso, a conquistar e administrar. O imperialismo do comércio livre estava acima do colonialismo.

A escalada da dominação européia do século XIX, até por volta de 1870, compreendeu as seguintes etapas, métodos e regiões:

2.2.3.1 Eurásia russa

O Império dos Czares imitava os outros. Aboliu a servidão em 1861, expandiu-se para o oeste (Finlândia, Bessarábia, Grão-Ducado de Varsóvia), para o sul (em detrimento do Império Otomano) e, principalmente para o leste, para o interior da Sibéria, até atingir o Alasca no continente americano. Essa extraordinária expansão territorial resultou, em meados do século XIX, na construção de um imenso império sobre uma extensão de 17 milhões de quilômetros quadrados.

2.2.3.2 Império britânico

Os ingleses mantiveram, no século XIX, o mais vasto império criado anteriormente, hesitando entre o governo responsável e a exploração colonial. Exerceram rígido controle sobre as colônias de povoamento (Nova Zelândia, Canadá, Austrália) para não perdê-las, como ocorrera em relação aos Estados Unidos. Cederam-lhes, todavia, em meados do século, governos representativos e cultivaram sua amizade, reservando-se a legislação comercial e a diplomacia. A África do Sul, de raiz holandesa, teve evolução diferente. A grande colônia de exploração era a Índia. Em 1833, a East India Company perdeu o governo e implantou-se um governo geral. O ensino era em inglês, língua oficial. Rebeliões e repressões violentas sugeriram uma reforma do governo, realizada em 1858. A Índia foi, no século XIX, a grande base de operações coloniais dos ingleses no Oriente: valendo-se de sua presença nela, eles consolidaram outras colônias (Ceilão, Ilhas Maurício), apropriaram-se de pontos estratégicos, desenvolveram intenso tráfico regional de *coolies* para a economia de plantações (mais de 800 mil) e expandiram seu comércio, sua dominação política e financeira para a Ásia.

2.2.3.3 O caso francês

Sem as colônias de povoamento e desfalcada pela derrota de 1815 (nessa data só possuía sete mil quilômetros quadrados de colônias), a França envolveu-se lentamente em conquistas, sem um programa. O ponto de partida foi a tomada de Alger, em 1830. A Grã-Bretanha consentiu na fundação de uma colônia de povoamento, em que se transformou a Argélia que, em 1848, já havia recebido 110 mil colonos. Sem irritar os ingleses, a marinha tomou iniciativas em localidades longínquas, a pretexto de proteger comerciantes e missionários: nas costas da África (Costa do Marfim, Gabão) e nas ilhas do Índico e do Pacífico, criando pequenos protetorados. A partir da Segunda República, em 1848, e da ascensão de

Napoleão III, em 1851, o passo tornou-se mais firme: em 1853 apossou-se da Nova Caledônia e entrou na Indochina, na Cochinchina e na África negra. Sonhavam os franceses com um grande império colonial, cuja construção a experiência mexicana e a queda de Napoleão III dificultaram.

2.2.3.4 Ibéricos e holandeses

Portugal, Espanha e Países Baixos, pioneiros do colonialismo no Antigo Regime, foram os perdedores do século XIX. Portugal quis fazer de suas possessões africanas (Guiné, Ilhas de Cabo Verde, São Tomé e Príncipe, Angola e Moçambique) outros Brasis, para compensar a perda da colônia sul-americana. A Espanha tinha pequenas possessões na África negra (Rio Muni e Fernando Pó) e no Caribe, além das Filipinas, na Ásia. A Espanha, no final do século, perdeu possessões, seja por efeito da guerra com os Estados Unidos, seja por independências. A Holanda manteve Curaçao, pequenas Antilhas e Suriname, na América, pequenos entrepostos em ilhas oceânicas e a rentável colônia de Java, na Ásia.

2.2.3.5 Dependência informal

O colonialismo do século XIX trazia retorno efetivo em poucos casos (Índia, Java, Filipinas, Caribe). A cobiça dos europeus dirigia-se com mais intensidade para regiões densamente povoadas do globo, cujas portas seriam abertas de forma consentida ou pela força das canhoneiras, não submetendo, entretanto, os países ao regime colonial. Era a dependência informal ou o imperialismo do comércio livre, em sua forma simples, sem conquista territorial.

Na África negra, o comércio "legítimo" do século XIX sofisticou-se com relação ao anterior. Embora fosse pequena a capacidade de consumo, as lideranças locais e os burgueses conquistadores consumiam produtos de luxo e têxteis de Manchester e da Índia. Os europeus compravam marfim, óleo de dendê e de amendoim, enquanto não se desenvolvia, na área, a economia de plantações. O comércio multiplicou-se por dez entre 1820 e 1850. Era favorável aos africanos porque os manufaturados perdiam preço. Comparativamente à costa atlântica, a costa e as ilhas do Índico Ocidental eram palco de negócios muito mais febris e concorridos, tanto pelos nativos (Madagascar, Reunião, Ilhas Maurício, Zanzibar e outros Estados muçulmanos) como pelos ocidentais (britânicos, franceses, portugueses, holandeses, alemães e norte-americanos). O intercâmbio clássico envolvia, como sempre, as manufaturas e as plantações. Nessa área, ele não operava de modo diferente e se fazia sem imperialismo.

Os asiáticos abrir-se-iam por consentimento, ameaça ou força. O reino do Sião (Tailândia) fê-lo pacificamente. Ensaiou uma reação protecionista, mas, em 1855, após a Guerra do Ópio, cedeu tratados à base de 3% *ad valorem* com as outras cláusulas comuns aos tratados desiguais, particularmente a humilhante extraterritorialidade. Os europeus inventaram ou ensaiaram, na China, todos os métodos da política e da estratégia que caracterizaram o imperialismo selvagem do século XIX. Como o governo da dinastia mongol recusava-se a abrir o mercado, a Grã-Bretanha desfechou o primeiro golpe de força em 1844-1842, obtendo, pelo tratado de Nanquim, algumas facilidades, concedidas, em 1844, à França e aos Estados Unidos. Uma expedição franco-britânica, em 1857, foi seguida de outra, em 1859, que tomou Pequim, saqueou o palácio imperial e impôs os tratados desiguais de 1860. Os europeus defenderiam então o Império do Grão-Mongol contra a revolta dos Taipings, os quais, provavelmente, caso não fossem contidos, teriam triunfado e dado um impulso modernizador à China, como ocorreria no Japão. As guerras da China são conhecidas como guerras do ópio. A produção e o consumo da droga eram proibidos pela sabedoria chinesa, porém os europeus disseminaram o vício por meio do contrabando e, enfim, pelo livre-comércio. Fomentavam a produção da droga no Império Otomano e na Índia e vendiam-na na China, com o intuito de melhorar o desempenho do comércio regional. Demonstravam, com o narcotráfico, o quanto o ganho econômico era capaz de mergulhá-los na degenerescência política. Os norte-americanos obtiveram as vantagens da abertura forçada da China, sem envolvimento nas guerras. Não hesitaram, todavia, em ameaçar o Japão, com os russos, desde 1853. Vendo o que ocorria com a China e diante de ameaças imperialistas, os dirigentes japoneses cederam aos ocidentais, entre 1854 e 1858, as mesmas vantagens.

2.2.3.6 *Império Otomano*

A autonomia do Império Otomano, no século XIX, era ilusória. Presa do expansionismo russo nos Bálcãs e nos mares do interior, do inglês e do francês e, depois, do italiano no Mediterrâneo, o vasto império sobrevivia e poderia desfazer-se ao sabor do jogo político e estratégico dos europeus. Era cobiçado pela extensão geográfica, diversidade religiosa e étnica, capacidade de modernização, fraqueza dos sultões e grão-vizires e pelo comércio exterior. Exportava ópio, fibras de algodão, seda, grãos, uva seca e outros produtos, e importava manufaturados. Os europeus, que já exerciam controle sobre os estreitos, colocaram o império sob garantia coletiva em 1856. Haviam aperfeiçoado o regime das capitulações em 1838 e acabaram por obter o livre-comércio generalizado. Com isso, o florescente artesanato e as manufaturas entraram em declínio. Como os latino-americanos do século XIX, os otomanos investiam na propriedade da terra e deixaram aos estrangeiros as iniciativas da modernização. Aliás, as potências ocidentais somente admitiam a modernização feita e controlada por eles e que fosse útil às atividades locais que desenvolviam. Quando alguma província ensaiava esforço regional de modernização autônoma, como fizeram o Iraque, a Tunísia e o Egito, sofria punição.

2.2.3.7 Pérsia e Marrocos

Esses dois impérios muçulmanos tiveram a mesma sorte do otomano no século XIX: eram joguetes das rivalidades européias, cederam seus mercados ao livre-comércio, não empreenderam qualquer esforço de modernização autônoma, inseriram-se na economia capitalista de forma dependente, passando seus soberanos a divertirem-se com a política e a diplomacia, consolo que os europeus lhes facultavam em troca de sua miopia socioeconômica e de sua falta de visão prospectiva.

Por volta de 1860-1870, uma rede de interdependências ligava o centro à periferia, o Ocidente ao resto do mundo. O Terceiro Mundo não esteve, todavia, sujeito a nenhuma fatalidade determinista, ao plantar raízes de subordinação política e de atraso econômico. Nações evidenciaram, até por volta desses períodos, as possibilidades de que dispunham para integrar-se à construção do mundo liberal do século XIX, em parceria com as potências européias. Essas potências colaboraram entre si para realizar interesses nacionais, mais do que competiram para impô-los. Essas encontraram pela frente uma clientela próxima, que entendeu as regras da sociedade internacional européia, aceitou-as e colaborou em troca de paz e proteção: eram pequenas nações européias, integradas ao centro com o decorrer do século. As potências encontraram, mais longe, dois tipos de nações indóceis, que não aceitaram o esquema de inserção dependente: aquelas que souberam, nas regras da sociedade internacional européia, trilhar o caminho para a autonomia e a interdependência, e as que, não se conformando com a ordem liberal em construção, enfrentaram a Europa e foram subjugadas.

2.2.4 Reações positivas aos desafios internacionais do século XIX

As alternativas de inserção internacional que se colocavam para os povos do liberal século XIX eram estreitas. O núcleo central do capitalismo europeu haveria de acompanhar o progresso econômico, ideológico e político por efeito de contágio e de expansão natural, porque desenvolvia o conhecimento, os meios técnicos, as instituições políticas e o ensino popular. O continente americano, após as independências, optou entre a industrialização e o mercado interno ou entre a produção primária e o mercado externo. O Oriente Próximo, a África e a Ásia estavam confinados em regimes sociopolíticos arcaicos e não poderiam reagir à dominação européia sem passar por radicais transformações internas. A construção do mundo liberal demandava parâmetros uniformes de mentalidades, de concepções e práticas políticas, de produção e produtividade, de condução dos negócios. A sociedade internacional européia requeria esses parâmetros e difundia-os implantando, pela primeira vez na história, um sistema internacional de alcance global. As relações internacionais serviram de veículo pelo qual se fixaram vínculos de dominação e dependência ou de parcerias e interdependências. Após o exame da primeira modalidade, resta estudar as reações positivas observadas fora do núcleo central do capitalismo europeu diante das possibilidades de inserção em parceria. Os casos descritos a seguir foram escolhidos como orientação de pesquisa e não esgotam a segunda modalidade:

2.2.4.1 Estados Unidos

A independência dos Estados Unidos foi a mais bem-sucedida revolta contra o colonialismo. Os colonos quiseram tudo de uma vez: o comércio, a produção e o governo. Foram à guerra por essas causas e venceram. A nação nasceu progressista, com sangue e cultura europeus, democrática, cristã, convertida em antiescravista. Aproveitou-se do período napoleônico para consolidar sua independência com uma segunda guerra (1812-1814), o que significava controle sobre a navegação nacional, autonomia da política de comércio exterior e participação no comércio atlântico. Nação expansionista, interessava-se pelo Pacífico, pelo Índico e pela Ásia, onde acompanhava os europeus, após havê-los advertido, em 1823, mediante a mensagem de Monroe, para que abandonassem a idéia da instalação de novas colônias na América e evitassem o uso da força no continente. Aproveitou-se das revoltas das colônias espanholas para anexar a Flórida em 1819. A partir de 1838, em dez anos, estendeu seu território continental ao golfo do México e ao Pacífico e depois quis o canal na América Central. Essa expansão era tocada por interesses econômicos decorrentes da imigração, por equilíbrio político interno — a procura de mais estados escravistas pelo sul —, por correntes psicológicas como a ideologia do "destino manifesto".

A política exterior adaptava-se às necessidades da modernização interna. Espelho do pensamento industrialista, que sempre foi robusto entre os estadistas norte-americanos, a política de comércio exterior seria crescentemente protecionista, sobretudo após a derrota do sul na Guerra de Secessão (1860-1865). Adaptava-se ao expansionismo territorial — caso do Texas, anexado em 1845, para surpresa da França e da Grã-Bretanha, que haviam reconhecido sua independência. O México foi a grande vítima da expansão territorial norte-americana, levada a termo entre 1838 e 1848. O Tratado de Guadalupe-Hidalgo, de 1848, pôs fim à guerra entre os dois países, com a absorção dos territórios no norte do Rio

Grande (Califórnia, Novo México, Utah, Nevada e Arizona). A Inglaterra cedeu o Oregon, ante o sucesso de um mecanismo simples de expansão que envolvia quatro fases: chegada dos colonos, incidente, guerra, anexação. A expansão prosseguiria após 1848. Ainda nesse ano, o governo dos Estados Unidos negociou com Nova Granada a construção de uma via férrea ou de um canal no istmo do Panamá e propôs à Espanha a compra de Cuba, tendo de desistir dessa operação diante das pressões britânicas, mesmo porque seria mais um Estado escravista. Os Estados Unidos entraram, então, em confronto com a Grã-Bretanha, que os continha, porém ela, por sua vez, foi contida no Caribe. Recorriam à Doutrina Monroe apenas quando seus interesses imediatos eram envolvidos e se negavam a reagir a intervenções européias que não lhes afetassem os interesses, como a intervenção franco-britânica contra Rosas, entre 1845 e 1849. Entre 1852 e 1855, o governo norte-americano oferecia tácito apoio a um projeto de colonos e flibusteiros do sul tendo em vista a ocupação da Amazônia, porém recuou em razão de forte e adequada movimentação da diplomacia brasileira. As potências européias hesitaram em envolver-se ou posicionar-se ante a Guerra de Secessão. Acabaram por manter a neutralidade, porém a França aproveitou-se da ocasião para sua aventura no México. Em 1863, Napoleão colocou no trono de um "império" mexicano o arquiduque austríaco Maximiliano, que tentou governar, durante dois anos, com apoio de um corpo expedicionário francês de 30 mil homens. Terminada a Guerra de Secessão, falando grosso como fizera Monroe contra os imperialistas, o governo dos Estados Unidos exigiu a retirada dos invasores e a aventura terminou em catástrofe para os franceses. Mesmo fora do Concerto Europeu, os Estados Unidos se portavam como grande potência, negociando interesses nacionais, colaborando quando possível, impondo a vontade quando bons cálculos de risco o permitiam.

2.2.4.2 Brasil

A atitude do Brasil e da Argentina diante da preeminência européia do século XIX esteve longe de ser passiva. Além de se movimentarem pela área contígua, até mesmo por guerras de conquista e de ajuste de suas ambições territoriais, tinham por soberanas suas decisões ao cederem aos europeus o mercado interno de manufaturados e a navegação de longo curso. O Brasil firmou duas dezenas de tratados desiguais com as potências européias e os Estados Unidos, entre 1824 e 1828. Quando se instalou o Parlamento, em 1826, floresceu ali um pensamento crítico, radical e lúcido, diante dos inconvenientes para o desenvolvimento nacional de tais acordos. Ao expirarem na década de 1840, por considerá-los sempre nocivos às nações fracas, o governo recusou-se a renová-los e a firmar qualquer novo tratado econômico com potências avançadas, apesar de ameaças e fortes pressões diplomáticas inglesas e norte-americanas.

Um pensamento industrialista emergiu na década de 1840 e, com a autonomia da política econômica alcançada ao término dos tratados, foi possível elevar as tarifas incidentes sobre o comércio exterior com a dupla finalidade: fiscal e protecionista. O país conheceu o primeiro surto de industrialização, e o intenso debate que se travou acerca da indústria nacional serviu para incorporar, definitivamente, ao pensamento brasileiro, a necessidade de promover tanto o setor agroexportador tradicional quanto as atividades industriais. Foi o único país da América Latina a manter, embora com determinação variável, nos séculos XIX e XX, uma política de defesa da indústria, entendida esta como um bem nacional a buscar. A partir da década de 1860, o refluxo do pensamento liberal radical, eco dos interesses fundiários, freou, como os conservadores advogavam, o projeto industrialista e a modernização voltada para dentro.

O governo resistiu, diplomaticamente, às pressões e às violências da marinha inglesa para repressão do tráfico negreiro e extinguiu-o em 1850. Não cedeu tampouco às pressões de inúmeras potências para a renovação dos tratados de comércio e desarmou um projeto norte-americano de ocupação da Amazônia. Entre 1850 e 1875, pelas armas, pela diplomacia e por empréstimos, exerceu uma hegemonia regional sobre a bacia do Prata, que lhe assegurou as fronteiras, a livre navegação dos rios, a exploração das pastagens uruguaias e a contenção do expansionismo argentino. Aliou-se ao Uruguai e à Argentina para revidar, entre 1864 e 1870, a agressão do Paraguai a seu território, impondo-lhe uma derrota desmesurada em termos humanos, econômicos e políticos.

2.2.4.3 Argentina

O país não cedeu o livre-comércio por um tratado, como fizeram o Brasil e a maioria dos países latino-americanos. Embora o ditador Juan Manuel Rosas tenha recorrido ao protecionismo desde a década de 1830, não se observou uma resposta social orientada para ativar as manufaturas. Franceses e ingleses tentaram, pelas armas, demovê-lo de sua resistência protecionista, porém nada obtiveram. Como Rosas incomodava com restrições à navegação dos rios e com ameaças expansionistas, o Brasil aliou-se a províncias argentinas do interior e ao Uruguai para tirá-lo do poder, em 1852. A Argentina envolveu-se, então, em luta interna, entre federalistas e unitários, Buenos Aires e o interior, e só consolidou-se como Estado nacional em 1861, quando nova geração de estadistas, auxiliada pelo bom desempenho econômico e pela imigração européia, encetou a construção de uma nação moderna, a qual, embora continuasse basicamente agrícola, seria incluída entre os chamados "países novos" ao final do século XIX.

2.2.4.4   Egito

Tradicional exportador de cereais, sob a direção do paxá Muhammad Ali, o Egito empreendeu, a partir de 1806, gigantesco projeto de modernização. Por meio da revolução agrícola e econômica, o novo Egito introduziu o plantio de duas safras anuais e desenvolveu as indústrias com que supriria o mercado interno. De exportador de alimentos, evoluiu para também ser exportador de tecidos, produtos metalúrgicos e navios. Seu superávit comercial dispensava empréstimos externos. Por volta de 1840, o Egito era uma potência comparável aos países centrais. Foi, porém, vítima da prepotente diplomacia palmerstoniana. Em manobras desprovidas de qualquer ética política, ao estilo de seus golpes sobre a China, Palmerston, em nome dos "superiores interesses europeus", comprimiu a expansão regional do Egito, forçou-o à extinção dos monopólios estatais e a abrir largamente seu mercado aos produtos externos, embora ainda mantivesse fechado o mercado inglês. Quando morreu Muhammad Ali, em 1849, o Egito havia renunciado ao projeto de autonomia econômica, regressando rapidamente à periferia do capitalismo com o livre-comércio, com a ruína do setor moderno nacional, com os empréstimos externos e com a vulnerabilidade do endividamento. Esse triunfo inglês foi obtido com apoio do Concerto Europeu, mas os interesses da Grã-Bretanha prevaleceram, ao barrar a emergência de uma potência rival no Mediterrâneo, obstar à ampliação da influência francesa, uma vez que a França acompanhava com simpatia o desenvolvimento egípcio, manter o Império Otomano fraco e servil e desfazer uma aliança turco-russa contra o Egito. A título de compensação, a Grã-Bretanha permitiu aos franceses a construção do canal de Suez, inaugurado em 1869. O Egito teria 15% dos lucros da exploração do canal e sua propriedade 99 anos depois.

2.2.4.5   Japão

Os ocidentais ameaçavam o Japão desde os sucessos alcançados na China na década de 1840. Em 1853, duas esquadras, uma russa e outra norte-americana, entregaram ultimatos, exigindo liberdade de navegação e abertura comercial. Em 1854, passando sobre a opinião dos daimios (nobres) e do imperador, o *bakufu* firmou tratados, oferecendo facilidades para a navegação. Era pouco. Em 1858, as potências ocidentais, exibindo o exemplo chinês, obtiveram tudo o que desejavam, por meio de uma série de tratados. À semelhança do que ocorrera no Brasil, na década de 1840, ante pressões inglesas para renovação do tratado de 1827, no Japão, a década de 1850 foi de intenso debate, opondo os nobres e o imperador ao governo (*xogunato*). Essa divergência a respeito da atitude a tomar diante dos ocidentais prosseguiria. O imperador ordenaria sua expulsão em 1863. O bombardeio da costa japonesa por britânicos, franceses e norte-americanos forçou-o a recuar e ratificar os tratados de 1858, que fixavam a tarifa a 5% *ad valorem*. O déficit e a hemorragia de ouro acrescentaram ao debate das elites a agitação popular; todos, elite e povo, estavam contaminados de extremado nacionalismo. O novo imperador acabou chegando às idéias do *xógum* e, com o golpe de 1868, concentrou poderes para executar o projeto de modernização nacional, inaugurando a era Meiji. Dois eram os parâmetros da nova política, advindos da sabedoria do extinto *xogunato*: desenvolvimento econômico, tecnológico, político e social ao estilo dos ocidentais; e sem confrontação. Essas decisões de política interna e externa fizeram o Japão mergulhar no mundo moderno.

Referências

Obras completas:

KRIPPENDORFF, Ekkehart. *História das relações internacionais*. Lisboa: Antídoto, 1979.

PACTEAU, S.; MOUGEL, F. C. *Histoire des relations internationales (1815-1987)*. Paris: PUF, 1988.

RENOUVIN, Pierre. *Histoire des relations internationales*. t. V: de 1815 a 1871. Paris: Hachette, 1965.

Europa e relações intereuropéias:

BULL, H.; WATSON, A. (Org.). *L'expansione della società internazionale*. Milano: Jaca Book, 1994. [Introdução de Brunello Vigezzi].

GRAIG, Gordon. The system of alliances and the balance of power. In: *The new Cambridge modern history*. Cambridge: Cambridge University Press, 1971. v. 10, p. 246-273.

WATSON, Adam. *The evolution of international society*: a comparative historical analysis. London, New York: Routledge, 1992.

Expansão européia:

FREITAS, Caio de. *George Canning e o Brasil*. São Paulo: Nacional, 1958. 2v.

PAILLARD, Yvan G. *Expansion occidentale et dépendance mondiale*: fin du XVIIIe siècle/1914. Paris: Armand Colin, 1994.

Apogeu e colapso do sistema internacional europeu (1871-1918)

Wolfgang Döpcke

3.1 Tendências principais nas relações internacionais

Em 1871, ano no qual a França foi derrotada na guerra franco-prussiana e em que nasceu a Alemanha unificada, começou uma nova época nas relações internacionais, que terminaria entre 1914 e 1918, com o auto-enfraquecimento da Europa na Primeira Guerra Mundial. O ano de 1871 marcou o fim da remodelagem do sistema de Viena. A fundação do Império Alemão, realizada militarmente em três guerras de unificação e acompanhada de uma industrialização dramática, completou a restruturação do sistema europeu de Estados. Esses processos transformaram o antigo vácuo de poder, no centro da Europa, em uma superpotência continental. Entre 1871 e 1914, o Império Alemão influenciou o caráter das relações internacionais mais fortemente do que todos os outros grandes países. A Alemanha exerceu um potencial de hegemonia sobre o continente e, depois de 1897, agiu como uma potência mundial não satisfeita. O medo diante do domínio alemão da Europa e das ambições alemãs em escala mundial superou as rivalidades e as linhas de conflito tradicionais entre a

Inglaterra, a França e a Rússia, concentrando a orientação da política exterior desses Estados numa aliança defensiva contra a Alemanha.

O triunfo dos nacionalismos, na Alemanha e na Itália, dissolveu vários pequenos países que, até aquela época, desempenhavam o papel de Estados-tampão entre as grandes potências, subtraindo dessas últimas o campo de expansão na própria Europa. Da mesma forma, a parte européia do decadente Império Otomano deixou de ser, para as grandes nações, uma área de expansão moderadora de conflitos e transformou-se em uma região explosiva, que acabaria por produzir a centelha inicial da Primeira Guerra Mundial.

Depois de 1871, o sistema de Estados não mais retornou aos objetivos principais do Concerto Europeu. Segundo Sheehan, o sistema de concerto, com suas raízes na tradição anti-hegemônica de um equilíbrio de poder, baseava-se em normas e consenso entre amigos, e não na ameaça dos vizinhos. O mais tardar, a partir de 1890, tal consenso seria destruído. A ausência de alianças permanentes no sistema de Viena e as alianças frouxas e ocasionais das grandes potências, em tempos de crise, cederam lugar, após 1879, a um sistema de alianças permanentes, mesmo em tempos de paz. Essas alianças transformaram-se, até 1907, na inflexível bipolaridade dos dois blocos de poder (Tríplice Aliança: Alemanha, Áustria-Hungria, Itália; Tríplice *Entente*: França, Rússia, Grã-Bretanha).

No âmbito mundial, o período entre 1871 e 1914-1918 caracteriza-se pelo apogeu da hegemonia global do sistema europeu. O "novo" imperialismo forçou a entrada no sistema internacional europeu daquelas partes do mundo que ainda estavam fora. Com isso, o imperialismo completou a construção da rede global de relações econômicas, estratégicas e políticas, que foram dominadas pelos principais Estados da Europa (WATSON, 1992). Isso ocorreu de forma violenta, principalmente no contexto da partilha da África, da ocupação territorial de grande parte da Ásia e da abertura da China. Após essa segunda onda de expansão colonial, não havia mais no mundo qualquer verdadeiro vácuo de poder. Com exceção da Áustria-Hungria, todas as grandes potências européias, bem como os Estados Unidos e o Japão, entraram no círculo das potências coloniais. Durante o período de 1871 a 1914, as potências principais alcançaram sua hegemonia, direta ou indireta, com relativa facilidade. Nunca, na história mundial, a brecha militar, tecnológica e econômica entre os Estados industrializados da Europa e o resto do mundo foi ou seria maior. Esta supremacia uniu-se, no final do século XIX, com uma decidida vontade européia de dominar o mundo.

Entretanto, os limites do poder europeu na escala mundial já eram perceptíveis durante a mesma época. Em primeiro lugar, os Estados Unidos alçaram-se, em poucos anos, depois do fim da Guerra Civil até a virada do século, à condição de primeira potência industrial do mundo. Isso, porém, não se refletiu plenamente, até a Primeira Guerra Mundial, no *ranking* dos Estados Unidos entre as potências militares mundiais. Em segundo lugar, o Japão começou, a partir da década de 1860, sua determinada transformação de um país agrofeudal em uma potência industrializada. Embora o Japão tenha desdobrado o seu pleno potencial somente depois da Primeira Guerra Mundial, o futuro desafio à hegemonia européia já se esboçava na virada do século. A celebração da aliança entre o Japão e a Grã-Bretanha, em 1902, e a vitória japonesa sobre a Rússia, em 1905, demonstraram, dramaticamente, as aspirações do país como potência.

Em terceiro lugar, a esmagadora supremacia européia em termos militares sobre os países não industrializados não significava que o sul do planeta tivesse tornado mero objeto dos desenhos colonialistas europeus, sem nenhuma capacidade de defesa ou iniciativa própria. A África e a Ásia resistiram, às vezes, veementemente, à conquista européia. Embora as resistências raramente conseguissem seu alvo imediato, ou seja, a expulsão dos europeus, elas tiveram repercussões importantes na prática do exercício da dominação colonial que, muitas vezes, aceitou compromissos com os interesses dos colonizados, como conseqüência das resistências. Igualmente, as resistências "primárias" contra a conquista européia fundaram uma tradição de oposição contra o colonialismo que se desdobrou plenamente nas lutas de descolonização na segunda metade do século XX.

Internamente, o sistema europeu de Estados manteve, após 1871, a sua expressiva hierarquia e estratificação entre, de um lado, as cinco verdadeiras grandes potências (Alemanha, França, Grã-Bretanha, Rússia e Áustria-Hungria) e, de outro, as potências de segunda e terceira categorias. Embora, depois de 1871, as grandes potências fossem as mesmas da primeira metade do século XIX, a balança de poder entre elas alterou-se significativamente. A Prússia, que era a mais fraca entre as cinco, catapultou-se (como o Império Alemão) para uma posição de potencial hegemonia no continente. A França, porém, perdeu, em 1870-1871, o seu potencial de hegemonia. A monarquia dual austro-húngara sofreu o perigo de deixar o círculo das grandes potências, devido a problemas internos, originados na heterogeneidade étnica do Estado e no atraso econômico. A Rússia combinou a força do país mais populoso da Europa com a fraqueza do seu atraso industrial. A Itália unificada qualificou-se como potência de modo pouco sério, dado o seu atraso econômico e sua insuficiência militar. Depois de 1871, ela foi chamada várias vezes a integrar o clube exclusivo das grandes potências, mas, principalmente, por razões de cortesia (LOWE, 1994). O teste decisivo para o *status* de grande potência continuou sendo a capacidade de fazer guerra (TAYLOR, 1954). Isso, porém, não mais correspondia apenas à força populacional de um Estado, vale dizer, ao número de soldados de infantaria, mas dependia crescentemente da força industrial. A dinâmica diferenciada na industrialização dos diversos Estados europeus, desde a segunda metade do século XIX, refletia-se na sua posição relativa de poder no sistema de Estados. Da mesma forma, a vantagem na industrialização da Europa (e dos Estados Unidos) embasava o seu extraordinário domínio no sistema mundial.

Pode-se argumentar que a origem social das pessoas imediatamente envolvidas nas relações internacionais (diplomatas, ministros), durante todo o século XIX, apresentava uma surpreendente continuidade: com exceção parcial dos franceses, elas vinham quase exclusivamente da nobreza. No entanto, as forças sociais profundas das relações internacionais alteraram-se maciçamente no período aqui estudado. A democratização lenta, mas contínua, foi um fator que determinou nitidamente os processos de decisão na política externa dos Estados europeus, no último quartel do século XIX. Entretanto, isso não significa que a política externa desse período estivesse sob um controle mais forte, verdadeiramente democrático. Essa primeira fase da democracia caracterizou-se muito mais pelas tentativas de manipulação das massas do que pela verdadeira participação política. Não obstante, no seu cálculo para a tomada de decisões, os governos tiveram de considerar novas forças políticas internas, como partidos populares, grupos de interesse, organizações civis de massa e imprensa.

O apelo à identidade nacional e a supostos interesses nacionais, ou seja, o nacionalismo, foi um elemento central, na época, para transformar a participação política em psicose de massa. Nacionalismo, porém, não significava apenas a manipulação intencional da consciência das massas, com o propósito de desviar contradições sociais internas e a ameaça dos trabalhadores ao *status quo* para xenófobas imagens de supostos inimigos externos. O nacionalismo do final do século XIX, num sentido amplo, reflete a tentativa de encontrar novas identidades e novos pontos de referência para os mais diversos grupos sociais e classes. Isso acontece numa ordem societária que se transforma profunda e rapidamente, propulsionada por uma dramática industrialização modernizadora (HOBSBAWM, 1991).

As principais correntes do nacionalismo na Europa alteraram o seu caráter, ao entrar no período ora estudado. Em geral, o nacionalismo do *risorgimento*, liberal e libertário, cedeu lugar a um nacionalismo integrista, militante, expansionista e chauvinista. Na primeira metade do século XIX, o nacionalismo associava-se à autodeterminação democrática dos povos e dos indivíduos, assim como à luta contra o domínio aristocrático. A partir da década de 1880, a política direita reivindicou o monopólio do patriotismo expurgado de ideais democráticos. Como fenômeno de massas, tal nacionalismo direitista caracterizou especialmente Estados como a Alemanha. Nesses Estados, a realização da unidade nacional, a modernização industrial e a passagem para uma sociedade de massas e mercado aconteceram num lapso muito curto, acarretando prejuízos traumáticos e oferta compensatória de grandeza nacional (WEHLER, 1995), que não enfrentaram a oposição de uma cultura política fortemente consolidada.

A emergência de um nacionalismo radical e integrista foi um fenômeno geral na Europa e, no período em questão, chegou também aos Estados Unidos. Na França, assumiu a forma do chauvinismo francês; na Grã-Bretanha, a do jingoísmo; e, nos Estados Unidos, a do chamado novo imperialismo. Tais ideologias, que colocaram as suas próprias nações acima de tudo, caracterizaram todo o período estudado. Entretanto, elas se tornaram forças políticas efetivas sobre toda a sociedade apenas depois da virada do século. O nacionalismo integrista francês, por exemplo, foi politicamente periférico durante muito tempo, pois não representava qualquer movimento de massa. Ele se popularizaria somente após a segunda crise marroquina, em 1911, unindo as suas duas correntes — a do revanchismo antialemão e a do imperialismo colonial — num *renouveau patriotique* (ZIEBURA, 1975). Como resultado do avanço do nacionalismo integrista, o pensamento social-darwinista influenciou a percepção das relações internacionais de modo cada vez mais forte: os Estados estariam em posições opostas entre eles mesmos, permanentemente, numa luta pela sobrevivência, e o crescimento do poder de um Estado ocorreria apenas à custa da perda de poder de um outro, numa lógica de soma zero.

Contemporaneamente à emergência dos nacionalismos integristas nos principais Estados europeus, no último quartel do século XIX, continuavam os nacionalismos irredentistas na parte européia do Império Otomano e no Estado multiétnico da Áustria-Hungria. Nos Bálcãs, esses nacionalismos produziram grandes tensões entre Estados, conjuntamente aos chauvinismos sérvio e bósnio e no contexto internacional de um conflito iminente e agudo entre as grandes potências Rússia e Áustria-Hungria. Esse quadro forneceu a ocasião imediata para o início da Primeira Guerra Mundial.

O período aqui investigado caracterizou-se, crescentemente, por uma militarização disfarçada de tudo o que fosse político, particularmente no que diz respeito às decisões das políticas exterior e de alianças. O planejamento militar ganhou uma dinâmica própria e demarcou os limites das decisões políticas, freqüentemente de modo cego. Essa tendência foi explicitada de forma trágica e clara, por meio do papel importante que o chamado plano Schlieffen, o planejamento alemão de uma guerra em duas frentes, desempenhou na eclosão da Primeira Guerra Mundial. Também, o ano de 1871 significou o fim da solidariedade dos gabinetes conservadores e da intervenção em Estados vizinhos para que o respectivo sistema fosse mantido. A indireta ajuda prussiana para a derrota da Comuna de Paris, naquele ano, marcou o ponto final dessa tradição conservadora do sistema de Viena.

A maioria dos historiadores subdivide as relações internacionais entre 1871 e 1918 em dois períodos, cuja dinâmica característica é derivada, significativamente, da política externa alemã. O primeiro deles se estende de 1871 a 1890, quando a diplomacia da Europa e as relações internacionais foram dominadas pelas alianças do sistema de Bismarck. O segundo período abrange desde a renúncia forçada de Bismarck (1890) até 1918; inicia-se com ofensivas alemãs na política externa e caracteriza-se por tensões crescentes, pela bipolarização em blocos de poder permanentes e pelo resvalo na Primeira Guerra Mundial.

Na literatura especializada, não há consenso sobre quais seriam os princípios básicos que governaram o funcionamento do sistema europeu de Estados nessa época. Existem duas visões. A primeira supõe a existência de um equilíbrio de poder entre as potências. Contrariamente, uma segunda abordagem encara a hegemonia alemã como característica das relações internacionais no continente. Lowe e Taylor, por exemplo, argumentam que o equilíbrio de poder (isto é, o princípio básico de que nenhuma potência poderia dominar o continente) teria tido real validade nas relações internacionais, mesmo no último quartel do século XIX, não sendo apenas uma idéia política. Após 1871, ter-se-ia constituído um novo equilíbrio sob a diplomacia de Bismarck. Mesmo depois de 1890, teria existido, por muito tempo, um equilíbrio instável e tenso entre os dois blocos de poder em formação, seriamente ameaçado pela Alemanha e seus aliados apenas a partir de 1905.

Contrariamente a essa visão, Bridge e Bullen argumentam que a idéia de equilíbrio de poder entre as grandes potências continentais corresponderia somente aos interesses britânicos, tendo, sobretudo, pouca relevância prática no continente, como princípio básico consensual. A segurança teria sido o conceito dominante. A paz, depois de 1871, não se fundamentaria num consenso moral, mas, sim, no "brutal fato da superioridade militar alemã sobre a França". Sheehan argumenta que a definição britânica de equilíbrio seria unilateral, uma vez que se relacionaria só com a Europa, sem considerar o poder britânico de além-mar. Segundo Sheehan e Geiss, os alemães teriam tentado substituir essa definição britânica pela sua própria, o que possibilitaria à Alemanha estabelecer-se como potência mundial.

As publicações francesas também tendem a considerar não o equilíbrio de poder, mas a hegemonia da Alemanha no continente como característica do período posterior a 1871. Milza argumenta que a Alemanha teria se tornado potência européia hegemônica após a vitória sobre a França, mas que Bismarck manteve o *status quo*, mediante a sua habilidosa diplomacia. Zorgbibe aceita o pensamento contemporâneo de Benjamin Disraeli, segundo o qual o resultado da guerra entre a França e a Alemanha, de 1871, teria destruído completamente o equilíbrio de poder na Europa e estabelecido a hegemonia militar, econômica e demográfica da Alemanha.

Representa essa idéia, de uma forma muito apontada e até exagerada, a percepção contemporânea francesa. Embora fosse a maior potência militar e industrial do continente depois de 1871 e tivesse potencial hegemônico, a Alemanha não chegou a transformar esse potencial em uma prática política consistente. A política exterior da Alemanha, até 1890, era guiada mais pela pressuposta vulnerabilidade do país a coalizões inimigas do que por seu poder como primeira potência no continente. Por isso, embora o potencial militar e econômico permitisse uma predominância mais acentuada do Império Alemão, a sua cautelosa política e a prática das relações entre os outros países fizeram que as relações internacionais até 1890 parecessem mais equilibradas do que uma mera análise dos recessos militares e econômicos alemães poderia sugerir. Depois de 1890, a Alemanha chegou a reivindicar um *status* político internacional correspondente ao seu poder econômico e, ao mesmo tempo, a França conseguiu quebrar seu isolamento, concluindo uma aliança com a Rússia em 1894. Entre esses blocos em formação, estabeleceu-se uma espécie de equilíbrio. Mas isso não pode ser visto como se fizesse parte da tradição dos princípios do Concerto Europeu. Era mais um equilíbrio inspirado por medo mútuo — uma "paz armada"; desafiado desde o início, mais parecia com a situação da guerra fria de depois de 1945 do que com o consenso moral da tradição anti-hegemônica européia do início do século XIX.

Os 43 anos entre 1871 e 1914, apesar de todas as crises diplomáticas, representaram o segundo maior tempo de paz entre as grandes potências, na recente história européia, somente superado pelo período posterior a 1945. Por tal perspectiva, alguns autores enfatizam o sucesso da diplomacia européia na época, e a possibilidade de solução de conflitos entre Estados, o que acarretaria, ao fim e ao cabo, a possibilidade de se evitar a Primeira Guerra Mundial. Mas, por uma outra perspectiva, o período objeto de estudo apresenta-se como um longo tempo de incubação (GEISS, 1990) daquilo que seria, até então, o maior conflito militar da história humana. Por essa ótica, as soluções superficiais das crises diplomáticas não evitaram a constituição e o aprofundamento das grandes linhas fundamentais de conflito que se descarregaram em agosto de 1914.

Os argumentos aqui referidos apresentam os 43 anos entre 1871 e 1914 como um período marcante e peculiar na história das relações internacionais. É essencial, entretanto, apontar as continuidades que transcendem essa periodização. Por exemplo, não foi apenas a partir de 1871, mas, seguramente já no primeiro quartel do século XIX, que os processos diferenciados de industrialização e o capitalismo crescente influenciaram a divisão de poder no sistema mundial. O novo imperialismo e a partilha da África tornaram-se inteligíveis também no contexto de uma longa continuidade da expansão européia e da ocidentalização do mundo, que vinham desde o longo século XVI. E, apesar da política bismarckiana de alianças e da crescente bipolaridade, não caberia excluir soluções diplomáticas de conflitos no espírito do sistema de Viena. O Concerto Europeu ainda funcionou, por exemplo, na partilha da África (década de 1880), no caso da intervenção conjunta na China, e, finalmente, em 1912, na conferência londrina dos embaixadores, que evitou a escalada das tensões entre a Áustria-Hungria e a Rússia no contexto das guerras balcânicas. Igualmente, alguns autores argumentam em favor de continuidades marcantes desse período com a fase posterior. Essas últimas levaram a algumas interpretações que consideraram a Segunda Guerra Mundial uma continuação da Primeira, e todo o período de 1914 a 1945 uma segunda Guerra dos Trinta Anos (MAYER, 1987). Mas, a despeito dessas continuidades com todo o século XIX e das que o período objeto deste estudo apresenta com a fase entre 1918 e 1939, argumenta-se, aqui, que as peculiaridades significativas das relações internacionais, no período de 1871 a 1914-1918, justificam a periodização escolhida.

Os principais debates historiográficos acerca desse período concentram-se nas seguintes questões:

a) o problema acima citado sobre o caráter do sistema internacional e das relações internacionais; a pergunta sobre a existência de um equilíbrio de poder ou de uma hegemonia da Alemanha após 1871;

b) o problema de possíveis explicações da nova expansão imperial européia, depois de 1870, uma questão que desaguou em múltiplos e complexos modelos explicativos, quase sempre designados como teorias do imperialismo;

c) a explicação das causas profundas da Primeira Guerra Mundial.

A última dessas questões tem intenso caráter político e pode ser vista como a questão historiográfica central do nosso período. No contexto de uma vasta produção intelectual, o tema tem sido elucidado de todos os pontos de vista possíveis, sejam eles teóricos, políticos ou emocionais. O confronto entre dois paradigmas metódicos, de análise da política exterior e das relações internacionais, exemplifica-se na questão das causas profundas da eclosão da Primeira Guerra Mundial: o primado da política interna *versus* o primado da política externa. Desde os anos 1960, o ataque da história social contra a história tradicional das relações internacionais tem posto em questão os pressupostos básicos desta linha de pensamento, especialmente a idéia rankiana da independência da política exterior e de seus objetivos, em relação às constelações da política interna.

No contexto da história do Império Alemão, autores como Kehr, Berghahn e Wehler vêem as decisões da política externa como função dos seus efeitos políticos internos. A finalidade principal do processo político teria sido a estabilização interna de um sistema ultrapassado, ou seja, a oposição das elites governantes ao processo emancipatório da sociedade industrial. Segundo os historiadores sociais, a política externa foi instrumentalizada e subordinada àquela finalidade. Nessa perspectiva, o imperialismo de Bismarck aparece como desvio das tensões políticas internas, num processo de expansão colonialista, que seria irrelevante em si mesmo. A política mundial guilhermina aparece como política interna e a deflagração da Primeira Guerra Mundial é vista como uma "fuga para a frente", tentada pelas elites que se sentiram, interna e externamente, num beco sem saída. As elites teriam procurado evitar as conseqüências parlamentar-emancipatórias do processo geral de modernização, mesmo às custas de uma guerra (supostamente) limitada. Mayer ensaiou estender por toda a Europa este paradigma desenvolvido no contexto alemão, mas não conseguiu convencer muito. De um modo geral, pode-se observar que o paradigma sócio-histórico do primado da política interna não substitui as interpretações mais tradicionais, que alegam uma relativa independência da política exterior, mas, sim, as complementa de forma interessante, em pontos específicos.

3.2 Economia e relações internacionais (1870-1914)

No período entre 1871 e 1914, o entrelaçamento da economia mundial numa única economia global, dominada por relações sociais capitalistas, alcançou nova qualidade. A mobilidade mais elevada de fatores de produção (trabalho e capital) e o aumento do comércio mundial incrementaram as relações econômicas entre os Estados de modo decisivo. Entre 1871 e 1914, a migração internacional alcançou o seu ponto alto, com 40 milhões de pessoas. Não havia qualquer restrição à exportação de capitais ou à repatriação de lucros. Os investimentos no exterior por parte dos quatro grandes países (Grã-Bretanha, França, Alemanha e Estados Unidos) cresceram mais de cinco vezes. Apesar do retorno gradual ao protecionismo depois de 1878, o comércio mundial aumentou anualmente 3,4%, em média, entre 1870 e 1914. Só entre 1890 e 1914, ele se multiplicou por três (SCHMIDT, 1985).

O alto grau de integração da economia mundial nas décadas anteriores à Primeira Guerra Mundial, em termos comerciais, de investimentos diretos, de fluxos financeiros e de migração, sugere fortes semelhanças com o processo atual de globalização. De fato, é possível interpretar a globalização no final do século XX e início do século XXI como uma espécie de retomada de princípios e processos que se tinham iniciado no final do século XIX.

Entre 1871 e 1914, o domínio europeu da economia mundial alcançou seu apogeu. Ao mesmo tempo, entretanto, um novo pólo econômico, fora da Europa, tornou-se mundialmente perceptível, depois da virada do século, com a escalada industrial norte-americana. A arrancada industrial, porém, dos Estados Unidos (entre 1880 e 1900, tornou-se o líder industrial do mundo) repercutiu com atraso no poder econômico mundial. O crescimento econômico do país, até a Primeira Guerra Mundial, era amplamente orientado para o mercado interno. Sua participação no comércio mundial, em 1913, era de apenas 10%, e sua exportação mundial de capitais não passava de 9%. G. Arrighi, não obstante, localiza já nessa época, ou, mais precisamente, no período da Grande Depressão de 1873 a 1896, a reviravolta decisiva na economia mundial. Segundo ele, é nessa crise que começa o "longo século XX", com a ascensão do "sistema norte-americano de acumulação em escala mundial e a derrocada do sistema britânico".

De meados do século XIX ao início da Primeira Guerra Mundial, a economia do mundo tornou-se mais pluralista (HOBSBAWM, 1992), isto é, a hegemonia britânica sobre o mercado mundial recuou. O que desmontou o domínio britânico do mercado foi, sobretudo, o crescimento da Alemanha e os processos de industrialização na Rússia e em alguns pequenos Estados europeus. No plano econômico mundial, isso ocorreu em virtude da transformação dos Estados Unidos. A participação britânica no comércio mundial caiu de 28,4% para 17,5%, entre 1875 e 1913. A sua parcela na produção mundial de produtos industrializados reduziu-se de aproximadamente 33% em 1870 para 14% em 1913. No período ora estudado, a Grã-Bretanha já se transformava de "oficina do mundo" em "banco do mundo". O mercado de capitais londrino e os investimentos no exterior tornaram-se cada vez mais importantes para definir a posição da Grã-Bretanha na economia mundial. Entre 1875 e 1913, a Grã-Bretanha conseguiu manter a parcela de 45% de todos os investimentos no exterior, mesmo tendo a Alemanha multiplicado os seus por dez. Diferentemente da Alemanha e da França, a Grã-Bretanha distribuiu o seu capital pelo mundo de modo relativamente equilibrado, investindo apenas uma pequena parte na Europa (em 1913, os investimentos britânicos na Europa representavam 6%).

O comércio mundial, tal como antes, concentrava-se na Europa. Na virada do século, ela efetuava dois terços dele. A parcela, porém, dos três grandes (Inglaterra, França e Alemanha) caiu de 52,9% em 1875, para 37,6% em 1913. À assimetria política do sistema mundial anteriormente citado correspondia uma inserção econômica estruturalmente desigual no mercado mundial. Entre 1871 e 1914, completou-se e estabilizou-se um longo período de divisão mundial do trabalho: de um lado, fornecedores de matérias-primas; de outro, regiões produtoras de bens industrializados. Somente os Estados Unidos alteraram o seu modo de inserção no mercado mundial nesse período. Eram fornecedores de matéria-prima (74% das exportações americanas em 1890) e tornaram-se exportadores de produtos industrializados, principalmente às custas da Inglaterra.

O desenvolvimento agrário de antigas colônias de povoamento branco, nas Américas e na Oceania, e a redução dos custos de transporte (estradas de ferro e, a partir de 1870, navios a vapor) possibilitaram, pela primeira vez na história, o surgimento de um mercado agrário mundial integrado. Os preços de produtos agrícolas caíram drasticamente: entre 1871 e 1894, o trigo, por exemplo, barateou em mais de 50%.

O domínio europeu na exportação de produtos industriais era até mais expressivo do que no comércio em geral: a Grã-Bretanha, a Alemanha e a França somavam 61% de todas as exportações daquele tipo. Mais fortemente ainda, a Europa dominava a exportação mundial de capitais: somente a Inglaterra e a França detinham, juntas, 70% de todos os investimentos no exterior em 1900.

A escalada vertiginosa da Alemanha unificada como potência econômica líder na Europa, a relativa estagnação da Grã-Bretanha e o enfraquecimento da França foram em grande parte responsáveis pelo abalo do equilíbrio europeu. Entre 1860 e 1913, a economia alemã superou a britânica e a francesa, colocando-se logo após a dos Estados Unidos. Em 1880, o potencial industrial da Alemanha e da França ainda era quase o mesmo; até 1913, o potencial francês cresceu perto de duas vezes e o alemão multiplicou-se por cinco. A Alemanha dominava o mercado, especialmente nas áreas inovadoras da chamada segunda revolução industrial (aço, produtos químicos e construção de máquinas), enquanto a Inglaterra e a França acentuavam o seu domínio em setores industriais em retração, como o dos produtos têxteis. A participação alemã no comércio mundial cresceu de 11,8% em 1875, para 12,5% em 1913; no mesmo período, a da França baixou de 12,7% para 7,6% e a da Grã-Bretanha passou de 28,4% para 17,5%. Ainda, no mesmo período, a parcela alemã nos investimentos estrangeiros mundiais elevou-se de 5% para 13%, enquanto a francesa decresceu de 33% para 20%.

Contrariando teorias econômicas do imperialismo, que interpretam o colonialismo da época de 1871 a 1914 como estratégia necessária do capital à procura de possibilidades de investimento ou de mercados de exportação, as colônias, então recém-conquistadas, desempenhavam um papel secundário no mercado mundial. O império colonial francês, até 1914, absorveu não mais de 13% das exportações de produtos franceses. Além disso, mais da metade desse percentual destinava-se à Argélia, uma colônia de imigrantes conquistada em 1830, isto é, antes da fase imperialista. Em 1905, a África Subsaárica forneceu 0,8% das importações francesas e recebeu 0,5% das exportações (AUSTEN, 1987). A África ocidental francesa, vale dizer, uma das principais regiões conquistadas pela França no final do século XIX, forneceu, por volta de 1910, somente 0,07% de todas as importações francesas. No caso britânico, apenas a colônia de imigrantes da África do Sul (e o Egito, até certo ponto) tinha certa relevância econômica no continente africano. A África do Sul foi o destino de 3,6% de todas as exportações britânicas em 1906 e o resto da África negra, de 4,7%.

Quanto à exportação de capitais, a marginalidade das novas colônias torna-se mais evidente. A Grã-Bretanha investia, em 1914, 50% do seu capital externo (1,68 bilhão de libras) no seu Empire colonial, porém, menos de 100 milhões de libras nas novas colônias (LOWE, 1994). Em 1914, a Alemanha investiu 2% do seu capital externo nas colônias e a França, 8,8%, destinados a maior parte à Argélia e à Indochina. O Estado procurou convencer os bancos e os industriais a se engajarem economicamente nas colônias, mas com pouco sucesso. Em relação à importação de capitais e à movimentação de mercadorias, a África e a Ásia permaneceram "os parentes pobres" (GIRAULT, 1979).

As relações entre interesses econômicos e política externa são apresentadas na literatura de modo controvertido. É consenso que uma nova orientação político-econômica tenha-se estabelecido na Europa Ocidental depois de 20 anos de triunfo do liberalismo. A partir da década de 1870, ganhou espaço a idéia de se "tratar toda a economia nacional como conjunto produtivo digno de proteção e de incentivo pelo Estado" (WEHLER, 1995). A competição econômica entre empresas, no mercado mundial, articulou-se crescentemente como competição entre interesses nacionais dos Estados-nação. Do ponto de vista da política exterior, isso causou a volta ao protecionismo, à "guerra alfandegária" e ao emprego do poder político-estatal na defesa e na manutenção de esferas de influência econômica. Consoante a argumentação de Lenin, tal instrumentalização do poder político para a consolidação de interesses econômicos externos conduz a antagonismos entre os Estados, antagonismos estes que redundaram na Primeira Guerra Mundial.

Entretanto, as teses de funcionalização unilateral da política do Estado, por parte de interesses econômicos, ou de uma congruência entre rivalidades políticas externas e econômicas, revelam-se muito limitadas. O período de 1871 a 1914 caracterizou-se tanto por uma competição econômica entre Estados quanto por um entrelaçamento econômico crescente, assim como por uma intensa colaboração do capital internacional. As relações econômicas dos Estados, havia muito, não eram idênticas às orientações da política exterior dos governos. Foi só a partir de 1911 que os governos conseguiram "renacionalizar" o capital, isto é, acoplar as orientações econômicas exteriores com a política de segurança nacional (SCHMIDT, 1985).

A partir de 1878, paulatinamente, todos os Estados europeus introduziram impostos sobre a importação de produtos agrários e industriais, exceto a Grã-Bretanha, que permaneceu como a única representante do livre-comércio. Os impostos variavam de 4% (Holanda) a 41% (Espanha). Os Estados Unidos iniciaram a onda de protecionismo já em 1861, com a Tarifa Morrill. As tarifas alfandegárias norte-americanas, em média, foram elevadas a até 57% em 1897. De 1878 em diante, teve início a introdução de tributos de importação na Europa, bem mais moderados do que os norte-americanos. Isso ocorreu na Rússia, na Áustria, na Itália e na Alemanha neste ano, seguidas pela França, em 1881. Os tributos alfandegários industriais, de um lado, refletiam os esforços de proteger novas indústrias diante da concorrência "desleal". De outro lado, tais impostos representaram uma reação conjuntural e de política interna contra a assim chamada Grande Depressão, que durou de 1873 a, aproximadamente, o início dos anos 1990. Não obstante, as altas tarifas alfandegárias foram mantidas mesmo na reviravolta econômica, isto é, no período de grande prosperidade posterior a 1896.

Na introdução dos tributos de importação incidentes sobre produtos agrícolas, a Alemanha teve um papel pioneiro. As tarifas protecionistas foram a resposta do continente europeu à queda de preços dos produtos agrícolas, causada pela formação do mercado agrário mundial.

Os impostos protecionistas foram um fenômeno de toda a Europa e dos Estados Unidos, independentemente de alianças ou antagonismos externos. Suas conseqüências econômicas foram duvidosas, embora a sua relevância tenha sido enorme na política interna. Em geral, a literatura nega que os impostos protecionistas tenham influenciado o comércio exterior dos países europeus em termos de volume, composição e direção (SCHMIDT, 1985; WEHLER, 1984), embora alguns autores (HOBSBAWM, 1992) argumentem que os impostos teriam estimulado o crescimento industrial de alguns Estados. A verdadeira relevância apresenta-se mais fortemente no domínio da mentalidade coletiva. De modo convincente, Girault e outros argumentam que o protecionismo e as guerras alfandegárias contribuíram decisivamente para o desenvolvimento do nacionalismo radical e integrista, e mesmo do militarismo, na Europa.

A competição comercial entre Estados, em alguns casos, culminou em guerras alfandegárias ou comerciais, por exemplo, entre a França e a Itália (1887-1896), e entre a Áustria-Hungria e a Sérvia, que se envolveram no que veio a ser conhecido como Guerra dos Suínos (1906). Como exemplo clássico da interdependência entre a política econômica externa e a formação do sistema europeu de alianças, cita-se a relação russo-alemã. De 1880 em diante, Bismarck, pressionado pelos grandes produtores da região leste do Elba (os *Junker*), estabeleceu uma tarifa de proteção agrária. Isso foi o ponto central da reviravolta conservadora interna. O imposto, em princípio, era contra as importações de cereais da Rússia. A medida, acrescida do fechamento do mercado de capitais alemão para os russos (1887), cortou recursos financeiros decisivos que a Rússia precisava para a sua industrialização. A política alemã provocou, em resposta, a proteção alfandegária russa contra produtos industrializados alemães e deu início à cooperação econômica entre a Rússia e a França. Segundo Bridge e Bullen, as raízes da aliança franco-russa, de 1894, estariam na política financeira e alfandegária de Bismarck. Entretanto, daí não se deriva que os conflitos econômicos tenham se agravado, linearmente, desde 1880, de forma paralela ao desenvolvimento do antagonismo político entre a Rússia e a Alemanha. A Rússia permaneceu fortemente vinculada à Alemanha, do ponto de vista econômico (exportação de cereais e importação de máquinas). Fases de *détente* nas relações econômicas (por exemplo, depois da conclusão do acordo comercial, em 1894) intercalaram-se com guerras alfandegárias (como a de 1903).

A deterioração das relações britânico-alemãs também teve uma dimensão econômica, embora não decisiva. Conflitos econômicos resultaram de um suposto *dumping* de produtos industriais alemães nos mercados britânicos, inclusive nos coloniais, na década de 1890, além do avanço do imperialismo financeiro alemão na América Latina e no Oriente Próximo, sobretudo na construção da ferrovia de Bagdá. Contudo, tais conflitos diminuíram até o início da guerra. O atrito sobre a ferrovia de Bagdá pôde ser contornado mediante negociações com os britânico-alemães, em 1913-1914. De um modo geral, o boom econômico mundial e o crescimento do volume de comércio mundial, entre 1896 e 1913, compensaram a penetração alemã em mercados tradicionalmente britânicos. Embora, até 1914, a Alemanha tenha-se tornado o segundo maior parceiro comercial da América do Sul, foi sobretudo o avanço dos Estados Unidos que ameaçou maciçamente os interesses britânicos no Canadá na América Central, no Caribe e na América do Sul. O conflito entre as pretensões do imperialismo informal dos Estados Unidos e os interesses econômicos britânicos, em 1895-1896, resultou na crise da Venezuela até quase a um confronto armado. Depois, porém, do fim da *splendid isolation* da Grã-Bretanha, em 1902, houve uma rápida reaproximação entre ela e os Estados Unidos, apesar da continuidade da competição econômica. Se o capitalismo e a competição comercial fossem as causas profundas e veladas da Primeira Guerra Mundial, raciocina Lowe, logicamente a Grã-Bretanha deveria ter lutado contra os Estados Unidos.

Mesmo se os 43 anos entre 1871 e 1914 se caracterizassem por uma defesa dos interesses econômicos externos de uma maneira crescentemente agressiva, tais orientações na política econômica não seguiriam necessariamente as alianças políticas até 1911. É verdade que os capitalistas franceses teriam recusado aplicações financeiras de longo prazo na Alemanha, por razões "patrióticas" (GIRAULT, 1979), tal como fizeram os britânicos na Rússia até 1907. Mas o capital francês investiu significativamente na Rússia, aliada da Alemanha até 1887-1890. As relações econômicas franco-alemãs intensificaram-se mesmo em períodos de tensões crescentes, em vez de diminuírem. Entre 1896-1898 e 1911-1913, a Alemanha tornou-se o segundo maior parceiro comercial da França, vindo pouco depois da Grã-Bretanha. Capitais alemães e franceses acoplavam-se e cooperavam mutuamente, por exemplo, na América Latina ou na construção da ferrovia de Bagdá. Por outro lado, alianças políticas nem sempre garantiram identidade de interesses econômicos; por exemplo, a Alemanha ignorou os protestos dos interesses austríacos, quando avançou economicamente nos Bálcãs.

3.3 A Europa continental sob a diplomacia de Bismarck: crises diplomáticas e alianças (1871-1890)

As relações internacionais dos Estados europeus, entre 1871 e 1890, estiveram fortemente marcadas pelas concepções políticas de segurança do chanceler alemão Otto von Bismarck. Seu objetivo principal era garantir a integridade do recém-criado Império Alemão contra os vizinhos, temerosos de uma hegemonia alemã, e contra uma possível revanche francesa pela perda da Alsácia-Lorena ao término da guerra franco-prussiana. A política exterior de Bismarck tinha entre seus objetivos o de sugerir aos vizinhos a "saturação" do Império Alemão, seu desinteresse por qualquer tipo de aumento de poder, a fim de evitar motivos para a constituição de coligações contra a Alemanha. Bismarck cerceou, pois, o potencial de poder alemão (HILDEBRAND, 1989). Da perspectiva dos interesses alemães de segurança, Bismarck visava à preservação do *status quo* europeu e da paz na Europa Central e recusava qualquer veleidade de guerra preventiva contra a França, ao menos a partir da crise da "guerra à vista" de 1875.

A política de Bismarck possuía, como referência absoluta, a posição da Alemanha na Europa. Era uma política continental clássica, malgrado diversas aventuras coloniais. Constituía-se como estratégia central de Bismarck o isolamento diplomático da França e o impedimento de alianças desta com outros Estados, especialmente com a Rússia. Bismarck alcançou sua meta, vinculando os aliados potenciais da França (Rússia, Áustria-Hungria, Itália), mediante tratados, à Alemanha, e aproveitando-se habilmente, em parte até por manipulação, das rivalidades entre a Inglaterra, a França e a Rússia, sobretudo fora da Europa. O instrumento diplomático favorito da política de Bismarck foram as alianças formais e duradouras, mesmo em tempos de paz. Começando com a Dupla Aliança com a Áustria-Hungria, em 1879, as alianças encerrariam gradativamente os acertos frouxos e quase anárquicos das relações bilaterais e as alianças situacionais do período anterior (BRIDGE; BULLEN, 1980). No famoso ditado de Bad Kissingen, em 1877, Bismarck esboçou as metas da política exterior alemã: a criação, longe da pretensão de "qualquer conquista territorial", de uma "situação política global", "na qual todas as potências — fora a França — necessitassem de nós e, em suas relações entre si, fossem, o quanto possível, mantidas afastadas de coligações contra nós" (*apud* FRÖHLICH, 1994).

Isso implicava, decerto, impedir a escalada do antagonismo, nos Bálcãs, de dois de seus aliados, a Rússia e a Áustria-Hungria, pois ambos os Estados exigiam da Alemanha um posicionamento claro a seu favor nesse conflito. Existia também o perigo de que um deles se aliasse à França. A política exterior alemã orientava-se pragmaticamente pelos interesses alemães de segurança, mas evidenciava, no entanto, em decorrência de razões de política interna e externa, certa afinidade ideológica com os Estados conservadores monárquicos da Europa. De outro lado, argumenta Wehler, o temor de deixar transparecer uma promessa de liberalização da política interna, eventualmente decorrente de uma colaboração mais estreita com a Inglaterra, levou o Império Alemão a afastar-se decididamente dela na política internacional.

Os acordos diplomáticos e as alianças externas de Bismarck, conhecidos como "sistemas de Bismarck", dividem-se em três períodos:

a) o primeiro sistema de Bismarck baseia-se no Tratado dos Três Imperadores, de 1872-1873, entre a Alemanha, a Áustria-Hungria e a Rússia — um acordo vago e pouco vinculante entre os Estados conservadores da Europa;

b) o segundo sistema de Bismarck começou como reação à escalada do conflito entre a Rússia e a Áustria-Hungria nos Bálcãs e ao crescente distanciamento da Rússia, com respeito à Alemanha, como conseqüência do Congresso de Berlim de 1878. Seu elemento fulcral era a aliança austro-germânica de 1879 (Dupla Aliança), que incluiu, em 1882, um terceiro parceiro, a Itália, mediante um tratado secreto (Tríplice Aliança). Paralelamente, ocorreu a renovação e o aperfeiçoamento do Tratado dos Três Imperadores, em 1881, e a adesão da Bulgária à Dupla Aliança, em 1883;

c) a crise da Bulgária, em 1885-1888, agravou o conflito latente entre os dois aliados da Alemanha, ou seja, Áustria-Hungria e Rússia, e deu fim ao Tratado dos Três Imperadores. Bismarck reagiu com uma reforma de seu sistema de alianças, que tomou a seguinte feição: Tríplice Aliança entre a Alemanha, a Áustria-Hungria e a Itália; os dois Acordos do Mediterrâneo, entre a Inglaterra, a Itália e a Áustria-Hungria, que deveriam manter o *status quo* no Mediterrâneo e no Estreito de Bósforo contra quaisquer avanços russos ou franceses; e o Tratado de Resseguro entre a Alemanha e a Rússia.

No período entre 1871 e 1890, as tensões entre os Estados europeus decorriam da relação profundamente distorcida entre a Alemanha e a França e dos conflitos de interesse russos, ingleses e austríacos no sudoeste da Europa. No plano mundial, os desacertos coloniais entre a França, a Rússia e a Inglaterra determinavam as principais áreas de atrito.

A relação negativa da França com a Alemanha era conseqüência direta da anexação da Alsácia-Lorena pela Alemanha e representava um ponto central de referência das relações internacionais alemãs e francesas. Razões de política interna levaram o governo alemão a jamais tentar superar esse conflito mediante eventuais restituições territoriais.

As relações teuto-russas nesse período foram contraditórias. De um lado, mantinham-se tanto a tradição da longa amizade política entre as dinastias Romanov e Hohenzollern quanto as afinidades ideológicas, cuja expressão foi o forte interesse de Bismarck no Tratado dos Três Imperadores. De outro lado, a Alemanha libertou-se da influência da Rússia e começou a exercer seu poderio econômico sobre este Estado. Os interesses econômicos opostos e a aliança alemã com a Áustria-Hungria, rival da Rússia nos Bálcãs, pioraram a relação teuto-russa, de forma que, ao final do período, o conflito teuto-russo estava claramente delineado.

As tensões nos Bálcãs eram complexas e multidimensionais. Suas causas imediatas estavam na decadência do Império Otomano no sudoeste europeu desde o século XVIII. Os nacionalismos locais, as potências expansionistas regionais (Bulgária, Sérvia) e as grandes potências (Áustria-Hungria e Rússia) tentaram preencher esse vácuo de poder. Até 1878, predominaram, na região, os conflitos de interesse decorrentes da rivalidade anglo-russa. A política inglesa buscava impedir a expansão do Império Russo para o sul. A Áustria permaneceu por longo tempo interessada na manutenção do *status quo* nos Bálcãs e na dominação turca no sudeste europeu, porque temia que uma vitória dos nacionalismos, sobretudo dos eslavos do sul, sobre os turcos impulsionasse o separatismo étnico na heterogênea monarquia dos Habsburgo. Na crise do Oriente (1875 a 1878), modificou-se essa situação. A Áustria-Hungria abandonou sua política favorável à integridade territorial do Império Otomano na Europa e engajou-se, a partir de 1878, numa concorrência aberta com a Rússia nos Balcãs, que durou até a Primeira Guerra Mundial.

O sistema de alianças de Bismarck formou-se em reação às três crises diplomáticas nessas conflituosas regiões da política européia: a crise da "guerra à vista" de 1875, a grande crise do Oriente de 1875-78 e a crise da Bulgária e de Boulanger de 1885-1887.

A crise da "guerra à vista" entre a França e a Alemanha foi provocada pela ameaça velada de uma guerra preventiva contra a França, embutida em um artigo do jornal oficioso *Berliner Post*. Seu pano de fundo era a rápida recuperação da França depois da derrota pela Alemanha e seu rearmamento militar, que inquietava os alemães. A reação da Inglaterra e da Rússia, esta ligada à Alemanha pelo Tratado dos Três Imperadores de 1873, em oposição a qualquer veleidade de nova guerra da Alemanha contra a França, deixou clara a Bismarck tanto a fragilidade da Liga dos Três Imperadores quanto as possibilidades limitadas da política alemã, reforçando sua convicção de recusar uma guerra preventiva contra a França e de manter o curso da política de isolamento diplomático.

A grande crise do Oriente começou em 1875, com uma revolta camponesa na Bósnia e na Herzegovina, em primeiro lugar, combatendo a opressão fiscal dos turcos. Em 1876, as sublevações estenderam-se à Bulgária e acentuaram seus objetivos nacionalistas. Os Estados semi-soberanos da Sérvia e de Montenegro juntaram-se aos sublevados e declararam guerra a seu suserano, com a meta de ganhar para si as duas províncias em disputa, fazendo concorrência à Áustria-Hungria. Quando a Sérvia estava na iminência de uma derrota total, a Rússia entrou na guerra a seu lado e deu início, em 1877, à oitava guerra russo-turca. De acordo com Lowe, foi sobretudo a pressão pan-eslava na política interna que forçou a Rússia a assumir o papel de protetor dos eslavos do sul no conflito. Antes da guerra russo-turca, a Rússia e a Áustria-Hungria haviam se entendido quanto à partilha de suas esferas de influência nos Bálcãs. A política inglesa não tinha como impedir a guerra russo-turca, mas defendia a concepção estratégica de que Constantinopla representava a "chave para a Índia" e de que deveria ser defendida contra a Rússia. Ao surgir o perigo de uma ocupação russa de Constantinopla, a Inglaterra despachou sua frota e ameaçou entrar em guerra, com a Áustria-Hungria. A Rússia recuou, não sem antes impor, no Tratado de San Stefano (março de 1878), e contrariamente ao que havia acertado com a Áustria-Hungria, restituições territoriais que significavam o predomínio de fato da Rússia e de seus aliados eslavos na região. Nem a Inglaterra nem a Áustria-Hungria aceitaram esse tratado e exigiram, no Congresso de Berlim de 1878, a devolução da maior parte dos ganhos russos.

No Congresso de Berlim, Bismarck logrou projetar-se como estadista instituidor da paz e dar à Alemanha a imagem de uma potência desinteressada de qualquer expansão: começava, assim, a "era Bismarck" na política européia. O congresso foi um sucesso, mas só superficialmente. A longo prazo, porém, ele criou, para as relações internacionais na Europa, mais problemas do que resolveu. Ele permitiu a ocupação austro-húngara da Bósnia e da Herzegovina. A Bulgária foi dividida, e Montenegro, Sérvia e Romênia tornaram-se independentes da Turquia. A partir daí, esses países passaram a agir sobretudo contra a Áustria-Hungria e a guerrear amiúde entre si por causa de seus respectivos expansionismos de base étnica. As relações austro-russas pioraram drasticamente e comprometeram, de vez, o primeiro Tratado dos Três Imperadores. O congresso tornou explícito o chamado dilema de opção da Alemanha na questão balcânica: a Rússia exigia uma posição inequívoca a seu favor (que a Alemanha tinha de negar por causa da sua aliança com a Áustria) e sentiu-se traída quando Bismarck adotou uma atitude de mediação.

Essa oposição entre a Alemanha e a Rússia, subitamente irrompida, e a possibilidade de isolamento da Alemanha propiciaram a Bismarck o motivo para celebrar com a Áustria-Hungria a Dupla Aliança (1879), que acabaria por tornar-se a pedra fundamental da política externa alemã. Defensiva, essa aliança era, para Bismarck, uma opção limitada. Seu interesse principal teria sido a renovação do Tratado dos Três Imperadores entre as monarquias conservadoras da Europa (BRIDGE; BULLEN, 1980).

Em 1881, a Rússia deu sinais de estar disposta a concluir uma nova aliança com a Alemanha e a Áustria-Hungria, para evitar o isolamento diplomático com que se sentia ameaçada. O novo Tratado dos Três Imperadores era segredo, mas dotado de maior formalidade do que a primeira aliança. Ele previa neutralidade no caso de um dos aliados ser atacado por uma quarta potência e dividia os Bálcãs em duas esferas de influência: a russa e a austríaca. Paralelamente, Bismarck expandiu seu sistema de alianças no Ocidente, com a inclusão da Itália na, agora, Tríplice Aliança (1882). Em 1883, a Romênia aderiu à Dupla Aliança e a Alemanha formalizou as relações amigáveis com a Espanha e a Turquia. Na década de 1880, o sistema de Bismarck e sua contrapartida — o isolamento da França — alcançaram seu ponto alto. Salvo com a França, a Alemanha mantinha "relações mútuas equilibradas com todos os Estados da comunidade das nações européias, embora em diferentes graus de intensidade, reguladas e garantidas por tratados firmados com decisiva participação de Berlim" (HILDEBRAND, 1989).

A partir de 1885, o sistema de alianças entrou numa dupla crise (crise Boulanger e crise da Bulgária), beirando o colapso. Ele só sobreviveu de forma substancialmente alterada. Na França, o general Boulanger, cognominado General Revanche, mobilizava as tendências nacionalistas interessadas numa desforra armada contra a Alemanha, o que resultou, tanto no lado francês como no alemão, em excessos chauvinistas. Ao mesmo tempo, eclodiu a crise da Bulgária, com o aguçamento da rivalidade entre a Áustria-Hungria e a Rússia, abrindo a possibilidade de uma aproximação entre a Rússia e a França.

A crise búlgara originou-se da tentativa da Bulgária de superar a divisão que lhe fora imposta pelo Congresso de Berlim e de livrar-se da condição de satélite da Rússia. Os três anos de embates acarretaram, entre outras coisas, as intervenções russas na sucessão dinástica da Bulgária e uma guerra entre a Bulgária e a Sérvia. Tudo levava a crer que, por causa da Bulgária, a guerra entre a Rússia e a Áustria-Hungria seria inevitável. Bismarck evitou-a, contudo, ao dar publicidade aos detalhes secretos do tratado da Dupla Aliança, pelo qual a Alemanha se obrigava a vir em apoio à Áustria-Hungria, em caso de guerra contra a Rússia. Como decorrência dessa crise, a Áustria renunciou ao Tratado dos Três Imperadores, pondo assim um fim à política de Bismarck de vincular por tratados as duas potências antagônicas, Rússia e Áustria-Hungria, amansando-as e tornando-as dependentes da Alemanha.

O fim desse tratado, o descontentamento italiano com as cláusulas da Tríplice Aliança, a onda de agitação revanchista na França e as crescentes tensões econômicas entre a Alemanha e a Rússia representavam para Bismarck uma ameaça aos fundamentos de seu sistema de alianças. Ele ainda conseguiu reconstituir os tratados de todos os países (excetuado o da França) com a Alemanha e formalizar os dois acordos do Mediterrâneo de 1887 (entre a Inglaterra, a Áustria-Hungria e a Itália), alcançando a primeira vinculação da Inglaterra às relações formais da Tríplice Aliança. Todavia, o fundamento oriental do sistema de Bismarck — a relação com a Rússia — tornara-se muito mais fraco do que antes de 1887. Bismarck firmou com a Rússia um tratado secreto, o assim chamado Tratado de Resseguro (1887), que previa neutralidade recíproca no caso de uma guerra defensiva, reconhecimento da preeminência russa na Bulgária e apoio diplomático à pretensão russa de abertura dos Estreitos do Bósforo e dos Dardanelos a seus navios de guerra. Simultaneamente, Bismarck sustentava — nos bastidores, porém —, com o segundo Tratado do Mediterrâneo de dezembro de 1887, a formação de um bloco anti-russo (BRIDGE; BULLEN, 1980), dirigido contra o expansionismo russo nos Bálcãs. Em síntese, o sistema bismarckiano tornou-se muito complicado e contraditório. As cláusulas da Dupla Aliança eram marcadamente favoráveis à Áustria-Hungria e as do Tratado de Resseguro, à Rússia.

Desde o início, no entanto, a diplomacia alemã não atribuiu importância maior ao Tratado de Resseguro. A curto prazo, ele impediu uma aliança franco-russa, mas com o aumento das tensões entre a Alemanha e a Rússia, o tratado não iria além de "segurar os russos longe da gente mais do que seis a oito semanas", nas palavras do filho de Bismarck, o diplomata Herbert von Bismarck (*apud* HILDEBRAND, 1989). Desde a "traição" alemã dos interesses russos no Congresso de Berlim de 1878, as relações teuto-russas ficaram expostas a tensões crescentes. Essas resultaram, por um lado, do papel mediador da Alemanha no conflito entre a Áustria-Hungria e a Rússia e de sua preferência latente pela Áustria, inserida na Dupla Aliança, o que veio a ser instrumentalizado, sobretudo, pelo movimento pan-eslavo na Rússia, em campanhas populistas de agitação antialemã. Por outro lado, o agravamento das tensões entre a Alemanha e a Rússia possuía uma dimensão econômica imanente. A Rússia sentia-se economicamente esmagada pela Alemanha, mas dependia desta em seus esforços de industrialização. Com o afastamento de Bismarck de seus aliados liberais e com a formação das alianças entre os *junker* prussianos (latifundiários do leste do rio Elba) e os grandes industriais (alianças de "trigo e aço"), teve início, em 1879, uma proteção aduaneira alemã de produtos agrários, diretamente voltada contra as importações de grãos da Rússia. A situação agravou-se drasticamente quando o governo alemão, cedendo à pressão dos militares, dos *junker* e dos grandes industriais, decretou, em novembro de 1887, o chamado interdito de Lombard, que vedou a negociação de títulos da dívida russa no mercado financeiro alemão. Ambas as medidas (proteção aduaneira e interdito de Lombard) "equivaleram a uma declaração de guerra econômica" (GEISS, 1990) e atingiram a Rússia num ponto extremamente vulnerável. Elas conduziram o país a uma reorientação, inicialmente econômica, para a França. "As raízes da aliança franco-russa", segundo Bridge e Bullen, "estão na política financeira de Bismarck". E Wehler argumenta que o itinerário que levaria a 1914 teria começado já em 1887.

A política exterior de Bismarck, o sistema de alianças formado por ele e sua influência sobre as relações internacionais dos Estados europeus são julgados de forma muito diversa pela literatura especializada. As interpretações vão desde uma adoração hagiográfica de seu gênio diplomático até sua condenação como representante político dos reacionários *junker* prussianos. A maior parte das interpretações analisa positivamente o eixo pacifista da política exterior de Bismarck, particularmente em comparação à política mundial da Alemanha guilhermina. A preservação da paz na Europa Central, a atenuação da hegemonia alemã e o desmantelamento de coligações contra a Alemanha foram metas que Bismarck alcançou, a curto prazo, magistralmente. A longo prazo, contudo, a política de Bismarck não resolveu nenhum dos problemas estruturais das relações internacionais na Europa (Alemanha versus França e Áustria versus Rússia), ou seja, os conflitos que, subseqüentemente, culminaram na Primeira Guerra Mundial.

Ao mesmo tempo, sua política criou o fundamento da aliança franco-russa pela qual, mais tarde, a Alemanha se sentiu cercada. Malgrado a genialidade de suas construções de alianças, muitos autores criticam o caráter antiquado, irreal e retrógrado de sua política de gabinete e os métodos elitistas de sua diplomacia secreta, mais apropriados à época de seu nascimento, em 1815, do que às exigências de uma política moderna, respeitadora do espaço público. A diplomacia secreta e os acordos contraditórios introduziram um novo grau de complicação, cinismo e falsidade nas relações internacionais.

As raízes do dilema da política exterior de Bismarck estariam, segundo Bridge e Bullen, na índole de seu projeto de política interna. Bismarck não teria se preocupado apenas com a preservação da posição da Alemanha no cenário internacional, mas igualmente com a manutenção do *status quo* interno de seu império, que se caracterizava pelo predomínio da aliança conservadora entre os *junker* e os grandes industriais, bem como pelo bloqueio da participação política efetiva da população. A representação dos interesses desse agregado conservador, pela política exterior de Bismarck, sustentou a vertente econômica da rivalidade teuto-russa (BRIDGE; BULLEN, 1980), e a tradição antidemocrática do processo político aplainou o caminho para a demagogia populista dos nacionalistas radicais do período posterior a 1896 (MOMMSEN, 1995).

- ### 3.4 A realização plena da hegemonia européia no mundo: o novo imperialismo

A repentina retomada das conquistas coloniais, por parte das grandes potências européias (exceto a Áustria-Hungria), foi uma das características mais marcantes do período de 1871 a 1914. Antes de 1876, a Inglaterra e a Rússia eram as únicas potências coloniais de expressão, que, em conjunto, dividiam entre si uma grande parte dos 44 milhões de quilômetros quadrados de território colonial. Uma pequena parcela desse domínio foi reivindicada por potências coloniais de menor porte, como a França, os Países-Baixos, a Espanha e Portugal. Por volta de 1900, a França, a Alemanha, a Itália, a Bélgica, bem como o Japão e os Estados Unidos, tinham ingressado no clube das potências coloniais e o território sob domínio colonial quase dobrara, alcançando 70 milhões de quilômetros quadrados.

Esta onda colonialista do final do século XIX é descrita na literatura como o "novo imperialismo". O atributo "novo" é dado para acentuar a diferença entre a expansão colonial da Europa durante o mercantilismo e esta retomada de atividades colonialistas no século XIX. Inexiste consenso na literatura sobre uma definição da expressão "novo imperialismo", nem sobre a delimitação temporal desse fenômeno. Enquanto alguns autores querem ver o termo "imperialismo" restrito à época entre 1890 e 1914, outros caracterizam todo o período entre 1871 e 1914 como imperialista. Alguns autores tratam as conquistas territoriais de depois de 1871 como um fenômeno novo; outros vêem uma continuidade acentuada entre elas e o imperialismo informal do livre-comércio anterior a 1871, ou consideram-nas parte de um processo singular de ocidentalização do mundo que vinha ocorrendo desde o século XVI.

Do ponto de vista das relações internacionais, as atividades imperiais das principais potências européias, no final do século XIX, dividem-se em dois períodos marcantes:

a) o período até 1890, em que as ambições coloniais dos Estados europeus não redundavam em muitas tensões entre as potências. Pelo contrário, a expansão no ultramar servia, enquanto ainda existisse território suficiente para dividir, como válvula de segurança para as pressões na Europa. As rivalidades coloniais desenvolveram-se neste período de forma relativamente independente da situação na Europa;

b) a partir de 1890, quando o mundo estava de fato dividido, a concorrência colonial aumentava e as tensões fora e dentro da Europa misturavam-se cada vez mais. A partir de 1890, a política européia mundializou-se (GIRAULT, 1979) e a concorrência colonial elevou as tensões na Europa.

3.4.1 A partilha da África

A partilha da África entre as potências européias representa o fenômeno mais espetacular e, ao mesmo tempo, menos compreensível do novo imperialismo. Por volta de 1876, só 10% do território africano estavam sob domínio colonial: incluíam a colônia francesa da Argélia, a colônia britânica do Cabo, os resíduos marginais do primeiro Império Português e algumas pequenas posses territoriais no litoral da África Ocidental, que serviam à Grã-Bretanha e à França, sobretudo como bases políticas e comerciais do comércio legítimo. Entre o início do século XIX e 1870, a inserção da África no sistema internacional baseava-se nos princípios do imperialismo informal do livre-comércio, sem conquista de território. A Inglaterra, principalmente, buscou substituir, na África Ocidental, o comércio de escravos pela exportação de produtos agrícolas, ou seja, procurou praticar o chamado comércio legítimo. A relevância da África para a Europa reduziu-se durante o século XIX. Com exceção do valor estratégico, no caso do Egito (em relação ao caminho marítimo para a Índia), e do valor econômico da África do Sul após 1870 (descoberta de diamantes e, posteriormente, de ouro), o continente africano esteve marginalizado no cenário mundial durante o século XIX. Ainda em 1860, a Grã-Bretanha considerou a idéia de abandonar a maioria dos pequenos territórios coloniais no litoral da África Ocidental e dedicar-se exclusivamente ao comércio, sem o "fardo" das conquistas coloniais. Da mesma forma, Bismarck expressou, na década de 1870, sua profunda rejeição a um engajamento colonial da Alemanha, que ele considerava um luxo pomposo sem retorno econômico.

Mesmo assim, num ataque de febre colonial, os Estados europeus partilharam entre si, a partir de 1876, quase a totalidade do continente. A posse colonial, que abrangia 10% do território africano, passou a cobrir, em 1900, 90%. Apenas a Libéria e inicialmente a Etiópia escapavam do imperialismo europeu.

Essa *scramble for Africa* (corrida colonialista pela África) começou em 1876, com as iniciativas francesas de abandonar a restrição colonial aos pequenos territórios no litoral do Senegal e de desembarcar na conquista territorial do interior da África Ocidental. Em princípio, era uma iniciativa local dos militares franceses presentes no Senegal, todavia com a proteção decisiva do governo francês. Os interesses comerciais ingleses, estabelecidos nessas regiões e também na África Equatorial, o segundo alvo da cobiça colonial francesa, pareciam ameaçados. Quando a França fechou em 1882 um tratado com o rei dos tiv, no rio Congo, os planos do rei belga Leopoldo II, que procurava realizar na África Equatorial o seu sonho de um grande império ultramar, também foram postos em risco. Com medo do protecionismo comercial dos franceses, a Grã-Bretanha usou Portugal como defensor dos seus interesses e reconheceu as antigas reivindicações territoriais portuguesas na África Equatorial em troca de garantias de livre acesso comercial. Isso suscitou oposição por parte de outras potências européias, especialmente da Alemanha. No contexto das relações internacionais, porém, essas disputas no continente africano, durante a década de 1880, podem ser consideradas marginais (BRIDGE; BULLEN, 1980).

A Conferência de Berlim de 1884-1885 realizou-se em conseqüência direta desses conflitos emergentes entre as potências européias na África. Bismarck quis apresentar-se como mediador desinteressado, mas, em verdade, tinha o propósito de tirar proveito dos antagonismos coloniais para sua política européia. Na conferência, da qual participaram todas as potências européias e os Estados Unidos, não foi decidida a partilha da África nem foram estabelecidas as fronteiras entre as colônias. O objetivo principal foi a manutenção do livre-comércio nas regiões disputadas na bacia do Congo pela França, por Portugal, pela Bélgica e pela Grã-Bretanha. Isso foi decidido no espírito consensual do Concerto Europeu. O que lhe deu relevância histórica, porém, não foram as suas resoluções em relação ao livre-comércio, mas, sim, as resoluções potencialmente protecionistas. Os participantes definiram condições mais duras, segundo as quais as aquisições coloniais seriam reconhecidas pelos outros Estados europeus. Por fim, decidiu-se a chamada ocupação efetiva como critério-chave de reconhecimento de domínio colonial pelas potências européias. Com isso, a presença mais informal, baseada no comércio legítimo, não serviria mais para definir domínio colonial.

Uma vez definida essa condição, a Conferência de Berlim provocou a dramática intensificação do *scramble for Africa*. A Grã-Bretanha, apreensiva com o protecionismo colonial dos outros Estados, articulava, então, suas reivindicações territoriais, cuja meta era assegurar posições estratégicas em relação ao caminho marítimo para a Índia e o domínio sobre regiões com interesses comerciais britânicos, como Nigéria e Gana. Em vários acordos, Grã-Bretanha, França e

Alemanha definiram, entre 1885 e 1890, as fronteiras exatas das esferas de influência e das colônias: a partilha da África foi finalizada.

Além da bacia do Congo e da África Ocidental, o Egito tornou-se um terceiro foco de disputas coloniais entre a França e a Inglaterra. Com a inauguração do Canal de Suez, em 1869, o país tornou-se o ponto-chave do caminho marítimo para a Índia britânica e, deste modo, ocupou um lugar estratégico na rede mundial do Império Britânico. As tentativas de modernização do Estado egípcio, com empréstimos, conduziram-no à dependência financeira da Inglaterra e da França, que juntas intervieram, em 1876, na administração das finanças egípcias. Essa tutela exercida pelas duas potências e a crescente presença européia no Egito provocaram uma resistência protonacionalista (ROBINSON; GALLAGHER, 1961). A França recuou diante de uma intervenção militar e, conseqüentemente, a Grã-Bretanha invadiu o país sozinha e atribuiu-lhe o *status* de protetorado no Império Britânico. Em relação ao Egito, piorou o antagonismo colonial anglo-francês, que culminou na crise de Fashoda, de 1898. Para assegurar o Egito e o Rio Nilo estrategicamente, a Grã-Bretanha estendeu seu domínio colonial a Sudão (administrado com o Egito), Uganda e Quênia.

Bismarck procurou instrumentalizar o antagonismo ultramarino entre a França e a Inglaterra para, dessa forma, isolar a França de um potencial aliado. Procurou estimular a aventura colonial da França, numa tentativa duvidosa de desviar as energias revanchistas da França da Alsácia-Lorena para além-mar. Assim, em 1878-1879, sinalizou positivamente à França para que ocupasse a Tunísia, o que produziu protestos veementes por parte da Itália, que tinha interesses coloniais na região. O próprio Bismarck, que era o oposto de um entusiasta colonial, atribuiu às conquistas coloniais uma certa relevância com a conservação do *status quo* europeu. Em meados de 1880, porém, transformou-se em pouco tempo num protagonista colonial e sancionou conquistas alemãs na África (África do Sudoeste alemã, Camarões, Togo: 1884; África Oriental alemã: 1885) e na Ásia (partes de Papua Nova Guiné, inclusive algumas ilhas no Pacífico).

O quarto foco de atividade colonial da década de 1880 era a África Austral, que experimentava uma inserção no sistema mundial diferente da que ocorria no restante da África. Tendo sido fundada como estação de abastecimento da Companhia Holandesa das Índias Orientais, a colônia do Cabo desenvolveu-se lentamente nos séculos XVII e XVIII para transformar-se numa pequena colônia de imigração européia. No ano de 1795 e, pela segunda vez, em 1806, como conseqüência das guerras napoleônicas, a Grã-Bretanha ocupou o Cabo e pôs fim ao domínio holandês que durava mais de 200 anos. Em seguida, a dinâmica da colonização na África Austral foi determinada pelos seguintes fatores:

a) a ocupação mais sistemática do território pelos colonizadores britânicos, que empurravam as fronteiras da colonização cada vez mais para o interior;

b) a migração dos colonizadores de origem holandesa (bôeres) para o interior do subcontinente, a fundação pelos bôeres de várias repúblicas independentes (Natal, Transvaal, Estado Livre de Orange) e as sucessivas anexações britânicas desses territórios desde 1845;

c) a descoberta de diamantes na Griqualândia, em 1867, e das maiores jazidas de ouro do mundo em Transvaal, em 1885, o que modificou radicalmente a história da África Austral.

Tendo o ouro como fundamento da economia, a África do Sul tornou-se uma colônia de povoamento branco que, sozinha, atraía mais imigrantes brancos do que o resto da África. A partir de então, a política da Grã-Bretanha era influenciada profundamente pelo valor econômico da região. Em 1871, a Grã-Bretanha anexou a área dos diamantes e juntou-a à colônia do Cabo. Em 1880-1881, ocorreu a primeira guerra entre as tropas britânicas e a república bôer de Transvaal, na época ainda extremamente pobre. A Grã-Bretanha seguiu uma política de limitação do conflito e concedeu ao Transvaal independência limitada. Após a descoberta das jazidas de ouro, a Grã-Bretanha empreendeu duas tentativas de tomar o poder no Transvaal. Em 1895, no ataque de Jameson (*Jameson Raid*), as tropas da Rodésia do Sul (que era colônia britânica) invadiram o Transvaal, com a intenção de derrubar o governo. Para justificar a invasão, o imperialismo inglês tentou provocar uma revolta dos imigrantes não bôeres (dos *uitlanders*) contra o governo bôer. A revolta fracassou rapidamente e a invasão terminou num fiasco, forçando a queda de Cecil Rhodes do cargo de primeiro-ministro da colônia do Cabo. As relações anglo-bôeres pioraram drasticamente, dando origem à segunda guerra sul-africana (1889-1902), na qual a Grã-Bretanha usou o seu grande potencial militar contra os bôeres. A guerra foi conduzida com extremo rigor, sobretudo contra a população civil bôer e resultou no apogeu do isolamento internacional britânico. A vitória inglesa custou as vidas de sete mil soldados britânicos e de 35 mil bôeres.

Com o triunfo sobre o subimperialismo dos bôeres, a Grã-Bretanha afirmou a sua hegemonia regional, com a declaração de protetorado sobre a Betchuanalândia, contra a Alemanha, que tinha anexado a África do Sudoeste e com a declaração de protetorado sobre Nyasalândia, contra Portugal, que pretendia estabelecer um vasto corredor de domínio entre Moçambique e Angola.

A partilha da África não se igualava à conquista colonial, já que tinha de realizar-se vencendo a resistência dos povos indígenas. A reação destes à ameaça externa foi muito diversificada e tributária da situação. O leque das reações estendeu-se de uma aberta colaboração com os europeus à prolongada resistência armada. Alguns povos africanos também usaram meios diplomáticos contra a ameaça imperialista; outros tentaram manipular a competição das potências européias e locais (como os bôeres) para ganhar concessões e mais autonomia. Muitas vezes, o mesmo povo utilizou toda a variedade de reações contra a ameaça colonial. Por exemplo, os sotho, no Estado Livre de Orange, na África Austral, lutaram contra o imperialismo inglês na década de 1870; posteriormente, negociaram e aceitaram um protetorato inglês sobre a região em 1868; retomaram as armas em 1880; voltaram a negociar o protetorato em 1884. A reação aos europeus dependia igualmente das tensões e dos conflitos sociais e políticos nas sociedades africanas e entre elas. Muitas vezes, o expansionismo de sociedades fortes contra os seus vizinhos levou estes a colaborarem com os europeus. Em geral, a luta anticolonial era fragmentada e raramente ela conseguiu superar as divisões que marcaram a política pré-colonial africana. As poucas exceções a esta regra eram casos de resistência coordenados por movimentos religiosos, especialmente islâmicos. Apesar da esmagadora supremacia militar dos europeus, que nunca havia sido maior do que no último quartil do século XIX, o processo de "pacificação" colonial demorou até o início do século XX, em alguns casos, como o de Angola, até a década de 1920, e, no caso do Marrocos, até 1933. A única derrota militar decisiva sofrida pelos europeus, e que afastou o perigo da colonização, foi a da Itália na batalha de Adoua contra a Etiópia, em 1896. Ela pode ser atribuída, em grande parte, às compras volumosas de armamento moderno pela casa real etíope e ao alto grau de coesão militar do reino.

3.4.2 O imperialismo formal e o informal na Ásia

Enquanto o imperialismo do final do século XIX caracterizava-se, na África, por extensas conquistas territoriais e, na América Latina, pela continuação de influência informal, na Ásia, ele combinou essas duas características. A Índia, como coração do Império Britânico, permaneceu no controle colonial formal de Londres, principalmente no modelo de dominação indireta (*indirect rule*), que instrumentalizou as elites tradicionais no exercício do poder colonial. A implementação da estratégia britânica de manter a segurança das fronteiras do império colonial, na Índia, provocou vários conflitos com a Rússia e a França. A Rússia continuou a exercer, no último quartil do século XIX, o seu imperialismo continental, enquanto a França voltou-se para as conquistas coloniais da Península da Indochina (Vietnã, Laos, Camboja). Na Ásia, os Estados Unidos surgiram, pela primeira vez, como potência colonial, e o moderno Japão impôs-se contra a China (1894) e a Rússia (1904-1905) como potência de protetorado da Coréia.

O imperialismo britânico, que, por longo tempo, durante o século XIX, manteve-se como potência imperial hegemônica na Ásia, viu-se, no final do século, empurrado para a defensiva, em virtude das conquistas territoriais da França e da Rússia. A resposta inglesa consistiu na ocupação de regiões estratégicas e na conclusão da aliança anglo-nipônica, em 1902.

A Rússia investiu no sudeste e no leste, nas fronteiras da esfera de influência britânica. Em 1884, tropas russas envolveram-se em uma batalha com tropas afegãs, o que foi considerado pela Grã-Bretanha uma ameaça à fronteira oeste da Índia. A Grã-Bretanha aprontou-se para uma escalada militar do conflito, mas a Rússia recuou, em função da crise da Bulgária. A Grã-Bretanha não anexou o Afeganistão, mas o manteve formalmente como um Estado independente — na prática, como uma semicolônia. Na concepção estratégica britânica, o Afeganistão servia como Estado-tampão entre a Rússia e a Índia.

Vistas pela perspectiva britânica, as fronteiras do leste da Índia foram ameaçadas pela expansão colonial da França na Indochina. A França, que ocupava a Cochinchina desde 1867, decidiu, em 1882, após muitas hesitações, ampliar o seu domínio sobre os territórios de Annam e Tonkim (Vietnã), que eram Estados tributários ao Império Chinês. Depois de uma derrota militar pelas tropas francesas, no ano de 1885, a China foi forçada a concordar com o protetorado francês sobre a região. Finalmente, em 1893, a França declarou o seu protetorado colonial sobre o Laos. Embora as tensões entre a França e a Grã-Bretanha tenham-se acentuado, a Grã-Bretanha não interveio diretamente contra a expansão colonial francesa. Em vez disso, estendeu e fortaleceu seu domínio colonial na Malásia (para proteger Cingapura) e anexou a Birmânia, para segurar a fronteira do leste da Índia. O Sião (Tailândia) manteve a independência política por causa da sua utilidade como Estado-tampão entre as esferas coloniais britânica e francesa.

A China escapou por pouco da partilha de seu território pelas potências européias. Desde a primeira Guerra do Ópio, em 1839-1842, a principal atividade dos Estados imperialistas consistia na abertura da China às mercadorias européias e norte-americanas e em conseguir privilégios diplomáticos para os europeus, o que, de fato, levava a uma limitação significativa da soberania chinesa. Abriram-se mais de 100 portos, e estacionaram-se tropas estrangeiras em Pequim. A partir de 1853, a Rússia e o Japão iniciaram a ocupação de regiões periféricas do Império Chinês. No final do século XIX, durante a chamada *scramble for concessions*, a Rússia, a França, a Alemanha e o Japão começaram a dividir a China em esferas exclusivas de influência, o que podia ser visto como uma pré-etapa para uma divisão colonial. O levante Boxer, no nordeste do país, que representou uma violenta reação popular contra a ocidentalização, os estrangeiros e as concessões, foi derrotado pelas potências européias numa ação militar conjunta.

Mas essa resistência mostrou flagrantemente aos europeus os custos e os perigos de uma ocupação colonial da China. Ao mesmo tempo, os Estados Unidos e a Inglaterra demonstraram determinação de defender a política de livre acesso comercial à China, o que, com as repercussões do levante Boxer, poupou a ela o destino africano da partilha. A China e as regiões sob sua influência tornaram-se o alvo principal do expansionismo ultramarino japonês e, assim, viraram palco de conflitos entre o Japão e a Rússia.

Mesmo antes da revisão dos tratados desiguais que estipularam, como no caso da China, a abertura do Japão, privilégios e extraterritorialidade dos estrangeiros, o Japão já havia reivindicado, com sucesso, diversas ilhas e arquipélagos ao norte e ao sul do seu território. A vitória contra a China, em 1895, transferiu a ilha de Formosa, as ilhas dos Pescadores e, temporariamente, Port Arthur para o Japão, e garantiu-lhe a hegemonia informal sobre a Coréia, que foi anexada em 1910. O Japão reservou-se os mesmos privilégios comerciais e políticos que as outras potências imperialistas já tinham extraído da China. Com a vitória contra a Rússia, em 1905, a influência japonesa ampliou-se no continente asiático, principalmente na Manchúria do Sul. Durante a Primeira Guerra Mundial, a expansão japonesa no território chinês ganhou novo êxito. Em 1931, finalmente, o Japão retomou, com a invasão da Manchúria, as conquistas territoriais em grande escala, iniciando as hostilidades que depois se integraram à Segunda Guerra Mundial na Ásia.

3.4.3 O início do imperialismo americano

Enquanto as atividades coloniais dos Estados europeus podem ser vistas em uma longa tradição imperial, o imperialismo dos Estados Unidos do fim do século XIX foi um fenômeno novo. Durante muito tempo, no século XIX, os Estados Unidos consideravam-se, apesar da influência financeira e informal na América Latina, um Estado decididamente antiimperialista, com as suas origens na luta anticolonial contra a Grã-Bretanha. A intervenção em Cuba e a guerra hispano-americana (1898) levaram à virada, porém ela provocou uma ampla oposição interna. O grande movimento anticolonial reunia, entre outras, personalidades tão diferentes como o magnata do aço Carnegie e o escritor Mark Twain.

O apoio americano à revolta cubana contra a opressão colonial espanhola baseou-se, de início, em idéias humanitárias e liberais. O governo dos Estados Unidos e especialmente o Presidente MacKinley queriam evitar a guerra. Entretanto, a opinião pública americana e a imprensa empurraram-no para um engajamento direto em Cuba. Quando um navio de guerra americano foi afundado no porto de Havana, os Estados Unidos expulsaram os espanhóis de Cuba e de Porto Rico. Ao mesmo tempo, os Estados Unidos destruíram a frota espanhola em águas filipinas, ocuparam, com os rebeldes filipinos, a cidade de Manila e terminaram com o colonialismo espanhol na Ásia. Cuba recebeu formalmente a independência; Porto Rico, as Filipinas e Guam tornaram-se colônias americanas. O que começou como uma luta de libertação anti-colonial resultou em conquistas coloniais. Em 1899, a resistência nacionalista filipina ergueu-se contra os Estados Unidos, que a subjugou com 70 mil soldados. Com a Emenda Platt de 1901, Cuba foi declarada um protetorado americano. Embora a emenda à constituição cubana fosse revogada em 1934, o país foi mantido na situação de uma semicolônia até a vitória da revolução, em 1959.

Começando com a guerra contra a Espanha, os Estados Unidos gradativa-mente se afastaram da sua tradição de isolacionismo e chegaram a exercer uma política mais afirmativa, especialmente no Caribe e no Pacífico. A política exterior de Theodore Roosevelt, que presidiu os Estados Unidos entre 1901 e 1909, orientou-se pelo lema *speak softly and carry a big stick* ("fale suavemente e carregue um grande porrete"), que simbolizou a nova política.

O imperialismo americano agia em três frentes. A política na América Central tinha como objetivo a criação de um "Mediterrâneo americano", dominado pelos Estados Unidos. Essa política ganhou impulso com a intervenção no istmo do Panamá, em 1902, e a construção do canal entre 1907 e 1914. No Caribe, os Estados Unidos sentiram-se livres para manter a sua hegemonia, quando necessário com intervenções militares e ocupações duradouras, como aconteceu em Cuba (1906-1909, 1911-1912, 1917-1922), na República Dominicana (1905, 1916-1924), no Haiti (1915-1934), no México (1914 e 1916) e na Nicarágua (1909-1933). Para facilitar a construção do Canal do Panamá em um ambiente politicamente mais favorável, os Estados Unidos ajudaram na revolta panamenha contra a Colômbia, que governava o Panamá e que se opusera aos termos de arrendamento da zona do canal. Independente da Colômbia, o Panamá converteu-se, na prática, em um protetorado norte-americano.

Na América do Sul, os Estados Unidos estavam em concorrência, principalmente econômica, com a Grã-Bretanha, cujo imperialismo econômico-financeiro ainda liderava no subcontinente. Os Estados Unidos não recuaram, intervindo na política interna dos Estados latino-americanos sempre que os interesses americanos eram ameaçados (entre outros exemplos: Chile, 1891; Brasil, 1893-1894; Venezuela, 1895-1896). A Doutrina Monroe, em princípio concebida para a defesa da independência dos Estados americanos, transformou-se, na virada do século, em um instrumento de defesa de interesses econômicos norte-americanos contra a concorrência européia e, também, servia para legitimar as abertas e ocultas intervenções norte-americanas na política interna dos Estados latino-americanos independentes.

A terceira esfera da presença do imperialismo americano estava na Ásia Oriental e no Pacífico. A conquista das Filipinas, a ocupação de Wake e Guam, assim como a anexação do Havaí, no ano de 1898, só podem ser compreendidas como vinculadas aos interesses americanos na China. Estes se manifestaram na defesa da política de porta aberta (*open-door policy*), uma política que os Estados Unidos viam cada vez mais ameaçada pelas ambições territoriais dos concorrentes europeus. O interesse maior dos Estados Unidos não era a construção de um império colonial em si; em verdade, viam as suas posses coloniais na Ásia como um trampolim para o mercado chinês, cujo potencial imediato era superestimado por eles e também pelos Estados europeus na época.

3.4.4 O novo imperialismo: um conceito controverso

O debate científico e político acerca da explicação e da caracterização conceitual do imperialismo do final do século XIX engendrou uma multiplicidade de teorias e paradigmas. Coloca-se em questão se fenômenos tão diferentes como a conquista francesa de imensos territórios da África Oriental e Central, totalmente irrelevantes para a Europa em termos econômicos; a construção da estrada de ferro Berlim-Bagdá com capitais ingleses, franceses e alemães; a abertura dos mercados chineses; e, ainda, a concorrência anglo-teuto-americana pelos mercados latino-americanos podem ser reduzidos a um denominador comum chamado imperialismo. Teriam as diversas atuações das potências européias no ultramar (assim como as do Japão e dos Estados Unidos) as mesmas causas, os mesmos motivos e as mesmas dinâmicas? Em que consistem as relações entre imperialismo e colonialismo, bem como entre a economia da Europa, com os seus ciclos, e a expansão imperialista no ultramar? O imperialismo do final do século XIX significa simplesmente a continuação da expansão européia do século XVIII, ou seria um fenômeno radicalmente novo, vinculado ao capitalismo avançado da segunda revolução industrial na Europa?

Opta-se aqui por um significado amplo e aberto do termo imperialismo, que abrange a dominação das potências européias (e também dos Estados Unidos e do Japão) sobre o sul do planeta, tanto direta (isto é, a conquista territorial do imperialismo formal) quanto indireta (imperialismo informal), ou seja, por meio de relações econômicas e políticas assimétricas. A distinção entre imperialismo formal e informal (ROBINSON; GALLAGHER, 1961) é considerada apenas gradual e não raro se esvai.

Supõe-se também que não há uma explicação monocausal do imperialismo do final do século XIX. A política dos Estados europeus no ultramar, entre 1870 e 1914, tinha causas, motivos e dinâmicas diversas, e não pode ser atribuída a uma causa prevalente, como a um cálculo econômico (busca de mercados, matérias-primas ou oportunidades para investimento de capital) ou à sua funcionalidade no cenário político europeu. Certamente, a depressão econômica de 1873 a 1896, a concorrência crescente entre os Estados europeus e o recrudescimento do protecionismo representam fatores que, com o nacionalismo, marcaram decisivamente a mentalidade da época. Esses fatores econômicos formam o pano de fundo do imperialismo sem representar sempre, no entanto, sua causa ou motivo direto.

Considerando o *background* comum da mentalidade da época, os imperialismos dos diversos Estados, com seus desdobramentos regionais, podem ser explicados individualmente. Em geral, pode-se argumentar que a atuação dos Estados europeus e dos Estados Unidos na América Latina esteve sob forte influência de interesses econômicos claramente definidos. Assim, em 1913, 25% de todos os investimentos e empréstimos externos ingleses concentravam-se na América Latina (CAIN; HOPKINS, 1993). A política européia e a estadunidense com relação à China caracterizaram-se por expectativas incrivelmente fortes quanto ao seu potencial como parceiro comercial. O sonho de que o país mais populoso do mundo tornar-se-ia um mercado para os produtos ocidentais necessitaria, contudo, mais de 100 anos para dar sinais de possibilidade de realização. Em 1885, o comércio da Inglaterra com a China mal passava de 1% do comércio exterior inglês (LOWE, 1994).

O subcontinente indiano possuía grande valor econômico e alto significado simbólico para a Inglaterra. A Índia era importante para o sistema financeiro britânico, útil à indústria inglesa e necessária para investimentos ingleses no exterior (CAIN; HOPKINS, 1993). No Império Britânico, a Índia representava o maior mercado para os produtos ingleses e a segunda maior destinação de investimentos externos, depois do Canadá. Sobretudo, as indústrias da primeira fase da revolução industrial (especialmente a indústria têxtil do Lancashire), em declínio no mercado mundial, tinham no mercado indiano a garantia de sobrevivência. A política mundial inglesa do século XIX definia a Índia como prioridade irrenunciável, cuja proteção, em larga escala, determinava a política colonial no Mediterrâneo, no Egito, no Afeganistão e no sudoeste asiático.

A política européia no Oriente Próximo e com relação ao Império Otomano foi durante muito tempo influenciada por considerações estratégicas como a da defesa da rota marítima para a Índia. O Império Otomano também assumiu importância, no contexto da política de equilíbrio européia, como contrapeso à Rússia no sul e sudoeste da Europa. Com a ocupação do Egito, na década de 1880, o Império Otomano perdeu, aos olhos da Inglaterra, muito da sua importância estratégica. Nessa mesma época, o Império Otomano transformou-se numa peça importante no tabuleiro dos imperialismos financeiros alemão e francês.

A explicação mais difícil é a do engajamento colonial da Europa na África, tanto pela abrupta alteração da política européia para o continente quanto pelo pouco sentido que fazia, dos pontos de vista econômico e político, a conquista dos territórios africanos. A explicação para a partilha da África concentrou-se, até a década de 1960, nos motivos econômicos (exportação de mercadorias e de capital). Em seguida, ganharam importância as teorias políticas baseadas em estratégias globais, prestígio nacional ou manutenção do equilíbrio europeu como fatores decisivos. Paralelamente, desenvolveram-se tendências para explicar o colonialismo como um fenômeno sustentado pela psicologia e pela mentalidade de massas (atavismo social, darwinismo social) ou como expressão de nacionalismo exacerbado (nacional-imperialismo). As explicações centradas na própria África interpretam a sua partilha como reação à resistência africana contra a penetração comercial e cultural do continente pelo imperialismo informal do livre-comércio desde a abolição do tráfico de escravos (HOPKINS, 1973).

Apesar da grande consistência das interpretações e do aumento considerável do conhecimento sobre esse período, nenhuma das abordagens monocausais convence. Não se pode isolar nenhuma razão como genericamente predominante na partilha da África. Os diversos imperialismos tinham suas razões próprias, que amiúde se modificaram. Assim, a intromissão do rei da Bélgica, Leopoldo II, que provocou uma das primeiras fagulhas para a subseqüente *scramble for Africa*, deve ser vista, em princípio, como um ato isolado, individual, sustentado por devaneios inespecíficos de um grande império. Durante longo tempo, o rei dos belgas manteve seus súditos e sobretudo os grandes industriais no escuro acerca de suas intenções, pois temia uma vigorosa oposição a um engajamento colonial.

A participação de Portugal na partilha da África e a fundação do terceiro Império Português é objeto de grande polêmica. Hammond enfatiza que o caso de Portugal seria o melhor argumento contra as teorias econômicas do imperialismo. A economia subdesenvolvida de Portugal não tinha qualquer interesse nas colônias africanas nem dispunha de potencial para explorá-las. A expansão ultramarina de Portugal após 1870 orientou-se por questões de prestígio, levada pela nostalgia dos velhos tempos do primeiro e segundo impérios e pela idéia de que a posse de grandes extensões coloniais seria uma espécie de justificativa e garantia da sobrevivência de Portugal como país independente. Por fim, o colonialismo português seria um reflexo compensatório à marginalização de Portugal pelas potências européias. Clarence-Smith contrapõe, porém, que o motivo principal da expansão colonial portuguesa teria sido a busca de mercados protegidos e a superação da carência crônica de divisas de Portugal.

O colonialismo francês no final do século XIX é interpretado pela maioria dos autores como reação à derrota francesa na guerra franco-prussiana de 1870-1871. Essa experiência traumatizou a consciência nacional e a direita colonial buscava defender a expansão como "remédio contra a decadência e a displicência interna" (ZIEBURA, 1975). O imperialismo da França seria uma correção de sua própria introversão, a tentativa de manter o *status* de grande potência já comprometido. No entanto, o engajamento colonial não refletia uma política consensual. As intervenções coloniais foram impostas, de acordo com Ziebura, contra uma resistência maciça da sociedade, tanto da esquerda quanto da direita, num jogo entre o governo e "grupelhos estratégicos" que se formavam caso a caso. Brunschwig argumenta de forma semelhante, considerando ainda a iniciativa expansionista dos núcleos coloniais de militares franceses humilhados pela derrota de 1870-1871 como fator decisivo da corrida pela África. Isso, por exemplo, explica a ampliação dos pequenos territórios coloniais na costa africana, especialmente no Senegal, datados da fase do imperialismo informal, para um imenso império colonial no interior da África Ocidental.

O ingresso da Alemanha no círculo das potências coloniais também levou os especialistas às mais diversas interpretações. Os interesses coloniais econômicos da Alemanha, na África, eram e continuaram sendo marginais durante todo o século XIX, embora projeções difusas do valor potencial das colônias tenham contribuído, na crise de 1873-1896, para popularizar as idéias imperialistas. Bismarck nunca se deixou transformar, ao longo de seu governo, em um defensor convicto da aventura colonial nem escondeu, mesmo depois da conquista de colônias na África, sua rejeição a esse tipo de política mundial e sua clara preferência por uma política continental. Sempre esteve convencido das vantagens de um imperialismo de livre-comércio. O comportamento de Bismarck foi, assim, no sentido de um colonialismo oportunista, isto é, ele concordava com a conquista colonial como meio para realizar outros objetivos políticos. Por um lado, esperava ele, com seu desvio pela política colonialista, obter nas eleições de 1884 uma maioria operacional no Reichstag (parlamento alemão). Por outro lado, a conquista colonial desempenhava certo papel em sua política de manutenção do *status quo* na Europa: era sua intenção formar, com a França, um contrapeso à Inglaterra no plano mundial, cujos efeitos atingiriam a Europa (HILDEBRAND, 1989). Taylor argumenta que o objetivo principal da política colonial de Bismarck teria sido a tentativa de aproximar-se da França. Esse possível ensaio de uma *entente* colonial com a França fracassou, no entanto, logo no início de 1885, com a queda do primeiro-ministro francês Jules Ferry, decidido defensor do colonialismo francês, e o retorno da Alsácia-Lorena ao centro das preocupações do nacionalismo na França, desencadeando uma onda de revanchismo contra a Alemanha.

Além disso, uma espécie de calculismo social-imperialista também teve sua importância no colonialismo alemão, na medida em que se buscou transformar o prestígio na política exterior em fator de estabilização do sistema na política interna. O ativismo imperialista serviu a Bismarck, na opinião de Wehler, como instrumento maquiavélico de compensar a recusa de reformas sociais e políticas internas com prestígio de uma potência colonial.

O novo colonialismo inglês na África foi sobretudo reativo e preventivo. A Inglaterra permanecia fiel, em princípio, ao livre-comércio e não fechou suas novas colônias a seus concorrentes econômicos. O temor de um protecionismo colonial, principalmente da França, levou a Inglaterra a realizar anexações preventivas, sobretudo na África Ocidental. A recessão da década de 1870 e o recuo da preeminência britânica no mercado mundial forneceram aos anexionistas fôlego adicional. No contexto da África Ocidental, "forças periféricas" ganharam também importância. Fieldhouse considera que o colapso da colaboração entre as elites africanas locais e os britânicos, no intercâmbio comercial, bem como a desarticulação das comunidades locais, resultante do contato econômico e cultural com o Ocidente, dificultaram a continuidade do imperialismo informal e provocaram intervenções mais diretas. Na África Austral, a importância econômica da região, a ameaça à hegemonia inglesa por parte do subimperialismo dos bôeres e os avanços coloniais de Portugal e da Alemanha conduziram a Inglaterra a novas anexações, enquanto a ocupação do Egito, do Sudão e da África Oriental deve ser vista no contexto dos interesses financeiros no Egito e da relevância estratégica da região para a rota marítima das Índias.

Os outros três imperialismos, ausentes da partilha da África (Rússia, Estados Unidos e Japão), têm explicações específicas. O "imperialismo ferroviário" continental (GEYER, 1987) da Rússia era expressão de uma política tradicional de grande potência, símbolo de seu *status*, a que se atribuía função importante de estabilização e consenso internos. O imperialismo russo era velado (GEYER, 1987), pois o país necessitava, para sua própria industrialização, de grandes importações de capital. O imperialismo norte-americano, fortemente marcado pela tradição inglesa de livre-comércio, não estava interessado na conquista de colônias em si e chegou mesmo a adotar uma retórica anticolonial. Isso não o impediu de anexar territórios, quando se tratava da defesa de seus interesses econômicos concretos e da imposição de mercados livres. O imperialismo japonês na Coréia e na China era reflexo, de um lado, do processo de industrialização do Japão e da percepção, com ele conexa, da necessidade de expansão. De outro lado, ele pode ser visto como emergente de profundas tradições estratégicas do Japão, expressões dos interesses "atávicos" da aristocracia militar.

● 3.5 O surgimento da bipolaridade na Europa e a Primeira Guerra Mundial (1890-1914)

A polarização das principais potências em dois blocos de poder antagônicos é a característica dominante das relações internacionais depois de 1890. Com a celebração da aliança com a Rússia, a França superou o seu isolamento diplomático. A política externa alemã, que era percebida como ameaçadora, levou a Inglaterra a uma aproximação com a França e a Rússia entre 1904 e 1907. Já a partir de 1907, os futuros adversários na Primeira Guerra Mundial estavam em dois blocos opostos: a Tríplice Aliança, que reunia, desde 1882, a Alemanha, a Áustria-Hungria e a Itália — mas sem ter causado a participação da Itália na guerra ao lado da Alemanha — e a assim denominada Tríplice Entente, que envolvia a França, a Rússia e a Inglaterra.

A conclusão da aliança franco-russa, em 1894, reduziu a semi-hegemonia alemã no continente e estabeleceu uma espécie de equilíbrio entre as potências (SHEEHAN, 1996; KENNEDY, 1989). A eliminação da Rússia como grande potência, causada pela derrota na guerra russo-japonesa (1904-1905), quebrou esse equilíbrio temporariamente. A Alemanha tentou aproveitar-se desse enfraquecimento da Rússia na primeira crise marroquina (1905-1906), assim como na crise da anexação da Bósnia (1908-1909), mas a aproximação da Grã-Bretanha da aliança franco-russa e a recuperação econômico-militar da Rússia restabeleceram o equilíbrio rudimentar entre os dois blocos.

A celebração da aliança franco-russa, o fim do distanciamento britânico da política continental, ou seja, o fim da *splendid isolation*, e a superação dos antigos antagonismos entre a Grã-Bretanha, de um lado, e a França e a Rússia, de outro, tinham uma causa comum: o temor da política externa alemã, considerada imprevisível, agressiva e ameaçadora. Os tratados entre os parceiros da Tríplice *Entente* eram de natureza defensiva. Da parte da Alemanha e de seus dirigentes, eles foram percebidos como um cerco (*Einkreisung*), como um elo de ferro (*eiserner Ring*) de potências inimigas que se fecharia cada vez mais apertado em torno da Alemanha. A elite dominante da Alemanha sentia-se empurrada para a defensiva; na política interna, pela crescente importância das forças sociais em oposição ao regime guilhermino, sobretudo da social-democracia e, na política externa, pelo cerco das alianças que, na percepção dos dirigentes alemães, voltavam-se contra a Alemanha. Em julho de 1914, a tentativa de superar essa defensiva com uma dramática "fuga para a frente", ou seja, com um sucesso diplomático (ou militar) espetacular, que humilharia os adversários, levou a Europa, que se encontrava numa situação generalizada de falta de vontade de manter a paz, à Primeira Guerra Mundial.

Após 1890, o engajamento ultramarino das grandes potências européias adquiriu uma nova qualidade. As conquistas coloniais, durante a época da *Kontinentalpolitik* de Bismarck, muitas vezes amorteceram as tensões européias e pouco influenciaram a essência das relações entre os Estados. Após 1890, pelo contrário, a concorrência fora da Europa entre as potências repercutia na situação interna européia, e os conflitos imperiais aumentaram a tensão no continente europeu. No período após 1890, mais precisamente após 1898, iniciou-se a política mundial (*Weltpolitik*), ou seja, a mundialização (GIRAULT, 1979) da política exterior de todas as potências, não só da política da Alemanha. No entanto, os traços específicos da política mundial alemã fizeram-na parecer ameaçadora. A *Weltpolitik* alemã reivindicou a igualdade de direitos com as outras potências em relação a posses coloniais, quando o mundo já estava dividido. A Alemanha alicerçava as reivindicações em um gigantesco programa de construção naval, que foi designado como um instrumento para extrair concessões políticas à Grã-Bretanha.

Entre 1890 e 1905, a diplomacia tratou sobretudo dos problemas fora da Europa. Após 1905, tensões e conflitos no continente voltaram ao centro das relações européias. Gradualmente, as tensões entre os Estados culminaram em duas crises ocidentais (as duas crises marroquinas) e em três crises no leste da Europa (a crise bósnia, as duas guerras dos Bálcãs e a crise de julho de 1914). Os antagonismos nos Bálcãs propiciaram as causas imediatas da deflagração da Primeira Guerra Mundial. Após a expulsão do Império Otomano da Europa, confrontaram-se, nos Bálcãs, a Sérvia, aliada da Rússia, e a Áustria-Hungria, aliada da Alemanha.

3.5.1 Crises e alianças (1890-1914)

A saída de Bismarck do poder é interpretada, na literatura, como uma virada decisiva, um *turning point*, não só da política externa alemã, mas também das relações internacionais dos Estados europeus. Contudo, apesar das diferenças fundamentais entre a política continental conservadora de Bismarck e a agressiva *Weltpolitik* da fase guilhermina, identificam-se elementos marcantes de continuidade entre os dois períodos. A deterioração das relações entre a Alemanha e a Rússia, e, em conseqüência, a superação do isolamento da França tiveram início ainda na época de Bismarck. Por outro lado, o novo chanceler alemão, von Caprivi, preservou a orientação principal da política externa de Bismarck. O chamado "novo rumo" da política alemã, depois de 1890, permaneceu na primazia da política européia, isto é, representava a continuação da política continental de segurança de Bismarck, porém com a tentativa de ganhar a Grã-Bretanha como novo parceiro. Ao mesmo tempo, Caprivi seguia a idéia de uma união aduaneira da Europa Central e fechou tratados comerciais com diversos Estados. Em vez de focalizar exclusivamente a ruptura causada pela queda de Bismarck, em 1890, parece mais apropriado tratar os anos entre 1887 e 1897-1898 como um período de transição na política externa alemã. Nesses dez anos, formou-se o antagonismo teuto-russo, que chegou a representar o primeiro elemento-chave da nova inserção da Alemanha no sistema internacional. Com a inauguração, em 1897, da *Weltpolitik* e do programa de construção naval, apresentou-se também a segunda peça-chave do surgimento da bipolaridade nas relações internacionais da Europa: o antagonismo germano-britânico.

Os dirigentes da política externa alemã nunca consideraram possível um pacto entre a Rússia e a França, principalmente em virtude da adversidade de seus sistemas de política interna. A declaração de guerra econômica com o interdito de Lombart, em 1887, o não-prolongamento do tratado de resseguro e as tentativas paralelas da Alemanha de aproximar-se da Grã-Bretanha levaram a Rússia para o lado da França. Em várias etapas diplomáticas, formou-se, entre agosto de 1891 e janeiro de 1894, a aliança franco-russa, cuja duração estendeu-se ao período da Primeira Guerra Mundial, dando um fim ao isolamento diplomático francês de mais de 20 anos. A aliança era um pacto militar defensivo que previa a ajuda militar mútua no caso de um dos parceiros ser atacado pela Alemanha ou, com a ajuda desta, pela Itália ou pela Áustria-Hungria. No caso de uma mobilização militar de um dos Estados da Tríplice Aliança, a França e a Rússia responderiam em conjunto.

Pela perspectiva da Alemanha, a conclusão da aliança franco-russa criou a possibilidade, sempre muito temida na política alemã, de uma guerra em duas frentes. Para lidar com essa possibilidade, os militares alemães desenvolveram o Plano de Schlieffen, que era encarado como uma "receita sacrossanta de vitória" (WEHLER, 1984) e que a partir daí pregava não só o pensamento militar, como também decisões políticas. Esse plano de campanha militar desenvolveu, na crise de julho de 1914, uma dinâmica fatal própria, predeterminando as decisões políticas. Desenvolvido pelo chefe do Estado-Maior, von Schlieffen, o plano supunha a incapacidade de uma rápida mobilização das forças armadas russas e previa, no caso de uma guerra com a França e a Rússia, conduzir o conjunto das forças armadas alemãs, desprezando a neutralidade da Bélgica, a uma batalha violenta e decisiva contra a França e, após uma rápida vitória, construir a frente do leste contra a Rússia.

A política externa do chanceler Caprivi subestimava a possibilidade de uma aliança entre a Rússia e a França e, ao mesmo tempo, superestimava o potencial de uma aproximação entre a Alemanha e a Grã-Bretanha. Caprivi procurava obter apoio britânico no continente em troca de concessões coloniais. A conclusão do tratado teuto-britânico sobre a Ilha de Heligolândia e Zanzibar, de 1890, marcou um resultado importante nesta *détente* colonial. Mas, já em 1892, a relação

teuto-britânica começou a esfriar e a Alemanha tentou, sem êxito, uma reaproximação com a Rússia. Os interesses antagônicos teuto-britânicos no Oriente
Próximo e na África ensejaram o início do descontentamento. O telegrama de
felicitações do Imperador Guilherme II ao presidente dos bôeres do Transvaal,
Ohm Kruger, depois da aniquilação, em 1896, de *Jameson Raid*, marcou uma
significativa deterioração da relação teuto-britânica.

No início de 1897, a política externa alemã entrou numa nova fase, a da mão-
livre (*freie Hand*) e da *Weltpolitik*, o que fez surgir definitivamente o antagonismo
teuto-britânico. Essa nova política externa, iniciada e simbolizada pelo novo
ministro das Relações Exteriores e, mais tarde, chanceler, Bernard von Bühlow,
marcou a ruptura definitiva com a política continental de segurança de Bismarck.
Definiu como meta não assumir compromissos ou formar alianças (manter a
mão-livre) nem com a Rússia nem com a Grã-Bretanha, até que a Alemanha pos-
suísse uma armada suficientemente grande para formar com a Rússia um pacto
contra a Grã-Bretanha. A Alemanha reivindicou o que von Bühlow chamava de
"um lugar ao sol" e o que ele entendia como igualdade na escala mundial com
as outras grandes nações. A Alemanha guilhermina não queria a dominação do
mundo, como iria querê-la mais tarde o Terceiro Reich, mas reivindicou uma
posição, como grande potência mundial, que correspondesse ao seu poderio
econômico. Segundo Bridge e Bullen, o tão aspirado *status* de potência mundial
significaria, na prática, que "nenhuma outra potência teria o direito de decidir
qualquer assunto (na política internacional), em qualquer lugar do mundo, sem
a autorização da Alemanha".

Mas, além das proclamações genéricas de que o futuro da Alemanha estava
no mundo todo, a política alemã não transmitia uma definição precisa dos objetivos concretos de sua *Weltpolitik*. Embora existissem planos difusos de uma
África Central alemã, assim como planos com respeito à Europa Central, na
prática, a política mundial alemã era um movimento sem rumo e sem metas.
Esforços e resultados estavam num grotesco desequilíbrio. Após um imenso esforço político, a *Weltpolitik* resultou na aquisição da parte norte de Samoa (1898-
1899), do Kiautchou chinês e de alguns pequenos territórios na África negra. Da
Espanha foram compradas, em 1899, algumas ilhas, sem valor, no Pacífico. No
Oriente Próximo, a Alemanha tornou-se mais presente, depois que o imperador
Guilherme II, em 1898, por ocasião de uma viagem a Damasco e a Jerusalém,
declarou-se o protetor de todos os muçulmanos do mundo.

O cerne da *Weltpolitik* alemã era a construção de uma marinha de guerra, que
deveria aproximar-se em poderio da inglesa e persuadir a Inglaterra da necessidade de fazer concessões substanciais aos planos imperiais alemães. A Inglaterra
considerou o programa de construção naval alemão uma ameaça a seus interesses

vitais e à sua segurança territorial, ao qual respondeu, militarmente, com a intensificação do esforço próprio de armamento e, diplomaticamente, aproximando-se da França e da Rússia. O discurso público da ameaça alemã à segurança britânica chegou ao clímax no chamado *navy scare* (pânico naval), em 1908-1909, que se caracterizou por excessos de fobia à Alemanha. A Grã-Bretanha ganhou a corrida armamentista marítima, sobretudo quando ela, a partir de 1906, estabeleceu, com a categoria de *dreadnought*, um novo e mais alto padrão de navio de combate. A situação política e financeira da Alemanha tornava a aproximação de seu poderio ao poderio numérico da armada britânica cada vez mais difícil. No ano de 1911, a supremacia marítima da Grã-Bretanha reduziu-se. Depois desse ano, e especialmente depois de a Alemanha ter desistido da corrida armamentista naval e de ter retornado ao rearmamento febril de seu exército terrestre, a supremacia marítima da Grã-Bretanha voltou a crescer.

A *Weltpolitik* da Alemanha provocou o fim da política britânica de distanciamento do continente europeu, a chamada *splendid isolation*. Depois da Guerra da Criméia, a Grã-Bretanha afastou-se muito da política do continente e dedicou-se ao seu império. Poucas vezes, como na crise da "guerra à vista" de 1875, interveio politicamente em prol da preservação do *status quo* no sistema dos Estados europeus. Dirigiu-se, também, como parte da sua estratégia global, contra uma expansão russa no sul e no sudoeste da Europa, e engajou-se na preservação do Império Otomano na Europa. A conquista solitária do Egito e as simpatias públicas na Europa pelos bôeres, durante a guerra anglo-sul-africana (1899-1902), fizeram aumentar o isolamento da Inglaterra dos outros Estados.

Por volta de 1900, os antagonistas da Grã-Bretanha na escala mundial ainda eram a França e a Rússia. No ano de 1898, a rivalidade colonial com a França chegou, na crise de Fashoda, à beira de um choque militar. Em 1901, a França e a Rússia fecharam um acordo para o caso de uma guerra conjunta contra a Inglaterra. De outro lado, entre a Inglaterra e a Alemanha, existiram, até a virada do século e o desdobramento da *Weltpolitik*, poucos pontos de grave conflito, o que levou a várias aproximações e tentativas de acordo (1895, 1898-1899 e 1901), mas todas frustradas. Em última análise, foram a *Weltpolitik* alemã e a construção naval que tornaram impossível um entendimento com a Grã-Bretanha.

A Grã-Bretanha procurou outros parceiros para vencer o seu isolamento. Como primeiro passo, resolveu o conflito com os Estados Unidos que resultou do bloqueio contra a Venezuela em 1902-1903. Ela também se mostrou disposta a fazer mais concessões aos Estados Unidos na América do Sul e na América Central. A conclusão da aliança anglo-nipônica, no ano de 1902, é considerada na literatura um passo decisivo para o fim da *splendid isolation*. Esse pacto deu ao Japão, na estratégia mundial da Grã-Bretanha, a função de um contrapeso à

Rússia no Extremo Oriente e permitiu o retorno de uma parte da frota britânica do Pacífico para a Europa. Para o Japão, o pacto significava o reconhecimento de igualdade diplomática com as outras potências e possibilitou a guerra contra a Rússia (1904-1905) sem a intervenção de outros Estados.

A aproximação entre a Grã-Bretanha e a França também só pode ser compreendida como reação à política externa da Alemanha. A *Entente Cordiale*, fechada entre ambos os Estados em 1904, não era uma aliança, mas um acerto para o apaziguamento dos conflitos coloniais na África do Norte e na Indochina. O âmago do tratado era o reconhecimento da ocupação inglesa do Egito e dos interesses franceses no Marrocos. A conclusão do acordo significou um importante sucesso para o ministro Delcassé, das Relações Exteriores da França, que, depois de trocar a sua política de orientação antibritânica para o *rapprochement* com a Grã-Bretanha, dedicou-se incansavelmente ao fortalecimento de seu novo "sistema" da política exterior (GIRAULT, 1979). Consistia na corroboração da relação com a Rússia, na consolidação da amizade com a Grã-Bretanha e na política, por último vitoriosa, de afastar a Itália da Tríplice Aliança. A Grã-Bretanha oficialmente não entendeu a *Entente Cordiale* como um ato dirigido contra a Alemanha; o Império Alemão, ao contrário, sentiu-se profundamente atingido pela aproximação entre a França e a Grã-Bretanha.

A derrota russa na guerra contra o Japão (1904-1905) e a Revolução Russa de 1905-1906 enfraqueceram o país de tal forma que, temporariamente, caiu para a posição de potência de segunda classe. A paralisação da Rússia transformou o sistema europeu de Estados e provocou a tentativa alemã de romper, com uma política agressiva, a *entente* entre a França e a Grã-Bretanha na primeira crise marroquina. Em março de 1905, o imperador Guilherme II visitou Tânger e reafirmou, por insistência de seu chanceler von Bühlow, a independência do Marrocos, exigindo, ao mesmo tempo, uma conferência internacional sobre o seu *status*. Com isso, von Bühlow questionou o entendimento colonial entre a França e a Grã-Bretanha, no qual se reconhecia a predominância da influência francesa na região. Na Conferência de Algeciras, porém, no ano de 1906, a Alemanha sofreu uma derrota diplomática grave. Embora o ministro Delcassé, das Relações Exteriores da França, fosse obrigado a se demitir pela insistência da Alemanha e a independência formal do Marrocos fosse confirmada, o domínio informal francês sobre esse Estado foi corroborado e a *Entente Cordiale* saiu fortalecida do conflito. A posição diplomática da Alemanha piorou muito com a primeira crise marroquina e a Inglaterra estava de tal forma preocupada com as intenções da Alemanha que procurou uma aproximação com a Rússia.

Depois do enfraquecimento de 1905, a Rússia mostrou-se disposta a celebrar compromissos com a Grã-Bretanha. Assim como o acordo entre a Grã-Bretanha e a França, a *entente* anglo-russa de agosto de 1907 não era uma aliança formal, mas um pacto para conciliar os atritos coloniais na Pérsia, no Tibet e no Afeganistão. A causa profunda, porém, da aproximação era, segundo Bridge e Bullen, a intenção britânica de evitar uma hegemonia alemã na Europa. A conclusão da entente anglo-russa ampliou a Entente Cordiale para a Tríplice Entente que depois, passo a passo, transformou-se, de fato, numa aliança.

Depois de dez anos de *Weltpolitik*, o (auto)isolamento da Alemanha estava completo e, na sua percepção, o cerco dos inimigos fechava-se. Essas conseqüências catastróficas da política exterior alemã e, principalmente, a provocação, sem nenhuma necessidade, do antagonismo teuto-britânico, levou a historiografia a refletir intensamente sobre os motivos profundos da *Weltpolitik*. Não era a concorrência econômica entre a Alemanha e a Grã-Bretanha que dava o impulso principal para a deteriorização da relação bilateral. Pelo contrário, após 1896, como conseqüência da boa conjuntura mundial, os atritos econômicos diminuíram. As interpretações baseadas nas pressuposições do chamado primado da política exterior, que cedem uma alta autonomia à política externa dos Estados, tendem a mostrar a *Weltpolitik* como uma expressão extrema de tendências generalizadas. Após 1890, argumenta-se: a política externa de todas as grandes potências mundializou-se. Construía-se sobre prestígio, poder e *status*, como valores absolutos e referenciais de comportamento internacional, que determinavam cada vez mais as mentalidades coletivas e das elites dominantes. Uma nova *Zeitgeist* (mentalidade do tempo) prendia a humanidade a partir da década de 1890. Mas torna-se difícil seguir completamente os partidários da "grande política" e atribuir à política externa uma autonomia *vis-à-vis* à dimensão interna. Sobretudo, a *Weltpolitik* alemã é inexplicável, sem se considerar o seu vínculo com a política interna. A *Weltpolitik* da fase guilhermina, de acordo com Wehler e outros, tem as suas raízes primárias não em objetivos de política externa em si, mas estava planejada como uma estratégia de defesa do sistema político e de pacificação social interna. A política externa da Alemanha tinha como base "a instrumentalização da expansão, numa maneira fria e calculista, [...] para realizar objetivos de política interna" (WEHLER, 1995). A *Weltpolitik* e a construção naval representariam a tentativa (aliás, frustrada) de, por meio de "sucessos exteriores ou de um acionismo exaltante, corroborar a legitimidade do Estado autoritário e desviar da necessidade de reformas sociais e políticas". A *Weltpolitik* deveria, de acordo com Bridge e Bullen, resolver a crise interna do sistema, ou seja, acabar com a ameaça dos trabalhadores e da social-democracia às elites. O império colonial e a construção naval teriam a função de integração social e a grandeza imperial ofereceria uma compensação pelo progresso social e político negado pelo regime dos *junker*.

Essa dependência de legitimação do sistema guilhermino por sucessos na política externa e da demonstração do *status* de uma potência imperial, de um lado, bem como a crescente rejeição da agressiva política alemã pelo sistema de Estados, de outro lado, provocaram um endurecimento dos conflitos internacionais depois de 1908. Com a primeira crise marroquina, voltaram as crises internacionais da periferia do sistema mundial para a Europa e devoraram cada vez mais a possibilidade de compromissos entre as potências.

A chamada crise da anexação da Bósnia, de 1908-1909, demonstrou claramente essa crescente falta de vontade de negociação e estabelecimento de compromisso. A intervenção alemã, em março de 1909, arrastou o conflito regional para o plano de confronto entre as grandes potências e chegou a marcar uma importante etapa no desdobramento da Primeira Guerra Mundial. Desde o Congresso de Berlim de 1878, a ocupação da Bósnia e da Herzegovina pela Áustria-Hungria foi aceita por todas as grandes potências. Em outubro de 1908, a Áustria-Hungria anexou a região porque temia perdê-la de novo para a Turquia. A Sérvia pleiteava ambas as províncias para si e protestava, com a Rússia, de forma veemente. O prestígio da Rússia como grande potência e também o consenso na política interna russa dependiam muito de sua capacidade de representar e defender os interesses dos eslavos nos Bálcãs. Igualmente para a Áustria, a anexação das duas províncias tinha um duplo valor: mediante o ato, a monarquia dos Habsburgos visava demonstrar o seu poder como grande potência e, ao mesmo tempo, a sua determinação contra o separatismo étnico dos eslavos que integravam o império.

Mas a Rússia ainda estava militarmente enfraquecida, enquanto a Áustria-Hungria estremeceu diante de um confronto a sós com a Sérvia. Uma nota alemã contendo, segundo muitas interpretações, uma ameaça indireta de guerra e um ultimato para que a anexação fosse aceita forçou a Rússia e a Sérvia a recuarem. A Tríplice *Entente* tinha de ceder à ameaça alemã e sofreu uma derrota diplomática muito forte. Mas a Alemanha e a Áustria pagaram um preço alto pelo triunfo. A Rússia passou a uma posição de antagonismo aberto contra a Áustria-Hungria e a dependência da Áustria em relação à Alemanha tornou-se completa. As atividades propagandistas e, também, terroristas do nacionalismo dos eslavos do sul, apoiados pela Sérvia, concentravam-se agora contra a Áustria. A Rússia nunca esqueceu a humilhação pública e acelerou os seus esforços armamentistas. A decisão russa de não passar por uma segunda humilhação imposta pela Alemanha determinou a sua atitude na crise de julho de 1914.

A segunda crise marroquina, em 1911, acentuou o confronto entre os dois blocos, mas terminou desta vez com o recuo da Alemanha, o que foi considerado pela opinião pública alemã uma derrota. À ocupação pela França da capital do Marrocos, em maio de 1911, para dominar uma revolta contra o sultão, a Alemanha respondeu com o envio da canhoneira Panther ao porto de Agadir. A intenção da Alemanha era extrair, com a demonstração de força e em troca do reconhecimento do protetorado francês sobre o Marrocos, extensas concessões territoriais na África negra e, desse modo, acrescentar à França uma derrota diplomática. Só a atitude clara da Inglaterra em favor da França fez com que a Alemanha suspendesse seu rumo de confronto e se contentasse com uma pequena parte do Congo. A Alemanha exerceu "uma extensa política de *bluffe*", ostentou-se marcial, talvez sem ter querido a guerra, mas definitivamente sem ter condições de fazê-la, porque seus parceiros da Tríplice Aliança, a Áustria-Hungria e a Itália, não estavam preparados (HILDEBRAND, 1989). A Alemanha mobilizou sua opinião pública, sobretudo as correntes chauvinistas e belicistas, os chamados *Alldeutsche*, mas depois, na visão destes, praticou uma humilhante retirada.

A segunda crise marroquina fortaleceu a Tríplice *Entente* e a ligação entre a França e a Grã-Bretanha. Ela causou na Alemanha, como também nos outros países da *Entente Cordiale*, conflagrações nacionalistas e uma intensificação da corrida armamentista. A situação internacional piorou drasticamente após 1911 e reforçou-se a certeza, tanto na Alemanha como nos países da *entente*, de que um confronto entre os dois blocos seria inevitável.

A Itália aproveitou-se da fixação das grandes potências na crise do Marrocos para ocupar, contra a vontade dos seus parceiros da Tríplice Aliança, em 1912, Trípoli e, mais tarde, a Líbia, parte do Império Otomano na África do Norte. Enfraquecida a Turquia, a Sérvia e a Bulgária atacaram-na, em outubro de 1912, com a Grécia e Montenegro (estes quatro países formavam a Liga Balcânica), para dividir a Macedônia entre si. A Turquia sofreu uma derrota aniquiladora nessa primeira guerra dos Bálcãs e teve de desistir da quase totalidade dos territórios europeus. Na segunda guerra balcânica, em 1913, houve a disputa das conquistas da primeira. Romênia, Grécia e Sérvia aliaram-se contra a Bulgária, que foi derrotada. A Sérvia duplicou o seu território nessas guerras, mas, por causa da insistência da Áustria, teve, em virtude da criação da Albânia, inibido o seu acesso ao Mar Adriático.

Por causa do envolvimento da Áustria-Hungria e da Rússia, as guerras balcânicas levaram a Europa, de novo, à beira de uma grande guerra, que, neste momento, nem a Alemanha nem a Rússia queriam. A Alemanha não se sentia suficientemente preparada para a guerra naval e obrigou a Áustria-Hungria à moderação. A Inglaterra atuou, da mesma forma, com respeito à Rússia. Bridge e Bullen vêem nisso "um dramático renascimento do Concerto Europeu". Mas, como conseqüência, as guerras balcânicas serviram para encaixar a última peça do mosaico do conflito que culminou na Primeira Guerra Mundial. A Áustria-Hungria estava alarmada com o crescimento do território da Sérvia e aguardava a oportunidade de um golpe militar decisivo contra o país, o que ocorreu em julho de 1914, com o assassinato de Franz Ferdinand, herdeiro do trono austríaco, em Sarajevo.

Essas tensões e conflitos entre as grandes potências, que se agravaram dramaticamente depois de 1911, representam só um lado do sistema internacional entre 1897 e 1914, embora ele seja o lado predominante. O outro lado consistiu de tentativas de *rapprochement* e negociações. Tanto entre a Alemanha e a Rússia como entre a Alemanha e a Grã-Bretanha houve, depois da criação dos dois blocos, várias tentativas de *détente*. Os acordos entre a Alemanha e a Grã-Bretanha, em 1913 e 1914 (sobre o futuro das colônias portuguesas, a construção da ferrovia de Bagdá e a região do Golfo Pérsico), segundo alguns autores, significaram uma melhoria das relações teuto-britânicas na época. Mas, muitos autores (por exemplo, Lowe e Kennedy) interpretam tais acordos como insignificantes para a situação européia. A Alemanha não estava preparada para compromissos substanciais nas questões centrais das relações internacionais. A última investida da Grã-Bretanha, a missão Haldane de fevereiro de 1912, cuja intenção era negociar uma moderação na corrida armamentista, foi torpedeada pelo almirante Tirpitz e pelo imperador alemão.

3.5.2 A crise de julho de 1914 e a deflagração da Primeira Guerra Mundial

No dia 28 de junho de 1914, Franz Ferdinand, herdeiro ao trono austríaco, e sua esposa foram assassinados por um estudante bósnio nacionalista em Sarajevo, a capital da Bósnia, anexada pela Áustria-Hungria em 1908. O atentado foi planejado por uma organização terrorista sérvia, a Mão Negra. A Áustria viu no atentado a ansiada possibilidade de avançar militarmente contra a Sérvia, mas dependia, nas suas atitudes, totalmente da Alemanha, porque uma guerra contra a Sérvia provocaria a intervenção russa em favor da aliada.

Na liderança político-militar da Alemanha, os belicistas chegaram a dominar. Estavam a favor de se usar o atentado como pretexto para uma guerra preventiva contra a Rússia ou, como o imperador parecia querer, como oportunidade para "acabar" com a Sérvia. No dia 5 de julho, o imperador alemão forneceu à Áustria-Hungria a famosa carte blanche, que assegurava a incondicional fidelidade da Alemanha à aliança com a Áustria. Ao mesmo tempo, a Alemanha exigiu que a Áustria agisse rapidamente para confrontar as grandes potências com um fait accompli. Com isso, a Alemanha assumiu, de fato, a iniciativa no agravamento do conflito.

O Imperador Guilherme II esperava que o Czar, chocado com o assassinato de um monarca europeu, aceitasse uma punição da Sérvia. O chanceler Bethmann-Hollweg, porém, o dirigente alemão mais importante durante a crise de julho, estava convencido de que uma guerra contra a Sérvia no cenário internacional da época poderia desencadear uma guerra mundial (HILDEBRAND, 1989).

A Áustria-Hungria não estava preparada para a reação rápida exigida pela Alemanha. A preparação do exército para a campanha contra a Sérvia procrastinou-se e o primeiro-ministro húngaro insistia num ultimato à Servia, que foi retardado até o término da visita de Poincaré, o primeiro-ministro francês, a Moscou. As exigências formuladas pela Áustria-Hungria no ultimato à Sérvia, no dia 23 de julho, eram inaceitáveis, porque teriam representado uma significativa limitação da soberania da Sérvia. A Rússia decidiu apoiar a Sérvia militarmente, caso as tropas austríacas ultrapassassem a fronteira sérvia. Na resposta altamente hábil ao ultimato, a Sérvia aceitava todas as condições; recusava, porém, prerrogativas à Áustria e a participação direta desta na investigação do atentado em território sérvio. O errático imperador alemão ficou de tal forma impressionado com a resposta da Sérvia e também com a possibilidade de uma intervenção britânica contra a Alemanha que estava querendo contentar-se com a humilhação diplomática da Sérvia e desistir da guerra austríaca contra aquele país. Foi, porém, manipulado pelo seu governo, sobretudo pelo chanceler Bethmann-Hollweg, que seguia a "linha dura" e que urgiu uma rápida declaração de guerra.

Em 28 de julho, a Áustria-Hungria declarou guerra à Sérvia e, um dia depois, iniciou o bombardeio de Belgrado. A partir daí, os mecanismos de escalada ativaram-se, transformando a guerra local em uma guerra continental (a Alemanha declarou guerra à Rússia três dias depois, e à França, logo a seguir). Em 1917, a participação dos Estados Unidos e a de outros países ultramarinos deram à guerra dimensão verdadeiramente mundial.

Por temor das tradições pacifistas e internacionalistas da social-democracia e do movimento trabalhista alemães, a estratégia política de Bethmann-Hollweg era a de que a Alemanha aparecesse como atacada, e não como agressora. Assim, no mínimo, teria de aguardar a mobilização militar da Rússia para apontá-la como ato de agressão contra a Alemanha. Isso colidiu, porém, com as exigências militares do Plano Schlieffen, cujo elemento essencial era uma rápida mobilização das forças armadas alemãs. No dia 30 de julho, o Czar ordenou a mobilização geral. Como a Rússia não reagiu a um ultimato alemão de revogar a ordem no prazo de 12 horas, a Alemanha declarou guerra a ela em 1º de agosto, e no dia 3 à França. Declarada guerra à França, no mesmo dia, a Alemanha iniciou a invasão da Bélgica, que estava neutra, para assim, de acordo com o Plano Schlieffen, aniquilar a França numa campanha de seis semanas. O desrespeito à neutralidade belga deu justificativa à Grã-Bretanha de entrar na guerra, ao lado da *entente*, no dia 4 de agosto.

Aos aliados da Tríplice *Entente* (Rússia, França e Grã-Bretanha), juntaram-se o Japão (1914), a Itália (1915), Portugal e a Romênia (1916). Os Estados Unidos entraram na guerra em abril de 1917, do lado das nações aliadas, acompanhados de vários países de fora da Europa, sobretudo dos latino-americanos (entre eles, o Brasil, em outubro de 1917). As potências da Dupla Aliança foram apoiadas pela Turquia (1914) e pela Bulgária (1915).

As esperanças de uma vitória rápida contra a França esbarraram logo na batalha do Marne, no início de setembro de 1914, o que fez parar o avanço alemão. Depois de várias batalhas e de perdas elevadas, a frente do oeste alemão solidificou-se, no fim de 1914, do Canal da Mancha até a Suíça e movimentou-se, nos três anos seguintes, nada mais do que alguns quilômetros. A guerra transformou-se na primeira guerra de trincheiras da história, em que, de acordo com a tecnologia militar, o lado defensivo teria mais vantagens em relação ao ofensivo. O plano de campanha alemão tinha fracassado logo nos primeiros dias da guerra. As tentativas de romper o impasse na frente do oeste e de esgotar os inimigos em longas batalhas materiais (por exemplo, nas batalhas de Verdun e do Somme) acarretaram terríveis perdas humanas, em ambos os lados, sem que, no entanto, se lograsse chegar a uma decisão militar.

Na frente do leste, dominava a guerra de movimento. A Rússia venceu algumas batalhas contra o exército austríaco, mas sofreu derrotas fulminantes contra os alemães. Depois da conflagração da Revolução Russa, em 1917, a frente do leste desmoronou e, no dia 15 de dezembro de 1917, sobreveio a conclusão de um cessar-fogo entre a Alemanha e a Rússia. No pacto de paz de Brest-Litowsk, de março de 1918, os militares alemães impuseram à Rússia condições de paz extremamente duras.

A entrada dos Estados Unidos na guerra, em abril de 1917, destruiu as possibilidades que surgiram do pacto de paz, em separado, com a Rússia (e também com a Finlândia e a Romênia). Foi a irrestrita guerra submarina alemã que levou os Estados Unidos a participarem do conflito. O ataque alemão no oeste, que tinha como objetivo forçar uma decisão, antes da chegada das tropas americanas, fracassou, em agosto de 1918, com a ofensiva adversária no rio Somme. A entrada americana na guerra foi decisiva. A partir de setembro de 1918, os aliados alemães, isto é, a Bulgária, a Turquia e a Áustria-Hungria, desmoronaram, um após outro, e pediram o cessar-fogo. Finalmente, a 11 de novembro de 1918, depois da deflagração da revolução em Berlim e da abdicação do imperador, a Alemanha aceitou as condições do cessar-fogo e a derrota.

3.5.3 O debate sobre as causas e a culpa da guerra

O artigo 231 do Tratado de Paz de Versalhes (1919) culpa e responsabiliza o Império Alemão e os seus aliados pela deflagração da Primeira Guerra Mundial, considerando, pois, a Alemanha responsável pelas perdas humanas e materiais e pela destruição resultante do conflito. Essa atribuição de culpa, moral e jurídica, provocou, imediatamente depois de 1918, uma verdadeira "guerra mundial dos documentos" (SCHWERTFEGER *apud* HILDEBRAND, 1989), ou seja, a tentativa de refutar, com a ajuda da publicação de documentos históricos, a imputação de culpa exclusivamente à Alemanha. Iniciou-se, especialmente pela direita nacionalista alemã, uma luta que usava a ciência histórica contra a chamada "mentira da culpa da guerra". Nesse contexto, o Ministério das Relações Exteriores alemão promoveu extensa edição de documentos, em quarenta volumes, chamada *Die Große Politik der europäischen Kabinette, 1871-1914*. Embora essa edição represente uma excepcional coleção de documentos sobre a política européia, desde a fundação do Império Alemão, ela se caracteriza pelo interesse político no revisionismo alemão da culpa da guerra. A Grã-Bretanha respondeu, a partir de 1926, com a publicação dos *British Documents on the Origins of the War — 1898-1914* (11 volumes), seguida por semelhantes edições de documentos da França, da Áustria, da Iugoslávia e da Rússia.

O revisionismo alemão acerca da acusação de ter causado a guerra responsabilizou a França ou a Inglaterra, mas, em primeiro lugar, a Rússia, pelo desencadeamento da Primeira Guerra Mundial. Segundo este raciocínio, a Alemanha teria reagido, em julho de 1914, em "legítima defesa" contra a Rússia, que se mobilizava para a guerra. Dois historiadores norte-americanos (Barnes e Fay) apoiaram a posição do revisionismo alemão na década de 1920. Barnes nega a culpa das potências da Tríplice Aliança e responsabiliza a *Entente Cordiale*. A Sérvia teria tido a responsabilidade principal e a guerra da Áustria contra ela era justificável. A política alemã teria sido orientada pela paz, e a intervenção das potências da *entente* no conflito entre a Áustria e a Sérvia teria provocado a Primeira Guerra Mundial.

Como historiadores expressivamente anti-revisionistas destacaram-se, no período entre as duas guerras, principalmente Herman Kantorowicz (Alemanha), Pierre Renouvin (França) e Bernadotte Schmitt (Estados Unidos) Kantorowicz argumenta que todos os Estados colocaram, em julho de 1914, a paz em perigo, mas sem desejar uma guerra mundial. A responsabilidade das potências da Tríplice Aliança teria sido maior do que a das outras, uma vez que a Áustria-Hungria teria iniciado deliberadamente a guerra contra a Sérvia, e a Alemanha estava disposta a arriscar uma guerra continental contra a Rússia. A interpretação de Renouvin tira a responsabilidade da guerra da *entente*, principalmente da França. Ele culpa a Alemanha, mas sem acusá-la da deflagração intencional de uma guerra mundial. Mesmo assim, argumenta Renouvin, a Alemanha aceitou a possibilidade de uma guerra local para mudar a situação nos Bálcãs. Na eventualidade de uma guerra européia, a Alemanha teria esperado a neutralidade e a não-interferência da Grã-Bretanha. O historiador inglês Taylor, que publicou a sua obra principal depois da Segunda Guerra Mundial, responsabiliza exclusivamente a Alemanha pela Primeira Guerra Mundial e, além disso, vê a agressiva política externa da Alemanha guilhermina como parte de uma tradição que vincula o Império Alemão ao Terceiro Reich de Adolf Hitler. Na crise de julho de 1914, argumenta Taylor, a política austríaca teria dependido totalmente da aprovação alemã. A Alemanha teria visto, nessa "guerra preventiva" contra a Sérvia, uma boa oportunidade de mudar, a seu favor, a balança de poder na Europa que, lentamente, inclinava-se para a *entente*.

Ainda durante o período entre as duas guerras mundiais, surgiu uma outra linha de interpretação que, depois da Segunda Guerra Mundial e na constelação da guerra fria, parecia politicamente muito adequada. Por essa visão, nega-se a Estados individuais a culpa pela deflagração da Primeira Guerra Mundial e responsabilizam-se o sistema internacional e o caráter das relações internacionais. Segundo essa interpretação, foram responsáveis pela guerra a impossibilidade de limitar os conflitos em razão da divisão bipolar da Europa, a diplomacia secreta, o automatismo das reações em cadeia por causa das alianças militar-políticas, o fatal entrelaçamento de circunstâncias infelizes, mas não as políticas conscientes dos Estados, dos povos ou de políticos individuais. Nessa "tragédia européia", não era que o direito se opusesse ao que não era direito, mas era o direito contra o direito. O dito famoso de Lloyd George, de 1933, de que todos os Estados, de uma maneira, "resvalaram" na guerra sem a querer caracteriza essa posição importante, para não dizer predominante, entre os historiadores alemães e franceses, entre 1945 e 1960 (HILDEBRAND, 1989).

O livro de Fritz Fischer, de 1961, com o título *Griff nach der Weltmacht. Die Kriegszielpolitik des kaiserlichen Deutschland, 1914-1918* ("A garra pelo poder mundial. Os objetivos de guerra da Alemanha imperial, 1914-1918"), abalou essa visão harmônica e iniciou um novo e imenso debate sobre as origens da Primeira Guerra Mundial. A interpretação de Fischer que, no decorrer do debate, radicalizou-se, é resumida nos parágrafos seguintes.

Baseando-se no chamado Programa de Setembro (de 9 de setembro de 1914), Fischer argumenta que a Alemanha, em última análise, teria conduzido uma guerra ofensiva. No programa, o governo alemão articulou extensos objetivos de guerra, que significariam a hegemonia alemã na Europa: a anexação de Luxemburgo e de partes da Bélgica e da França, o enfraquecimento permanente da França, o deslocamento das fronteiras russas para o leste, a dominação econômica alemã na Europa Central e a criação de um Império Alemão na África Central. Para Fischer, o governo alemão foi o responsável principal pelo fato de a crise de julho de 1914 ter-se transformado em uma guerra generalizada. A

Alemanha teria desejado a guerra entre a Áustria e a Sérvia, e a tornou possível por meio da *carte blanche* dada à Áustria-Hungria. A questão sérvia em si teria sido de menor importância para a Alemanha. Argumenta Fischer que a questão somente teria servido para "deflagrar a grande guerra com a Rússia e a França". A Alemanha teria especulado conscientemente sobre a neutralidade inglesa no caso de declaração de guerra contra a França e a Rússia. Nos objetivos alemães da guerra, bem como na mentalidade das elites e na orientação das políticas externa e interna, teria existido uma forte continuidade entre o Império Alemão e o Terceiro Reich de Adolf Hitler (tese de continuidade). Em publicações posteriores, Fischer aproxima-se das posições que interpretam a política exterior agressiva do Império Alemão como um reflexo compensatório das pressões sociais e políticas sobre a política interna.

O livro de F. Fischer provocou, durante mais de 20 anos, um debate entre os historiadores do mundo inteiro (a chamada Controvérsia de Fischer), que, com toda razão, foi considerado o debate historiográfico mais importante do pós-guerra (KOCH, 1972; JÄGER, 1984; LANGDON, 1991). Os argumentos de Fischer tiveram impacto profundo. Mas, em última análise, a sua hipótese de que a Alemanha teria conscientemente conduzido uma planejada guerra ofensiva não convenceu a corporação dos historiadores. O outro extremo, sugerido pelo revisionismo alemão, de que a Alemanha teria enfrentado uma mera guerra de defesa, não encontra, hoje em dia, defensores entre historiadores sérios. Apesar de todas as diferenças entre as abordagens e visões, a maioria dos historiadores pensa que, no ano de 1914, todos os Estados europeus teriam anulado a paz (HOBSBAWM, 1992), mas que a política alemã teria tido a responsabilidade principal pela guerra, sem ter tido, contudo, uma clara e expressiva vontade de uma guerra ofensiva. As elites alemãs sentiram-se, na política externa, cercadas por coalizões inimigas; na política interna, abaladas no seu domínio pelo fracasso da *Weltpolitik* social-imperialista e pela vitória social-democrata nas eleições de 1912 (WEHLER, 1995). Essas elites desembarcaram, numa mentalidade subjetiva de defesa, numa agressiva "fuga pela frente". Essa "luta defensiva, com meios ofensivos" tinha como objetivo, se fosse possível, uma expressiva vitória política, mas não descartava a possibilidade de uma guerra, ainda que limitada. As abordagens tradicionais, que pressupõem a autonomia da política externa como uma premissa metodológica, identificam este "beco sem saída das elites" como determinado exclusivamente pela política exterior. A realização da "história social" das relações internacionais consiste na ampliação dessa perspectiva. Os historiadores dessa abordagem apontam convincentemente para a interligação da legitimidade interna do sistema político com o prestígio na política exterior. Eles também destacam, como um fator decisivo, o pessimismo profundo das elites dominantes na Alemanha que, em julho de 1914, tentaram romper a situação defensiva na política externa, bem como na interna, com sucesso espetacular, que traria de volta prestígio e legitimidade perante o seu povo.

Referências

ARRIGHI, Giovanni. *O longo século XX. Dinheiro, poder e as origens de nosso tempo.* São Paulo: Editora da Unesp, 1994.

AUSTEN, Ralph. *African economic history. Internal development and external dependency.* London: J. Currey, 1987.

BERGHAHN, Volker R. *Imperial Germany, 1871-1914*: economy, society, culture and politics. Providence: Berghahn Books, 1994.

BRIDGE, Francis R.; BULLEN, Roger. *The great powers and the European states system 1815-1914.* Harlow: Longman, 1980.

BRUNSCHWIG, Henri. *A partilha da África negra.* São Paulo: Perspectiva, 1974.

CAIN, P. J.; HOPKINS, A. G. *British imperialism*: innovation and expansion 1688-1914. London, New York: Longman, 1993.

CLARENCE-SMITH, William G. *The third Portuguese empire, 1825-1975. A study in economic imperialism.* Manchester: Manchester University Press, 1984.

COBBAN, Alfred. *A history of modern France.* London: Penguin Books, 1990. t. 3: France of the republics 1871-1962.

FIELDHOUSE, D. K. *The colonial empires. A comparative study from the eighteenth century.* London: Weidenfeld & Nicolson, 1966.

FISCHER, Fritz. *Griff nach der Weltmacht.* Die Kriegszielpolitik des kaiserlichen Deutschland 1914/18. Düsseldorf: Droste, 1961.

_____. *Bündnis der Eliten. Zur Kontinuität der Machtstrukturen in Deutschland.* Düsseldorf: Droste, 1985.

FRÖHLICH, Michael. *Imperialismus. Deutsche kolonial- und Weltpolitik 1880-1914.* München: s.e., 1994.

GALL, Lothar. *Bismarck. Der weisse Revolutionär.* Frankfurt am Main: Ullstein, 1980.

GEISS, Imanuel. *Der lange Weg in die Katastrophe. Die Vorgeschichte des ersten Weltkriegs 1815-1914.* München: Piper, 1990.

GEYER, Dieter. *Russian imperialism 1860-1914.* Leamington Spa: Berg, 1987.

GIRAULT, René. *Diplomatie européenne et impérialismes. Histoire des relations internationales contemporaines.* t. 1: 1871-1914. Paris, New York: Masson, 1979.

HAMMOND, Richard J. *Portugal and Africa 1815-1910*: a study in uneconomic imperialism. Stanford: Stanford University Press, 1966.

HILDEBRAND, Klaus. *Deutsche Aussenpolitik 1871-1918.* München: Oldenbourg, 1989.

HOBSBAWM, Eric. *Nações e nacionalismo desde 1780.* São Paulo: Paz & Terra, 1991.

_____. *A era dos impérios, 1875-1914.* Rio de Janeiro: Paz & Terra, 1992.

HOPKINS, A. G. An *economic history of west Africa*. London: Longman, 1973.

JÄGER, Wolfgang. *Historische Forschung und politische Kultur in Deutschland. Die Debatte 1914-1918 über den Ausbruch des ersten Weltkriegs*. Göttingen: Vandenhoeck e Ruprecht, 1984.

JOLL, James. *The origins of the First World War*. London: MacMillan, 1984.

_____. *Europe since 1870. An international history*. London: Penguin, 1990.

KEHR, Eckart. *Der Primat der Innenpolitik. Gesammelte Aufsätze zur preussisch-deutschen Sozialgeschichte im 19. und 20. Jahrhundert*. In: WEHLER, Hans-Ulrich (Org.). Berlin: De Gruyter, 1970.

KENNEDY, Paul. *Ascensão e queda das grandes potências*: transformação econômica e conflito militar de 1500 a 2000. Rio de Janeiro: Campus, 1989.

KOCH, H. W. (Org.). *The origins of the First World War. Great power rivalry and German war aims*. London: MacMillan, 1972.

LANGDON, John W. *July 1914. The long debate, 1918-1990*. New York, Oxford: Berg, 1991.

LOWE, Cedric J. *The great powers, imperialism and the German problem, 1865-1925*. London: Routledge, 1994.

MARSEILLE, Jacques. *Empire colonial et capitalisme français. Histoire d'un divorce*. Paris: Albin Michel, 1984.

MAYER, Arno J. *A força da tradição. A persistência do antigo regime*. São Paulo: Companhia das Letras, 1987.

MILZA, Pierre. *Les relations internationales de 1871 a 1914*. Paris: Armand Colin, 1990.

MIÈGE, Jean-Louis. *Expansion européenne et décolonisation. De 1870 à nos jours*. Paris: Presses Universitaires de France, 1973.

MOMMSEN, Wolfgang J. *Bürgerstolz und Weltmachtstreben. Deutschland unter Wilhelm II. 1890 bis 1918*. Berlin: Propyläen, 1995.

ROBINSON, Ronald; GALLAGHER, John. *Africa and the Victorians. The official mind of imperialism*. London, Basingstoke: MacMillan, 1961.

SCHMIDT, Gustav. *Der europäische Imperialismus*. München: Oldenbourg, 1985.

SHEEHAN, Michael. *The balance of power. History and theory*. London: Routledge, 1996.

TAYLOR, A. J. P. *The struggle for mastery in Europe, 1848-1918*. Oxford, New York: Oxford University Press, 1954.

WATSON, Adam. *The evolution of the international society. A comparative historical analysis*. London: Routledge, 1992.

WEHLER, Hans-Ulrich. *Grundzüge der amerikanischen Aussenpolitik, I: 1750-1900. Von der englischen Küstenkolonie zur amerikanischen Weltmacht*. Frankfurt: Suhrkamp, 1984.

_____. *Deutsche Gesellschaftsgeschichte 1849-1914*. München: Beck, 1995. t. 3: 1849-1914.

WILLIAMSON, Samuel R. *Austria-Hungary and the origins of the First World War*. London: MacMillan, 1991.

WOODRUFF, William. The emergence of an international economy 1700-1914. In: CIPOLLA, Carlo M. (Org.). *The fontana economic history of Europe*. Glasgow: Collins, 1975. t. 4.

ZIEBURA, Gilbert. Interne Faktoren des französischen Hochimperialismus 1871-1914. Versuch einer gesamtgesellschaftlichen Analyse. In: ZIEBURA, Gilbert; HAUPT, Heinz-Gerhard (Org.). *Wirtschaft und Gesellschaft in frankreich Seit 1789*. Gütersloh: Kiepenheuer e Witsch, 1975.

ZORGBIBE, Charles. *Histoire des relations internationales*. Paris: Hachette, 1994. t. 1: 1871-1918.

A instabilidade internacional (1919-1939)

Amado Luiz Cervo

Para descrever as relações internacionais do período entre a Primeira e a Segunda Guerras Mundiais, os analistas não forjaram expressões uniformes, como "bipolaridade" ou "guerra fria", palavras e expressões cunhadas entre 1947 e 1989. A preocupação em qualificar o período está presente, todavia, nas interpretações de conjunto e revela uma convergência de idéias nas expressões dos historiadores: um período de "paz ilusória" ou "paz frustrada" para Jean-Baptiste Duroselle, de "crises" para Pierre Renouvin, de "turbulência européia" para René Girault e Robert Frank, um "arranjo de transição" entre vencedores para Adam Watson, uma "era da catástrofe" para Eric Hobsbawm, que considera o período de 1914-1945. A primeira pergunta que convém formular acerca do período leva-nos, pois, a questionar a maneira como foi regulamentada a paz ao término da Primeira Guerra Mundial; a segunda, ao modo como se daria o desmonte do mundo liberal edificado no século XIX; enfim, como iriam comportar-se os atores em um novo contexto internacional.

Poder-se-ia supor que a paz de Versalhes foi diferente das outras maneiras de "regulamentar" a ordem internacional, como ocorreu com as conferências de Vestfália, de Utrecht, de Viena ou mesmo de Yalta, e que por isso conduziu em pouco tempo à Segunda Guerra Mundial? Poder-se-ia, ao contrário, supor que essa paz era viável e que foi preciso a depressão dos anos 1930 ou a ascensão dos fascismos para destruí-la? Estaria o mundo assistindo a mudanças nas forças profundas — econômicas, psicológicas e políticas — que os homens de Estado de então não consideraram na elaboração das políticas exteriores? O fato é que a regulamentação da paz destruiu o sistema de equilíbrio anterior e engendrou um período de instabilidade nas relações internacionais, marcado pela reviravolta nas relações entre as potências e pelo crescimento dos egoísmos nacionais.

● 4.1 A regulamentação da paz e as falhas da ordem

4.1.1 A Conferência de Paz: decisões inadequadas

A Conferência de Paz, instalada a 18 de janeiro de 1919, tinha problemas na origem: (a) a presença das 27 nações, que se haviam coligado contra a Alemanha e seus aliados, tornava as discussões difíceis e, por isso, foi necessário criar um mecanismo pelo qual os cinco grandes (Estados Unidos, Grã-Bretanha, França, Itália e Japão) reuniam-se para sessões úteis; (b) pela primeira vez, os vencidos foram excluídos da mesa das negociações, na qual também a União Soviética não se fazia representar, apesar de haver lutado contra a Alemanha; (c) duas concepções acerca das relações internacionais do futuro iriam confrontar-se nas negociações, tendendo uma para configurar a ordem pela concepção idealista do presidente dos Estados Unidos, Woodrow Wilson, outra pela do revanchismo francês.

A Alemanha firmara o armistício de 11 de novembro a 9 de janeiro de 1918 com base em 14 pontos propostos por Wilson, para servirem às negociações de paz. O líder norte-americano sonhava com a possibilidade de uma revolução nas concepções e nas práticas da política internacional e da diplomacia, com o intuito de inaugurar uma nova era de entendimento e de paz entre as nações. Desejava erradicar a diplomacia secreta e a celebração de alianças entre blocos de países, substituir a paz de equilíbrio de potências pela paz fundada no debate público e democrático das questões internacionais, fazer valer o direito dos povos de se autodeterminarem e de dispor livremente de si próprios, eliminar a guerra por um mecanismo de sanções econômicas e políticas ao agressor a ser gerido por uma liga de nações, instituir o princípio da segurança coletiva. Essas posturas eram apoiadas por David Lloyd George, chefe de governo inglês, presente à conferência, que permanecia, entretanto, de ouvidos atentos a Georges Clemenceau, chefe de governo e da delegação francesa, para o caso de falhar o projeto wilsoniano de definição da nova ordem.

A posição de força que a França ocupava na conferência advinha de três fatores: era tida como a grande vitoriosa contra a Alemanha; saíra da guerra como a primeira potência militar do mundo; e sediava a conferência em Paris e depois em Versalhes, além de presidi-la na pessoa de Clemenceau. A fraqueza do chefe de governo da Itália, Vittorio Orlando, e do delegado japonês, presentes na conferência, contribuía para que o francês atuasse com desenvoltura. Os vencedores sentiam-se livres para regulamentar a paz, dado que a Alemanha ruíra, que a unidade da Áustria-Hungria fora desfeita e que a Rússia estava paralisada pela guerra civil. Sem perspectiva universal, a França faria prevalecer, sobre os outros grandes e sobre a conferência como um todo, sua percepção de que a paz resultaria do enfraquecimento alemão e do controle de longo prazo a ser exercido sobre seu rival. As desavenças e intrigas européias iriam, portanto, prevalecer nas decisões, tendo o próprio presidente Wilson de barganhar a criação de sua Sociedade das Nações por apoio às teses francesas. Cinco grandes tratados de paz, firmados em 1919 e 1920 (Versalhes, Saint Germain, Trianon, Neuilly e Sèvres), dispunham sobre desarmamento e segurança, delimitação de fronteiras na Europa e questões econômicas e financeiras. Essas decisões a Europa colocava diante dos vencidos, tendo por pano de fundo o sacrifício de seus interesses durante a guerra e a reação da psicologia coletiva. A todos esses tratados anexava-se o pacto de criação da Sociedade das Nações.

As decisões da Conferência de Paz desfizeram o concerto dos europeus e introduziram uma divisão nova na Europa Continental, opondo o grupo de países satisfeitos (França, Tchecoslováquia, Iugoslávia, Romênia e Polônia) ao dos países descontentes (Alemanha, Áustria, Hungria, Bulgária, Turquia e Itália), que acenavam desde logo para a revisão das fronteiras, senão mesmo para a demolição do edifício versalhino. O princípio das nacionalidades, proposto por Wilson para regular as fronteiras dos países europeus, não deixou, portanto, a todos satisfeitos. A grande vítima do revanchismo francês era a Alemanha. Um documento preparado pelo jurista Walter Schücking foi encaminhado à conferência em maio de 1919. Nele, o governo alemão rejeitava o tratado em discussão, cujos termos eram considerados um Diktat, nos aspectos geral e particulares. A Alemanha perdia a sétima parte de seu território e um décimo de sua população; devia aceitar a responsabilidade da guerra, a ocupação militar e o desarmamento, além de pagar, por conta de reparações, uma soma fixada, em 1921, em 132 bilhões de marcos-ouro. Clemenceau obstruiu toda reclamação da Alemanha, ameaçou-a com o reinício da guerra e com sua divisão em duas (plano do marechal Foch) caso recusasse o tratado nos termos definidos pelos vencedores: impôs ao país derrotado a assinatura do tratado, a 28 de junho de 1919, na Sala dos Espelhos do palácio de Versalhes.

Inúmeras críticas, cujo teor dá a entender que foi considerado inapto para estabelecer os fundamentos de uma nova ordem internacional, foram imediatamente levantadas contra o conjunto das decisões da Conferência de Paz. A Europa abandonara a tradição de regular a paz pela negociação entre vencedores e vencidos. Apesar da presença de diplomatas e delegações de países não europeus, como os Estados Unidos, o Egito, a Índia, o Japão, a África do Sul e o Brasil, os estadistas europeus não entenderam que a sorte do mundo não poderia mais depender exclusivamente da Europa e girar em torno das rivalidades internas. Na Alemanha, a "paz da violência" foi rejeitada por todas as correntes de opinião. A visão anglo-saxônica das relações internacionais elevava-se acima da mêlée européia para projetar-se sobre o planeta: como lutara antes contra a hegemonia alemã, a Grã-Bretanha deveria, no pós-guerra, conter a francesa. O jovem economista John Maynard Keynes, membro da delegação da Grã-Bretanha à conferência, criticou severamente o Tratado de Versalhes em seu livro *As conseqüências econômicas da paz*, de 1919, vendo no castigo imposto à Alemanha um obstáculo ao desenvolvimento da economia européia, incapaz de evoluir, a seu ver, se o país não fosse mantido em seu centro dinâmico. Para o delegado da União Sul-Africana, o tratado, pelos efeitos que produziria, seria um desastre maior do que a guerra.

A reação mais surpreendente viria dos Estados Unidos. Wilson regressou a seu país em julho de 1919. Sua atuação na conferência dividiu a opinião americana, que manifestou seu descontentamento nas urnas, recolocando os republicanos no poder por dez anos. Os sonhos democratas esvaíram-se quando o Senado convenceu-se de que convinha aos Estados Unidos regressar a seu isolacionismo, não se envolver nas querelas da Europa e mantê-la longe da América: por 55 votos contra 39, o poderoso Henry Cabot Lodge, presidente da Comissão de Relações Exteriores do Senado, fez passar sua emenda rejeitando a ratificação do tratado e a entrada dos Estados Unidos na Sociedade das Nações.

Houve divergências também no encaminhamento da questão colonial. À concepção norte-americana e à da Terceira Internacional de livre disposição dos povos e de exercício da autodeterminação — uma concepção ideológica anticolonialista —, os europeus opuseram, por meio da ordem que fizeram derivar de Versalhes, o conceito de povos "ainda incapazes de se governarem a si mesmos", carentes de "tutela civilizatória". Como donos da Sociedade das Nações, mediante o sistema dos mandados conferidos por ela, procederam à distribuição entre si das colônias alemãs na África e na Ásia e à repartição de despojos do Império Otomano no mundo árabe, ficando a França e a Grã-Bretanha como as grandes beneficiárias dessa partilha civilizatória.

Os acordos de Versalhes levaram em conta interesses econômicos, estratégicos e territoriais dos vencedores, mas engendraram um mundo confuso e desorientado, no qual as relações internacionais desenvolver-se-iam sob tensão. Subsistiam para a Polônia problemas de fronteira com a Rússia, a Alemanha e a Lituânia; para a Tchecoslováquia, com a Romênia; para a Romênia, com a Rússia; para a Itália, com a Iugoslávia. A balcanização do centro-leste danubiano despertou paixões e ódios religiosos e nacionais entre as diferentes minorias étnicas.

Essa primeira tentativa de regulamentação de uma sociedade global, a ordem de Versalhes, diferentemente do que havia ocorrido quando dos foros internacionais anteriores, era incoerente, defeituosa e pouco realista. Essas falhas advinham da imposição de conceitos europeus pelos vitoriosos. Wilson via nisso e na balança do poder caminhos para o desastre, daí porque propunha a liga das nações e sua nova diplomacia aberta e democrática. Mas a liga não saiu segundo seu projeto. Abandonou o concerto e a balança, que eram os elementos europeus da estabilidade internacional, substituindo-os pela vontade dos vitoriosos. Proclamou uma nova legitimidade, a segurança coletiva, e ficou sem força para administrá-la. A ordem de Versalhes deixou de fora as quatro grandes potências — os Estados Unidos, a nova União Soviética, a Alemanha e o Japão —, que teriam de "andar por si mesmas". Feriu o nacionalismo e o princípio da autodeterminação, na Europa e fora dela, nas colônias e nos mandados. A sociedade dos Estados europeus fora destruída pela guerra, e a paz tirou-lhe a possibilidade de reconstrução, confirmando concretamente o declínio europeu. Por todas essas limitações, seria difícil esperar que da ordem versalhina fluísse a estabilidade das relações internacionais. Uma de suas falhas de base era precisamente a de não considerar, nos cálculos estratégicos que a inspiravam, certas mudanças que estavam em curso na composição de forças do sistema internacional.

4.1.2 Nova situação econômica para algumas potências

A Primeira Guerra Mundial provocou um remanejamento nas posições de certas nações como potências econômicas. Os Estados Unidos, que já eram a primeira potência industrial em 1914, haviam-se tornado, em 1919, os primeiros também como potência comercial e financeira, dispondo de grandes estoques de ouro. Entre as moedas importantes, somente o dólar conservaria a conversibilidade no pós-guerra. O comércio internacional não recobraria o dinamismo da era liberal. Entre 1913 e 1928, para um crescimento da produção mundial de 42%, o comércio cresceu apenas 13%. O protecionismo de guerra manteve-se com a paz e até mesmo recrudesceu sob políticas nacionais autárquicas. Ao término da guerra, os Estados Unidos e o Japão exportavam, respectivamente, 37% e 8% a mais, ao passo que a Grã-Bretanha e a França registravam quedas de 33% e 14% em suas exportações. A Alemanha perdera 83% de seus haveres no exterior como reparações de guerra: à França 58% e à Grã-Bretanha 25%. Os europeus tornaram-se devedores dos Estados Unidos, invertendo-se a situação de inferioridade econômica, financeira e política. Os Estados Unidos teriam, se o desejassem, o controle das relações internacionais. Aumentaram sua frota de comércio, criaram bancos e conquistaram os mercados da Ásia e da América Latina. A seu lado, os demais países novos e a América Latina haviam-se beneficiado com os efeitos econômicos da guerra. A guerra provocou uma queda do PIB nos países do leste europeu, mormente na Rússia soviética e na maior parte dos países da Europa Ocidental. A Europa do Sul foi menos afetada e a Ásia foi poupada dos males de guerra. Os países novos (Estados Unidos, Canadá, Austrália e Nova Zelândia) tiveram um crescimento médio anual do PIB da ordem de 3% entre 1913 e 1929, e a América Latina, de 3,3%, o melhor desempenho de todas as regiões do mundo.

Tradicional exportadora de capitais, a Grã-Bretanha abriu seu mercado admitindo déficit comercial, de modo que seus devedores pudessem gerar recursos e saldar seus débitos. Os Estados Unidos fecharam-se e geraram inadimplência geral. Eram políticas contraditórias, que se prolongavam com a disposição inglesa de investir e a americana de emprestar. A instabilidade monetária, o curso forçado e a inflação desestimulavam investimentos americanos na Europa, até o saneamento das finanças dos grandes Estados, entre 1924 e 1927. Dadas essas condições, somente o protecionismo fazia as economias nacionais crescerem, mesmo porque a moeda era vista como um elemento do imperialismo: conceder empréstimos para obter vantagens econômicas e políticas. Data desse período o fortalecimento do papel diplomático dos banqueiros.

A disputa pelas fontes de energia e de matérias-primas criava zonas de tensão no Extremo Oriente, com a expansão japonesa; e, na Europa Central, a França e a Alemanha concorriam pelo carvão da Polônia e do Ruhr e também pelos minérios deste último. As rivalidades pelo controle das jazidas de petróleo no Oriente Próximo eram menos importantes.

4.1.3 Novas concepções e objetivos de política exterior

Apesar de uma base econômica desvantajosa, a Europa ainda permanecia no centro do mundo, seja em razão da recusa americana de ratificar os tratados de paz e de aderir à Sociedade das Nações, seja em razão dos litígios territoriais entre países satisfeitos e descontentes com as fronteiras fixadas ou, ainda, em razão da preponderância francesa que animava a rivalidade com a Alemanha. Entre os novos princípios de Wilson, surtiram certo efeito o do direito dos povos de disporem de si próprios para modelar a carta da Europa, respeitadas as nacionalidades; o da igualdade dos Estados para a organização da Sociedade das Nações; e o da segurança coletiva para substituir tratados de aliança e blocos antagônicos. Essas concepções revolucionárias, aliadas a novos métodos de diplomacia aberta feita de acordos públicos, teriam chances de impregnar a conduta das nações européias, caso a liga alcançasse sucesso. Ante tais perspectivas otimistas, o contágio do bolchevismo revolucionário pairava no horizonte europeu como um fantasma.

Reunidos em Moscou, em março de 1919, os bolchevistas fundaram a Terceira Internacional como instrumento para inflamar a Europa e fazer a revolução mundial do proletariado. Era uma resposta às pressões que advinham do apoio capitalista aos exércitos brancos que combatiam a revolução comunista na Rússia. Lenin e Trotski hesitavam, todavia, ante a nova função do Komintern de preparar a revolução em todo o mundo. Rosa Luxemburgo discordava do ativismo, mas seria necessário aguardar Stalin para mudar a visão de governo das relações internacionais na "pátria dos proletários". O pós-guerra era favorável aos objetivos originais da Terceira Internacional. Uma revolução socialista eclodiu na Alemanha em 1918, quando caiu a monarquia e implantou-se a república. Tanto nesse país quanto na Hungria, onde também se criou o Partido Comunista, a revolução foi esmagada pela reação em apenas um ano. Contudo, o contágio despertava, em 1919, agitações operárias na Áustria, Grã-Bretanha, Itália e França, como uma onda revolucionária que acabou sufocada no Ocidente, dando lugar a algumas ditaduras antibolchevistas no leste (Polônia, Áustria, Países Bálticos, Bulgária etc.). Na Itália, triunfaria o fascismo em 1922.

O trauma da guerra e os sofrimentos dela decorrentes explicam o tremor ideológico e psicológico que afetou as mentalidades coletivas na Europa. Para influir sobre os outros, militantes, intelectuais e partidos políticos buscavam segurança em ideologias que correspondiam a reservas estruturadas de idéias e valores. Embora se vinculando a essas ideologias, os sentimentos coletivos espelhavam as imagens, as crenças, os preconceitos e os estereótipos culturais. Confrontadas com o concreto, as correntes de opinião refletiam, por sua vez, ideologias e sentimentos em movimento. Antes da guerra, várias opiniões públicas pouco repercutiam sobre as relações internacionais, sendo sobretudo a "opinião nacional" que se vinculava à política exterior. No pós-guerra, a opinião pública entra em cena e impõe-se à diplomacia. Lenin e Wilson, tanto quanto o revanchismo francês, criavam correntes que refletiram em Versalhes, dividindo e exasperando opiniões em relação à atitude dos vencedores. Vinculavam-se, pois, política exterior, democracia, massas, revolução, fascismo, buscando sempre os governos obterem, mediante o controle da opinião, o consenso nacional que viesse respaldar as decisões de política exterior. A opinião convertia-se em novo e poderoso fator aleatório e dinâmico nas relações internacionais no pós-guerra.

Apesar da vitória do liberalismo e da democracia sobre os impérios e as monarquias autoritários (Alemanha, Áustria-Hungria, Império Otomano), pode-se falar no triunfo dos dois primeiros? Os nacionalismos cresceram com a guerra e ela foi também o germe do comunismo, do socialismo, do pacifismo e do fascismo. Este último, produto indireto da guerra, resultado dos descontentamentos deixados por ela na Itália, faria a ponte entre a primeira e a segunda conflagração global, passando pelas fases do fascismo de humilhação, de sedutor do grande capital, do fascismo legalmente instalado no poder e reconstrutor do Estado autoritário e, finalmente, disposto a implantar pela guerra uma outra ordem internacional.

Essas mudanças nas forças profundas pesavam sobre as decisões e diferenciavam as potências entre as que apenas impunham sua existência entre as nações e aquelas, as grandes potências, que podiam, além de impô-la, cuidar da própria segurança ante as outras. Essas últimas eram oito em 1914 e sete em 1920: Grã-Bretanha, Alemanha, França, Rússia, Itália, Estados Unidos e Japão; em 1920, a Áustria-Hungria já não figurava na lista.

A Rússia soviética transitou rapidamente por duas fases de política exterior: até 1920-1921, por meio da Terceira Internacional, tinha por escopo exportar a revolução; a partir daí, regressou ao realismo, colocou a ideologia em baixa, e Lenin passou a falar de "coexistência pacífica", que Stalin dispôs-se a implementar para normalizar as relações exteriores. A Alemanha pretendia quebrar a ordem de Versalhes, atenuar as perdas territoriais, as reparações e os limites à sua soberania, tirar a penalidade moral de "culpado", oscilando entre a resistência e o cumprimento das decisões. Embora tenha gostado da dissolução da Áustria-Hungria, a Itália saiu frustrada da Conferência de Paz, ficando à espreita de possibilidades de expansão ao norte (Fiume, Dalmácia, Albânia) e de penetração na África.

A Grã-Bretanha era a potência satisfeita: rebaixou a Alemanha, ampliou suas possessões na África, fortaleceu-se no Oriente Próximo; desejava manter sua supremacia naval, comercial e financeira; queria e conseguia bem administrar seu império; pretendia conter a Alemanha e esmagar o bolchevismo, porém regressou à sua sensata política de balança de poder, que significava cercear a hegemonia francesa no continente. A França hesitava entre uma política de segurança e de reforço da potência: saiu-se orgulhosa e confiante da guerra, com o primeiro exército do mundo, mas necessitava de dinheiro para sua reconstrução; pensava em tudo para evitar uma desforra da Alemanha; zelava antes de tudo pela execução integral do Diktat, que tanto a beneficiara; a partir de 1924, Aristide Briand reorientou a estratégia para a proteção dos pequenos Estados beneficiados por Versalhes, para o reforço econômico e o imperialismo na Europa Central, nos mandados do Oriente Próximo e nas colônias.

O Japão também emergiu forte da guerra, mas evitou envolver-se com questões européias: sua indústria e seu comércio expandiam-se pela Ásia, sem disfarçar ambições de dominação sobre a China, porém ainda contidas. Os Estados Unidos alardeavam seu isolacionismo, que era todavia um mito: se, por um lado, forçou Wilson a recuar e impediu a ratificação do tratado para não cercear sua liberdade, por outro, ele não impediu que o governo convocasse, em 1921, uma conferência para tratar da segurança mundial e tampouco impediu que o país pretendesse controlar as relações internacionais por uma nova diplomacia, por seu comércio e suas finanças.

4.2 Europa: a zona de alta pressão

4.2.1 Difícil aplicação das decisões de paz

As Guerras Mundiais, tanto a Primeira quanto a Segunda, foram guerras européias que acabaram por envolver outras regiões e interesses de outros povos, além daqueles que lhes deram origem na própria Europa. O acontecimento político mais chocante do período entre os dois conflitos, o aparecimento dos fascismos, foi um fato europeu que levou ao colapso dos valores e das instituições do mundo liberal e rachou a opinião das nações em todo o mundo. Tão extraordinário seria esse fenômeno, que iria colocar do mesmo lado, no campo de batalha, nações que se olhavam como inimigas, a União Soviética, pátria da revolução social, e os Estados Unidos, pátria do capitalismo, por exemplo. A crise do capitalismo e a depressão dos anos 1930 tiveram origem, por certo, na grande potência econômica da época, que não era européia. Contudo, o jovem e inteligente John Maynard Keynes advertira o mundo, em 1919, que o capitalismo não poderia funcionar sem que a Alemanha fosse recolocada em seu centro dinâmico. Ora, a regulamentação da paz retardou sua reinserção.

Entre o término da Conferência de Paz e a ascensão de Adolf Hitler ao governo alemão, as relações intereuropéias passaram por três fases curtas: (a) os problemas europeus entre 1920 e 1924 revelaram o que se previa — que as decisões de Versalhes dificilmente serviriam de base para orientar a conduta dos Estados; (b) o entendimento franco-alemão, entre 1925 e 1929 abriria, contudo, novas perspectivas de atuação para a Sociedade das Nações e para a aplicação do princípio da segurança coletiva; (c) a crise de 1929 poria fim a esse intermezzo de harmonia, trazendo de volta os problemas internacionais da primeira fase e acrescentando-lhes os da depressão econômica do capitalismo.

A ordem de Versalhes revelou-se inviável para administrar, na Europa, a herança da guerra, ou seja, para garantir a aplicação dos tratados. Era uma lei dura, incompleta e insuportável para os vencidos, além de mal defendida pelos aliados e esquecida pelos Estados Unidos, o maior entre os aliados. Faliu e deu lugar à nova diplomacia a partir de 1925.

Os tratados suscitaram tensões e conflitos em toda parte. Na Europa Oriental, criaram um vazio político, pleno de forças. Não fixaram inúmeras fronteiras. Brancos e vermelhos faziam a guerra na Rússia e, com a retirada francesa e a inglesa, em 1919, exércitos locais de romenos, poloneses, ucranianos, letões, lituanos e outros enfrentavam os bolchevistas. A Polônia recusou as fronteiras orientais traçadas por Versalhes e atacou a Rússia em abril de 1920. A guerra terminou no ano seguinte, com um tratado que fixou as fronteiras com base nas decisões de Versalhes, e que rendeu a independência da Lituânia, Letônia e Finlândia, bloqueando a expansão do nacionalismo polonês e da Revolução Soviética. A França era a única potência de fora a mover-se na área, fazendo-o com o fim de barrar a expansão da Alemanha e obter "alianças de reverso", contra ela e à revelia da Itália. Apresentava-se como protetora da pequena entente, firmada entre a Iugoslávia, a Tchecoslováquia e a Romênia, em 1921, para garantir as próprias existências.

Os tratados cederam à Itália territórios austríacos ao norte (Trentino e Alto Ádige), mas não fixaram suas fronteiras com a Iugoslávia, cuja criação desagradou a ela. A anexação de Fiume (Rijeka) resultou de solução de força. Pelo tratado de Rapallo, de 12 de novembro de 1920, foram, enfim, definidas as fronteiras entre os dois países, depois de reconhecida a existência da Albânia, que a Itália cobiçava como protetorado.

A desintegração do Império Otomano não foi equacionada pelo Tratado de Sèvres de 1920, com que os aliados fixaram a carta da região. Lá eram vencidos de guerra a Bulgária e o próprio Império Otomano, aliados da Alemanha. A revolução de Mustafá Kemal em 1919-1920 e sua guerra contra a Grécia fizeram abortar o plano dos aliados. A república turca, sob amparo do Tratado de Lucerna de 1923, ficaria estável e não iria ocupar-se dos países árabes, cujo nacionalismo viria chocar-se com as investidas imperialistas dos europeus, com a cobertura da Sociedade das Nações, como adiante será visto.

A questão alemã estava no centro do subsistema europeu de relações internacionais. A recuperação econômica da Europa foi precária até 1923. Dependia de uma conexão financeira que condicionava o pagamento das dívidas européias de guerra para com os Estados Unidos ao pagamento aos europeus das reparações por parte da Alemanha. Questões graves, que afetavam tanto a segurança quanto a recuperação européia e o desempenho da economia americana, passavam pelas possibilidades e pelas atitudes da Alemanha. A França obtivera os entraves à soberania e os encargos financeiros em Versalhes e teria de exigi-los à força, tanto para sua segurança quanto para sua reconstrução. Esse empenho francês acentuaria o dissenso entre os aliados.

Versalhes não fixara a soma definitiva das reparações de guerra, mas a Alemanha pagaria, até 1921, 20 bilhões de marcos-ouro, dos quais, em 1920, a França recebeu 52%, a Inglaterra, 22%, a Itália, 10% e a Bélgica, 8%. Após negociações tensas, em 1921, a soma definitiva foi estipulada em 132 bilhões de marcos-ouro e a Alemanha começou a desembolsar as anuidades, calculadas tendo em conta a evolução das exportações.

Com o intuito de aliviar as tensões intereuropéias, Lloyd George propôs, em 1922, um plano que previa a estabilização política e a reconstrução da Europa, a aliança francesa e o desarmamento das tensões com a Alemanha, à custa de uma moratória das reparações, se necessária fosse. Um outro Versalhes era o que se discutia, portanto, nas Conferências de Cannes e de Gênova daquele ano, nas quais a Rússia estava presente. A intransigência dos líderes franceses Raymond Poincaré e Aristide Briand fez abortar o plano inglês. Em conseqüência, os delegados da Alemanha e da União Soviética retiraram-se para a vizinha cidade de Rapallo, onde firmaram um tratado em que estabeleceram relações diplomáticas, desistiram de reparações de guerra e acordaram o perdão recíproco de dívidas anteriores. Tratava-se de uma irrupção diplomática das duas potências que deixou os europeus e o mundo capitalista surpresos; a França, atônita. Reagindo ao impacto do tratado de Rapallo, com o pretexto de um atraso no pagamento das reparações, a França ocupou pela força a região do Ruhr, em janeiro de 1923, como garantia de pagamento e para fazer pressão na economia alemã.

A resistência dos operários alemães no Ruhr foi tanta que provocou greves, agitações, 145 mil expulsões e o deslocamento de operários franceses e belgas para trabalhar nas minas. O custo dessa "resistência passiva" contribuiu para a derrocada do marco alemão, atingido pela hiperinflação de 1923. A Alemanha exigiu, então, uma comissão para estudar sua recuperação econômica e sua capacidade de pagamento. O plano de Lloyd George malogrou em 1922, mas a França teve, enfim, de rever a função de polícia da ordem de Versalhes. No início de 1924, desgastada sua imagem, aceitou uma política de responsabilidades compartilhadas, que veio substituir a sua paz de coerção, mal vista por banqueiros e pelos governos da Grã-Bretanha e dos Estados Unidos.

A comissão de peritos, presidida pelo norte-americano Dawes, apresentou, em abril de 1924, um plano de cinco anos, aceito depois em conferência: os pagamentos seriam progressivos, mas o plano implicava a possibilidade de reerguimento da economia alemã. A nova situação precedeu a desocupação da Alemanha pelos aliados, o que ocorreu em 1925, depois que ela lhes dera garantia de não rearmamento. Apesar de ainda manter posições na Renânia, declinava o predomínio francês na Europa, criando-se perspectivas para a diplomacia multilateral.

Na Conferência de Versalhes, haviam-se confrontado duas concepções de relações internacionais: (a) a de vertente francesa, que se impôs às relações inter-reropéias até por volta de 1924; (b) a concepção wilsoniana de diplomacia aberta, na qual os acordos deveriam ser publicamente negociados. Nesse contexto de mudança, em que o entendimento franco-alemão seria crucial, a Sociedade das Nações teve suas chances de atuar.

4.2.2 A Sociedade das Nações: uma esperança fugaz

O pacto da Sociedade das Nações nasceu de uma idéia remota de solução pacífica de controvérsias e de cooperação internacional, porém vingou ao ser incluído nos 14 pontos e ao ser firmado, a 28 de abril de 1919, como anexo aos tratados de paz. A sociedade compunha-se de um conselho, com membros permanentes e eleitos, uma assembléia e um secretariado, além da Corte Internacional de Justiça de Haia. Instalou-se em Genebra, em 1920, enfraquecida, em razão da recusa do Senado americano de ratificar os tratados, por tornar-se uma sociedade propriamente européia e por não incluir três grandes potências da época: Estados Unidos, União Soviética e Alemanha. O conselho da sociedade ficou desfalcado de um membro permanente e deveria tomar decisões por uma unanimidade que incluía os membros não permanentes, que passaram de quatro a nove entre 1920 e 1926. Como a Assembléia também decidia por unanimidade, o alcance prático das deliberações ficava em grande parte prejudicado.

Destinava-se a Sociedade das Nações a promover o desarmamento, a paz e a segurança mútua de seus membros, 55 no início, que compreendiam três quartos da população mundial. A carta da sociedade era ambígua no que dizia respeito à gerência da segurança. A Grã-Bretanha não aceitou que ela dispusesse de força militar; as "sanções" ao "agressor", por conta de cada Estado, eram obrigatórias, se econômicas e facultativas, se militares. Não foram definidos os meios de coerção, o arbitramento obrigatório não vingou e o desarmamento esbarrou nas preocupações com a segurança de cada Estado. Por isso tudo, a Sociedade das Nações não conseguiu organizar a segurança coletiva nem desarmar e evitar os conflitos da década de 1920. Foi bem-sucedida em administrar pequenos territórios europeus em litígio no pós-guerra (Sarre, cidade livre de Dantzig) e em distribuir para as potências européias grandes países "incapazes" de se governarem. Um êxito muito modesto até 1925, uma fase de esperanças entre 1925 e 1929 e um declínio para a morte nos anos 1930.

Uma tentativa de regulamentar a segurança coletiva malogrou em 1924, com o denominado Protocolo de Genebra: a assembléia aprovou o arbitramento obrigatório, ligado à segurança e ao desarmamento, convocou uma conferência de desarmamento que não se realizou e o protocolo foi abandonado.

As condições que imprimiam novo rumo às relações internacionais por volta de 1924-1925 eram européias e mundiais: o pacifismo da opinião pública; a mudança das equipes com a ascensão de governos de esquerda na França e na Inglaterra; o reconhecimento da União Soviética e sua entrada na Sociedade das Nações; a política de distensão de Stalin; o retorno dos Estados Unidos às mesas européias de negociação, com sua outra visão de relações internacionais e com o dólar nas mãos; a melhora da situação econômica; a conciliação entre a França e a Alemanha; a entrada em cena de homens de idéias "arejadas" como Edouard Herriot na França, Ramsay MacDonald e Austen Chamberlain na Grã-Bretanha; e, sobretudo, a dupla da conciliação e do novo espírito, Aristide Briand, pela França, e Gustav Streseman, pela Alemanha, ambos ministros de Relações Exteriores. Seria o fim da ordem de Versalhes e uma nova Sociedade das Nações?

Entre 16 de julho e 16 de agosto de 1924, reuniu-se em Londres uma grande conferência de negociação, com as presenças de delegações importantes, de lideranças políticas e de banqueiros (Herriot, MacDonald, Streseman e o embaixador dos Estados Unidos, Frank Kellogg). Isolada, a França iria repor a solidariedade que Poincaré havia descartado, aceitando evacuar o Ruhr em um ano, cedendo controles que exercia na Alemanha e tendo, em compensação, suas dívidas para com os Estados Unidos escalonadas. Entre 5 e 16 de outubro do ano seguinte, Streseman e Briand reuniram a Conferência de Locarno, com as presenças de Chamberlain e Benito Mussolini e de delegações de outros países como a Bélgica, a Tchecoslováquia e a Polônia. Os tratados de Locarno deram garantias às fronteiras da Alemanha, reabilitaram-na moralmente, consideraram-na digna de ter colônias, dispuseram sobre a evacuação de seu território e aceitaram sua admissão à Sociedade das Nações (efetivada somente em 1926, após a retirada do Brasil que pleiteava assento permanente no conselho). Briand, idealista, e Streseman, calculista, dominam as relações intereuropéias entre 1926 e 1929, num clima de paz e euforia que contagiou a Sociedade das Nações. Herriot e MacDonald foram a Genebra prestigiar os trabalhos da sociedade. Sessões impressionantes fizeram sonhar com o arbitramento, a segurança, o desarmamento.

Briand sempre considerara que a paz passava pela conciliação entre os dois inimigos europeus. Como permaneceu no Ministério dos Negócios Estrangeiros francês, entre 1924 e 1932, pôde estimular etapas de conciliação, que foram a Conferência de Londres, o Plano Dawes, os acordos de Locarno, a admissão da Alemanha na Sociedade das Nações, o Plano Young de 1929 e a evacuação da Renânia em 1930, cinco anos antes do previsto. A outra face da história veria nessas etapas o declínio francês e o reforço da potência alemã. Com efeito, confiantes em sua reconstrução, os Estados Unidos estavam investindo volumosos capitais na economia alemã. O Plano Dawes (1924-29) descarregou na Alemanha investimentos da ordem de 2,5 bilhões de dólares de origem americana e outros 2,5 bilhões de outras origens. Com isso, a Alemanha pagou somente à França um bilhão de dólares de reparações. Esses desembolsos permitiam à Europa reescalonar suas dívidas para com os Estados Unidos, que receberam no período 2,6 bilhões. Estabelecia-se o triângulo financeiro da paz, fluindo capitais dos Estados Unidos para a Europa, os quais retornavam aos Estados Unidos. Os principais efeitos foram o extraordinário crescimento alemão, um bem modesto crescimento francês e a estabilização das moedas. O mesmo espírito de cooperação chegou à economia em 1926, criando-se uma entente européia do aço para evitar a competição: as quotas de produção foram distribuídas em 40,45% para a Alemanha, 31,89% para a França, 12,57% para a Bélgica, 8,55% para o Luxemburgo e 6,54% para o Sarre. Nascia a idéia européia.

A tendência idealista da política internacional culminou em 1928 com o chamado Pacto Briand-Kellogg, firmado por 60 países que puseram a guerra fora da lei. A Sexta Conferência Pan-Americana de 1928 havia aprovado algo semelhante, motivo por que o Brasil não aderiu ao novo pacto. Por ocasião da assinatura do pacto, em Paris, Streseman consultou Poincaré e Briand sobre a desocupação da Renânia, mas ouviu do chefe de governo francês exigências de garantias de reparações definitivas, já que o Plano Dawes expirava. Uma nova comissão de peritos, presidida pelo americano Young, elaborou, em 1929, o plano definitivo, escalonando as anuidades alemãs em 59 anos (os pagamentos seriam concluídos em 1988), reduzindo seu montante monetário com relação ao plano anterior, porém eliminando gradualmente a parte correspondente ao pagamento in natura. Aceito o plano, só restava à França evacuar a Renânia. Antes de morrer, em 1931, Streseman havia, portanto, recolhido bons frutos de sua estratégia calculista e conciliadora: reinseriu a Alemanha na política internacional, garantiu suas fronteiras e sua recuperação econômica e libertou-a das tropas estrangeiras.

A Alemanha aceitou a distensão para rever Versalhes; a França, para salvar ao menos o essencial. Com espírito de conciliação, tendo em vista enquadrar definitivamente a Alemanha na construção da nova ordem, Briand discursou em Genebra, propondo a criação de uma federação européia. O período de distensão foi sem dúvida relevante pelas mudanças de comportamento e pelos resultados registrados. A Sociedade das Nações converteu-se numa apoteose política, tratando do desarmamento, da liberalização do comércio internacional, da cooperação econômica e financeira, com muito idealismo e pouco resultado concreto. Mas a distensão tinha seus limites: deixou a União Soviética isolada, não conciliou países satisfeitos (Polônia, Tchecoslováquia, Romênia e Iugoslávia) com revisionistas (Hungria, Bulgária e Itália) na Europa Oriental e Balcânica, não desmontou o nacionalismo alemão que recriminava a "escravidão das reparações". Montou o triângulo financeiro da paz, uma ordem econômica estável, porém frágil; assentava, porquanto, a economia e as finanças européias na prosperidade americana por um mecanismo que, mais uma vez, era denunciado por Keynes. Todos os fatores de distensão política e a nova ordem econômica da segunda metade dos anos 1920 naufragaram e se mantiveram inertes por 15 anos com a tempestade que varreu a Europa, vinda do outro lado do Atlântico: a crise de 1929 e a depressão do capitalismo.

4.2.3 A crise econômica: efeitos internacionais

A crise produziu antes de tudo efeitos nacionais. O período de sua origem situa-se entre 1929 e 1932. Desde aí, todos os dados tornaram-se negativos. Os eventos americanos propagaram-se pela Europa, com ruínas materiais: queda dos preços, da produção industrial, do comércio internacional, das reservas monetárias e do emprego. A queda dos preços e do consumo de produtos alimentícios afetou os países novos. O comércio internacional chegou a seu nível mais baixo em 1934: 66,2% inferior ao de 1929. O capitalismo desmoronou: individualismo, livre iniciativa e mercado cedem o passo ao nacionalismo econômico, ao protecionismo alfandegário e à autarcia política. Pelo lado político, assistiu-se à descrença nas instituições do Estado liberal, ao acirramento das lutas partidárias e doutrinárias, à busca de alternativas radicais, ao crescimento dos egoísmos nacionais. Que efeitos esses indicadores internos da crise produziram sobre as relações internacionais?

A crise não adveio do craque da bolsa de 1929, que, aliás, teria sido benéfico se tivesse como efeito o fim da especulação. A crise veio dos fatores de agravamento anteriormente referidos e afetou as relações internacionais de duas formas: pela indiferença e hostilidade diante da cooperaçao e pela prática generalizada de adotar soluções nacionais para problemas internacionais. Três países importantes seriam responsáveis pelo agravamento dos efeitos internacionais da crise em razão de modificações internas ocorridas em 1933: a ascensão do fascismo ao poder na Alemanha, com a escolha de Hitler para chanceler; a opção de Mussolini por uma política externa de força; e o abandono do pacifismo pelo Japão, que passou a ser controlado por militares nacionalistas. Essa constatação não livra de responsabilidades os outros países, porquanto a introspecção e o egoísmo nacional passaram a informar, na mesma intensidade, as políticas exteriores de países democráticos e autoritários. A concertação internacional tornou-se impossível.

Os primeiros malogros internacionais resultantes da crise sucederam-se em cadeia:

a) em Genebra, o plano de federação européia levado por Briand à discussão da Sociedade das Nações, em 1930, foi abandonado;

b)   uma tentativa malograda de Anschluss — junção comercial e econômica, quiçá política entre a Alemanha e a Áustria — fez renascer as confianças européias com relação à Alemanha em 1931;

c)   abalada pela crise, a Alemanha suspendeu o pagamento das reparações em 1931, logo após a entrada em vigor do Plano Young. Na Conferência de Lausanne de 1932, as reparações alemãs foram perdoadas, tendo ela desembolsado apenas 22 bilhões dos 132 bilhões de marcos-ouro fixados em 1921. De pronto, a França e a Grã-Bretanha suspenderam o pagamento de suas dívidas aos Estados Unidos, alegando dificuldades financeiras, agravadas pelo não-pagamento das reparações. Os Estados Unidos ficariam descontentes com a Europa, que teria de enfrentar Hitler e Mussolini;

d)   o malogro econômico decisivo foi o da Conferência Econômica Internacional de Londres, em 1933. Preparada pelos Estados Unidos, pela França e pela Grã-Bretanha como derradeira tentativa de substituir as soluções nacionalistas que vinham sendo aplicadas aos problemas econômicos internacionais por verdadeiras soluções internacionais, a conferência instalou-se em 12 de junho, com a presença de 66 legações pessimistas. Cada qual expôs sobre a mesa a reivindicação do estrito interesse nacional, seguindo o tradicional nacionalismo econômico norte-americano com que Franklin Delano Roosevelt instruíra sua delegação. O fracasso foi total;

e)   o malogro político decisivo foi o da Conferência do Desarmamento, aberta em Genebra em 1932, com a presença de 62 países, incluindo Estados Unidos e União Soviética. Preparada em ritmo lento, desde a fundação da Sociedade das Nações, a conferência havia sido precedida por intermináveis debates, dadas as variáveis que envolviam a questão (estratégia, técnica militar, economia e finanças, segurança nacional, concepções geopolíticas etc.). Insatisfeito com o andamento dos debates e particularmente com o descaso da questão pelo conjunto das nações que impusera, em Versalhes, o desarmamento da Alemanha como ponto de partida do desarmamento geral, Hitler retirou sua delegação da conferência em 14 de outubro de 1933 e, cinco dias depois, anunciou que a Alemanha abandonava a Sociedade das Nações.

Em 1933, o desconcerto internacional de matriz européia estendia-se, pois, tanto à esfera dos interesses econômicos quanto à dos interesses políticos e de segurança. A essa altura, quatro grandes estavam fora da Sociedade das Nações (Estados Unidos, União Soviética, Alemanha e Japão). O Japão havia iniciado sua expansão na Manchúria, em detrimento da China.

● 4.3 As novas grandes potências: União Soviética, Japão e Estados Unidos no sistema internacional

Entre 1919 e 1933, entre a Conferência de Paz e o malogro das Conferências Econômica Internacional e do Desarmamento, as três novas potências moviam-se por preocupações e interesses internacionais distintos dos que movimentavam os europeus. A União Soviética precisava defender a revolução do "cerco capitalista", por isso desejava permanecer distante de todo conflito externo e consolidar seu *status*. O Japão criara necessidades regionais, que eram a busca de mercados para seus excedentes industriais e de fornecimentos para sua economia e sua numerosa população; apenas ao final do período, mudou sua estratégia de penetração pacífica para a de penetração do tipo de imperialismo tardio. Os Estados Unidos desvelavam duas orientações externas: a econômica, que significava a proteção de seu mercado, a abertura dos mercados alheios e o saneamento financeiro da Europa para manter sua capacidade de pagamento de dívidas; e a de segurança, que se traduzia na elevação de sua capacidade estratégica ao âmbito de grande potência e na contenção da capacidade de outras nações, particularmente da Europa Continental e do Japão.

Quando os bolchevistas triunfaram em 1917, retiraram a Rússia da "guerra dos capitalistas" porque sua concepção de relações internacionais estava em contradição com a natureza do sistema vigente. Desprezaram a Conferência de Paz de Versalhes e passaram a dirigir-se aos povos, aos operários e não aos governos estrangeiros. Surpresos, mas sem muito entusiasmo e coordenação, os aliados iriam apoiar a guerra contra-revolucionária dos exércitos brancos e estabelecer um "cordão sanitário" formado por Finlândia, Estônia, Letônia, Lituânia e Polônia. Já se observou como os líderes Lenin e Trotski hesitavam diante da Terceira Internacional de 1919, se esse Komintern contasse com o envolvimento do governo russo em seu papel de exportar a revolução proletária. De fato, a Rússia revolucionária abandonou rapidamente sua nova concepção de relações internacionais e a filosofia da Terceira Internacional, de modo a desativar o apoio dos países capitalistas aos exércitos brancos que lutavam contra os vermelhos, a resolver seus problemas de fronteira, particularmente com a Polônia que lhe fazia a guerra, e a regularizar suas relações comerciais e financeiras internacionais para reerguer a economia interna.

A Nova Política Econômica (NEP) lançada por Lenin em 1921 comportava concessões não comunistas aos camponeses. Em termos de política exterior, significava uma cisão entre a luta transnacional e a coexistência pacífica, ficando a primeira com o Komintern, considerado uma associação privada, e deixando o Estado livre para implementar a segunda. Embora a dualidade vá persistir na prática diplomática, a segunda tendência reforçou-se a olhos vistos. Lenin buscou a reconstrução pacífica da Rússia e, como reação, obteve a retirada das potências ocidentais da guerra civil, a fixação das fronteiras e o levante do bloqueio econômico. Stalin deu continuidade a essa orientação de política exterior de "construção do socialismo num só país" em detrimento da "revolução permanente" propagada por Trotski. Os bolchevistas estavam pouco convencidos de que a ação do Komintern no uso dos partidos comunistas para desestabilizar os governos capitalistas fosse de utilidade para a Revolução Russa.

Em 1921, a política de coexistência pacífica obteve seu primeiro êxito concreto: Londres firmou um tratado de comércio, sem fazer menção às dívidas czaristas e de guerra e até mesmo às expropriações revolucionárias, o que muito desagradou ao governo francês, tradicional credor do país. As perspectivas de bons negócios obscureciam a memória burguesa. O argumento forte dessa vitória: o delegado soviético à Conferência de Gênova de 1922, Jorge Tchitcherin, à vista da proposta ocidental de recuperar antigos e novos haveres, fez exigências de valores duas vezes superiores a título de reparações por prejuízos causados pela intervenção estrangeira na guerra civil na Rússia. Como se não bastasse, pelo bombástico Tratado de Rapallo, então firmado com a Alemanha, restabeleceu as relações diplomáticas e apagou toda a memória de dívidas passadas, além de se concederem mutuamente a cláusula de nação mais favorecida nas relações comerciais. Explodia a frente capitalista unida. Essas vitórias no ocidente mostram até que ponto os interesses do Estado, percebidos pelo partido, sobrepunham-se aos do Komintern. A União Soviética desejava então o reconhecimento formal dos ocidentais e obtê-lo-ia, a partir da iniciativa inglesa, por meio de acordos de comércio, de aliança ou de não-agressão, que firmou em 1924-1925 com a maioria das potências ocidentais, com a China e o México. Mas a coexistência pacífica não levou a União Soviética a Genebra. Até o fim dos anos 1920, ela considerava nociva a atuação da Sociedade das Nações. A adesão deu-se somente em 1934, em razão do que já significava para a União Soviética o perigo alemão.

A política exterior da União Soviética era, pois, de retraimento ativo, destinado a manter a tranqüilidade interna e a segurança externa mediante relações clássicas com as outras potências. O malogro de seu envolvimento com a Revolução Chinesa, entre 1922 e 1926, contribuiu para a introspecção. Stalin foi-se convencendo de que o capitalismo não resistiria às próprias crises; também tinha alguma descrença tanto na revolução não controlada pela União Soviética quanto no processo revolucionário mundial. Desenvolveu o mito do "cerco capitalista" precisamente para firmar a segurança da União Soviética por meio da ação diplomática externa e da construção interna da potência, sobretudo industrial, tocada com vigor pelos planos qüinqüenais postos em execução de 1928 em diante.

A Primeira Guerra comprometeu a influência ocidental na Ásia, em termos políticos e econômicos, abrindo espaço tanto para a preeminência regional do Japão quanto para o despertar dos nacionalismos, particularmente na China. O Japão obteve bons resultados em Versalhes: a administração de colônias alemãs no Oriente e a não-regulamentação de suas relações com a China. Mediante uma política de contenção do expansionismo japonês e de apoio à resistência chinesa, os Estados Unidos reagiram, desde 1921, em nome da "civilização", para consertar o erro diplomático de Wilson. Os passos da política norte-americana foram: (a) impedir a renovação da aliança anglo-japonesa de 1902; (b) limitar a força naval japonesa (proporção de 3 para 5 com relação às forças norte-americana e inglesa); (c) compromisso por parte do Japão de respeitar a independência e as "portas abertas" da China; (d) *status quo* para as ilhas do Pacífico. A maioria das decisões era decorrente da Conferência de Washington de 1921-1922. Elas provocaram revolta nos meios militares e navais japoneses e a vontade de rever Washington, à semelhança da disposição alemã de rever Versalhes. A reação dessas duas potências cerceadas em suas ambições pelas conferências só viria dez anos mais tarde.

Não há, contudo, explicação simples para a mudança radical que se observa na política exterior do Japão da era Meiji para a do imperialismo dos anos 1930. A tese marxista da oposição entre sociedade e classe dirigente militarista não é suficiente. É certo que os homens mudaram, que a classe dirigente dominava, que a agressividade do exército era desmesurada, que os partidos sucumbiam e, com eles, a democracia. É certo também que esses fatores conjugavam-se com a coerção norte-americana, a inflação demográfica, a insuficiência de matérias-primas, a impossibilidade de exportar em razão do protecionismo, a dificuldade de importar em razão da baixa capacidade financeira e também de restrições norte-americanas.

Dadas essas condições, o Japão, nos anos 1920, era posto diante de três alternativas de política exterior: (a) conciliar-se com os ocidentais, na suposição de não poder enfrentá-los; (b) voltar-se com autonomia para a preeminência regional, evitando enfrentar o Ocidente e preenchendo necessidades; (c) confrontar a ordem internacional, para quebrar o *status quo* internacional. Nos anos 1920, as opções oscilavam entre a primeira e a segunda alternativas, nos 1930, deslizaram pela segunda à terceira.

A opção imperialista inaugurou-se com a investida sobre a Manchúria, que era parte da China. O Japão dominava economicamente a região desde antes da crise de 1929. Chang Kai-Chek, líder da Revolução Chinesa, esforçou-se para repelir os intrusos, porém sucedeu o inverso. As forças japonesas invadiram a Manchúria do Sul em 1931, forjaram uma independência da China e lá colocaram o último imperador descendente da dinastia Manchu. A China apelou à Sociedade das Nações, não tanto em razão da ocupação da Manchúria, convertida em protetorado japonês, mas em razão da guerra que já lhe fazia o Japão em outras partes de seu território. Os esforços da sociedade foram vãos e ela ficou desmoralizada por recusar-se a aplicar sanções ao agressor. O recuo do Ocidente fundava-se no tradicional desprezo britânico pela China e na política norte-americana de utilização exclusiva da arma diplomática nas questões do Oriente. A Manchúria permaneceu como Estado criado à força contra as regras da segurança coletiva, como primeiro golpe mortal contra a autoridade da Sociedade das Nações. Em 1933, o Japão retirou-se da sociedade, como a Alemanha. Animados com esses sucessos, os dirigentes japoneses levariam adiante seu imperialismo regional.

Entre todas as grandes potências do período entre as duas guerras, os Estados Unidos beneficiavam-se por todos os títulos de uma situação invejável até a depressão dos anos 1930: sem problemas políticos, de segurança, financeiros, comerciais ou econômicos, ostentavam a imagem do sucesso e do bem-estar. Enterrando os sonhos de Wilson, a partir de 1921, os republicanos buscaram os benefícios da ordem internacional sem querer compartilhar de suas responsabilidades, em nome do tradicional isolacionismo, que, no fundo, correspondia a uma política realista de defesa dos interesses nacionais. Os historiadores questionam se esse caráter isolacionista da política exterior americana correspondia ou não à prática política e à opinião, como alegavam os republicanos.

As linhas da política exterior norte-americana evidenciaram, com efeito, uma atuação concreta e multidirigida:

4.3.1 Desativar a herança de guerra

Rejeitado o Tratado de Paz e a adesão à liga, concluiu-se, em 1921, a paz em separado com a Alemanha e, em 1923, terminou-se a retirada das forças.

4.3.2 Controlar a segurança mundial

À margem da Sociedade das Nações, os Estados Unidos tiveram suficiente autoridade para convocar a Washington representantes de oito países (França, Itália, Grã-Bretanha, Países Baixos, Bélgica, Portugal, Japão e China) para tratar do desarmamento e dos problemas do Extremo Oriente e do Pacífico. A Conferência de Washington (de 21 de novembro de 1921 a 6 de fevereiro de 1922) limitou-se ao controle da marinha de guerra, fixando, por tratado, a tonelagem nas proporções de 5 para os Estados Unidos e a Grã-Bretanha, de 3 para o Japão e de 1,75 para a França e a Itália. O triunfo anglo-americano deixou as outras potências descontentes. Os tratados de Washington tinham um objetivo:

conter o expansionismo japonês na China e nas ilhas do Pacífico Oriental, como já se observou. A preocupação dos Estados Unidos com a segurança concentrava-se, pois, no Pacífico e no Extremo Oriente, mas não ignorava a Europa, tanto que enviaram representação à Conferência do Desarmamento de 1932, convocada pela Sociedade das Nações.

4.3.3 Fazer da América uma fortaleza econômica

A política exterior dos Estados Unidos elegeu por objetivo econômico assegurar a supremacia do país sobre o resto do mundo. A estratégia permanecia tradicional: fechar o seu mercado e usar instrumentos de poder para abrir o dos outros países. A lei de comércio de 1922 elevou as tarifas alfandegárias, em média, de 21% para 38% e concedeu ao presidente o poder de retaliar, em até 50%, se considerasse haver discriminação contra produtos norte-americanos em mercados externos. Os Estados Unidos estavam em condições de investir no exterior e de proteger-se da concorrência; eis o porquê se pode compreender esse luxo de nacionalismo: podiam dominar. Seus banqueiros tomavam assento nas conferências internacionais, particularmente na Europa, cujas enormes dívidas somente poderiam ser pagas com empréstimos e investimentos americanos na reconstrução e no desenvolvimento. Por trás da muralha econômica, erguia-se também a muralha humana: leis de quotas de 1921 e 1924 limitaram a imigração; proibiram a entrada de japoneses. Os Estados Unidos permaneceram como o maior exportador no período — 16,2% do total mundial em 1928 — mas contribuíram para o baixo desempenho geral do comércio internacional e para o prolongamento do protecionismo de guerra. Seu egoísmo nacional fez fracassar a Conferência Econômica Internacional de Londres em 1933, último esforço da diplomacia de buscar soluções concertadas para as relações econômicas internacionais da época da depressão.

4.3.4 Consolidar a base continental

A partir de 1921, a política dos Estados Unidos para a América Latina atenuou a carga imperialista que a caracterizava desde a chamada "política do grande porrete" (*big stick*), anunciada por Theodore Roosevelt em 1904. Sua posição na região melhorara com a substituição dos europeus como investidores e exportadores desde a Primeira Guerra. Tratados, conferências, arbitramento, conciliação, comunidade continental: somente o subsistema pan-americano tinha o privilégio de ver desenvolver-se a diplomacia wilsoniana, que preparou o caminho para o da boa vizinhança, inaugurada formalmente com o governo de Franklin Delano Roosevelt. Os Estados Unidos assentavam assim sua base continental de poder com que se envolveriam em nova guerra mundial e imporiam suas concepções de relações internacionais no período pós-guerra.

4.4 Às margens do sistema internacional: regiões tranqüilas, regiões dominadas

O declínio europeu e a emergência de novas potências foram fenômenos que modificaram, no período entre as guerras, a relação de clientela das margens do sistema internacional com o centro: a América Latina era forte na Sociedade das Nações, porém ampliou relações políticas, comerciais e econômicas com os Estados Unidos; o Império Britânico evoluiu para a *Commonwealth*, com a independência dos domínios; à África negra dava-se pouca importância, visto que estava subjugada pelas potências coloniais. Em contrapartida, a rivalidade européia derramava-se de forma desesperada pela área próxima ao Mediterrâneo e Médio Oriente, enquanto o Extremo Oriente tornava-se presa do expansionismo japonês.

4.4.1 A América Latina: zona de paz

A Primeira Guerra e a depressão dos anos 1930 prejudicaram o comércio exterior da América Latina, reduzindo, no primeiro caso, o fornecimento externo de manufaturados e, no segundo, suas exportações primárias e de alimentos. Essas perturbações do comércio exterior tiveram impacto sobre o sistema produtivo, que se voltou para a industrialização substitutiva de importações, e sobre o controle do poder local, que passou das oligarquias agroexportadoras para as novas elites urbanas, num processo que fortaleceu o Estado e seu papel econômico.

As relações com os Estados Unidos eram sintomáticas no período. A grande potência continental tomava o lugar dos europeus no comércio, nos investimentos e na política. Contudo, o redirecionamento das relações externas da América Latina não seria determinado exclusivamente de fora. À época dos imperialismos que precederam a Primeira Guerra, a competição havia-se acirrado, especialmente com a penetração arrogante da Alemanha. Em 1904, os Estados Unidos acrescentaram à Doutrina Monroe o chamado "corolário Roosevelt", pelo qual enfrentariam a concorrência européia aplicando os mesmos métodos de dominação. Se o esquema vinha tendo aplicação irrestrita sobre a América Central e o Caribe, em toda parte provocou a revolta e despertou o sentimento antiianque, nada favoráveis aos interesses norte-americanos. Lideranças locais, como os revolucionários mexicanos e homens de Estado, intelectuais e altivos diplomatas, como o argentino Estanislao Zeballos e o brasileiro Barão do Rio Branco, repudiaram o deslocamento do imperialismo da Europa para os Estados Unidos. As Conferências Pan-Americanas, que recobraram sua periodicidade a partir de 1923, tiveram papel importante como reflexo da opinião latina sobre a norte-americana, que era imperialista, aliás, em sua vertente republicana. Nos anos 1920, as opiniões foram-se afinando aos poucos, e uma nova política de boa vizinhança teve chance de ser posta formalmente em marcha por Roosevelt em 1933.

Reforçava-se, assim, a união política do continente, que podia passar-se da Sociedade das Nações, à qual as repúblicas latino-americanas haviam aderido, com exceção do México. Decepcionado com a sociedade, o continente inclinava-se a converter o pan-americanismo em sua liga política e em seu sistema de diplomacia de conferência, em que os princípios latinos de não-intervenção e de autodeterminação eram postos à mesa. Por volta de 1925, a disposição norte-americana era de substituir a diplomacia do dólar e do "porrete" pela da negociação, para fazer face aos problemas da América Central e mesmo das nacionalizações no México. Reuniu-se em Washington uma conferência para equacionar questões da América Central. Comissões de arbitragem tiveram papel importante na solução de litígios esporádicos ou dos conflitos de fronteira que opuseram Chile e Peru, Paraguai e Bolívia, Peru e Colômbia.

Autonomia e tranqüilidade, fatores políticos associados à crise do fornecimento externo de produtos, tiveram como efeito para a América Latina a quebra do modelo de integração à economia mundial e a introdução de um arsenal de políticas autocentradas que lhe assegurou o maior crescimento econômico de todas as regiões mundiais entre 1913 e 1950. Essa mudança foi acompanhada pelo deslocamento das relações da Europa para os Estados Unidos. Em 1928, os Estados Unidos vendiam à América Latina tanto quanto a Europa e adquiriam 37% de suas exportações. Seus investimentos, 20% do total em 1913, ultrapassavam os britânicos e equivaliam a 15 vezes os franceses. Economia e finanças eram as armas da nova estratégia política norte-americana na região.

Apesar do desempenho no crescimento econômico, o caráter dependente do desenvolvimento da América Latina persistia no período, não em razão da natureza das relações capitalistas, como pretende a interpretação de fundamento marxista, mas em razão de estruturas desvirtuadas das relações no contexto capitalista: a América Latina não criava grandes empresas, não gerava tecnologia, importava máquinas e equipamentos, não exportava manufaturados, contraía dívidas irresponsáveis, exportava poupança. Esses e outros vícios da interdependência teriam sido evitados por outras políticas e por determinação social, no quadro do liberalismo e da economia de mercado, o tipo de organização que obteve a preferência latino-americana nos dois últimos séculos.

4.4.2 África e Ásia: colônia, independência ou revolução?

Durante o período entre as guerras, verificou-se a evolução do Império Britânico para o *Commonwealth*. Domínios (Canadá, Austrália, África do Sul, Nova Zelândia) e colônias haviam enviado cerca de um milhão de soldados para combater ao lado da metrópole, pela causa da liberdade, durante a Primeira Guerra. Na Conferência da Paz, os domínios emergiram para a política internacional: assinaram o Tratado de Paz e ingressaram na Sociedade das Nações, junto com a Índia, apesar de esta manter o estatuto de colônia. Era a autonomia? Não se sabia ao certo. Ao consultar seus domínios sobre o envio de tropas para defender os estreitos na guerra que a Turquia movia contra a Grécia em 1923, só a Austrália e a Nova Zelândia concordaram. O Canadá recusou-se a assinar o Tratado de Lucerna de 1923 sobre o Oriente Próximo. Desde 1919, os domínios desejavam maior independência em política exterior e, em meados dos anos 1920, a igualdade. A evolução da unidade para a igualdade de política exterior deu-se pela prática, mas a Conferência Imperial de 1926 decidiu a favor da independência dos domínios e substituiu o termo *Empire* por *Commonwealth*. Apesar disso, ainda por um tempo, a Inglaterra teria peso na formulação da política exterior e no comércio exterior dos domínios, peso que também lançava raízes em vínculos morais e sentimentais habilmente cultivados. Quando ela regressou ao protecionismo, em 1932, pôde contrair com cada um a preferência comercial. Em 1914, somente a Inglaterra havia declarado guerra; em 1939 todos o fariam, um a um, exceto a Irlanda, que proclamou sua neutralidade.

A colônia não era sujeito das relações internacionais e sua dependência verificava-se nas esferas política, econômica e cultural. Os imperialismos variavam, todavia, e não havia uma média de situação, porquanto as servidões diferiam de uma para outra. A Ásia e a África não reagiram de forma dinâmica, como a América Latina, às crises das guerras e da depressão. Aos habitantes das regiões coloniais aplicava-se o *status* de "menores", ou seja, sem direitos internacionais, *status* esse que a Sociedade das Nações conservou nas colônias e estendeu aos países árabes desvinculados do Império Otomano. Vale dizer que, como antes de 1914, as potências européias não abriam mão de suas colônias e estavam dispostas a carregar o "fardo do homem branco" — dominar para civilizar — por mais tempo. Sem movimentos nacionais organizados, regiões coloniais na África e na Ásia eram esquecidas pela política internacional, permanecendo fora da complexa atividade diplomática. O anticolonialismo era frágil: movimentos pacíficos como os liderados por Mahatma Gandhi, na Índia, e Achmed Sukarno, na Indonésia, movimentos ideológicos como os deflagrados pelos princípios de Wilson e pela Terceira Internacional. Os colonialistas europeus pouco tinham ainda com que se preocupar.

Duas grandes revoluções libertadoras, a turca e a chinesa, brotaram da Primeira Guerra Mundial na área de dominação ocidental. Ao estilo do líder egípcio Muhammad Ali, da primeira metade do século XIX, Mustafá Kemal comandou uma revolução que pôs fim ao Império Otomano e a um século de dominação européia sobre o "grande doente". A República da Turquia foi proclamada em 1923, sem que os britânicos reagissem. Pelo Tratado de Lucerna, de 1923, os europeus reconheceram as fronteiras turcas e o *status* do novo país. O projeto político de Kemal era a criação de um Estado-nação ao estilo ocidental: leigo, moderno, liberal e forte.

A dissolução do Império Otomano não induziu a libertação política nem econômica dos países que o compunham. Grã-Bretanha e França, depois União Soviética, agiam com o objetivo de firmar posições no Oriente Próximo e no Oriente Médio, onde se imiscuíam em menor escala a nova república turca e a Grécia. Deslocamentos de massas, dominação sobre minorias étnicas, despertar de nacionalismos, rivalidades locais e rivalidades européias teciam uma complexa rede de relações intrazonais e internacionais.

A área de dominação mais vasta, complexa e imponente era a área britânica. A Conferência de Paz confiou o Egito à Grã-Bretanha, que criou o protetorado em 1919, mas teve de ceder aos nacionalistas a independência, em 1922. Desde então e até o término da Segunda Guerra, o rei e os nacionalistas disputavam o controle do Estado. Presentes em tudo, os ingleses movimentavam o pêndulo do poder entre as duas facções locais, alcançando, ao final, uma proveitosa cooperação política e estratégica. Não tiveram a mesma facilidade para administrar seu mandado sobre o Iraque, em razão da revolta local, das ambições francesas sobre a Transjordânia e dos interesses petrolíferos. Em 1930, a Grã-Bretanha cedeu a independência em troca de uma aliança que garantia o Iraque contra a Turquia, como ainda em troca de proteção para seus interesses petrolíferos. Um terceiro mandato britânico, ainda mais difícil de administrar, era o da Palestina. Importante ponto estratégico entre o Egito e a Síria, caminho para a Índia e zona de controle do canal, a Palestina carregava nas entranhas o conflito entre árabes e judeus em torno da criação do "lar" ou do Estado judeu, a que se dedicavam os sionistas desde 1918. Se nutria a intenção de apoiar a causa dos judeus, não convinha, por certo, à Inglaterra sacrificar seus grandes interesses políticos, econômicos e estratégicos nos países árabes ou perder a Palestina para os franceses. Facilmente convertia-se a Inglaterra de aliada em inimiga de qualquer dos lados, que avaliavam as iniciativas britânicas do ponto de vista de seus interesses. O Afeganistão e o Irã libertaram-se do protetorado inglês e, jogando com o apoio soviético, conseguiram manter sua independência política sem eliminar a penetração econômica. A Arábia Saudita alcançou a independência em 1927, em troca de garantias de não-agressão aos protetorados ingleses sobre o Iraque, o Kuaite e Bahrein.

A França recebeu os mandatos da Síria e do Líbano. Sobre este relaxou o domínio, mas exerceu-o à força por dez anos sobre a primeira, convertida em campeã da causa árabe. Na Tunísia, fracas concessões francesas foram feitas à luta local de libertação. A França também manteve à força suas posições no Marrocos, cuja dominação dividia com a Espanha. Em 1923, a Itália conquistou, também pela força, a Tripolitânia e a Cirenaica e a elas impôs seu domínio.

Os interesses europeus fomentaram rivalidades entre os franceses, os espanhóis e os italianos no Mediterrâneo Ocidental; entre a União Soviética, a Grã-Bretanha e a França no Oriente Próximo. A coerção e três guerras contra os movimentos nacionais do mundo árabe, levadas a efeito pelos europeus entre 1920 e 1924, fizeram fracassar em muitos países a resistência política ou religiosa. Os árabes ainda não dispunham de uma coordenação, aliás, somente o continente americano conhecia tal associação política desde o fim do século XIX. O período entre as guerras não foi, todavia, completamente perdido para a causa da libertação dos povos, como evidenciou o êxito de movimentos nacionais em alguns países.

Na Ásia, convertido em grande potência, o Japão sequer deu tempo à China para sacudir o jugo ocidental. A dinastia Manchu caiu em 1911. A China participou da Primeira Guerra e depois conheceu a anarquia política. Um semiprotetorado japonês estabeleceu-se sobre ela. Não tendo assinado os tratados de paz, permaneceu sob a coerção dos tratados desiguais do século XIX. A revolta nacionalista dos anos 1920, com apoio soviético e americano, voltava-se confusamente contra o Oriente e o Ocidente. Já que a Conferência de Washington freou, em 1922, as ambições japonesas sobre ela, diversas forças internas despertaram, até a ruptura violenta entre comunistas e nacionalistas, em 1927, e o triunfo temporário de Chang Kai-Chek. O Ocidente disfarçava sua ação na China porque temia o Japão. Iniciando sua penetração pela Manchúria, em 1931, este último atacaria a China em diversos pontos no ano seguinte, confrontando os tradicionais interesses imperialistas de europeus e norte-americanos na Ásia.

4.5 Convergindo para o conflito mundial (1933-1939)

4.5.1 Ditaduras e democracias toleram-se

A ascensão de Adolf Hitler ao governo alemão, em janeiro de 1933, não foi percebida pelos outros Estados como um *turning point* das relações internacionais, no entanto o era. Significava um ardente nacionalismo no poder e uma nova concepção de relações internacionais que rejeitava a igualdade dos povos e a dos indivíduos, desprezava os tratados, pretendia dominar — fosse pela esperteza ou pela violência —, e tinha um plano para tal fim, que incluía rearmamento, anexações de territórios onde houvesse alemães e aquisição de vasto "espaço vital" (*Lebensraum*) para construir a grande Alemanha (*Gross Deutschland*). O domínio projetado do III Reich partiria da Europa Oriental para estender-se sobre a Europa Continental e sobre o mundo, esta última fase reservada às gerações futuras. Racista e doutrinário, Hitler pretendia purificar essas zonas de judeus e bolchevistas. Expôs suas concepções de relações internacionais nos dois volumes de *Mein Kampf*, publicados em 1925 e 1927, e no inédito *A expansão do III Reich*, publicado em 1961.

Em 1934, as ditaduras nacionais dominavam a Europa Central e a Europa Oriental. Em 1939, a Europa democrática era minoria. O ditador encarnava a nação e, com isso, tomava por legítima sua política exterior. Hitler, Mussolini e Stalin, por exemplo, recorriam intensamente à propaganda de Estado, sobretudo para construir a imagem do outro. Para construir sua própria imagem, a ditadura promovia a "diplomacia-espetáculo", que, feita de êxitos chocantes, não era incompatível com a missão e a diplomacia secretas. As táticas iniciais consistiam em conciliar com os grandes e agir contra os pequenos. Assim se moviam Hitler para dominar o leste, e Mussolini para controlar o Adriático e o Mediterrâneo. "Acariciar para arranhar" era uma tática de aproximação dos fracos; contemporizar, uma tática para iludir os fortes.

Os projetos das ditaduras compreendiam, de 1934 a 1935, as seguintes dimensões:

a) etapas precisas para a realização do plano hitleriano: rearmar-se em primeiro lugar, vincular os alemães ao Reich, começando pela Áustria, conquistar a Europa do Leste para alargar o "espaço vital";

b) hesitações de Mussolini entre a expansão danubiana às expensas da Alemanha, com estímulos das democracias, e a expansão mediterrânea às expensas da França e da Inglaterra, com os estímulos de Hitler;

c) revitalização da tendência adormecida de expansão japonesa, às expensas da China, com o intuito de equilibrar a balança de comércio mediante a ocupação de fontes de matérias-primas e a criação de mercados, como também de criar possibilidade de exportar excedentes demográficos da zona rural.

O contrapeso para o projeto expansionista das ditaduras era esperado da parte das duas democracias européias e das duas novas potências. Contudo, as democracias estavam presas à segurança coletiva e, como a União Soviética e os Estados Unidos, voltadas para interesses internos: sua inércia, como também a agressão japonesa à China, a italiana à Etiópia e os efeitos da crise do capitalismo eram agravantes desse novo contexto.

A França começava a descrer da Sociedade das Nações e buscava alianças a leste, mirando para a Polônia, a Tchecoslováquia e a Itália. Não alimentava antipatia pelas ditaduras e queria mesmo conciliar-se com as potências fascistas. A Grã-Bretanha tinha fortes razões para fugir do confronto externo: estava ocupada em evitar o confronto interno entre ricos e pobres, em reforçar a coesão da *Commonwealth* e da zona esterlina e em evitar o engajamento militar na Europa, mesmo porque considerava justa a reivindicação alemã por mudanças.

Com os planos qüinqüenais implementados desde 1929, Stalin fez a União Soviética mergulhar na segunda revolução industrial, a fim de torná-la econômica e militarmente suficiente. Não contraía empréstimos, mas desejava o comércio de exportação para poder trazer equipamentos de fora e, para tanto, firmou acordos com a Grã-Bretanha em 1930, com a Itália e a Alemanha em 1931. Exigiu a poupança camponesa para financiar o crescimento. A crise do capitalismo e a ascensão dos fascismos comprometeram um dos componentes dessa estratégia: a abertura externa. A União Soviética retraiu-se, então, para evitar a guerra. Desde 1933, a estratégia hitleriana de dominação do leste forçou-a a aproximar-se do Ocidente e a agradar muitos Estados, contrair alianças na Europa, obter o reconhecimento norte-americano e aderir, enfim, à Sociedade das Nações, em 1934. Os objetivos da política exterior soviética compreendiam uma dualidade: formar a frente antifascista ou colocar-se como fator decisório na balança entre os dois campos burgueses do capitalismo.

Diante de planos concretos de dominação e do aumento das tensões mundiais, os ocidentais recusavam-se a entrar em um pacto, decepcionando os soviéticos. Deixaram soltos Hitler na Europa, Mussolini na Etiópia e o Japão na China. Desde então, a União Soviética reforçou seu isolamento político, comercial e financeiro, paralelamente à ditadura interna, e centrou sua estratégia externa na determinação de apoiar todo movimento geral antifascista contra a Alemanha e o Japão, sem declarações abertas para evitar agressões, visto que a inércia das democracias os deixaria correr. O desengajamento soviético fundava-se num temor quase doentio de que o mundo todo lhe era hostil. Significava desativar a filosofia da Terceira Internacional, apoiar sutilmente, para não despertar reações, a revolução comunista na China e a resistência contra o fascismo na Espanha, e procurar desesperadamente a paz com todos, inclusive com a Alemanha de Hitler. O "egoísmo sagrado" substituiu o internacionalismo proletário.

À época de Franklin D. Roosevelt, os Estados Unidos desenvolviam uma política exterior que se assemelhava à soviética por corresponder a outro "egoísmo sagrado", uma "reserva das democracias", tal qual sonhava a União Soviética em ser uma "reserva da balança". Em nome dos interesses nacionais, Roosevelt fizera fracassar a Conferência de Londres que buscava soluções concertadas para a crise internacional e fugia do perigo europeu de guerra. Eram táticas acopladas à estratégia externa norte-americana:

a) fortalecer a posição no continente mediante a política de boa vizinhança e a exploração política e comercial do pan-americanismo, para mantê-lo longe da Europa;

b) aprovar leis de neutralidade para evitar o envolvimento nas guerras, mesmo se, pelo tratamento uniforme dado a todos, favorecia as ditaduras;

c) responder ao perigo de guerra com o rearmamento, concebido como política de segurança nacional;

d) aliviar as tensões internacionais para relançar a economia.

A Europa dos conflitos não podia ser ignorada, particularmente em razão de seu peso econômico, numa fase de depressão mundial das atividades. Em 1935, ela exportava 50% do total mundial e importava 55%; os Estados Unidos realizavam 17% das exportações e 13% das importações totais; a América Latina respondia por 8% e a Ásia 15% do comércio mundial. Mas o comércio exterior norte-americano apresentava tendência de baixa relativa: entre 1929 e 1936, as exportações declinaram de 15,8% para 11,4% e as importações de 12,3% para 10,9%. Nos anos 1930, a Grã-Bretanha era superior aos Estados Unidos pelos indicadores econômicos internacionais de exportação, importação e investimentos. Somente os ingleses entendiam a tática norte-americana de desarmar tensões para ampliar exportações, atuando nas duas áreas do capitalismo — a democrática e a fascista. Para todos, entretanto, essa tática era inadequada ao exigir o liberalismo comercial, mesmo para a Grã-Bretanha, cujo assentimento, tardio, somente viria em 1938. Os americanos julgavam os ingleses expertos, os franceses vingativos e caloteiros, e a Alemanha uma oportunidade de negócios. Pensavam em reformar a Sociedade das Nações; pensavam, aliás, em uma nova ordem internacional, antes mesmo de desencadear-se a Segunda Guerra Mundial.

Os regimes ditatoriais organizavam ondas de opinião pública que perpassavam os problemas da política exterior, da paz e da guerra, em função de objetivos internos e externos que perseguiam como as "necessidades vitais" dos povos. Usavam poderosos meios para controlar a opinião das massas, contra a democracia se necessário. As ditaduras não descartavam a diplomacia secreta ou de conferência para definir grandes orientações. Usavam a opinião e a diplomacia. Antes da ascensão de Hitler, a opinião alemã dividia-se entre a guerra perdida e a revolta diante do *Diktat* e as mudanças constitucionais e sociopolíticas. A chancelaria enfrentava esses dois desafios para organizar conceitos e posições no governo. Com Hitler, o dissenso de opinião seria erradicado. Mussolini criou órgãos de controle, como o Serviço de Imprensa e Propaganda, em 1933, depois transformado em secretaria e, em 1937, no Ministério da Cultura Popular. O Ministério das Relações Exteriores agia sobre a imprensa, servindo-se da Agência Stefani. Por seu lado, a Internacional Comunista percebia a guerra e a paz segundo a teoria do imperialismo de Lenin e de seus desdobramentos. Faz-se necessário, todavia, dissociar a propaganda e a ação revolucionária da política exterior soviética, como se mostrou anteriormente.

As democracias também conferiam muita importância à opinião pública, tanto mais que percebiam a conveniência de formular uma diplomacia antifascista como decorrente dessa opinião. À diferença das ditaduras, não conseguiam levantar ondas de opinião para embalar a política exterior. As pesquisas mostram que, pelo contrário, a opinião desorientava-se, por exemplo, diante da aplicação de sanções ao "agressor", do revide aos golpes das ditaduras sobre nações fracas, do comprometimento de impostos em programas armamentistas, do custeio da guerra. A opinião pública das democracias era, enfim, um fator de apaziguamento da política internacional e dificultava aos governos tomar decisões para frear a violência e a expansão das ditaduras.

Tanto nas ditaduras quanto nas democracias, um traço comum vinculava a opinião pública à percepção de interesses materiais, de necessidades e direitos, tanto de minorias privilegiadas quanto da massa trabalhadora. Os efeitos sociais da depressão capitalista contribuíram para imbricar necessidades socioeconômicas, opinião pública, papel do Estado, soluções nacionalistas, isolamento exterior. Tais condições que sobrepunham os interesses materiais aos valores morais e ideológicos, além de lançar a ordem liberal em crise, mais uma vez, eram favoráveis aos planos das ditaduras. Roosevelt não tinha como convencer os eleitores norte-americanos da necessidade de implementar uma política antifascista que viesse representar sacrifícios materiais.

Uma manifestação da prevalência crescente dos aspectos econômicos da opinião pública, dando vantagem às ditaduras que não eram presas a grupos e a eleitores, pode ser encontrada nas reações a iniciativas de governos democráticos no período entre as guerras. Quando a França ocupou o Ruhr, em 1923, como garantia do pagamento de reparações, os contribuintes opuseram-se ao invés de apoiar, em razão dos custos da ocupação, e perderam confiança no franco, que entrou em colapso no ano seguinte. Anos depois, o governo francês iria relutar em reagir contra agressões alemãs, temendo reações da opinião pública. A opinião inglesa endossou o pensamento de Keynes de reduzir as reparações alemãs porque estas prejudicavam as exportações britânicas, sem considerar o prejuízo que tal redução traria à França. O pagamento de dívidas de guerra e de reparações indispôs entre si as opiniões públicas da França, da Grã-Bretanha e dos Estados Unidos. Diante dos efeitos da crise de 1929 e da suspensão das reparações, a França aplicou um "calote", que a Grã-Bretanha quis amenizar pagando um pouco, e o Congresso dos Estados Unidos revidou com o Johnson Act de 1934, que proibia empréstimos a governos parcial ou totalmente insolventes. De tudo isso, algumas inferências: a opinião pública não se movia pela guerra, mas por interesses econômicos internos; as pressões dos meios financeiros e do sistema eleitoral pesavam sobre as democracias; governos podiam ser substituídos em razão de planos armamentistas; a opinião pública não queria pagar pela paz e deixava o campo livre para os ditadores; interesses econômicos — financeiros, fiscais, comerciais, salariais — dificultavam a formação da frente antifascista.

As concepções fascistas de relações internacionais, os planos expansionistas das ditaduras, os egoísmos das democracias e da União Soviética e a aversão da opinião pública a pagar pela frente antifascista correspondem a fatores que explicam as atitudes e as iniciativas dos governos, da ascensão de Hitler em 1933 ao início da guerra européia em 1939. Explicam, portanto, uma série de golpes de força, crises diplomáticas, apaziguamentos, avanços e recuos calculados, até a conflagração geral.

4.5.2 A escalada da violência

Desde que se retirou da Conferência do Desarmamento e da Sociedade das Nações, em 1933, os objetivos imediatos de Hitler eram negociar bilateralmente o desarmamento e contemporizar a leste, acalmando o temor e a hostilidade soviéticos e isolando a França da região. As negociações com a França e a Inglaterra acerca do desarmamento malograram, em razão da intransigência francesa em admitir o princípio do rearmamento alemão, motivo por que Hitler romperia unilateralmente os Acordos de Versalhes e de Locarno e faria de 1934 o ano do rearmamento alemão. Assinou nesse ano um pacto de não-agressão com a Polônia, aliada tradicional da França, e encontrou-se com Mussolini para evitar choque de interesses na área danubiana. Apoiou um golpe nazista na Áustria, mas recuou diante da desaprovação de Mussolini. A essas iniciativas de 1934, a França reagiu com medidas de aproximação da União Soviética, que trouxe para a Sociedade das Nações, propondo um pacto geral sobre o leste europeu, que não vingou. A Itália de Mussolini, amedrontada, buscou aproximar-se das democracias, levando a público, juntamente com a França e a Inglaterra, uma declaração de apoio à independência da Áustria. Mussolini propusera, aliás, um Pacto de Quatro (Inglaterra, França, Alemanha e Itália), negociado em vão na Sociedade das Nações desde 1933, a fim de rever os tratados e dirigir a Europa. Depois de firmado, o pacto não obteve ratificação, mesmo porque os pequenos haviam demonstrado sua exasperação. A idéia desse pacto dos grandes seria, entretanto, retomada mais adiante, com a mesma filosofia política.

Em 1935, o passo esteve primeiramente com uma complexa e virtual frente antinazista, preocupada com a ruptura da ordem de Versalhes pela Alemanha e com seu rearmamento. Três acordos internacionais ensaiaram um cerco à Alemanha:

a)   a 11 de abril, na Conferência de Stresa, a Itália, a França e a Grã-Bretanha compuseram uma frente comum que não aceitava a denúncia unilateral dos tratados, confirmava a validade do Tratado de Locarno e reafirmava a independência da Áustria;

b)   a 2 de maio, a França e a União Soviética firmaram uma aliança bilateral que admitia retaliação por parte da Sociedade das Nações se um dos contratantes fosse agredido por outro signatário, caso a sociedade falhasse;

c)   a 16 de maio, a União Soviética e a Tchecoslováquia contraíram aliança similar, fazendo depender a retaliação da decisão francesa. Hitler ficou impressionado com isso tudo, especialmente com a frente de Stresa, tanto mais que suas tentativas anteriores de aliança com a Grã-Bretanha e de negociação com a França haviam falhado.

A política de contenção da Alemanha não se manteve para preocupá-la por muito tempo. Fora elaborada pelo francês Louis Barthou, ministro das Relações Exteriores, substituído por Pierre Laval, que não demonstrou igual determinação. A frente de Stresa reunia concepções internacionais opostas e foi efêmera. Caiu a 18 de junho de 1935, com o acordo naval entre a Inglaterra e a Alemanha, considerado uma traição política pelos outros dois países e também pela União Soviética. Foi enterrada com a agressão italiana à Etiópia em outubro do mesmo ano. Hitler sempre desejara empurrar Mussolini para a África. Sua posição melhorou, ainda mais, com a devolução do Sarre com base em plebiscito que lhe deu 99% de aprovação e que pôs fim à administração que a Sociedade das Nações exercia sobre o território. Por outro lado, o prestígio da Sociedade das Nações foi irremediavelmente afetado pelo *affaire* da Etiópia, como também o das democracias. Com efeito, a França e a Inglaterra hesitaram em condenar o agressor e em aplicar-lhe sanções, embora a Etiópia fosse membro da sociedade, e acabaram aceitando sua anexação a um Império Italiano então criado, não sem previamente irritar Mussolini com protestos e repreensões. Nenhuma regra do direito internacional valia para as grandes potências. Hitler estava maravilhado com o enterro da segurança coletiva. Além de desagregar a frente de Stresa, a reação estéril, porém desagradável, das democracias levou Mussolini a voltar-se para Hitler, recompensando-o pela neutralidade com a retirada do apoio italiano à independência da Áustria.

Tão agitado quanto o anterior, seria o ano de 1936. A guerra civil espanhola, a guerra sino-nipônica e os golpes de força de Hitler punham em perigo a paz geral. Considerando o pacto franco-soviético de 1935 uma violação dos tratados de Locarno, Hitler denunciou-os a 7 de março, sentindo-se livre para remilitarizar a Renânia, última mancha branca de segurança a oeste. Prevenindo reações fortes, propôs, imediatamente após, tratados de não-agressão à França, à Bélgica e à Grã-Bretanha. Como as democracias haviam demonstrado desvelo no caso da Etiópia, no da Renânia não agiram de modo diferente, violando-se mais uma vez os acordos internacionais e as decisões da Sociedade das Nações.

A guerra civil espanhola começou em 1936 com o golpe do general Franco, que contava com o apoio de monarquistas e fascistas da Falange, contra a Frente Popular de esquerda que havia vencido as eleições. Em pouco tempo, a direita, apoiada militarmente pela Alemanha e pela Itália fascista, dominava metade do país, mas, somente em 1939, impôs derrota definitiva às forças republicanas. As repercussões da guerra espanhola sobre as relações internacionais foram importantes:

a) a Espanha converteu-se no primeiro experimento de uma guerra civil verdadeiramente européia, visto que nela se confrontavam correntes de opinião pró e antifascistas, exércitos de voluntários e fornecimentos de armas de origens opostas;

b) foi palco de testes de novas armas e ensejou uma corrida por matérias-primas para a siderurgia;

c) enquanto as ditaduras apoiavam seu lado com meios poderosos de guerra e coordenação prática, a frente democrática antifascista mais uma vez hesitava e se desarticulava;

d) embora o triunfo de Franco, em 1939, não tenha rendido dividendos à causa fascista na fase posterior, a guerra civil contribuiu para manter na Europa o clima de alta pressão que lhe convinha.

O entendimento ítalo-alemão andava tão bem a essa altura que Mussolini declarou a existência do eixo Roma-Berlim, a 1º de novembro de 1936. Incomodado com a ação da Internacional Comunista na Espanha, Hitler pensou então em reunir, por meio de um pacto, todos os anticomunistas do mundo, e começou firmando o Anti-Komintern com o Japão, a 25 de novembro de 1936; não era contra a União Soviética, mas contra a Internacional Comunista, que igualmente perturbava a ação japonesa na China. Algumas ditaduras aderiram ao Pacto Anti-Komintern, como a Espanha e a Itália. Por sua vez, o eixo alongou-se à Iugoslávia e ao Japão em 1937. Estava-se formando o bloco dos países autoritários, antes de se constituir o das democracias. Naquele ano de 1936, a Bélgica enfraqueceu ainda mais a união da frente antifascista ao adotar uma política externa independente, que vedava à França passar tropas a seus aliados do leste, deixando-os desorientados.

A guerra sino-nipônica, que se desenvolvia paralelamente à da Etiópia e à guerra civil espanhola, foi um terceiro experimento das ditaduras com saldo favorável. Em 1932, o Japão havia imposto um protetorado de fato em parte da China, ocupada à força: a Manchúria. Avançou, em 1933, a província do Jehol e, em 1935, já ocupava cinco províncias do norte. Dois anos depois, usando sempre incidentes como pretexto, atacou Changai e Pequim e, em 1938, era mestre de toda a grande economia chinesa e de 42% da população. Começou então a ter dificuldades para gerir tão vasto domínio. As motivações da expansão japonesa foram anteriormente analisadas, porém, convém ressaltar que a distração dos ocidentais com os problemas europeus abriu, de vez, ao Japão as portas da China para uma vitória fácil, que os europeus, russos e norte-americanos tiveram que reconhecer contrariados, deixando ir a pique interesses pelos quais lutaram durante um século de dominação.

Após os golpes de força de 1935-1936, o ano de 1937 foi de calmaria. O perigo alemão não advinha da posição na economia internacional, já que os recursos dirigiam-se para a economia de guerra: "entre a manteiga e o tanque", era o povo alemão a vítima da opção pelo segundo. A Alemanha fechou-se numa autarquia que não investia no exterior. Em 1937, seus haveres no exterior somavam apenas 600 milhões de dólares, contra 22,9 bilhões da Grã-Bretanha, 12,5 bilhões dos Estados Unidos e 3,8 bilhões da França. Ostentava, porém, o terceiro comércio mundial, motivo pelo qual Arthur Neville Chamberlain, primeiro-ministro inglês, buscava uma composição com Hitler, com vistas a distribuir influências na Europa, descontentando a França. O aceno de Chamberlain era considerado trunfo estratégico, mas o plano de Hitler previa antes de tudo a hegemonia alemã sobre a Europa Centro-Oriental, como primeira fase da hegemonia sobre o continente.

A reconstituição dos impérios centrais sob domínio alemão deu-se por etapas. Iniciou-se com a anexação da Áustria, em 1938, e a absorção da Tchecoslováquia logo a seguir. A Hungria era fiel a Hitler e a Romênia torná-lo-ia em 1939. A repartição da Polônia foi então negociada com a União Soviética. Golpes graduais e crises apaziguadas colocaram a Europa Central na órbita alemã em 1938-1939.

Observando que a Grã-Bretanha voltava-se para questões imperiais, que a França ocupava-se com problemas internos e que a Itália não ofereceria resistência,

Hitler julgou, em 1938, que era chegado o momento de realizar o *Anschluss* e anexar a região tcheca dos Sudetos, reunindo todos os alemães numa só pátria. Em março de 1938, após uma intervenção alemã na Áustria, duas leis foram aprovadas, uma na Alemanha e outra na Áustria, realizando a união, que foi referendada por plebiscito, com 99% de votos favoráveis em ambos os lados. Depois de tantos esforços para evitar esse passo, as democracias não reagiram ao vê-lo consumado. Vários acordos de cavalheiros foram firmados, a 16 de abril, entre a Grã-Bretanha e a Itália, acordos esses que reforçavam o de janeiro de 1937, definindo em minúcias a situação de ambos no Mediterrâneo e na África, em perfeito entendimento. A Itália de Mussolini hesitava continuamente entre os dois blocos que a solicitavam e comprimiam: a opção final não surpreenderia se fosse feita pelos aliados e pelas democracias, como ocorreria com a decisão do chefe de governo brasileiro, Getúlio Vargas, que se havia posto em situação similar.

Após a anexação da Áustria, a ameaça pesava sobre a Tchecoslováquia, onde três milhões de alemães estavam radicados na região dos Sudetos. Hitler sempre julgara a Tchecoslováquia uma criação artificial de Versalhes e a melhor aliança de reverso da França, além de um rico território. Por que não a detonar? Na expectativa ilusória de entendimento possível, Chamberlain tomou a iniciativa de prover uma solução para o caso. Foi à Alemanha, encontrou-se com Hitler em setembro de 1938, ouviu suas razões e concordou com a anexação. A França hesitou, mas os dois países propuseram a Praga ceder os Sudetos em nome da paz. Diante da negativa tcheca, deram ordens, fazendo portanto as democracias, com o ultimato de 21 de setembro, o trabalho que convinha a Hitler fazer. Para evitar a guerra, Chamberlain reapresentou a velha idéia italiana de um Pacto de Quatro (Itália, Alemanha, França e Grã-Bretanha), firmado em Munique a 29 de setembro de 1938. Essa conferência de Munique decidiu o desmembramento da Tchecoslováquia para atender à reivindicação alemã e foi acompanhada por pactos de não-agressão entre a Alemanha e a Grã-Bretanha, a Alemanha e a França. Os grandes se precaviam à custa dos pequenos, cuja sorte traçavam a bel-prazer. A conferência significou o triunfo da direção nazista sobre a política européia e a desmoralização da França, que não soube honrar sua aliança. Ademais, provocou o endurecimento da ditadura interna na Alemanha.

Em março de 1939, de forma brutal, a Alemanha ocupou o resto da Tchecoslováquia. Além dos Sudetos, anexou a Boêmia e a Morávia e cedeu outras partes à Polônia e à Hungria. Com ultimato, a Lituânia lhe cedeu uma parte e a Romênia fez um acordo para exploração do petróleo. Dessa forma, reconhecendo o malogro de sua insistente política de apaziguamento, Chamberlain fez saber que o tempo das concessões a Hitler havia expirado. A mudança da atitude inglesa, em março de 1939, não conteria a escalada da violência. No mês seguinte, a decisão alemã de atacar a Polônia estava tomada, porém, a oportunidade ainda não se criara. A 7 de abril, Mussolini despejou suas tropas na Albânia e depois transformou o eixo em uma aliança formal: o Pacto de Aço.

A Grã-Bretanha interpretou as intenções de Hitler como tendo objetivo de ultrapassar a idéia de reunir os alemães e de assim chegar à abertura do "espaço vital" a leste. Nessas condições, considerava impossível manter a diplomacia da negociação e cogitava a guerra como única alternativa. Percebia que a Polônia seria a próxima etapa, uma vez que, em outubro, a Alemanha reivindicara a cidade livre de Dantzig, dando a entender que agiria para obtê-la. A Grã-Bretanha declarou que não se conformaria com esse passo e fez constar sua decisão numa aliança com a Polônia, oferecendo-lhe garantias. Hitler considerou a atitude inglesa incompatível com o tratado de não-agressão de 1934. A França também ofereceu garantias à Polônia, e até mesmo o presidente Roosevelt solicitou a Hitler que, por dez anos, não atacasse 29 nações, cuja lista lhe fez chegar.

Apesar dessa primeira demonstração de firmeza por parte das democracias, a União Soviética, tendo a desastrosa conferência de Munique em mente, chegou à conclusão de que as democracias não eram confiáveis e de que convinha, para sua segurança, negociar diretamente com a Alemanha. Stalin não queria ser ingênuo e não poderia aceitar que um novo pacto de Munique decidisse a sorte da Polônia ou que a Alemanha atacasse a Ucrânia. Assim mesmo, tentou negociar com as democracias a segurança de todo o leste, mas essas negociações prolongavam-se sem resultados. Em maio de 1939, Viatcheslav Molotov assumiu os Negócios Exteriores da União Soviética e buscou a Alemanha, com a qual firmou em Moscou, a 23 de agosto, um tratado de não-agressão e uma convenção secreta. Por força de tais atos, caso houvesse mudanças a leste, a Polônia seria repartida entre ambos, e zonas de influência seriam criadas: a Lituânia ficaria com a Alemanha, cabendo à União Soviética a Finlândia, a Estônia, a Letônia e a Bessarábia. Era um arranjo que atendia a reivindicações nacionais egoístas que vinham do passado e que, do lado russo, sacrificava a ideologia aos interesses imediatos. A sorte da Polônia estava lançada.

Nos últimos dias de agosto de 1939, havendo obtido essas garantias a leste e descrendo das ameaças das democracias, a Alemanha fazia seus preparativos para invadir a Polônia. Mussolini ainda propôs uma conferência geral, um novo pacto de Munique, pois a Itália não se achava preparada para uma guerra geral. A indústria italiana não estava suficientemente desenvolvida, enfrentava escassez de matérias-primas. Convinha ao país primeiramente apaziguar a Albânia e a Etiópia, aliás, não sabia ao certo para que lado pender. A 1º de setembro, o exército alemão foi despejado sobre a Polônia e Dantzig proclamou o *Anschluss*.

Em 3 de setembro, para surpresa de Hitler, a Grã-Bretanha e a França declararam guerra à Alemanha. No dia 17 do mesmo mês, a União Soviética, por sua vez, invadiu a Polônia, pondo em execução o acordo que havia firmado. Não era intenção de Hitler provocar uma guerra geral, porém, a invasão tornou-se inevitável, dado que toda a economia alemã pendia para a guerra e que estava sufocada pela insuficiência de matérias-primas. Além do mais, sua idade avançava e pesava em suas decisões. Os ocidentais, sem entusiasmo, não foram ao socorro da Polônia e não atacaram a Alemanha, que, em contrapartida, não se movimentava a oeste. Esmagada e repartida a Polônia, mais uma vez parecia tudo resolvido. Por que não pensar na paz?

A guerra européia foi desencadeada pelos ataques à Polônia em setembro de 1939 e justapunha-se à guerra na Ásia, movida pelo Japão contra a China. As duas guerras regionais evoluíram para a guerra mundial em 1941, quando os exércitos alemães invadiram a União Soviética e a aviação japonesa bombardeou a base norte-americana de Pearl Harbor.

Referências

BRUNN, Denis. *Le commerce international dans le monde au XXe siècle*. Montreuil: Bréal, 1991.

DUROSELLE, Jean-Baptiste. *Histoire diplomatique de 1919 à nos jours*. Paris: Dalloz, 1993.

GIRAULT, René; FRANK, Robert. *Histoire des relations internationales*. t. 2: Turbulente Europe et nouveaux mondes (1914-1941). Paris: Masson, 1988.

HOBSBAWM, Eric. *Era dos extremos:* o breve século XX — 1914-1991. São Paulo: Companhia das Letras, 1995.

MADDISON, Angus. *L'économie mondiale, 1820-1992*: analyse et statistiques. Paris: OCDE, 1995.

MILZA, Pierre. *De Versailles à Berlin, 1919-1945*. Paris: Masson, 1987.

_____. *Les fascismes*. Paris: Seuil, 1991.

RENOUVIN, Pierre. *Histoire des relations internationales*. t. 7: Les crises du XXe siècle, de 1914 à 1929. Paris: Hachette, 1963. t. 8: Les crises du XXe siècle, de 1929 à 1945. Paris: Hachette, 1965.

VIGEZZI, Brunello. *Opinion publique et politique extérieure*. t, 2: 1915-1940. Roma: Università di Milano-École Française de Rome, 1984.

WATSON, Adam. *The evolution of international society*: a comparative historical analysis. London, New York: Routledge, 1992.

ZORGBIBE, Charles. *Histoire des relations internationales*. t. 2: 1918-1945. Paris: Hachette, 1994.

A agonia européia e a gestação da nova ordem internacional (1939-1947)

José Flávio Sombra Saraiva

Capítulo 5

O mundo que se descortinou em 1947 rompeu radicalmente com as heranças da balança de poder do século XIX e com os anos de transição e de instabilidade do período entre as guerras. O fim da supremacia européia foi o retrato mais visível dos novos tempos. O surgimento de uma nova ordem internacional, que elevou dois países fora das fronteiras européias ao ocidente e ao oriente à condição de superpotências, despontou como o grande legado da Segunda Guerra Mundial.

Se o período de 1914 a 1939 foi um todo histórico nas relações internacionais européias, a breve fase que o sucedeu (1939-1947) foi marcada pelo início de uma outra era, quantitativa e qualitativamente diferente da anterior. Do ponto de vista quantitativo, a Segunda Guerra Mundial, ao contrário da Grande Guerra de 1914-1918, foi efetivamente travada entre todos os povos e culturas do globo. A guerra levou as relações internacionais contemporâneas aos seus mais altos níveis de mundialização.

Do ponto de vista qualitativo, as relações internacionais da construção e expansão do mundo liberal cederam lugar a uma nova ordem internacional. A Grã-Bretanha e a França deixariam de reinar. A Alemanha e a Itália perderiam os espaços internacionais conquistados pela força. Apesar do prenúncio dessa nova ordem vir do período entre as guerras, o nascimento de um ordenamento internacional sustentado na emergência dos flancos europeus é desdobramento inequívoco da Segunda Guerra Mundial.

Daí a relevância daqueles nove anos turbulentos para o estudo das relações internacionais. Iniciada como mais um capítulo da guerra européia que vinha desdobrando-se desde 1914, a Segunda Guerra passou a ser verdadeiramente mundial em 1941. Em 1947, o mundo já era outro e a Europa já tinha sucumbido.

O presente capítulo foi dividido em três partes que, ao refletirem pequenas temporalidades e problemas específicos para a história das relações internacionais, buscam o curso subterrâneo da vida internacional sobre o curso episódico da superfície política e da história das estratégias militares da guerra. A primeira parte discute a fase inicial da Segunda Guerra Mundial (1939-1941) e as ilusões dos velhos Estados europeus, que ainda insistiam em conduzir o tempo das relações internacionais. A segunda aborda a mundialização do conflito (a partir de 1941) e suas conseqüências para o nascimento da nova ordem global. Nela será especialmente tratada a evolução progressiva na direção da emergência dos novos atores: os Estados Unidos, a União Soviética e o Japão. A terceira trata da regulamentação da paz depois do conflito e da emergência da ordem de poder mundial sustentada na bipolaridade ideológica e militar dos Estados Unidos e da União Soviética.

5.1 A agonia da guerra civil européia (1939-1941)

Excetuando-se o breve período de trégua do final dos anos 1920, a Europa viveu uma verdadeira guerra interna desde 1914. O período que vai do início da Segunda Guerra Mundial, em setembro de 1939, à sua verdadeira mundialização, a partir de maio de 1941, foi o momento mais dinâmico dessa agonia. Em tão breve espaço de tempo, Paris e Londres deixariam de ser os principais centros da gravitação do poder internacional para ceder lugar a Washington e Moscou e, pelo menos até 1945, a Berlim e Tóquio.

Apesar dos conflitos na Ásia que desdobraram a agressão japonesa contra a China, não se pode falar ainda de uma guerra mundial. As duas guerras paralelas, na Europa e na Ásia, juntar-se-iam em 1941, depois da invasão alemã à União Soviética e do ataque japonês à base americana de Pearl Harbor, para transformar radicalmente o curso das relações internacionais.

5.1.1 A guerra européia (setembro de 1939 a maio de 1940)

Às vésperas da guerra, Hitler definira objetivos precisos de política exterior:

a)　reduzir os espaços de influência da França sobre o continente;

b)　buscar a aliança da Grã-Bretanha ou, pelo menos, sua neutralidade para a conquista da Europa Oriental, incluindo a União Soviética;

c)　construir um império colonial na África, com a concordância dos britânicos;

d)　enfrentar os Estados Unidos;

e)　partilhar o mundo com os japoneses.

Tais objetivos não foram formulados ao mesmo tempo. Alguns autores, aliás, argumentam que Hitler planejou a guerra com a finalidade de manter os objetivos tradicionais da política externa alemã, ou seja, a instauração de um Império Germânico no leste, em território russo. Outros associam a guerra ao fanatismo nacionalista anti-semita ou ao almejado fortalecimento econômico. De todo modo, há claros indícios de que Hitler e seu governo estavam determinados, ao final dos anos 1930, a utilizar a via militar para a realização de seus objetivos.

A guerra européia foi desencadeada em setembro de 1939, com a invasão da Polônia por Hitler e, em seguida, pela União Soviética, e com as declarações de guerra à Alemanha pela Grã-Bretanha e pela França. Até 10 de maio de 1940, quando os alemães iniciaram a grande ofensiva militar contra a França, quase nada acontecia de novo no *front*. Aqueles meses lembravam, para muitos europeus, o compasso lento e corrosivo da Grande Guerra de 1914-1918. Cerca de dez milhões de soldados, na estratégia da estática, esperavam os primeiros movimentos dos inimigos. Os líderes políticos franceses e britânicos decidiram retardar ao máximo as ofensivas. A guerra começava lenta e pausadamente.

As forças mobilizadas eram favoráveis aos alemães. Apesar da franca superioridade no mar de franceses e britânicos, os alemães possuíam, em setembro de 1939, 3.228 aviões de guerra contra os 1.377 do Reino Unido e 1.254 da França. Em terra, os canhões e tanques alemães eram também numericamente superiores. Construída entre 1930 e 1935, a linha Maginot era o símbolo da insegurança francesa no nordeste do país. Na Grã-Bretanha, o ministro das finanças, e depois primeiro-ministro Chamberlain, escondia, nas cores da prudência, o receio de uma arrancada de Hitler sobre a França e a Grã-Bretanha. Daí as posições de distanciamento estratégico dos conservadores britânicos no poder.

Animada pelos seus líderes, a opinião pública nem sempre tinha a percepção dos tempos. Apesar da inferioridade militar, franceses e britânicos sentiam-se superiores. "Venceremos pois somos mais fortes": o *slogan* repetido nas ruas de Paris e Londres retratava autoconfiança e a ilusão de uma Europa imortal.

A estratégia franco-britânica para evitar a guerra ou retardá-la por mais alguns meses, para que os dois países se preparassem, parecia a melhor forma de desenvolver as forças potenciais. A perspectiva de vencer a Alemanha pelo cercamento dos mares, pela ruína econômica criada pelo isolamento imposto de fora para dentro e pela penúria decorrente do bloqueio unia os formuladores de política exterior da França e da Grã-Bretanha.

Jean Monnet, ministro francês das finanças, ficou à frente da "quarta arma" — os tesouros financeiros e as poupanças monetárias de franceses e britânicos para o eventual esforço de guerra. A concepção da vitória pela via econômica era, ao mesmo tempo, um objetivo e um ideal para os aliados franco-britânicos. Era, em certo sentido, uma primeira experiência para um modelo de construção da Europa depois do conflito. Daladier, primeiro-ministro francês, chegou a afirmar, nos últimos dias de 1939, que este modelo de cooperação franco-britânico serviria para o futuro de outras nações européias.

A percepção de que a supremacia econômica sobre a militar era central para vencer Hitler explica a movimentação dos britânicos no Atlântico. As decisões norte-americanas de relativizar sua neutralidade e autorizar a venda de armas no sistema *cash-and-carry*, em novembro de 1939, animaram os britânicos. A Grã-Bretanha e, conseqüentemente, a França, poderiam, assim, apoiar-se em forças mundiais, ao contrário de Hitler, que ficaria reduzido às suas próprias potencialidades e aos recursos eminentemente continentais.

A estratégia econômica e política da guerra longa resultou em uma tática militar defensiva. O Conselho Supremo Aliado, o organismo de definição estratégica dos franceses e britânicos, era a expressão dessa visão da guerra. Mas havia diferenças entre os aliados. Chamberlain não queria sacrificar tropas britânicas. Daladier pensava abrir um novo *front* contra os alemães de forma a impedir seu acesso ao aço norueguês. Os conselhos do então Coronel De Gaulle de mudar a estratégia para o campo militar e ofensivo não foram ouvidos. Os ingleses faziam a guerra contra Hitler e resguardavam a possibilidade de o Reich ter seu papel na configuração política das relações internacionais européias. Os franceses faziam a guerra contra Hitler e queriam ver a Alemanha reduzida a um poder menor no conjunto europeu.

De qualquer forma, franceses e britânicos exigiam que os alemães cessassem as agressões e reparassem os danos impostos à Polônia e à Tchecoslováquia. Hitler propôs a paz em 6 de outubro de 1939. Chamberlain e Daladier não a aceitaram, pois só lhes interessava a paz no contexto da substituição do governo títere na Polônia e da retomada da influência franco-britânica sobre o continente europeu. Diante das ameaças alemãs, as duas democracias liberais radicalizaram.

Para Chamberlain, a única maneira de restabelecer a ordem européia era a reconquista da Polônia. Para a França, a guerra era a oportunidade para arruinar definitivamente a Alemanha.

Hitler seguia seu curso, sem problemas com os aliados. O Japão estava longe e envolvido com seu avanço sobre a China. A Itália ainda não havia se comprometido com a guerra. A União Soviética, apesar de seu envolvimento na Europa do Leste e do Norte, ainda não era uma força militar no centro da Europa. Assim, os movimentos da *Blitzkrieg*, da guerra-relâmpago, prepararam o caminho para a invasão da França em maio de 1940. A Alemanha perdera a guerra de 1914-1918, mas suas lideranças políticas jamais haviam admitido "a vergonha de Versalhes" e perdoado aqueles que "haviam apunhalado a Alemanha pelas costas". Alimentados pelo espírito de revanche e por uma psicologia coletiva dominada pelo culto da força, os alemães distinguiam-se dos franceses na forma de perceberem a guerra. Para estes, a guerra deveria utilizar armas não sangrentas. A opinião pública e os partidos, na França, estavam divididos. Muitos não sabiam por que estavam em guerra. Alguns até estimularam, nas divisões francesas e na imprensa, o debate entre a anglofilia e a anglofobia. E tudo isso levou o país à falta de ação.

Chamberlain, o primeiro-ministro que antecedeu Churchill, considerava Hitler um possível aliado e suas políticas passíveis de ajustes diplomáticos. Contudo, ao desencadear-se o conflito, a coesão nacional estabeleceu-se na opinião pública da Grã-Bretanha. Para os britânicos, a guerra era mais ideológica do que nacional. O inimigo era Hitler e não o povo alemão.

5.1.2 Os vizinhos armados e as guerras paralelas

Iniciada no coração da Europa, a guerra iria expandir-se lentamente para outras regiões. A União Soviética, neutra, interveio na Polônia. O Japão e a China já se digladiavam. A guerra na Ásia, paralela à européia, iria lentamente se juntando a esta última. Os Estados Unidos observavam, a certa distância, os desdobramentos das guerras paralelas. A opinião pública norte-americana já tinha feito a opção a favor da aliança franco-britânica. A opção, contudo, era platônica e não implicava ruptura do isolacionismo. Em setembro de 1939, Roosevelt anunciou a neutralidade e o embargo — política, de um modo geral, seguida pela América Latina.

Na Europa, a situação era mais complexa para os vizinhos da guerra. A Itália declarou-se não beligerante, mas Mussolini pediu a Hitler dois a três anos para que seu país honrasse o pacto do aço. Os franceses e britânicos, imaginando que a Itália se comportaria como em 1914-1915, ao mudar de time, enviaram emissários a Roma. A Bélgica retornou, em 1936, à sua tradicional neutralidade depois da aliança com a França em 1920. O governo Pierlot decidiu que os aliados só atravessariam a Bélgica se solicitados por Bruxelas. A proteção que a Grécia e a Romênia tinham da aliança franco-britânica de abril de 1939 parecia ter perdido sentido depois da invasão a outro país com a mesma proteção: a Polônia. Daí as reticências romenas e iugoslavas e a prudência de vários países do oriente europeu.

A Turquia assinara, em 19 de outubro de 1939, um tratado com a aliança franco-britânica para a criação de mecanismos de assistência mútua em caso de ameaça no Mediterrâneo Oriental. Apesar disso, os russos insistiam na possibilidade de envolver o governo turco em conversações bilaterais de segurança no Mediterrâneo.

Ao assinar os acordos com a Alemanha em 28 de setembro e em 23 de outubro de 1939, a União Soviética tinha dois objetivos: reforçar a segurança das suas fronteiras e ampliar sua influência na Polônia Oriental, nos países bálticos, na Finlândia e, eventualmente, na Bessarábia. Graças a Hitler, Stalin pôde romper o "cordão sanitário" instalado pelo ocidente. A imposição, em 1939, aos Estados bálticos de tratados de assistência mútua, em 28 de setembro à Estônia, em 5 de outubro à Letônia e em 10 de outubro à Lituânia, implicou a perda total da soberania daqueles Estados, que viram suas bases aéreas e navais entregues ao controle soviético.

A arrancada da União Soviética sobre a Finlândia teve ressonância internacional. Depois de uma heróica resistência liderada por Helsinque, o exército vermelho entrou no país em 30 de novembro e um governo finlandês "vermelho" foi constituído por Moscou. Estocolmo, Londres e Paris levantaram-se para protestar, de uma forma muito mais emocionante do que quando da invasão da Polônia, em 17 de setembro. Moscou dominou completamente a Finlândia, em março de 1940.

5.1.3 A França em meio a uma guerra britânico-alemã (1940-1941)

A França começou a preparar-se para a guerra no campo militar. Paul Reynaud, um homem de decisão que lembrava Clemenceau, sucedeu Daladier como primeiro-ministro no contexto da crise finlandesa, no dia 20 de março de 1940. Os franceses forçaram os britânicos a decidir que nenhum dos dois países deixaria a guerra separadamente. Engajavam-se as duas velhas potências européias na mesma política de guerra e de paz.

A decisão do Conselho Supremo Aliado de 8 de abril de 1940 registrou a vontade de ampliar as dimensões da guerra. A rota do ferro sueco, tão cara a Hitler, seria cortada pela montagem de minas nas águas territoriais da Noruega. As tropas de Hitler, no dia 9 de abril, desembarcaram na Dinamarca e na Noruega. Em 28 de maio, os aliados chegaram a conquistar temporariamente Narvik. A França era o palco de uma nova *Blitzkrieg* alemã.

As seis semanas que seguiram à invasão da França, em 10 de maio de 1940, são, de fato, testemunhas de rupturas bruscas no destino da guerra. A França, em tão pouco tempo, estava nas mãos da Alemanha. Em 14 de junho, Paris já era dos alemães. Aproveitando-se da brecha aberta pela movimentação francesa e britânica para proteger a Holanda e a Bélgica e das debilidades estratégicas da linha Maginot, Hitler resolveu correr o risco de não deixar que a aliança franco-britânica pudesse ganhar tempo e armar-se plenamente para enfrentá-lo.

O gigantesco êxodo de oito milhões de civis franceses encheu as estradas e derrubou o moral francês. O governo ficou paralisado e dividido. Em 5 de junho de 1940, Paul Reynaud nomeou o general De Gaulle para a Subsecretaria de Guerra, mas designou o Marechal Pétain para a Vice-presidência do Conselho. O segundo, defensor do armistício com a Alemanha, não concordava com a idéia de Reynaud de cessar os combates, mas permanecer em guerra. Em 16 de junho, Paul Reynaud renunciou e Pétain, que o sucedeu, assinaria o armistício com os alemães, em 22 de junho, e com os italianos, em 24 do mesmo mês.

A França era, assim, o único país vencido a concluir um armistício. A Holanda havia optado pela capitulação militar e a Bélgica assinara uma rendição. Em ambos os casos, os governos foram transferidos para Londres. A França foi dividida: três quintos do seu território encontravam-se sob a ocupação alemã; uma pequena zona sob ocupação italiana; e dois quintos constituíam a "zona livre". Era a própria anti-República entregue a Pétain. O parlamento se refugiara em Vichy e entregara seus poderes ao velho marechal.

Os líderes do governo de Vichy, Pétain e Laval, dotados de certa anglofobia, acreditavam que, com a derrota francesa, os britânicos afundariam também. A vitória total de Hitler era, assim, a base para o próprio renascimento da Europa Continental contra a insular. Por mais paradoxal que possa parecer, a derrota francesa seria, para a linha de pensamento político defendida por Pétain, a chance para a reinserção da França em uma nova Europa que nascia. Para ele, a história das relações internacionais européias reduzia-se à competição franco-germânica pela hegemonia européia.

Raciocínio típico da agonia européia e reflexo da falta de perspectiva de parte das elites francesas, a percepção de Pétain era contida pelo apelo do general De Gaulle, a 18 de junho, em Londres, quando insistia que os aliados podiam ainda contar com seus impérios coloniais e com a indústria norte-americana. A guerra, para o general, não era uma "batalha francesa", mas uma "guerra mundial".

A França dera, assim, seu último suspiro no papel de potência histórica e deixara a Grã-Bretanha enfrentar sozinha a Alemanha. Para o historiador francês das relações internacionais René Girault, a situação do seu país à época era a de um poder decadente e sem força para impor seus interesses no jogo duro da guerra.

Para os britânicos, a diferença entre batalha e guerra era crucial. Churchill, o novo primeiro-ministro, desconfiava da capacidade ofensiva do exército francês. O primeiro encontro entre Churchill e De Gaulle, em 9 de junho, mostrou a diferença entre os dois aliados. O primeiro queria preservar as armas da guerra, o segundo queria lançar os aviões sobre a França. A evacuação de Dunquerque mostrou o divórcio intelectual e estratégico entre os dois países. Ela havia provado, para os britânicos, os limites da marinha alemã e a falta de eficácia da Luftwaffe.

A partir de junho de 1940, a França passava, assim, à mera peça de xadrez na guerra britânico-alemã. A política nacional realista de Churchill incomodou e desmoralizou os líderes franceses da resistência, mas foi depois compreendida. O projeto de união franco-britânica, encabeçada por Jean Monnet, proposta em Paris em 16 de junho, não havia impedido a queda de Paul Reynaud da direção do governo francês.

Churchill quis evitar, a qualquer custo, que os navios franceses se rendessem aos alemães nos portos. Para tal, foi necessário enfrentar o almirante Gensoul e afundar alguns navios franceses. A perda de 1.200 marinheiros franceses em tais manobras acelerou a anglofobia do governo de Pétain e abriu a brecha para a ruptura das relações diplomáticas com a Grã-Bretanha.

Interessava à Grã-Bretanha, agora, o reconhecimento do general De Gaulle, um jovem desconhecido nos dois países, como "chefe da França livre", cujos apelos ecoavam todos os dias pela BBC. O acordo de 7 de outubro permitiu o financiamento dos sete mil homens que se juntaram a De Gaulle mais tarde. A esperança de Churchill era que as regiões coloniais francesas no Pacífico, na Polinésia, na Nova Caledônia e na África Equatorial viessem a romper com Vichy. Mas isso não viria acontecer. A África Ocidental e do Norte, bem como a Indochina, colônias francesas, recusaram a dissidência.

A batalha da Inglaterra iniciou-se em 13 de outubro de 1940. Das bases alemãs na França, na Bélgica e na Holanda, Hitler comandou pessoalmente o ataque do grosso de sua aviação sobre a Grã-Bretanha. O objetivo era acabar com a capacidade operativa da Royal Air Force para então invadir as ilhas britânicas. A idéia era obrigar o governo britânico à paz e à cooperação. Com isso, Hitler poderia enfrentar seu principal objetivo: a destruição da União Soviética.

Desde 7 de setembro, a Luftwaffe iniciara os bombardeios maciços de Londres, conhecidos como *Blitz*. Desejava-se desorganizar a capital e trazer pânico e terror aos seus habitantes. Com isso, Hitler esperava sensibilizar o governo de Churchill. Ao contrário, a opinião pública e a população londrinas, respondendo aos apelos do seu líder, alimentaram-se de uma das ondas patrióticas jamais vistas na história britânica. No final de outubro, para poupar suas aeronaves de guerra para o ataque à União Soviética, Hitler encerrou a batalha da Inglaterra. Os britânicos e os moderados de Vichy iriam encontrar, pela via da diplomacia secreta, uma forma de conviver.

5.1.4 Os últimos suspiros da agonia européia: abre-se um vazio (1940-1941)

A derrota francesa expressou a ruptura de uma velha ordem internacional do século XIX. A balança de poder que havia conformado a sociedade internacional européia, com valores e regras de conduta comuns, havia erodido de vez. A Alemanha era o pivô da crise que se estendia na balança de poder da Europa desde a Grande Guerra.

Não havia, contudo, nada para substituir a ordem decadente. A *Weltpolitik* alemã não preenchia o vazio criado pela crise da sociedade internacional européia. O sistema das associações anti-hegemônicas e das múltiplas independências, característica central das relações internacionais européias havia vários séculos, cedia lugar ao sonho hegemônico de Hitler. A autoridade central européia, auto-imputada pelos alemães, não cabia mais na evolução das relações internacionais.

Com a derrocada das relações internacionais do mundo liberal, que se construíra no século XIX, e do sistema de dominação que havia globalizado as relações entre os povos, o mundo caminhava em trajetória errática. Os indícios da agonia apareciam por todos os lados, dentro e fora da Europa — nesta, a Itália e a Alemanha julgavam-se capazes de construir a nova ordem internacional; no Oriente, o Japão acreditava no nascimento de um novo império, não mais contra a União Soviética ou a China, mas a favor de uma esfera de prosperidade econômica. A política japonesa de substituição das potências ocidentais na Ásia levou aos privilégios econômicos sobre aeroportos e caminhos marítimos. O governo do príncipe Konoye, formado em 16 de julho de 1940, favoreceu os belicistas como Matsuoka, nos assuntos estrangeiros, e o general Tojo, no comando dos assuntos da guerra.

Os norte-americanos, impressionados com a rapidez da derrota francesa, tomaram consciência do vazio criado nas relações internacionais. Para eles, o lado europeu cedia a Hitler e o asiático parecia ameaçado pelo expansionismo japonês no Pacífico. As incertezas daqueles anos provocaram reações na opinião pública. O jornalista White criou um comitê destinado a ajudar os aliados com o intuito de defender a América e conseguiu reunir cerca de 800 mil pessoas. O isolacionismo americano começava a abrandar-se.

Na América Latina, os movimentos das diplomacias foram difusos. A Argentina, mergulhada em movimentos políticos desestabilizadores, optou pela neutralidade nos assuntos europeus. Apesar da forte relação histórica com a Alemanha e com a Itália, os argentinos mantinham distância estratégica. O México, marcado pelo nacionalismo de Lázaro Cárdenas (1934-1940) que remontava à Revolução de 1910, mantinha posição de eqüidistância.

No Brasil, as correntes de opinião se dividiam acerca da guerra européia. O governo de Vargas traduzia as indefinições entre o apoio a Hitler ou às velhas potências ocidentais. A política externa apresentou-se bastante ativa nos assuntos da guerra. As definições acerca dos amigos e inimigos, entretanto, esperariam os movimentos norte-americanos e os objetivos estratégicos do projeto de desenvolvimento nacional empunhado pelas elites dirigentes.

Na África, a condição colonial limitava as possibilidades de participação direta no desarranjo europeu. Os recrutamentos de contingentes coloniais iniciaram-se, mas foram acompanhados pela formação de outros contingentes: os dos nacionalistas africanos, que se animavam com a perspectiva de aproveitar as crises internacionais para libertarem-se das suas metrópoles.

Os primeiros passos das independências afro-asiáticas, com suas múltiplas feições e causalidades, foram dados no contexto da Segunda Guerra Mundial. O ambiente da guerra, associado aos fatores intrínsecos à deterioração do modelo colonial, animaria movimentos nacionalistas de libertação na Jordânia, na Índia, no Paquistão, na Palestina e em outras localidades. A Índia, obrigada a entrar no conflito como parte da mobilização britânica, iniciou seu próprio caminho para a libertação do jugo colonial. O impacto da guerra sobre a política e a sociedade indianas ajudaria a explicar a independência daquele país já em 1947.

Na União Soviética, a vitória de Hitler sobre a França e a posição de relativa eqüidistância foram percebidas com apreensão. Stalin esperava uma guerra longa na França e preparava-se para atuar como um grande poder perante o III Reich. Mas a rapidez do armistício francês levou Stalin a reforçar os espaços de influência soviética no leste europeu. Na perspectiva dos acordos assinados entre Moscou e Berlim e aproveitando-se da incapacidade das duas velhas potências liberais, Stalin ensaiou a modificação do mapa político europeu. Agiu sobre os Estados bálticos, para garantir a ocupação, e comandou uma série de anexações na Romênia e na Bessarábia (transformada em Moldávia).

Para agravar ainda mais a agonia européia, Mussolini também iniciou sua guerra paralela, com os próprios meios e objetivos. Disputando espaços coloniais no Mediterrâneo, a mobilização italiana foi dirigida para a Grécia e para o norte da África. Em 28 de outubro de 1940, Mussolini lançou suas tropas para a Grécia, sem consultar a seus aliados.

Os movimentos descritos e muitos outros desenhados pelos homens de Estado da derrocada européia mostram que as guerras paralelas começaram a convergir para um ponto comum centrado na Europa. A impossibilidade européia de conduzir os destinos das relações internacionais era a conseqüência mais evidente da dramática instabilidade que aqueles anos vivenciaram.

5.2 A mundialização da guerra e a emergência dos flancos (1941-1945)

O ano de 1941 deve ser visto como um momento crucial de inflexão das relações internacionais contemporâneas. Desmontaram-se, definitivamente, em um único ano, as regras do jogo herdadas do século anterior. Terminou o longo período de transição iniciado na Grande Guerra de 1914-1918. E uma nova ordem internacional, sustentada pela emergência dos flancos europeus, no Ocidente e no Oriente, realizava seus primeiros movimentos, ainda que tímidos. O vazio de poder mundial começou a ser preenchido.

Vários acontecimentos alimentaram o *turning point* de 1941. A guerra mundializou-se com o ataque alemão contra a União Soviética, em junho, e o japonês contra bases norte-americanas, em dezembro. A França invadida e a Grã-Bretanha falida evidenciavam a decadência das antigas potências. As novas correlações de forças ampliaram o teatro dos conflitos. As guerras paralelas se uniram na maior conflagração da história da humanidade. Ao final de 1945, o mundo já se modificara plenamente. Em 1947, a balança de poder internacional era outra.

5.2.1 O fim do poder britânico e a emergência norte-americana: o novo conceito de superpotência

O declínio naval britânico e a crise do mercado financeiro comandado pela City londrina foram os elementos episódicos da perda gradativa e profunda do poderio da velha potência liberal. Criadora da ordem internacional liberal do século XIX, a Grã-Bretanha iria ceder o espaço do poder mundial à sua ex-colônia: os Estados Unidos.

No início de 1941, Hitler já enfrentava os britânicos no norte da África. Mandara seu *afrikakorps*, uma frente militar, para o norte da África, sob o comando do general Rommel. Com a ocupação germânica dos portos franceses e a construção dos novos submarinos *u-boote*, a batalha do Atlântico também se inclinava para os alemães.

Os britânicos, que haviam perdido muitos navios mercantes e tinham o ritmo de construção naval limitado pelo esforço de guerra, enfrentavam três problemas: o uso dos navios para a compra das mercadorias norte-americanas, o pagamento dos produtos adquiridos nos Estados Unidos pelo sistema *cash-and-carry* (pagamento à vista) e a utilização das reservas monetárias para o pagamento desses encargos. A Grã-Bretanha estava à beira da falência.

Os Estados Unidos observavam a crise britânica de maneira apreensiva. O endividamento da ilha demonstrara que ela não teria condições de continuar as compras dos produtos industriais norte-americanos. A Grã-Bretanha era a última resistência democrática européia às ambições hegemônicas de Hitler.

Desse modo, compreende-se por que a opinião pública norte-americana, conduzida pelos seus líderes, percebeu que os britânicos não lutavam apenas para manter seu poder internacional, mas para preservar um conjunto de valores e regras que haviam alimentado a vida internacional do mundo liberal e democrático. A superação do ciúme anglofóbico dos norte-americanos é, nesse sentido, peça-chave na ruptura do isolacionismo dos Estados Unidos.

Desde sua reeleição, em novembro de 1940, o presidente Roosevelt preparava a opinião pública para o engajamento dos Estados Unidos no conflito europeu. A preparação ideológica da opinião pública, por sua vez, confundia-se com a própria mobilização industrial e com o rearmamento. No início de 1941, os Estados Unidos já viviam em economia de guerra sem que estivessem nitidamente presentes na guerra européia.

As operações econômicas de preparação da guerra pelos norte-americanos, principalmente por meio do sistema *lend-lease* (empréstimo e arrendamento), desenvolvidas a partir de março de 1941, davam a Roosevelt plena autonomia para emprestar e vender produtos militares e estratégicos a todos os países que apresentassem interesse à defesa vital dos Estados Unidos. O sistema de reciprocidade tornava os países beneficiários da ajuda norte-americana dependentes das novas práticas comerciais lideradas pelos Estados Unidos e do projeto de abertura total das economias aos capitais e produtos norte-americanos. No caso dos britânicos, haviam assumido o compromisso de suspender, depois do conflito, as práticas comerciais preferenciais vigentes na *Commonwealth*.

A arrancada norte-americana era, assim, sustentada na generosidade com a democracia britânica, na defesa dos seus interesses comerciais e na demonstração da sua força e da vontade de potência. Mesmo com algum custo, os britânicos compreenderam o novo papel que se desenhava para os Estados Unidos no plano internacional. Churchill percebera o declínio do velho império e a emergência da nova potência atlântica.

Para os Estados Unidos, os experimentos da cooperação econômica com a Grã-Bretanha, às vésperas da mundialização da Segunda Guerra, serviriam para o mundo do pós-guerra. As bases do Plano Marshall já estavam sendo plantadas antes mesmo da entrada efetiva dos norte-americanos no conflito mundial. A "diplomacia do dólar", vital para a inserção norte-americana nos anos 1920, cedia lugar à "diplomacia ilegal" dos Estados Unidos, para utilizar um termo de Jean-Baptiste Duroselle. Os Estados Unidos, agora, expunham a Grã-Bretanha ao ridículo da dependência em relação aos seus próprios interesses no continente europeu e no mundo.

Assim, em 1941, emergia um novo conceito: o de superpotência. Os Estados Unidos gestavam uma nova condição da inserção internacional dos Estados na era contemporânea das relações internacionais. A superioridade econômica, associada à capacidade e à vontade para sobrepujar as potências européias tradicionais, elevava os Estados Unidos ao cerne das decisões internacionais de uma forma diferente da idéia de hegemonia coletiva que presidira até então o ordenamento internacional.

A partir do meio do ano de 1941, diante dos movimentos japoneses de ruptura do pacto com a União Soviética e da ocupação nipônica da Indochina, com a aquiescência do governo de Vichy, os Estados Unidos voltaram-se também para o Pacífico. Era o início de uma política de poder mundial. Congelando os investimentos japoneses no seu país e interrompendo as exportações de petróleo para o Japão, os norte-americanos reforçaram a sua política de observação e monitoramento dos espaços marítimos.

Simultaneamente, Roosevelt desenvolvia esforços para operacionalizar a aliança atlântica com os britânicos. Churchill e ele encontraram-se para conversações no navio Príncipe de Gales e no cruzador Augusta, entre 9 e 12 de outubro, e firmaram a famosa Carta do Atlântico, publicada em 14 de outubro.

Com seus oito pontos, a Carta do Atlântico teve grande repercussão internacional. Inadmissibilidade de modificações territoriais contra os interesses das populações, livre acesso aos mercados mundiais e aos mares, autodeterminação dos povos (exceto para as situações coloniais britânicas) e sistema de segurança permanente foram algumas das definições da carta que prenunciaram a entrada dos Estados Unidos na caótica quadratura do poder mundial.

O sexto ponto da Carta do Atlântico engajava os Estados Unidos, de vez, na guerra européia. Depois de exortar os povos à paz e à segurança, o texto da carta falava da "destruição final da tirania nazista". Embora os norte-americanos não fossem ainda juridicamente beligerantes, as conversações de Churchill e Roosevelt representaram muito mais que o reforço da aliança anglo-americana.

Roosevelt buscava um pretexto mais claro para levar a opinião pública do seu país para o seio da guerra. Os japoneses ofereceram essa oportunidade. Depois do embargo petroleiro dos Estados Unidos ao Japão e das tentativas diplomáticas lideradas pelo príncipe Konoye de resolver as diferenças por meio de negociações, os japoneses reacenderam a chama do nacionalismo e das conquistas das regiões ricas em petróleo da China e da Indochina.

Pearl Harbor, nas ilhas do Havaí, não era o pretexto procurado por Roosevelt, que imaginava ataques japoneses nas Filipinas e nas Índias Neerlandesas. O ataque japonês à base norte-americana, em 7 de dezembro de 1941, comoveu a opinião pública. Os 86 navios perdidos e mais de três mil homens mortos e feridos levariam os Estados Unidos para o coração da Segunda Guerra Mundial.

Em dezembro de 1941, os Estados Unidos uniram as duas guerras paralelas, a da Ásia e a da Europa, em uma só. Transformavam-se, assim, no centro do mundo. Assumiam os norte-americanos a responsabilidade internacional de administrar a agonia européia, a emergência do Japão na Ásia e a contenção do flanco oriental sob o controle da União Soviética. Nascia a política de superpotência: adequava-se, nos Estados Unidos, a supremacia econômica à vontade política de intervir de maneira planetária.

5.2.2 A arrancada soviética à busca de espaços: o nascimento de um gigante no flanco oriental

O ataque alemão à União Soviética, em 22 de junho de 1941, implementando o Plano Barbarossa de ocupação da Europa Oriental até as fronteiras soviéticas, foi outro significativo momento de ruptura da Segunda Guerra Mundial. O espaço vital para a Alemanha na Europa, um dos objetivos da política de guerra, chocava-se com a busca de espaços de poder pelos soviéticos na mesma região.

Berlim e Moscou romperiam, nos primeiros meses de 1941, o jogo de cortejo mútuo para assumir posições antagônicas. Stalin tinha consciência da fatalidade da guerra com os alemães, mas não percebera que ela seria tão iminente. A opinião pública do centro da Europa, engalfinhada com a tensão ideológica entre esquerda e direita, observava a aceleração da deterioração das relações dos dois grandes da Europa Continental. A guerra e a própria percepção acerca da sua inevitabilidade adquiriam contornos cada vez mais internacionalizados.

A inquietação da liderança do Kremlim decorreu na busca de espaço próprio no oriente europeu e na Ásia. Nascia a arrancada soviética na direção da construção da superpotência. Entendendo que necessitava armar-se mais, antes de enfrentar a Alemanha, Stalin procurou explorar ao máximo as potencialidades da convivência com Hitler.

A estratégia soviética era diminuir a possibilidade de manter a guerra em duas frentes, simultaneamente: no Ocidente, com a Alemanha, e no Oriente, com o Japão. Daí o fato de Stalin ter aproveitado a visita de Matsuoka, ministro dos assuntos estrangeiros do Japão, a Moscou, em abril de 1941, para assinar um pacto de não-agressão.

O conflito dos alemães contra os russos era, entretanto, impostergável. Com o ataque alemão, em 22 de junho, os britânicos firmaram uma aliança com Stalin em 13 de julho. Os norte-americanos mandaram Hopkins, o velho amigo de Roosevelt, para endossar a aliança e apoiar a resistência russa à agressão alemã. No final de outubro, a União Soviética era incluída na aliança ocidental.

O flanco oriental da guerra foi extremamente violento. No ano de 1941, deu-se o início de movimentações militares espetaculares dos soviéticos. A história das estratégias e das perdas humanas compõe um capítulo todo especial da Segunda Guerra Mundial.

De qualquer forma, em dezembro de 1941, diante da contenção do avanço alemão nas portas de Moscou, da primeira perda hitlerista de uma *Blitzkrieg* e da força do inverno russo, as relações internacionais ganhavam um outro gigante: a União Soviética.

O compasso da guerra total, de 1942 a 1945, envolveu quase todo o planeta e implicou a mobilização das mais diversas forças. Da economia de guerra à mobilização dos espíritos, todos os expedientes foram utilizados pela obsessão de vitória. O cinema, a propaganda e a literatura estiveram juntos na animação da opinião pública e na elevação do moral dos soldados e da população civil submetida à carestia.

Dominada nos primeiros anos pelas preocupações estratégicas, no período de maio de 1942 à primavera européia de 1943, a guerra foi marcada por movimentos espetaculares. A contenção do avanço militar japonês pelos aliados, o desembarque das tropas anglo-americanas na Argélia e no Marrocos, a vitória britânica em El Alameim, o retorno do general alemão Rommel e do seu *afri-kakorps* à Europa e, principalmente, a capitulação das tropas alemãs lideradas por Paulus, em Stalingrado, marcaram o início da reação aliada e da mudança das relações a seu favor.

Em janeiro de 1943, em plena batalha de Stalingrado, Churchill e Roosevelt encontraram-se em Casablanca. Stalin, absorto na defesa de Stalingrado e acusando os aliados de abandono do flanco oriental, não viajou para o noroeste africano. Os destinos da guerra e sua sorte começavam a ser traçados. Os dois líderes, concordaram com o desembarque em massa de tropas na Sicília. Roosevelt empenhou-se na tese da eliminação do poderio alemão, italiano e japonês pela via da capitulação, sem condicionalidades. Churchill veio a conformar-se com esse pensamento.

Em 1944, o "rolo compressor" dos soviéticos forçou o recuo gradual das tropas alemãs na Ucrânia, na Bielo-Rússia e na Polônia. Stalin celebrou os avanços e continuou a desenvolver sua engenharia política e militar com o objetivo de impor administrações temporárias, favoráveis à sovietização do poder e à satelização *vis-à-vis* Moscou, aos territórios liberados no leste europeu e no Báltico.

O curso da conflagração levava, assim, a balança de poder para os aliados. A tomada da Normandia e a ocupação da Alemanha seriam os símbolos marcantes da recomposição das forças militares e morais a favor dos aliados, bem como o prenúncio do fim de uma grande agonia.

A Segunda Guerra, na percepção de Stalin, tinha sido uma guerra de características imperialistas. A escolha de um lado fora uma necessidade estratégica para evitar a destruição do modelo de desenvolvimento planificado e do socialismo de Estado. Apesar da adesão aos princípios da Carta do Atlântico, desde setembro de 1941, os soviéticos vinham denunciando o abandono de seu flanco. O sistema internacional pós-1945, apesar das alianças que haviam aproximado a União Soviética do Ocidente liberal, mostraria que a percepção era correta. Mais de 20 milhões de soviéticos morreram na guerra, quase dois quintos do total de perdas humanas.

5.2.3 O Japão e a grande Ásia Oriental

O pacto de não-agressão assinado por russos e japoneses em Moscou, no dia 13 de abril de 1941, foi o passo definitivo para a formação da grande Ásia sob o controle do Japão. Matsuoka, o hábil ministro nipônico, representou plenamente, em Moscou, os objetivos japoneses de contenção dos ocidentais e também dos soviéticos na Ásia.

Esses objetivos não eram novos. Remontavam a 1938, quando o primeiro-ministro japonês, o príncipe Konoye, anunciou a instauração de uma nova ordem na Ásia, em que o Japão devolveria a Ásia aos asiáticos. Em 1940, o Japão redesenhava para a região o projeto de uma nova esfera de prosperidade sustentada na associação de Estados da Ásia e do Pacífico. A Manchúria, a China, a Nova Zelândia e até mesmo a Índia foram incluídas na área de influência japonesa.

A ocupação alemã da França, entre maio e junho de 1940, deixou o Japão livre no sudeste asiático. Em 12 de junho, Tóquio assegurou a neutralidade tailandesa por meio do pacto de não-agressão. Em 22 de setembro, o almirante Decoux, governador da Indochina, designado pelo governo de Vichy, abriu o porto de Haiphong e os aeroportos indochinos para o Japão. Em 1941, o governador concedeu a Tóquio as bases de Cam-Ranh e Saigon. Em pouco tempo, o Japão já controlava as exportações indochinesas de arroz e todo o comércio local.

O ataque a Pearl Harbor deve ser visto, portanto, não só como a porta de entrada do Japão na guerra européia e o capítulo decisivo na mundialização do conflito, mas um ato articulado da estratégia japonesa de ampliação de espaços na Ásia. Na perspectiva japonesa, a grande Ásia se completaria depois do ataque japonês à base americana, em 7 de dezembro de 1941, pela anexação de outras partes da região, como as Filipinas, a Malásia e Hong-Kong.

As vitórias japonesas sucederam-se umas às outras, entre dezembro de 1941 e o primeiro semestre de 1942. Hong-Kong rendeu-se em 25 de dezembro de 1941, a ilha de Bornéu foi controlada em 23 de janeiro de 1942, Manila foi invadida em 2 de fevereiro, Cingapura foi dominada em 15 de fevereiro, as ilhas indonesianas de Bali e do Timor foram ocupadas em 19 de fevereiro. A última invasão foi comemorada em Tóquio como o fim do Império Britânico na Ásia e o início de uma nova era livre de colonialismos europeus na região. O Japão assumia a "responsabilidade" do desenvolvimento dos países asiáticos. Era a via para uma terceira superpotência?

A conquista de um império com mais de oito milhões de quilômetros quadrados, com muitas riquezas, particularmente petrolíferas, lançava o Japão na grande política internacional de seu tempo. O interessante no domínio japonês era o seu caráter de não-ocupação direta. Na Indonésia, o Japão lançou o movimento do "Japão líder, protetor e luz da Ásia", mas permitiu o desenvolvimento nacionalista liderado por Sukarno e Hatta. Na Indochina, os japoneses estimularam a permanência do almirante francês Decoux para assegurar a paz civil.

Assim, a inserção japonesa na grande Ásia teve o intuito de construir países "independentes", satélites de Tóquio. Em alguns casos, como na Tailândia, a criação de governo títere foi desnecessária. O Japão assegurou, nesse caso, a colaboração com poder já estabelecido e disposto a orbitar na área de influência japonesa. A única administração japonesa claramente direta foi na Malásia, onde os japoneses encontraram grande resistência da classe política local e da população como um todo.

O Japão, finalmente, teve de aceitar a relativa independência dos outros dois grandes da Ásia: a China e a Índia. As futuras relações interasiáticas dependeriam do equilíbrio dos três países. No caso do último, o congresso de ministros que governava as sete províncias aproveitou-se das tensões geradas pela guerra, da ampliação da influência japonesa na região e da imposição britânica de engajamento no conflito para exaurir a capacidade do poder colonial da Grã-Bretanha. Mas, paradoxalmente, o congresso de ministros perderia, ao longo do tempo, o controle do nacionalismo indiano em favor da Liga Muçulmana.

Apesar do entusiasmo japonês e da forte presença daquele país na formação de líderes nacionalistas que viriam despontar no imediato pós-guerra (Sukarno, Hatta, Subardjo, Roxas, Aung San e vários outros), a balança das relações internacionais na Ásia, no período, mostrou a impossibilidade da hegemonia imperial e militar. A maioria dos países da região oscilou, ao longo da guerra mundial, entre os aliados e o Japão.

Além disso, o regime militar de Tóquio exacerbou as fricções étnicas e nacionais em muitos dos países sob a influência ou o controle direto nipônicos. Ao estilo alemão, o Japão usou a força para a expansão do seu império e o controle dos espaços. Impôs o insuportável, nas palavras de Duroselle, e provocou reações imediatas. As bombas atômicas lançadas pelos norte-americanos em Hiroshima e Nagasaki, em 1945, viriam sepultar os sonhos da grande Ásia Oriental. Tóquio passaria a ter assento menor na construção da nova ordem internacional.

5.2.4 Periferias em agitação: a América Latina e a África

Os países latino-americanos oscilaram entre neutralismo e alinhamento. Desde a II Conferência dos Chanceleres Americanos, na cidade de Havana, em 1940, firmara-se o acordo de que qualquer ataque a um país americano significaria um atentado a todo o continente.

Com o ataque a Pearl Harbor, a solidariedade americana seria posta em xeque. O Brasil manifestou imediatamente sua estupefação. As declarações de Getúlio Vargas não foram suficientes, entretanto, para inclinar a política exterior brasileira a favor dos aliados. Grupos pró-nazistas instalados no próprio governo defendiam a opção pró-Alemanha. A Argentina manifestou discreto apoio aos nazistas. Os grupos nacionalistas domésticos temiam a extensão da influência norte-americana à Argentina.

O Chile, que reivindicou o direito de sediar a III Conferência de Chanceleres Americanos, depois da negativa norte-americana, também se declarou neutro. O Peru, a Bolívia e o Paraguai fizeram o mesmo. Essas manifestações de reticência e agitação na América Latina contra os interesses norte-americanos na guerra levaram a tratativas do subsecretário Sumner Welles para garantir o rompimento das relações dos países da região com o eixo.

Decorreu daí o impacto da III Conferência de Chanceleres, mais conhecida como a Conferência do Rio de Janeiro, realizada em janeiro de 1942. Para os norte-americanos, o apoio brasileiro aos aliados era fundamental para alimentar o pan-americanismo conduzido por Washington. Roosevelt dirigiu-se a Vargas antes da conferência para assegurar ao Brasil, em uma política de barganha, os armamentos necessários para a defesa e a manutenção do acordo siderúrgico assinado em setembro de 1940. O Brasil parecia peça-chave na ligação da América à África. As bases militares nordestinas seriam palco no enfrentamento ao corpo expedicionário alemão — o *afrikakorps* — enviado para a África do Norte para auxiliar os italianos contra os britânicos.

A relevância da Conferência do Rio de Janeiro para o destino dos países latino-americanos no contexto da guerra é irrefutável. Havia muito que a crise da sociedade internacional européia projetara-se na América Latina. A crise da hegemonia britânica e a transferência gradual do eixo de poder para Washington e Berlim alijara, em grande medida, a força da expansão dos interesses franco-britânicos da região. No comércio e nas finanças, os Estados Unidos substituíam gradualmente a secular presença imperial britânica.

Roosevelt apostou no fim do neutralismo inicial dos países da região em favor de uma franca política de alinhamento aos Estados Unidos, sob a liderança regional do Brasil. Na carta dirigida a Vargas, Roosevelt fala da liderança brasileira e do chanceler Oswaldo Aranha. Durante a conferência, Sumner Welles habilmente indicou o nome de Aranha para a primeira comissão, que trataria da proteção hemisférica ocidental, e, simultaneamente, o do chanceler mexicano Ezequiel Padilla para a segunda comissão, que cuidaria da solidariedade econômica.

A conferência foi agitada e expôs a cisão de opiniões: de um lado, a visão argentino-chilena a favor da neutralidade; de outro, a visão da harmonia pan-americana defendida pelo Brasil e pelos Estados Unidos. As discussões acerca da aprovação de uma recomendação de rompimento automático das relações de todos os países da região com os países do eixo foram modelares na identificação dessa tendência. Para os argentinos, suas exportações de couros, cereais e carnes seriam seriamente atingidas no caso de uma opção de alinhamento com o aliados.

As 41 resoluções da Conferência do Rio de Janeiro prepararam os latino-americanos para a entrada na guerra. Desde a recomendação de ruptura com o Eixo à adesão aos princípios da Carta do Atlântico, passando pelas medidas policiais e jurídicas contra as atividades julgadas subversivas no interior dos países, tudo determinava aos Estados da região uma forte relação ocidentalista e aliancista sob a liderança dos Estados Unidos. O Brasil mandou para a guerra o mais importante contingente militar da América Latina jamais deslocado para conflitos extra-americanos.

Na África, a Segunda Guerra não foi um fenômeno localizado apenas no norte do continente e não se restringiu à luta entre alemães e italianos contra britânicos. Ela envolveu países do sul, como a África do Sul, localizada em importante passagem estratégica para a Ásia e no cruzamento de hidrocarburetos. E também conduziu países como o Egito, a Etiópia e a Libéria para o conjunto dos aliados. O impacto econômico da guerra foi notório em várias partes do continente e permitiu preparar o ambiente para o processo de descolonização. Há autores, no entanto, como R. F. Holland, que chamam a atenção para a importância diminuta da África negra ou Subsaárica nas manobras da Segunda Guerra

Mundial. Em todo o caso, a reverberação do conflito esteve presente em todo o continente e foi um fator significativo para os destinos políticos das diferentes regiões que compunham o mosaico africano.

A guerra seria, assim, um fato ambíguo para as consciências africanas. O recrutamento dos colonizados para lutar pelas suas metrópoles, como fizeram britânicos, franceses e italianos, era uma violência a mais no conjunto de desigualdades estruturais que tornavam a sociedade colonial subjugada aos desígnios metropolitanos. A participação no conflito, no entanto, foi a brecha para o ensaio de idéias de corte nacionalista que proliferaram no continente. Jovens africanos que foram criados sob a regra da colonização e que estudavam nas metrópoles enxergaram o fim do sistema de poder europeu. A guerra expunha a agonia européia e mostrava a falibilidade da dominação colonial.

Em síntese, a Segunda Guerra teve impactos distintos na América Latina e na África. Na primeira, significou oportunidade de fortalecimento da superpotência hegemônica regional. Na Segunda, espelhou o enfraquecimento das potências coloniais européias.

• 5.3 A nova ordem internacional: o mundo já é outro (1945-1947)

O bombardeio de Hiroshima e Nagasaki, em 1945, simbolizou não só o ocaso da velha ordem internacional do século XIX. Foi também a demonstração do fim dos sonhos de uma terceira grande potência nas relações internacionais na ordem do pós-guerra. Berlim já sucumbira e agora era a vez de Tóquio. A nova ordem internacional só teria, pelo menos na segunda metade dos anos 1940 e durante toda a década de 1950, dois pólos fundamentais de poder: Washington e Moscou.

A consciência de um novo tempo nas relações internacionais marcou a construção dos cenários posteriores à Segunda Guerra Mundial. Os poderes emergentes (os Estados Unidos e a União Soviética) preparavam-se para sepultar a hegemonia coletiva da sociedade internacional européia e enquadrar as velhas potências. As alianças de conjuntura entre 1941 e 1945 espelharam as miragens da agonia européia diante das novas realidades de poder hegemônico que se abriam para as superpotências.

O gerenciamento da paz foi o grande e primeiro problema pós-conflito. O segundo foi o reordenamento dos processos econômicos. Embora imbricadas, as duas dimensões tiveram desdobramentos próprios entre 1945 e 1947. O nascimento da Organização das Nações Unidas e dos mecanismos de Bretton Woods veio redesenhar, nos planos jurídico e econômico, as forças reais dos vencedores de 1945.

5.3.1 O preâmbulo de um novo tempo nas relações internacionais

Desde setembro de 1941, ao anunciar sua adesão parcial aos princípios da Carta do Atlântico, a União Soviética iniciara uma articulação para ocupar papel central nas redefinições estratégicas do pós-guerra. Stalin percebera o vazio de poder constituído na Europa, particularmente na Oriental, e estava determinado a ocupá-lo.

Daí a insistência dos soviéticos para que os países aliados, sustentados principalmente pela aliança anglo-saxônica, reconhecessem, já em dezembro de 1941, os territórios por eles ocupados à época do pacto germânico-soviético. As reivindicações soviéticas recaíam sobre as bases militares na Finlândia e na Romênia, sobre a substituição do sistema colonial por um sistema de tutela internacional e sobre a criação de uma futura organização para a paz que associasse Moscou a Londres e a Washington.

A aliança anglo-soviética, firmada em 26 de maio de 1942 por Molotov, em Londres, foi o prenúncio de um novo tempo nas relações internacionais européias. A União Soviética não sustentaria sozinha o *front* oriental. A participação ocidental, no entanto, far-se-ia dividida. Mesmo com a visita de Molotov a Washington naquele mesmo ano, desconfiava-se das ações unilaterais soviéticas de ampliação do seu poderio no leste europeu e na Ásia.

No fundo, a União Soviética permanecia na aliança sem ser da aliança. Foi essa a razão do susto dos norte-americanos e britânicos ante os rumores de uma paz separada entre a União Soviética e a Alemanha, com os bons ofícios do Japão, em 1943. A ausência de Stalin na Conferência de Casablanca, em janeiro de 1943, foi interpretada como uma posição ambígua do gigante da Europa Oriental.

A primeira "concertação" anglo-americana sobre o mundo do pós-guerra foi realizada entre 12 e 29 de março de 1943, em Washington, com as presenças do secretário dos Assuntos Estrangeiros, Anthony Eden, e de seu colega norte-americano do Departamento de Estado, Cordell Hull. O futuro da Alemanha, as reivindicações territoriais dos soviéticos e o sistema coletivo de segurança foram os principais assuntos em pauta.

Naquela ocasião, Roosevelt propôs um diretório composto por quatro: os Estados Unidos, o Reino Unido, a União Soviética e a China. A idéia lembrava o Concerto Europeu do século XIX e as idéias do Congresso de Viena de 1815. Mas o assunto era muito mais complexo. Eden preferia um sistema de segurança descentralizado, confiado a organismos continentais. Eden argumentou que, para a Europa, a saída para o gerenciamento da paz seria a criação de uma federação de Estados.

Ao mesmo tempo, em Londres, os governos exilados da Polônia e da Tchecoslováquia defendiam um projeto de federação para a Europa Central, apesar de algumas resistências tchecas. Moscou, no entanto, opôs-se a qualquer idéia federativa na Europa. Temia Stalin a reconstrução do "cordão sanitário" do período imediato à Grande Guerra de 1914-1918 e vislumbrava a própria projeção da União Soviética na região. E De Gaulle reclamava da exclusão da França do diretório proposto por Roosevelt.

O ano de 1943 acelerou a procura por um novo tempo nas relações internacionais. Duas questões iriam demonstrar a débil coalizão entre os aliados e a União Soviética, bem como as tensões que emergiriam no pós-guerra entre as superpotências. A primeira foi a questão polonesa e as teses contraditórias defendidas pelo governo polonês no exílio em Londres (ao reclamar da anexação imoral que vinha se desenrolando no seu país sob o pretexto de protegê-lo), as reivindicações territoriais de Stalin sobre a Polônia (que queria manter as fronteiras definidas no Tratado de Versalhes) e o temor dos aliados ocidentais da política de poder dos soviéticos na região.

A segunda questão foi a italiana. O armistício parcial resultante da destituição de Mussolini pelo rei Vítor Emanuel e a criação do governo de técnicos do marechal Badoglio, em 25 de julho de 1943, aguçaram as desconfianças de Moscou acerca da formação de uma área de influência ocidental sobre os Bálcãs. No armistício finalmente assinado em Siracusa, em 3 de setembro, os soviéticos, que lá não estiveram, deixaram claras as intenções pela delimitação de áreas de influência, que se criariam naturalmente no controle dos países vencidos. Em outras palavras, trocava-se a Itália pela Polônia.

O temor do veto soviético aos acordos com a Itália conduziu os aliados a uma política de compreensão dos interesses soviéticos sobre a Polônia. Gestava-se, ainda no contexto da guerra, uma nova lógica de acomodação dos fortes. Era uma forma de enfrentar o que parecia ser a última etapa da guerra na Europa: a derrota da Alemanha.

As conferências internacionais de Moscou, Cairo e Teerã, no segundo semestre de 1943, mostraram que a aliança "tinha os pés de barro". Ela abrigava diversas concepções acerca do futuro das relações internacionais. Os norte-americanos restauraram as teses wilsonianas da prevalência de um organismo internacional de segurança coletiva sobre as soluções dos problemas territoriais. Os britânicos preocupavam-se com a situação da Europa e com os riscos da expansão soviética. Os franceses exilados em Londres sentiam-se minimizados na aliança.

A Conferência de Moscou, realizada entre 19 e 30 de outubro de 1943, que reuniu os ministros das Relações Exteriores dos Estados Unidos, do Reino Unido e da União Soviética, foi cheia de generalidades. A tese do secretário de Estado Cordell Hull, que virou projeto de declaração, foi aprovada pelos soviéticos.

Falava da criação de um organismo internacional, do uso não egoísta dos países liberados da ocupação alemã e de um sistema de consultas prévias em matérias de interesse comum. Anthony Eden levou as proposições britânicas pela formação de um sistema confederado para os pequenos Estados e pela renúncia das potências a qualquer sistema de zonas de influência. Molotov e Hull obviamente não aceitaram as teses. A declaração final, também assinada pela China graças à insistência norte-americana de vê-la incluída no diretório dos quatro, foi praticamente o texto preparado por Cordell Hull que insistia em três pontos: a capitulação total da Alemanha, a ocupação do seu território pelos três aliados e o seu desarmamento completo.

A Declaração do Cairo, assinada por Roosevelt, Churchill (ambos a caminho de Teerã) e Chang Kai-Chek, com a aprovação de Stalin, enquadrava o Japão. Dada a conhecer em 1º de dezembro de 1943, a declaração exigia a devolução de todas as conquistas japonesas do projeto da grande Ásia Oriental, especialmente dos territórios arrancados à China, como Manchúria e Taiwan.

Em Teerã, entre 28 de novembro e 1º de dezembro, Roosevelt, Stalin e Churchill confirmaram e ampliaram os objetivos da Conferência de Moscou. O centro das discussões foi a questão alemã. Roosevelt propôs a criação de cinco Estados na Alemanha. Churchill concordou, mas imaginou um enquadramento separado para a "Prússia militarista" em relação ao resto do país. Stalin discordou argumentando que "os alemães são todos iguais".

Em Teerã, o interessante foi que se discutiu a futura organização de segurança coletiva à margem das negociações oficiais. Em conversações privadas entre Stalin e Roosevelt, avançou-se a política de superpotência. Contra Churchill (que defendia três organizações regionalizadas na América, na Europa e na Ásia), Roosevelt insistiu na instituição mundial. Ela teria um comitê executivo, uma assembléia geral e um diretório com os quatro grandes, que atuariam como a polícia do mundo.

Stalin, em Teerã, acompanhou a tese norte-americana contrária ao federalismo na Europa, reafirmou a intenção de pulverização da Alemanha e atacou a França como uma nação fraca e degenerada. Stalin nunca perdoara o armistício francês e a colaboração com Hitler.

A euforia de Teerã dissipou-se rapidamente. As políticas de poder dos novos grandes redesenhavam o tempo das relações internacionais com mais realismo. Os armistícios de 1944 consagraram, de fato, a influência da União Soviética sobre a Europa Oriental. Roosevelt, prisioneiro dos princípios wilsonianos e já envolvido na corrida presidencial, perdia fôlego nas negociações. Churchill ensaiou com Stalin, em outubro de 1944, estabelecer os espaços de ocupação das potências na Europa Central e Mediterrânea. Salvaguardou a Grécia para o

Ocidente e entregou a Romênia aos soviéticos. Discutiu os percentuais da presença ocidental e oriental na Hungria e na Bulgária. Reconheceu a solução soviética para a Iugoslávia, com Tito.

A Conferência de Yalta, em fevereiro de 1945, consagrou a divisão que se desenhara anteriormente entre os aliados ocidentais e a União Soviética. O plurilateralismo das negociações, entre 1943 e 1944, cedeu lugar ao unilateralismo do poder soviético na Europa Oriental. A criação do governo provisório da Polônia gerou a ruptura aberta entre Churchill e Stalin. A imposição soviética sobre a Romênia e a Bulgária acelerou o pessimismo de Roosevelt e Churchill em Yalta. O tempo das relações internacionais já era outro: a política das áreas de influência na Europa se tornaria um modelo a ser aplicado à própria política mundial. Era esse o sistema de Yalta.

5.3.2 As Nações Unidas e o gerenciamento da paz: da desconfiança à ruptura

O mundo dos aliados reunido em São Francisco (entre 25 de abril e 25 de junho de 1945) e os três grandes reunidos em Potsdam (entre 17 de julho e 2 de outubro de 1945) tinham o objetivo de criar os instrumentos para gerenciar a paz do pós-guerra. A aliança, uma necessidade dos tempos de guerra, cederia lugar ao esforço de reconstrução das relações internacionais sustentado no compromisso e no diálogo.

A paz, entretanto, foi parcial. Seria, aliás, um desafio. O espírito pessimista de Yalta cederia, aos poucos, à mais absoluta desconfiança em relação a qualquer possibilidade de cooperação entre as duas superpotências. Entre 1946 e 1947, engendrou-se a ruptura que separaria o mundo em dois condomínios.

De qualquer forma, pôde-se falar, ainda em 1945, da tentativa de construir a paz na base da cooperação entre os vitoriosos. Truman, que sucedera Roosevelt, não se deslocou a São Francisco por estar envolvido nas últimas batalhas da guerra. Mas dirigiu-se, pelo rádio, aos 50 países que se fizeram representar.

Surgia, em São Francisco, a Organização das Nações Unidas, uma coligação ditada pelo ocaso da guerra e que só depois viria tornar-se uma verdadeira organização para a paz e a cooperação internacionais. A primeira constatação clara de São Francisco foi a perda de importância da Europa. Ela não tinha mais a força que impulsionara a Sociedade das Nações no período entre as guerras. Ficavam, entretanto, garantidas a participação francesa e a britânica no Conselho de Segurança, centro nervoso e estratégico da nova organização internacional. Suécia, Portugal e Espanha não estiveram presentes, pois haviam mantido sua neutralidade.

Do Oriente Próximo, foram a São Francisco o Iraque, o Egito, a Turquia, o Irã, a Arábia Saudita, a Síria e o Líbano. Da África, ainda tomada pelas relações coloniais, estiveram quatro países: o Egito, a África do Sul (que participara ativamente da Sociedade das Nações), a Libéria e a Etiópia. Os asiáticos presentes em São Francisco foram somente dois: a Índia (ainda em processo de independência) e a China (dentro das idéias de Roosevelt de assegurar a ela lugar no Conselho de Segurança como membro permanente). O Pacífico foi representado pela Austrália e pela Nova Zelândia.

A grande hegemonia numérica em São Francisco foi, no entanto, dos países americanos. Além dos Estados Unidos e do Canadá, 20 países latino-americanos, entre eles o Brasil, participaram das negociações na Califórnia. A presença argentina foi criticada pela União Soviética, tendo em vista as simpatias nazistas do regime e a política de neutralidade. A nova ordem internacional seria, pois, tributária do ideário pan-americano de pacifismo e cooperação internacionais entre Estados soberanos, sem ignorar a existência da desigualdade de *status* e de responsabilidades entre as potências.

A Carta de São Francisco, assinada em 25 de junho, tornou-se um dos grandes instrumentos de regulação do novo tempo das relações internacionais. Em seus 19 capítulos e 111 artigos, firmava-se o primado do realismo sobre o idealismo que marcara a Sociedade das Nações. O sistema do veto do Conselho de Segurança construía um diretório dos cinco grandes vencedores de 1945, para garantir o congelamento do poder e um compromisso de controle da segurança mundial. Intervencionista no domínio social e econômico, a carta previu instrumentos concretos da cooperação internacional.

Um dos grandes destaques da carta foi a afirmação jurídica do fim do grande ciclo de predominância da sociedade internacional européia. Seu universalismo escondia o consórcio das superpotências e a emergência de novos sistemas de dominação internacional. O fim da regra da unanimidade tornou-se a expressão da emergência de nova balança de poder no mundo.

A conferência seguinte, em Potsdam, ocorreu em clima bastante diverso da de Yalta. Em novo contexto, marcado pela mudança nas relações de força na Europa e pela explosão da primeira bomba atômica no deserto do Novo México pelos Estados Unidos, a conferência representou a superação do domínio militar dos soviéticos pelos norte-americanos. O desequilíbrio atômico entre as duas superpotências elevaria a temperatura política em Potsdam. A Grã-Bretanha, que mudara de comando no meio da Conferência, não alterou as linhas da política exterior.

As oposições entre a aliança ocidental e a União Soviética na Conferência de Potsdam fizeram-se presentes em torno de três pontos: as fronteiras ocidentais da

Polônia, as reparações alemãs e a situação da Itália. Matérias que já vinham sendo tratadas anteriormente adquiriram relevo todo especial no contexto de disputa de espaços de poder sobre os territórios invadidos no fim da guerra.

No caso da Polônia, a fronteira oriental já tinha sido regulada em Yalta. O problema era, então, a fronteira com a Alemanha. Nesse caso, os soviéticos temiam a reedição do "cordão sanitário". No assunto das reparações, Stalin insistia no valor de 20 bilhões de dólares, a metade do que deveria ser pago à União Soviética. Os britânicos discordaram, e Truman insistiu que seria um ônus muito pesado para um país arruinado pela guerra. As reticências norte-americanas na matéria levaram Stalin e Molotov a se manifestarem furiosamente acerca da atitude de Truman, que parecia não considerar o acertado anteriormente com Roosevelt.

A questão italiana era um ponto menos litigioso do que simbólico na crescente divergência que desenhava a arquitetura da balança de poder nas relações internacionais do pós-guerra. Por meio da crise italiana, o Ocidente manifestava seu repúdio à forma unilateral com que a União Soviética resolvera a ocupação da Romênia e da Bulgária e cerceara as liberdades na Finlândia e na Hungria. A União Soviética, por sua vez, criticava a rapidez com que os Estados Unidos desejavam incluir a Itália sob o abrigo anglo-americano.

Mas nem só de divergências Potsdam foi constituída. Os acordos sobre a participação soviética na guerra contra o Japão e sobre as zonas de ocupação na Ásia evidenciam que, apesar da desconfiança mútua, havia uma política de equilíbrio e diálogo sobre as grandes questões internacionais. Nesse sentido, as duas superpotências e os demais membros do Conselho de Segurança das Nações Unidas atuaram como um diretório internacional no gerenciamento da paz e da segurança do mundo entre 1945 e 1947.

O balanço desastroso da guerra, no entanto, gerou desânimo sobre as possibilidades de reconstrução de um sistema internacional sustentado na paz e na cooperação. Cinqüenta milhões de pessoas mortas era uma cifra bastante estarrecedora para as consciências européias. Mais de dez milhões de pessoas que passaram por campos de concentração e extermínio configuravam a tragédia da "era das catástrofes", como a definiu o historiador britânico Eric Hobsbawm.

A Europa, que deixara de ser o centro do mundo, destruiu de vez o prestígio das metrópoles junto a suas colônias na África e na Ásia. A Conferência de Moscou de dezembro de 1945, a crise iraniana de 1946 e os últimos acordos dos aliados em fevereiro de 1947 mostraram o quanto o equilíbrio era instável.

A convivência entre as potências e superpotências induziu o instável modelo das divergências em torno do poder atômico. A oposição soviética ao Plano Baruch de congelamento do poder nuclear dos Estados Unidos por meio de mecanismos de regulação das Nações Unidas e a recusa norte-americana ao Plano Gromyko de extinção de todas as armas nucleares existentes eram indícios de ruptura entre as superpotências, já em junho de 1946.

O Tratado de Paz de Paris de fevereiro de 1947, firmado por 21 países vencedores da Segunda Guerra Mundial, encerrou, simbolicamente, os turbulentos nove anos nas relações internacionais. O gerenciamento da paz, sempre parcial, ficava garantido pelo consórcio das superpotências. As decisões de Paris, como as reparações de guerra impostas à Alemanha, os mecanismos das zonas de influência, a limitação de armas e o remanejamento do mapa europeu expressaram os últimos movimentos da agonia européia.

A ordem internacional do pós-guerra foi, portanto, engendrada na dinâmica da Segunda Guerra Mundial. As duas, a nova ordem e a guerra, estiveram umbilicalmente vinculadas. O mais importante resultado dessa simbiose foi a emergência dos flancos da Europa. Os Estados Unidos reuniam todas as condições para impor sua multilateralidade econômica ao mundo, como também o seu projeto de poder ocidental. A União Soviética, embora tenha saído enfraquecida militarmente, reconstruiu, pedra por pedra e arma por arma, suas cidades e seus exércitos. A Guerra Fria seria o novo ambiente de convivência difícil das duas superpotências ao longo da segunda metade da década de 1940 e de grande parte da de 1950.

Referências

ADAMTHWAITE, Anthony. *The making of the Second World War*. London: MacMillan, 1979.

BRUNN, Denis. *Le commerce international dans le monde au XXᵉ siècle*. Paris: Bréal, 1991.

CHOTARD, Jean-René. *La politique américaine en Europe, 1944-1948*. Paris: Messidor, 1991.

DUROSELLE, Jean-Baptiste. *L'Europe de 1815 à nos jours*. Paris: PUF, 1970.

_____. *Histoire diplomatique de 1919 à nos jours*. Paris: Dalloz, 1993.

ÉCOLE FRANÇAISE DE ROME. *Opinion publique et politique extérieure, 1915-1940*. Rome, Milano: Università di Milano, École Française de Rome, 1989.

_____. *Les internationales et le problème de la guerre au XXᵉ siècle*. Rome, Milano: Universitá di Milano, École Française de Rome, 1987.

GIRAULT, René; FRANK, Robert. *Turbulente Europe et nouveaux mondes, 1914-1941*. Paris: Masson, 1988.

_____. (Org.) *La puissance en Europe, 1938-1940*. Paris: Publications de la Sorbonne, 1984.

_____; THOBIE, Jacques. *La loi des géants, 1941-1964*. Paris: Masson, 1993.

GIRAULT, René; BOSSUAT, Gérard (Org.). *Europe brisée, Europe retrouvée*. Paris: Publications de la Sorbonne, 1994.

HARGREAVES, John. *Decolonisation in Africa*. London: Longman, 1988.

HENING, Ruth. *As origens da Segunda Guerra Mundial, 1933-1939*. São Paulo: Ática, 1992.

HOBSBAWM, Eric. *The age of extremes. A history of the world, 1914-1991*. London: Pantheon, 1995.

MADDISON, Angus. *L'économie mondiale au 20ᵉ siècle*. Paris: OCDE, 1989.

MILZA, Pierre. *De Versailles à Berlin, 1919-1945*. Paris: Masson, 1987.

MIOCHE, Philippe. *Le plan Monnet. Genèse et élaboration, 1941-1947*. Paris: Publications de la Sorbonne, 1987.

RENOUVIN, Pierre (Org.). *Histoire des relations internationales*. t. 8: Les crises du XXᵉ siècle (de 1929 à 1945). Paris: Hachette, 1958.

WATSON, Adam. *The evolution of international society. A comparative historical analysis*. London, New York: Routledge, 1992.

WOODS, Ngaire. *Explaining international relations since 1945*. Oxford: Oxford University Press, 1996.

ZORGBIBE, Charles. *Histoire des relations internationales*. t. 2: 1918-1945.; t. 3: 1945-1962. Paris: Hachette, 1994, 1995.

Dois gigantes e um condomínio:

da guerra fria à coexistência pacífica (1947-1968)

José Flávio Sombra Saraiva

O curso das duas décadas que vinculam o ano de 1947 ao de 1968, no âmbito das relações internacionais, foi ditado pela supremacia de dois gigantes sobre o mundo. Os Estados Unidos e a União Soviética assenhorearam-se dos espaços e criaram um condomínio de poder que só foi abalado no final da década de 1960 e início da de 1970.

Existiram, no entanto, nuances no sistema condominial de poder. Da relação "quente" da guerra fria (1947-1955) à lógica da coexistência pacífica (1955-1968), as duas superpotências migraram da situação de desconfiança mútua para uma modalidade de convivência tolerável. Da corrida atômica do final dos anos 1940 e início dos anos 1950 às negociações para um sistema de segurança mundial sustentado no equilíbrio das armas nucleares, os dois gigantes evoluíram nas suas percepções acerca da avassaladora capacidade destrutiva que carregavam.

Mas os anos que separam 1947 de 1968 evidenciaram que a consagrada ordem bipolar, já nos anos 1950, era imperfeita.

As dimensões estratégicas, militares e ideológicas do condomínio passaram, naquelas circunstâncias, a não mais corresponder aos desdobramentos econômicos e sociais provocados pelo renascimento europeu, pela retomada do desenvolvimento japonês, pela explosão afro-asiática e pelos caminhos ambivalentes da América Latina no período. Novas antinomias, especialmente entre o norte e o sul, tornaram as relações internacionais bastante complexas.

O objetivo do capítulo é analisar a migração da ordem internacional da bipolaridade para um sistema condominial mais flexível entre as duas superpotências. A primeira parte dedica-se aos anos da guerra fria. A segunda volta-se para a flexibilização daquela ordem e para o ambiente da coexistência pacífica entre os dois gigantes.

● 6.1 A ordem internacional da guerra fria (1947-1955)

A ordem internacional da guerra fria teve origem no seio da Segunda Guerra Mundial. Embora alguns autores busquem raízes mais remotas, na Revolução Bolchevique, no cercamento internacional da Rússia nos primeiros anos da revolução e no "cordão sanitário" entre as guerras, a guerra fria, enquanto epifenômeno da nova ordem internacional que substituiu o jogo da hegemonia coletiva da Europa sobre as relações internacionais, foi criada nos anos finais da Segunda Guerra.

Desde Teerã (em novembro de 1943), passando por Yalta (em fevereiro de 1945) e chegando a Potsdam (em julho de 1945), os três grandes aliados (Estados Unidos, Grã-Bretanha e União Soviética) aviaram a receita de uma débil aliança quase que exclusivamente sustentada na luta contra Hitler. Ela escondia, no entanto, a emergência do antagonismo que iria conduzir a sociedade internacional para outros parâmetros sistêmicos.

George Frost Kennan, pai dos conceitos da guerra fria e conselheiro da embaixada norte-americana em Moscou, chamou a atenção de Truman, ainda em 1945, para algumas características da reinserção internacional da União Soviética no pós-guerra. Stalin não reconstruiria a economia soviética na lógica da abertura comercial ao Ocidente e não subordinaria as medidas de defesa do modelo da economia planificada e do projeto do socialismo às prebendas comerciais norte-americanas. O diplomata falava de sua crença no antagonismo nato entre o capitalismo e o socialismo e na percepção de que jamais a União Soviética admitiria uma comunidade de propósitos com Estados capitalistas.

As idéias de Kennan expressavam, no fundo, uma percepção que se ampliava, cada vez mais, entre os gestores do Estado norte-americano. Para eles, seu país deveria desenvolver uma vigilância ativa e uma política de contenção das ambições expansionistas soviéticas. As diretrizes seguidas pelo governo acompanharam, assim, as idéias defendidas por Kennan.

Ao lado do novo secretário de Estado George Marshall e do seu subsecretário Dean Acheson, Kennan passou a compor, a partir de janeiro de 1947, o tripé da formulação da nova diplomacia dos Estados Unidos. Sustentada na idéia de uma ação de longo prazo, paciente e firme na contenção das tendências expansionistas da União Soviética, a política exterior do gigante ocidental orientaria suas ações externas nessa direção até meados dos anos 1950. O período corresponderia, no entanto, ao período mais "quente" da guerra fria.

Os soviéticos, objeto da pregação apocalíptica que levara Churchill aos Estados Unidos em 1946 em seu périplo de convocação para uma cruzada civilizatória contra o comunismo, não eram as hordas "vermelhas" prontas a expandir seus tentáculos sobre o Ocidente. Stalin e a liderança soviética tinham a percepção das perdas humanas provocadas pela Segunda Guerra Mundial, da superioridade atômica dos Estados Unidos, das debilidades do projeto nuclear soviético, das dificuldades em apoiar os regimes comunistas da Polônia, Hungria, Romênia e Bulgária e, principalmente, do forte revés da industrialização e da produção agrícola (que havia caído mais de 50% durante a guerra).

A assistência norte-americana para a reconstrução soviética, que tinha sido acordada no contexto da Conferência de Teerã, nunca aconteceu. As agruras impostas à população soviética na guerra representaram um trunfo nas mãos de Truman.

Stalin, com seus mais de 20 milhões de mortos na guerra, ensaiava a reconstrução do país com base nas reparações de guerra e na política das zonas de ocupação. As ações do líder soviético confundiram os formuladores de política exterior nos Estados Unidos que associavam os movimentos de Moscou à ótica de um projeto expansionista soviético cujos tentáculos poriam em xeque a superioridade dos Estados Unidos no Ocidente.

6.1.1 Doutrinas, planos e instituições norte-americanas da guerra fria

Havia algo subjacente à efervescência política da guerra fria nos Estados Unidos nos últimos anos da década de 1940. O multilateralismo econômico, uma necessidade que se impunha aos norte-americanos diante da iminência de crise da produção industrial e da recessão que elevara a população de desempregados de cerca de 2,5 milhões para 8 milhões desde o final de 1945, só seria possível com uma política de poder verdadeiramente mundial.

O novo conceito de superpotência correspondia, assim, à conjugação da capacidade econômica de exercer forte multilateralismo econômico com a vontade de construção de uma grande área sob a influência dos valores do capitalismo. Para os Estados Unidos, a política de poder mundial era um corolário dos dois elementos anteriores. Os líderes democratas, mais que os republicanos, tinham essa noção na segunda metade dos anos 1940.

A consolidação da hegemonia norte-americana no mundo não foi, portanto, uma meta exclusivamente ideológica da nova diplomacia de Marshall, Acheson e Kennan. As forças mais profundas que alimentaram a guerra fria, do lado dos Estados Unidos, foram constituídas no ambiente econômico. A política industrial e financeira do gigante associava-se à luta do anticomunismo, ingrediente fundamental da prolação doméstica da guerra fria nos Estados Unidos. Foi esse o argumento central dos líderes democratas norte-americanos na sua tarefa de convencimento dos republicanos isolacionistas e cansados do envolvimento internacional do seu país na Segunda Guerra.

O impulso desenvolvimentista norte-americano durante a Segunda Guerra Mundial deveria continuar para manter os níveis produtivos anteriores. A atuação diplomática dos Estados Unidos na sucessão de crises internacionais que se iniciaram em 1947, com a retirada britânica da Grécia e da Turquia, passando pelo bloqueio de Berlim em 1948, pelas crises no Irã (1951-1953), na Finlândia (1948), na Iugoslávia (1948 e 1953) e na Tchecoslováquia (1948), até a Guerra da Coréia (1950-1953), evidenciou a perfeita fusão entre os interesses da indústria e do comércio norte-americanos com a busca obsediante pela hegemonia mundial.

A formulação de doutrinas políticas para a contenção dos soviéticos na esfera global, os planos econômicos de reconstrução das áreas atingidas pela guerra mundial e consideradas vulneráveis à influência soviética, assim como a constituição de uma grande aliança militar ocidental, foram, assim, partes constitutivas de um único objetivo dos Estados Unidos. Liderando um dos lados do condomínio, a superpotência ocidental procurava assenhorear-se de mais espaços econômicos, políticos e ideológicos no cenário internacional do pós-guerra.

A Doutrina Truman foi a primeira clara formulação política com caráter universalista dos Estados Unidos nos tempos de guerra fria. Foi concebida às pressas, de maneira atabalhoada, em 1947, no contexto das dificuldades da Grã-Bretanha em manter a ajuda aos regimes anticomunistas instalados na Grécia e na Turquia. A estagnação do velho Império Britânico, agravada pelas contingências do racionamento e dos altos níveis de desemprego e de desindustrialização, era visível. Sua capacidade de intervir em questões internacionais fora reduzida enormemente.

A crise política na Grécia, tomada pela guerra civil e por uma monarquia decrépita, foi o pretexto para o nascimento de um conjunto de idéias e doutrinas típicas da guerra fria. A primeira delas foi a Doutrina Truman. Arvorando-se à condição de condutor da cruzada internacional contra o comunismo, o presidente norte-americano dirigiu-se ao Congresso, em 12 de março de 1947, para convocar os deputados e senadores a liberarem recursos da ordem de 400 milhões de dólares para conter os movimentos comunistas na Grécia.

O discurso de Truman no Congresso foi uma peça primorosa da dimensão messiânica que os Estados Unidos dariam à guerra fria. O presidente insistiu que todas as nações teriam que enfrentar uma escolha fundamental entre duas formas de vida. A primeira, aquela que primava pelas instituições livres e governos representativos. A segunda, a sustentada na vontade da minoria sobre a maioria.

Para Truman, apesar de muitas escolhas não estarem sendo conduzidas de forma livre, restava ainda a possibilidade de a política exterior dos Estados Unidos apoiar os "povos livres que estão resistindo ao jugo de minorias armadas ou pressões externas". A doutrina, fundamentada na concepção de liderança dos norte-americanos, expunha a crença de que se o país fracassasse na missão, haveria perigo à paz e à segurança da nação.

A mensagem de Truman virou doutrina e associou-se à idéia de uma declaração informal de desafio à União Soviética. Alguns dos assessores de Truman trataram posteriormente de minimizar o tom emocional da mensagem presidencial, vinculando-a a uma circunstância precisa. Na prática, no entanto, a força doutrinal das idéias daquele discurso ecoou durante muitos anos na imaginação política do gigante ocidental. A política exterior e as concepções acerca do mundo estiveram profundamente marcadas até muito pouco tempo, nos Estados Unidos, pela Doutrina Truman.

A tradução econômica da doutrina apareceu no mesmo ano de 1947, sob a forma de um plano do secretário de Estado George Marshall. Assustado com o aumento dos votos para os comunistas nas eleições européias no imediato pós-guerra, ao entender que isso significava uma debilidade das democracias ocidentais frente à penetração soviética, Marshall anunciou um conjunto de ações que orientariam a presença norte-americana na reconstrução econômica da Europa Ocidental.

O Plano Marshall, apresentado na aula inaugural da Universidade de Harvard em 5 de junho de 1947, foi peça-chave na estratégia norte-americana da guerra fria. O Congresso reagiu cautelosamente ao projeto de "ajuda às instituições livres", como definira Marshall em Harvard, mas terminou por aprová-lo por absoluta maioria. A Europa Ocidental, entre 1947 e 1951, solicitou recursos da ordem de 17 bilhões de dólares para a reconstrução econômica e social.

O plano de reconstrução européia foi imediatamente implementado. Já em julho de 1947, em Paris, os países ocidentais que haviam enfrentado Hitler reuniram-se para habilitar-se e verificar as condições de preenchimento dos requisitos para a ajuda norte-americana. Antes, em 1944, na Conferência de Bretton-Woods, e com a criação do Fundo Monetário Internacional (FMI) e do Banco Mundial (BM), os Estados Unidos já haviam demonstrado sua capacidade para impor a força do dólar no conjunto das relações econômicas internacionais e sua determinação para participar dos esforços de reconstrução das estruturas capitalistas da Europa Ocidental.

O montante da ajuda norte-americana no contexto do Plano Marshall, organizado em torno de empréstimos vinculados à compra de produtos daquele país e de outras modalidades de financiamento da produção européia, permitiram o soerguimento gradual da Europa Ocidental. Ao final da década de 1950, a região voltava a apresentar um amplo desenvolvimento industrial. Garantia-se, portanto, para um dos gigantes do condomínio internacional, uma fronteira de defesa dos valores do capitalismo e da sua própria preeminência.

Um esquema de cooperação técnica, em 1949, foi estendido para países em desenvolvimento que orbitavam na zona de influência dos Estados Unidos. Esse mecanismo, conhecido como Ponto IV, previa a presença dos investimentos norte-americanos somente para áreas que enfrentassem clara "ameaça comunista", especialmente nas regiões afro-asiáticas reprimidas pela presença soviética. Engenharia econômica amplamente criticada pelos governos latino-americanos que haviam participado da aliança contra Hitler, o Ponto IV teve algum sucesso para a manutenção dos interesses norte-americanos na África e na Ásia.

O Brasil, que se beneficiara da política de barganhas durante a Segunda Guerra Mundial, viveu, na segunda metade da década, a frustração do declínio do financiamento norte-americano para o projeto desenvolvimentista. A diplomacia brasileira foi crítica da ajuda prioritária orientada a países que pouco contribuíram para a vitória aliada na Segunda Guerra Mundial.

Finalmente, o desdobramento militar da liderança ocidental norte-americana na guerra fria foi a criação da Organização do Tratado do Atlântico Norte (Otan), em 4 de abril de 1949. Expressão estratégica da febre anticomunista das lideranças daquele país, a Otan foi proposta por Truman para agrupar 12 nações ocidentais em torno de um pacto de defesa contra as possíveis agressões militares soviéticas.

Depois de intensos debates no Senado, a criação da instituição foi aceita pelo Congresso em junho do mesmo ano. O grande compromisso norte-americano com a Otan era promover a criação do escudo atômico sobre a Europa Ocidental. Eclipsavam os norte-americanos e, de forma definitiva, as práticas isolacionistas do passado.

Criada para reagir a qualquer ataque armado contra os membros da aliança na Europa e na América do Norte, a Otan estabelecia como princípio básico a defesa coletiva das liberdades democráticas dos países capitalistas. O exagero da pregação liderada pelos Estados Unidos justificaria o rearmamento da Alemanha e o endurecimento das posições nacionalistas. O alarme da iminente ameaça comunista, no entanto, nunca correspondeu ao compasso dos fatos internacionais.

Quando Truman deixou a presidência, no começo de 1953, para cedê-la a Eisenhower, a guerra fria já havia assumido proporções globais. A reforma da organização militar norte-americana, que havia se estendido a um sistema mundial unificado de defesa e a instituições de coordenação internacionais, era acompanhada pela luta interna contra o comunismo e pela criação de leis e instituições domésticas adaptadas ao clima da guerra fria. A Lei de Segurança Nacional e a criação do Departamento de Defesa, da *Central Intelligence Agency* (CIA) e do Conselho de Segurança Nacional expressavam o quanto a guerra fria alimentava o sistema político norte-americano em suas ambições de polícia do mundo.

6.1.2 O outro lado da guerra fria: reações e ações soviéticas

As iniciativas discursivas e militares da guerra fria empreendidas pelos Estados Unidos não foram imediatamente acompanhadas pelos soviéticos. Stalin, mesmo depois da ampla divulgação da Doutrina Truman, mas aprisionado pelas limitações do seu país, procurou uma outra forma de convivência com os norte-americanos. Moscou chegou a ensaiar projetos para receber ajuda econômica para a reconstrução. As condições impostas pelos Estados Unidos, no entanto, desanimaram as lideranças do Kremlim.

As reações da União Soviética foram lentas. A primeira foi resultante da rejeição aos termos da ajuda norte-americana para a reabilitação da Alemanha Ocidental. Sustentada na idéia de fazer da Alemanha Ocidental a vitrina do capitalismo e a fronteira das democracias capitalistas, os Estados Unidos investiram, sob a desconfiança de Stalin, uma grande quantidade de capitais no final dos anos 1940.

Os soviéticos viram na reabilitação da Alemanha Ocidental o término da política de reparação de danos que tinha sido acertada nos arranjos políticos do imediato pós-guerra. Não só a União Soviética, mas também a Polônia e a Tchecoslováquia deixariam de receber os dividendos das reparações.

Para Stalin, a maciça presença de capitais norte-americanos no leste europeu era uma dupla ameaça. Eles impulsionavam, por um lado, as forças anticomunistas e articulavam, por outro, o poderio estratégico-militar dos Estados Unidos em todo o continente europeu. As duas ameaças inibiam a política internacional do colosso oriental.

A saída encontrada pelos soviéticos foi o reinício do processo de militarização das fronteiras, o recrudescimento da política de espaços na Europa Oriental e o aceleramento do projeto de desenvolvimento da bomba atômica. Esses três fatores alimentariam a disputa entre as superpotências ao longo de toda a guerra fria.

Os dados da corrida militarista na Europa Oriental são claros. A exaustão soviética ao final da Segunda Guerra, especialmente com a perda de 20 milhões de pessoas, havia reduzido a força militar ao número ainda significativo de três milhões de homens em armas. A partir de 1948, os soviéticos ampliariam consideravelmente o recrutamento militar, especialmente para o exército.

No início dos anos 1950, já possuíam um efetivo militar da ordem de seis milhões de homens, o dobro em relação ao início da guerra fria, em 1947. Em outras palavras, Stalin buscou compensar as debilidades do desenvolvimento da bomba atômica soviética (que só ficou pronta em 1949) com a arrancada na produção de armas convencionais.

A segunda reação da União Soviética à política de guerra fria iniciada pelos norte-americanos foi o aceleramento da chamada sovietização da Europa Oriental. Embora iniciada no entreguerras e reanimada com a definição das áreas de influência no final da Segunda Guerra Mundial, a ampliação dos espaços de potência na Europa do Leste, para buscar o equilíbrio de poder mundial com os Estados Unidos, foi uma estratégia típica dos soviéticos na guerra fria.

Claro exemplo de liderança soviética sobre o movimento de organização dos comunistas europeus foi o nascimento, na Conferência dos Nove Partidos, em setembro de 1947, do Kominform, um *bureau* de informação política. Articulado pelos comunistas franceses, italianos, iugoslavos, tchecos, poloneses, húngaros, romenos, búlgaros, mas liderados pelos soviéticos, o Kominform tornou-se o instrumento privilegiado da propagação da revolução comunista no mundo e do controle ideológico dos partidos comunistas no leste europeu por Stalin.

Criticando a Doutrina Truman e o Plano Marshall, por serem partes do ambicioso plano expansionista dos Estados Unidos (e da Grã-Bretanha) sobre o mundo, os líderes do Kominform plantaram os elementos discursivos para a política de reação do colosso oriental. Stalin comandou, pessoalmente, a estratégia de confronto com os Estados Unidos no final da década de 1940.

O avanço do projeto nuclear soviético, que culminou com o primeiro experimento da bomba atômica em 1949, foi a terceira clara reação de Stalin aos desafios da guerra fria. O controle da energia atômica e o desenvolvimento da pesquisa espacial elevaram os soviéticos à condição de igualdade com os norte-americanos nesses dois campos, já nos anos 1950. O Pacto de Varsóvia viria, mais tarde, estender o guarda-chuva de proteção nuclear de Moscou sobre a Europa Oriental. O equilíbrio atômico entre as duas superpotências se tornaria, assim, um dos eixos "quentes" da guerra fria até a segunda metade dos anos 1950.

A Europa do Leste constituiu-se no palco inicial da demonstração soviética da sua capacidade de influenciar e intervir. O efeito demonstração na Polônia, na Alemanha Oriental, na Hungria, na Tchecoslováquia e na Romênia acirrou os ânimos da opinião pública norte-americana, conduzida pelos seus líderes.

Stalin aderia, portanto, à teoria dos dois gigantes em concurso para definirem seus espaços no condomínio internacional. A Europa Oriental era, por esta concepção, parte do Império Soviético: o controle político na região recrudesceu, o monitoramento e a planificação das economias foram ampliados e a regra do arbítrio foi imposta sobre as vozes dissonantes da democracia política. O argumento da força sobrepôs-se à força do argumento em quase todos os países da região. Prisões lotadas de "homens do Ocidente" compuseram o quadro da estratégia de ocupação de espaços na região.

Variadas formas de convivência foram estabelecidas no sistema intra-imperial soviético. Da dependência absoluta, nos casos da Hungria e da Polônia, à relativa soberania da Tchecoslováquia e da Iugoslávia, todos os países sob a esfera soviética sentiram o fortalecimento da política condominial conduzida por Stalin. A Tchecoslováquia, até o início de 1948, não se tinha ajustado plenamente ao jogo soviético na região, mas curvou-se depois da revolução de fevereiro de 1948. Tito, na Iugoslávia, herói das lutas antinazistas, evoluiu do pró-sovietismo puro para uma posição de eqüidistância em relação aos dois blocos depois das questões relativas à anexação de Trieste e à presença ostensiva de tropas soviéticas nas cidades iugoslavas.

A expulsão da Iugoslávia do Kominform, em junho de 1948, expôs o jogo duro dos soviéticos em Belgrado. Stalin, que ameaçou a Iugoslávia com a possibilidade de invasão, teve de admitir a força do "titoísmo". As dificuldades no sistema intra-imperial soviético foram uma constante ao longo da guerra fria. O caso iugoslavo foi uma brecha irreparável no sistema de poder dos soviéticos na sua natural área de influência. E evidenciou, por outro lado, a força do "titoísmo" como exemplo a ser seguido na perspectiva da construção de autonomia política de países sob forte pressão condominial.

6.1.3 Da Alemanha à Coréia: o mundo na balança da guerra fria

Uma sucessão de crises embalou as relações internacionais da guerra fria entre 1947 e 1955. Iniciada por Berlim e estendida pela Guerra da Coréia, a efervescência das disputas interimperiais norte-americanas e soviéticas se fez presente em várias partes do mundo. Os dois gigantes disputavam, quase sempre, novos espaços no condomínio internacional.

O bloqueio de Berlim, resultante da reação soviética à política de contenção norte-americana, tornou o ano de 1948, para os europeus recém-saídos de uma guerra mundial, um pesadelo. A crise no ponto mais vulnerável do *carrefour* Ocidente-Oriente elevou a tensão entre as superpotências a altos níveis de temperatura política.

Localizada a mais de 150 quilômetros dentro da zona de ocupação soviética e dividida internamente, dentro da lógica de Potsdam, em quatro áreas de ocupação, Berlim foi bloqueada por Stalin como teste do grau de determinação dos seus adversários e como reação à Doutrina Truman. Em Berlim confrontavam-se os dois mundos: na Berlim Ocidental, os Estados Unidos haviam despejado os dólares da ajuda econômica, enquanto, na Oriental, os soviéticos extraíam riquezas para o plano de reconstrução da União Soviética.

Cortando o tráfego ferroviário e rodoviário do Ocidente, Stalin desafiou Truman, ocupado na sua campanha de reeleição e pego de surpresa pelos fatos. Durante os meses em que o mundo assistiu aos preparativos para uma nova guerra mundial, foram testadas várias modalidades de negociação. O argumento de Stalin era o de que Berlim não poderia ser um enclave ocidental no interior da zona de ocupação soviética, ali plantado para desestabilizar a construção do socialismo. O pretexto para seus movimentos havia sido a reforma do marco na Alemanha Ocidental e seus efeitos para Berlim, que teria duas moedas, uma delas absolutamente incorporada ao Ocidente.

Stalin levou adiante seu plano com determinação, desprezou as ameaças de Truman e preparou-se para enfrentar toda a resistência, doméstica e internacional. Entendia que o tempo o beneficiaria, pois o esgotamento natural da parte ocidental da cidade tornaria o bloqueio um fato sem retorno. Para os Estados Unidos restariam saídas honrosas, como a retirada das tropas de Berlim, que implicariam a perda de confiança na própria Doutrina Truman e no Plano Marshall, ou a negociação de uma solução diplomática lenta e desgastante.

Quando parecia inevitável o bloqueio, norte-americanos e britânicos iniciaram, em 28 de junho, o transporte aéreo maciço de alimentos, combustíveis e materiais necessários à resistência de Berlim Ocidental. Para provocar o efeito do terror e da memória da guerra, os norte-americanos mandaram, para bases inglesas, 60 bombardeiros B-29 capazes, segundo se dizia, de lançar bombas atômicas.

A ameaça atômica, embora tenha sido só uma ameaça, teve forte ressonância internacional. A propaganda messiânica nos Estados Unidos e na Europa

Ocidental acerca do terror comunista prestou-se a objetivos internos de poder e a situações eleitorais em quase todos os países. A desmoralização do bloqueio, especialmente pela exploração dos "corredores aéreos" legais entre a Alemanha Ocidental e Berlim, desviou o debate da opinião pública sobre os gastos gigantescos que foram empreendidos por norte-americanos e britânicos naqueles meses do segundo semestre de 1948.

O conflito foi dissipado lentamente. Stalin, que não perturbou os vôos de norte-americanos e britânicos, rejeitou qualquer tentativa diplomática de negociação e levou em conta o diferendo nuclear entre os dois países. Berlim correspondeu, portanto, a um petardo soviético contra a triunfante guerra fria norte-americana, a evidenciar que os dois lados falavam a mesma linguagem. Em 1949, o bloqueio estava encerrado e um acordo discreto viria a ser assinado nas Nações Unidas para estabelecer a normalidade.

O desgaste de Stalin junto à opinião pública ocidental foi brutal. Animado pela propaganda anti-soviética, Truman reelegeu-se nos Estados Unidos. E Berlim, verdadeiro termômetro da disputa condominial sobre o mundo, viria a ser objeto de disputas por toda a década de 1950. No lado ocidental, os investimentos foram elevados ainda mais para criar a vitrina do capitalismo. No lado oriental, foram brotando instituições socialistas com técnicos altamente qualificados e uma atmosfera de desconfiança que levou, em agosto de 1961, à construção do Muro de Berlim, para separar os dois mundos que pareciam irreconciliáveis.

O fracasso do bloqueio e a vitória inquestionável dos Estados Unidos alimentaram a divisão da Europa em duas. Política e militarmente, as duas Europas passariam décadas sem diálogo. A sociedade internacional européia, construída ao longo do século XIX e já desmoronada, assistia, agora, aos próprios estertores da geografia do velho continente.

O novo sistema internacional de poder fora letal para com a cultura européia da negociação e para com o experimento da hegemonia coletiva que havia dado sustentação à construção e expansão das relações internacionais do mundo liberal. A bipolaridade da fase dura da guerra fria tornou a experiência histórica da coletividade política européia uma remota lembrança de um passado glorioso e eurocêntrico.

Na América Latina, que recebera os efeitos da expansão do mundo liberal e da sua crise no entreguerras e na Segunda Guerra Mundial, a guerra fria teve efeitos menos duros que aqueles vividos pela Europa. Não havia o drama da reconstrução econômica nem a iminência da influência soviética mais direta. Países que se engajaram ao lado dos Aliados e com expressão regional, como o Brasil, ocidentalizaram suas políticas exteriores, aceitaram o jogo da segurança patrulhada pelos Estados Unidos e esperaram prebendas econômicas para os processos incipientes de industrialização.

Apesar da desilusão devida à ausência de financiamento para o desenvolvimento, os países latino-americanos participaram do ocidentalismo da guerra fria. A região ficara aceita como área de natural influência dos Estados Unidos. A União Soviética, portanto, não poderia reivindicar espaços.

O governo de Gaspar Dutra coincidiu com a crise de Berlim e com o acirramento das tensões entre as duas superpotências. O Partido Comunista foi proscrito no Brasil e as manifestações do nacionalismo de esquerda chegaram a ser confundidas com parte do jogo de expansão internacional das "idéias comunistas". Especialmente o estamento militar, organizado em torno da Escola Superior de Guerra (ESG), levou adiante os cânones da defesa ocidental contra o comunismo.

Países como a Argentina, entretanto, foram menos ocidentalistas que o Brasil. Perón deixou a marca da busca de uma terceira via para localizar os objetivos da inserção internacional argentina no período. O México estava muito próximo dos Estados Unidos para não acompanhar as postulações norte-americanas para a segurança continental. A tensão política doméstica na região foi alimentada, no período, pela guerra fria. Os movimentos e partidos de corte comunista foram, em vários países, impiedosamente reprimidos. O caso mais expressivo foi a derrubada do governo de esquerda na Guatemala, em 1954. A CIA, organizadora das chamadas "operações clandestinas" na América Latina, ocupou papel crucial na crise guatemalteca.

Na África, a guerra fria trouxe seus primeiros sinais a partir de 1947, mas seus desdobramentos só se tornaram mais evidentes ao longo da década de 1950 e, particularmente, nos anos 1960 e 1970, no contexto da descolonização da África portuguesa. Os movimentos nacionalistas e pan-africanistas viveram o ambiente da guerra fria de diferentes maneiras. Agrupamentos como o Partido Africano da Independência do Senegal, a Juventude do Togo, a União das Populações dos Camarões, o Congresso da Independência de Madagascar, o Movimento Popular de Libertação de Angola, entre outros, receberam, desde sua formação nos anos 1950, influência soviética. Uma das primeiras iniciativas soviéticas na África negra teve por teatro a Libéria. A proposta de auxílio técnico e econômico àquele país foi apresentada pelos soviéticos nas comemorações da terceira reeleição de Tubman, em 1956. Em Gana, que iniciaria, em 1957, ao lado do Sudão (independente em 1956), o ciclo de independências da África negra, a presença soviética foi observada desde o início da formação dos movimentos dos estudantes africanos na Europa.

Em todo caso, autores como David Albright insistem que, salvo nos casos mencionados, não houve uma grande formação de líderes africanos vinculados aos interesses estratégicos de Moscou na África. Apenas três vanguardas comunistas, no Egito, no Sudão e na África do Sul, existiam antes dos anos 1950. Além disso, líderes africanos, como Padmore e N'Krumah, inicialmente encantados com a liderança soviética, rechaçaram-na depois. As opções "trotskistas" dos dois líderes os afastariam dos ditames de Moscou. A falta de associação efetiva do comunismo soviético com os nacionalismos africanos faria com que ambos os movimentos se convertessem em forças mais centrífugas que centrípetas no contexto da guerra fria.

De qualquer forma, os primeiros esforços soviéticos na África, mesmo que sem retribuição africana e variando ao longo do tempo, culminaram com a multiplicação de postos diplomáticos e consulares no continente e com o surgimento de uma seção africana no Ministério dos Negócios Exteriores. Esses esforços foram acompanhados de movimento simultâneo dos norte-americanos. O aparente empenho dos Estados Unidos pela libertação do jugo colonial na África no período expressava menos a demagogia e a preocupação de furtar aos impérios coloniais europeus os mercados de consumo e mais o enfrentamento à União Soviética na sua política africana.

A África do Sul, que participou da Segunda Guerra ao lado dos Aliados, participou da guerra fria ao lado dos interesses norte-americanos no continente. Iniciando formalmente a política de segregação racial em 1948, a África do Sul a associou aos esforços de ocidentalização da África e às relações estratégicas do Atlântico Sul com o Ocidente.

No Oriente Próximo e no norte da África, os cenários da guerra fria foram construídos junto ao renascimento do nacionalismo árabe e ao chamado "problema judaico". Em 1948, os britânicos encerraram o sistema de mandato na Palestina e emergia o novo Estado de Israel, visto entre os árabes como uma ameaça ao seu nacionalismo e como uma presença espúria do Ocidente na região. A Síria e o Líbano, independentes desde 1943, passaram a ser os países de frente, no mundo árabe, nas sucessivas tensões sobre a questão palestina e o Estado de Israel. No Egito, a derrubada do Rei Faruk, por um golpe militar em 1952, elevaria o jovem nacionalista Abdel Nasser ao poder. No Irã, onde a Frente Nacional liderada pelo primeiro-ministro Mossadeg nacionalizou o petróleo, a CIA coordenou o golpe de 1953. A deposição do xá foi o ponto culminante para o controle direto dos Estados Unidos sobre o país diante da incapacidade britânica de manter uma presença ativa na região.

Apesar das dificuldades na América Latina e na África, os palcos das crises da guerra fria foram fundamentalmente europeus e asiáticos. Iniciada na Turquia entre 1945 e 1947, e continuada na Grécia entre 1945 e 1949, a sucessão de crises da guerra fria chegou à Finlândia em 1948, ao Irã em 1951 e em 1953, à Iugoslávia entre 1948 e 1953, à Tchecoslováquia em 1948, e à Guatemala em 1954.

Na Ásia, o impacto da guerra fria foi fundamental para o sucesso de uma nova experiência comunista na China. O desdobramento da guerra civil dos anos 1920, com a ocupação japonesa durante a Segunda Guerra, tornou a China uma "panela de pressão" perigosa para o equilíbrio do condomínio de poder mundial. O Partido Comunista e o Kuomintang haviam se unido contra o inimigo comum (o Japão), mas passaram da guerra mundial ao combate doméstico pelo controle da China.

Chang Kai-Chek, líder do Kuomintang (apoiado pelos Estados Unidos), e Mao Tsé-Tung, líder do Partido Comunista (apoiado, embora discretamente, pelos soviéticos), animaram a guerra fria na Ásia. Com a expansão do poder de Mao, Stalin resolveu apoiá-lo a partir de 1948. O Kuomintang, vencido na guerra civil, refugiou-se na ilha de Formosa (Taiwan), enquanto era proclamada a República Popular da China em outubro de 1949. Vencia um novo modelo de comunismo na Ásia, nas fronteiras soviéticas, para o desânimo dos norte-americanos, que haviam contado com a China como um aliado natural na Ásia Oriental e no Pacífico. Os norte-americanos, diante da perda da China, concentraram suas atenções na reconstrução japonesa.

Outras áreas na Ásia foram palco das disputas entre norte-americanos e soviéticos. Nenhuma delas, entretanto, presenciou uma guerra tão típica ao contexto da guerra fria como a Guerra da Coréia. Entre 1950 e 1953, as superpotências jogaram todos os seus esforços na demonstração de poder mundial na Coréia.

Desde Yalta, persistia o acordo do equilíbrio na Ásia, onde o nordeste asiático estaria sob a influência soviética e o Pacífico sob a hegemonia norte-americana. Mas as difíceis definições das áreas de influência na Ásia não impediram que sobre a Coréia viesse incidir um choque condominial de proporções dramáticas para o curso das relações internacionais contemporâneas.

O ponto de partida foi a proclamação da República Popular Democrática da Coréia pelos revolucionários comunistas que haviam lutado contra os japoneses. Os Estados Unidos desembarcaram tropas no sul do país e estabeleceram um governo de notáveis, sob a direção do nacionalista pró-americano Syngman Rhee. A divisão do país em dois pelo paralelo 38 foi reconhecida pelas Nações Unidas, mas já em 1948, nos primeiros movimentos da guerra fria, a efervescência voltaria à Coréia. Revoltas antiamericanas no sul e assassinatos de líderes pró-unificação foram os estopins para o acirramento das tensões.

Com a substituição de Marshall por Dean Acheson na Secretaria de Estado em 1949, os ânimos foram ainda mais acirrados na Coréia. Em janeiro de 1950, o secretário declarou que Formosa e Coréia do Sul não estavam na linha de defesa que se estendia do Alasca ao Japão. A crise provocada pelo discurso de Acheson, que estava voltado para uma política de reaproximação à República Popular da China, teve efeito aterrador sobre o governo de Syngman. A direita norte-americana, liderada militarmente por Mac Arthur, conseguiu de Truman o envio de esquadra para Formosa e Coréia. A reação dos norte-coreanos, que iniciaram invasão ao sul do paralelo 38, começou em junho de 1950. A guerra estava iniciada.

Provocada pela falta de sensibilidade das elites locais e norte-americanas na região, a Guerra da Coréia inscrever-se-ia rapidamente no conjunto das crises da guerra fria. Ela seria, até então, o maior conflito armado desde a Segunda Guerra Mundial. A ausência soviética e as manobras norte-americanas permitiram ao Conselho de Segurança das Nações Unidas, capitaneado pelos Estados Unidos, mandar tropas multinacionais para a Coréia, sob o comando de oficiais norte-americanos.

A crise foi avolumada com o desembarque dos *mariners* ao lado de Seul e o recuo das tropas norte-coreanas. No início de outubro, o general Mac Arthur impunha vitória militar sobre os norte-coreanos, retornando-os ao paralelo 38 e afirmando que continuaria sua luta até as fronteiras da China. Mao Tsé-Tung advertiu aos Estados Unidos que não toleraria a destruição da Coréia do Norte. E, em novembro do mesmo ano, os MIG soviéticos sobrevoavam e bombardeavam a Coréia. Ao mesmo tempo, tropas chinesas entraram no território coreano e impuseram vitória sobre as tropas norte-americanas. A reação de Mac Arthur foi partir para uma ofensiva geral, por meio da "operação *killer*", lançando bombas de napalm e ameaçando a China com o uso de bombas atômicas.

Os resultados da guerra foram os escombros a que o país ficou reduzido. A saída encontrada por Truman, depois de certo equilíbrio militar definido no final de 1951, foi a retirada de Mac Arthur e uma política de acomodação em torno do paralelo 38. As duas Coréias ficaram como um monumento dos anos da guerra fria. A do Norte alcançou a reconstrução dentro dos quadros do socialismo, e a do Sul recebeu forte injeção de capital para desenvolver o modelo dirigista de industrialização liderado por militares pró-americanos.

O exemplo coreano serviu para as precauções norte-americanas no problema da Indochina. Desde a Conferência de Genebra de 1954, já com Eisenhower no poder, a posição dos norte-americanos na Ásia foi menos hegemônica. Soviéticos e chineses, por sua vez, não pareciam tão dispostos a sustentar um equilíbrio do terror na Ásia. Articularam-se novas reações na região, como as frentes neutralistas e antiintervencionistas. A guerra fria começava, enfim, a esfriar.

● 6.2 A bipolaridade imperfeita na coexistência pacífica (1955-1968)

A flexibilização da ordem bipolar foi a característica mais marcante das relações internacionais no período que vai de 1955 a 1968. Apesar das grandes crises internacionais presenciadas naqueles 13 anos, as duas superpotências já não operavam com os princípios da guerra fria dos anos 1940 e da primeira metade dos anos 1950. A coabitação pacífica, alimentada pela percepção da capacidade destrutiva que carregavam com seus armamentos atômicos, e as forças profundas que vieram alimentar os novos movimentos nas relações internacionais evidenciaram a imperfeição do modelo bipolar.

A coexistência pacífica, definida temporalmente entre 1955 e 1968, foi o segundo momento da ordem internacional construída nos estertores da Segunda Guerra Mundial. Alguns autores confundem "coexistência pacífica" com *détente*, mas Philippe Defarges e René Girault chamam a atenção para essa importante distinção de momentos históricos das relações internacionais. Poder-se-ia supor que o início do descongelamento das relações de poder da guerra fria nos anos 1950 corresponderia ao que alguns denominam "primeira *détente*" (GIRAULT et al., 1993, p. 310) ou antecedente da *détente*.

Por um lado, o conceito de coexistência expressa a gradual flexibilização da ordem bipolar, na segunda metade dos anos 1950 e grande parte da década de 1960, animada por elementos gestados dentro e fora da ordem condominial de poder. A *détente* sinaliza um momento mais tardio, entre 1969 e 1979, quando passou a existir deliberada atitude das duas superpotências no sentido de pôr fim à era de diferenças. A fundação de um verdadeiro "concerto américo-soviético" e o início da decomposição ideológica do conflito Leste-Oeste foram as duas grandes características da *détente*. Esses aspectos serão mais bem apreciados no capítulo seguinte.

Por outro lado, é evidente que a coexistência pacífica e a *détente* foram momentos de um curso mais profundo em que sobressaía a perda de importância relativa das superpotências nas definições do jogo internacional. É esta, certamente, a raiz do erro conceitual e temporal já referido.

A guerra fria, que arrefeceu na segunda metade da década de 1950 e primeira metade da de 1960, não foi propriamente ideológica, como ocorreria mais tarde, na *détente*. Permaneceram muitos conflitos sustentados no antagonismo entre o ocidentalismo e o comunismo, mas mudaram substancialmente já no contexto da coexistência pacífica as condições do xadrez internacional. As dificuldades dos Estados Unidos e da União Soviética de obterem natural fidelidade aos seus projetos políticos e interesses precisos em suas disputas inter e intra-imperiais declinaram consideravelmente no período.

A coexistência pacífica originou-se de seis grandes movimentos nas relações internacionais. O primeiro foi o *aggiornamento* econômico e político da Europa Ocidental. O quadro dramático dos anos imediatos ao pós-guerra já era sentido como algo a ser esquecido. O êxito dos investimentos e das doações norte-americanos por meio do Plano Marshall, associado à capacidade e à vontade de reconstrução, reconduziria lenta, mas declaradamente, a Europa para o cerne das relações internacionais nos anos 1950 e início dos anos 1960.

O segundo fator foi a própria flexibilização intra-imperial, tanto no sistema de poder dos norte-americanos quanto no soviético. Nos Estados Unidos, o fim da cruzada redentora liderada por McCarthy, Mac Arthur, Dean Acheson e pelo próprio Truman (que deixou a presidência em 1953) mudou o perfil da política exterior do gigante ocidental. O experimento da Guerra da Coréia mostrara que grandes volumes de bombas e maciços investimentos na indústria do policiamento mundial não eram suficientes para construir a legitimidade internacional. Essa mudança de percepção foi vislumbrada pela administração Eisenhower.

Ao mesmo tempo, a morte de Stalin, em 5 de março de 1953, com mais de 73 anos, foi um elemento a mais no desarmamento dos espíritos entre norte-americanos e soviéticos. O velho líder estava associado à saga da construção da União Soviética em anos difíceis e ao espírito guerreiro que alimentara sua política de espaços mundiais e de poder doméstico. Depois da crise de poder em julho daquele ano, emergia uma outra luta no âmago da União Soviética: a luta entre Malenkov e Kruschev, o primeiro ligado aos quadros da administração do Estado e o segundo às tendências liberalizantes do Partido Comunista. A vitória do segundo, que procedeu a um amplo processo conhecido como desestalinização, permitiu mais flexibilidade no jogo político com Washington.

O terceiro fator corresponde ao início da desintegração do bloco comunista. A ruptura chinesa do monolitismo do poder da União Soviética sobre o mundo comunista, com o conflito sino-soviético no início dos anos 1960, mostrou que a satelitização — mesmo para países que conviviam em relação de dependência militar com os soviéticos, como a Hungria, a Tchecoslováquia e a Polônia — não mais se aplicava à realidade dos fatos. As crenças divergentes de alguns partidos comunistas, principalmente na Albânia e na Iugoslávia, associadas ao renascimento do nacionalismo, descaracterizaram a unidade comunista na Europa Oriental já nos anos 1950.

O quarto fator na conformação da bipolaridade imperfeita dos anos 1950 e 1960 esteve vinculado ao processo de descolonização dos povos e nações afro-asiáticas. Foi esse um elemento crucial no novo cenário mundial. A multiplicação repentina do número de Estados com soberania formal, ainda que muito atrasados do ponto de vista do desenvolvimento industrial e das condições sociais, modificou o quadro de organismos internacionais como as Nações Unidas. A politização ampliada dos organismos multilaterais foi uma conseqüência natural das vontades de participação daqueles países, em igualdade jurídica com as chamadas nações fortes, as ex-metrópoles e as próprias superpotências.

O quinto fator, pouco ponderado em várias análises das relações do período, foi a articulação própria que alguns países mais industrializados da América Latina deram ao seu modelo de inserção internacional no início dos anos 1960. A chamada Política Externa Independente no Brasil e o governo de Frondizi na Argentina mostram que a América Latina começava a construir seus próprios interesses na inserção internacional do período. A evolução da idéia do "quintal" dos Estados Unidos para uma noção moderna de alinhamento negociado foi uma conquista conceitual dos movimentos de independência das políticas exteriores de países como Argentina e Brasil.

O sexto fator, igualmente decisivo no conjunto das regras internacionais em transição, foi o declínio gradual das armas nucleares nas contendas da balança de poder mundial. O caráter amplamente destrutivo das armas e seu monopólio em clube restrito tornaram as próprias superpotências reféns de seus arsenais. Esse bizarro equilíbrio do terror, perpetuado ao longo do período, produziu a "tragicomédia". Portadores de sofisticadíssima potencialidade nuclear, norte-americanos e soviéticos foram obrigados a enfrentar-se nas guerras da Coréia e do Vietnã sem o uso das armas atômicas. O medo generalizado, cristalizado na opinião pública mundial, da iminência de uma terceira guerra mundial, e última, limitava as hipóteses de suicídio mundial pelo uso indiscriminado e descontrolado dos armamentos atômicos.

Os seis fatores juntos, interligados, tendiam a atenuar o peso da guerra fria, animando mecanismos mais dinâmicos e menos dicotômicos da vida internacional. A coexistência pacífica foi, portanto, o resultado de uma re-acomodação das forças profundas que vinham alimentando as mudanças da ordem bipolar típica e do sistema de finalidades, dos novos cálculos e estratégias, que tornaram a vida internacional dos tardios anos 1950 e grande parte da década de 1960 menos insegura que os incertos anos da guerra fria.

6.2.1 A Europa reanimada

A reanimação da Europa nos anos 1950 foi a característica mais marcante no contexto da diminuição do monolitismo do mundo ocidental no pós-guerra. René Girault gosta de afirmar que os europeus "levantaram a cabeça" depois de quase duas décadas de declínio acelerado no sistema internacional. A Europa, beneficiada com a proteção econômica e militar do gigante ocidental, reiniciou gradualmente sua reinserção, para garantir, para si própria, seu quinhão na balança de poder.

O cerne da reanimação, que transformou o curso das relações internacionais como um todo, foi o soerguimento econômico da Europa Ocidental. O crescimento foi diferenciado de país para país e quase nunca alcançou a Europa do Leste, exceto para algumas poucas regiões onde o investimento soviético procurou mostrar ao Ocidente a capacidade de construção de riqueza da economia planificada. À exceção dos países europeus da orla do Mediterrâneo, os europeus ocidentais souberam mobilizar o passado industrial, a estrutura moderna do trabalho e a riqueza produzida antes da guerra para promover a reconstrução econômica. O Plano Marshall teve sua quota de participação nesse processo, uma vez que havia sido dirigido apenas para países que apresentassem características econômicas que alicerçassem possibilidades de revigoramento.

A ajuda norte-americana para os países da Organização Européia de Cooperação Econômica (Oece), criada em 16 de abril de 1948 e composta por Áustria, Bélgica, Dinamarca, França, Grécia, Irlanda, Islândia, Itália, Luxemburgo, Países Baixos, Noruega, Portugal, Reino Unido, Suécia, Suíça, Turquia e, a partir de outubro de 1949, pela própria Alemanha, representou cerca de 2% do PIB do país em 1948 e, nos quatro anos subseqüentes, oscilou entre 1% e 1,5%.

Esses percentuais esclarecem o quanto a Oece, transformada posteriormente em Organização de Cooperação e Desenvolvimento Econômico (OCDE), em janeiro de 1960, diante da inclusão dos Estados Unidos e do Canadá, atuou como caixa de recursos para o desenvolvimento dos programas nacionais e instrumento eficaz para o financiamento de projetos de reconstrução. A idéia de um interesse comum dos europeus sobre os interesses nacionais de cada país não se formulou como fator hegemônico no período. Os homens de Estado da época disputaram, pragmaticamente, os recursos da reconstrução.

Restou, de qualquer forma, uma noção muito cara à Europa: a de que não havia mais lugar para o exacerbamento do nacionalismo econômico na forma anterior à Segunda Guerra. Emergia, ainda que lentamente, uma mentalidade coletiva voltada para o projeto global de crescimento e para as políticas nacionais mais cautelosas diante da fraqueza do Estado. As políticas de harmonização e as reaproximações bilaterais e multilaterais foram redesenhando, paulatinamente, uma outra Europa.

Os dados econômicos de Angus Maddison (1989, p. 16), especialmente as séries estatísticas relativas ao crescimento do PIB nos países da Europa Ocidental, mostram o crescimento contínuo e acelerado dos anos 1950. A inovação fundamental na política dos países da Oece do período, especialmente aplicada aos países em reconstrução na Europa, foi a lógica da utilização plena dos recursos pela via da gestão ativa da produção real. Traduzida na Grã-Bretanha e na França, a nova lógica keynesiana engendrou a política do pleno emprego e o engajamento dos quadros empresariais, políticos, administrativos e universitários, a mentalidade da estabilidade dos preços, a produtividade industrial, a competitividade comercial das exportações e o aumento da demanda doméstica.

O crescimento na Europa evidentemente não foi regular e generalizado, mesmo entre as economias mais ativas no seu conjunto. A dinamização ocorreu de maneira diferente em cada Estado, variou em função de conjunturas políticas próprias e foi sempre localizada em alguns setores mais modernizadores. Duas características, contudo, foram generalizadas: a obsessão com a estabilidade dos preços e a absorção de levas de trabalhadores imigrantes, especialmente dos trabalhadores da orla mediterrânea.

O *boom* econômico europeu dos anos 1950 e 1960 foi, assim, o responsável por duas modificações no sistema de poder mundial. Em primeiro lugar, foi responsável por significativa mutação nas forças profundas que alimentavam a vida internacional. O poder bipolar, especialmente ao Ocidente, estava sustentado na estreita vinculação do poderio econômico à capacidade de desenvolvimento de uma política de interesses globais. A modificação da configuração européia no mapa econômico mundial trouxe conteúdos políticos novos a uma ordem bipolar inflexível ainda desejada por muitos dos formuladores de política exterior dos Estados Unidos.

Em segundo lugar, o experimento do crescimento econômico acelerado, apesar de guiado por interesses "egoístas" e nacionais, trouxe certa base harmônica ao conjunto das relações intra-européias. Essa foi uma reconquista histórica fundamental, depois da tragédia coletiva das guerras e da instabilidade internacional que perduraram durante tantas décadas. Foi essa a base sobre a qual se levantariam as primeiras etapas da construção comunitária da Europa.

A primeira etapa foi caracterizada pelo desenvolvimento da cooperação intergovernamental do final dos anos 1940, já descrita. A segunda, a partir do início dos anos 1950, vislumbrou a unificação européia pela via da integração. A famosa declaração de 9 de maio de 1950, do ministro das Relações Exteriores da França, Robert Schuman, ao falar da "Europa organizada e viva" como alimento da paz e da prosperidade, abriu a perspectiva da criação de uma comunidade européia do carvão e do aço. O assim chamado Plano Schuman foi passo decisivo na construção da Europa. Permitiu o início da reaproximação franco-alemã, condição necessária a qualquer projeto de integração na Europa Ocidental, e avançou na criação da primeira instituição supranacional européia, a Comunidade Européia do Carvão e do Aço (Ceca), nascida em 18 de abril de 1951, do tratado assinado pelos membros do que viria a ser conhecido como a Europa dos Seis (França, Alemanha, Itália, Bélgica, Países Baixos e Luxemburgo). As bases plantadas pela Ceca fariam com que, nos anos seguintes, o mesmo quadro da Europa dos Seis pudesse evoluir para a Euratom e para o Mercado Comum.

Já entre 1952 e 1954, apesar do domínio das regras da guerra fria, os movimentos federalistas e os partidários da Ceca e da Comunidade Européia de Defesa (CED) — esta nascida em 25 de maio de 1952 e prevendo a integração das forças armadas sob comando único — esforçavam-se para não conformarem a Europa apenas como uma comunidade econômica e de defesa, mas também como uma verdadeira comunidade política. Ao mesmo tempo, a politização de várias correntes de opinião pública na Europa Ocidental levou o tema da construção de uma Europa unida para além dos planos originais de Jean Monnet.

Desde as negociações entre os chanceleres Konrad Adenauer e Mendès-France, em outubro de 1954, uma nova convivência entre alemães e franceses foi encontrada. Essa era a nova matriz política para a reacomodação dos revanchismos que alimentaram a própria crise européia nas décadas anteriores. O êxito das conversações bilaterais e o ambiente gerado pela criação de uma comissão constitucional européia permitiram, pela primeira vez, imaginar uma comunidade política européia orgânica e institucionalizada. Ela seria composta, na visão dos primeiros negociadores, por um parlamento com duas câmaras, um conselho executivo, um conselho de ministros, uma corte e um conselho econômico e social.

Jean Monnet, que fora o primeiro presidente da Ceca, aproveitou a crise gerada pela rejeição francesa da CED, em outubro de 1954, para propor a Comunidade Econômica Européia (CEE). Pragmático, articulado e com uma visão predominantemente econômica dos problemas europeus, Jean Monnet teve a percepção (e não só ele) de que uma boa forma de reinserção internacional dos países europeus, em um mundo tão polarizado, seria o seu próprio soerguimento como uma força ativa nas relações internacionais. Segundo seu pensamento, era preciso avançar progressivamente na direção da integração européia por meio da criação de instituições supranacionais, para atender necessidades econômicas pontuais.

O chamado idealismo monnetiano, portanto, necessita ser matizado. Apesar dos discursos políticos, Monnet foi prático na sua engenharia integracionista. O estudioso britânico Alan S. Milward, no entanto, chama a atenção para o excesso de força explicativa que é usualmente atribuída ao papel de Monnet. Para

Milward (1993), os primeiros esforços da construção da integração européia devem ser buscados na própria fraqueza dos Estados nacionais em operar políticas públicas no campo industrial, energético, agrícola, social e do trabalho, sem um mínimo de concertação supranacional.

O fato é que ambas as vertentes interpretativas se complementam. A relevância dos homens, suas idéias e as condições objetivas em que eles atuam ditam o ritmo da história. As relações internacionais européias dos tardios anos 1950 devem muito, de qualquer forma, às percepções ousadas de Jean Monnet e de muitos outros que não foram ainda devidamente estudados.

O tema da energia foi um dos pontos de partida para a construção da unidade européia, já no segundo semestre de 1956. Para tanto, foi fundamental a articulação dos dois chefes de governo da Alemanha e da França, Konrad Adenauer e Guy Mollet, no sentido do êxito das negociações nesse campo. Os dirigentes do Benelux (Bélgica, Países Baixos e Luxemburgo) temiam um condomínio franco-alemão na gestão da economia européia. Os italianos eram entusiastas da idéia de uma união política liberal na Europa. Os britânicos mostravam certas reticências acerca do projeto de integração européia. Apesar dos esforços de Guy Mollet, velho professor de inglês e um admirador da cultura britânica, os insulares temiam um mercado comum na Europa que pudesse comprometer a soberania e o tratamento preferencial que tinha a Grã-Bretanha como líder da *Commonwealth*.

Foi essa estratégia que levou, não sem tropeços e prolongadas negociações no interior dos parlamentos nacionais e no seio da opinião pública, ao nascimento da CEE, oficialmente criada pelos tratados de Roma de 25 de março de 1957. Firmados pelos membros da Europa dos Seis, os tratados também criaram a Comunidade Européia de Energia Atômica (Ceaa). Seguia-se, assim, o caminho traçado por Monnet para a construção da Europa unida: do particular para o geral. A Euratom seria ratificada pelo governo socialista de Guy Mollet depois de amplos debates nacionais, e pelos alemães, que criticavam o monopólio da compra e venda de materiais nucleares pela Euratom. Em janeiro de 1958 entravam em vigor os tratados de Roma. Walter Hallstein era nomeado presidente da comissão da CEE. No ano de 1959 foram implantadas as primeiras reduções tarifárias intercomunitárias. Em 1961 foi possível a associação da Grécia à CEE. Em 1962 eram adotadas as primeiras regras para a Política Agrícola Comum (PAC).

A Europa reanimava-se, assim, embalada na sua reconstrução econômica. Os tratados de Roma haviam ensaiado uma inédita concertação de Estados: original em sua forma institucional e realista em seus conteúdos. Os ministros europeus das Relações Exteriores e das finanças tentaram avançar em cada negociação sobre as tradicionais diferenças das políticas nacionais e tradições culturais. E avançaram, de fato. A CEE não se propôs a ser uma mera união aduaneira, mas um verdadeiro mercado comum para mercadorias, homens e capitais. Teve a prudência, entretanto, de não avançar, no campo prático, mais do que podia.

Os Estados Unidos, que viam o ressurgimento da força européia como um bom muro de contenção ao comunismo, elogiaram a nova coesão regional dos seus parceiros no "Velho Continente". Monnet foi recebido na Casa Branca com honras de chefe de Estado. Eisenhower chegou a afirmar, em fevereiro de 1957, durante a visita de Guy Mollet a Washington, que a integração européia ocidental era o ponto de inflexão da história contemporânea do mundo livre. As vantagens de um amplo ambiente econômico para os investimentos das empresas norte-americanas na Europa entusiasmavam os governantes do gigante ocidental. O condomínio de poder flexibilizava-se para ampliar os ganhos da expansão do capitalismo. E isso era bom para os Estados Unidos também.

O ponto definidor da nova *entente* européia foi construído a partir de 1958 e se espraiou por toda a década seguinte. O retorno de De Gaulle ao poder, que tratou logo de reconhecer a *dignité* alemã, a resolução das últimas pendências nas fronteiras e a integração alemã aos programas nucleares europeus sedimentaram o terreno para a solidificação da unidade européia. Em 5 de setembro de 1960, De Gaulle pronunciou o famoso discurso no qual defendia ardorosamente um processo de unificação fundado na idéia de uma "Europa dos Estados", que sal-vaguardasse as matrizes das nações. A segunda crise de Berlim, em 1961 — a da construção do muro —, também mostraria uma França europeizada contra uma Grã-Bretanha atlântica. Esta, ao tentar sua adesão à CEE em outubro de 1961, viu sua candidatura recusada pelo general De Gaulle em 14 de janeiro de 1963. Nova adesão foi tentada pela Grã-Bretanha em 1967, para só entrar na CEE, de fato, em 1º de janeiro de 1973.

Em julho de 1964, ao comentar a nova geopolítica mundial e a reinserção européia, De Gaulle não economizou palavras. Lembrou que o Velho Continente ressurgira das cinzas, revigorado econômica e militarmente. Anotou que o mono-litismo do "mundo totalitário" estava em franca fragmentação. Registrou, como homem de Estado, que a repartição do universo entre Moscou e Washington estava fadada ao desaparecimento. Do período que vai de 1958 a 1969, os sucessos e as cri-ses da Europa dos Seis foram, em grande parte, tributários da forte personalidade do general e de sua vontade de impor concepções à forma de integração na Europa. Defendeu com vigor sua "Europa dos Estados" contra a "Europa supranacional", e a "Europa européia" contra e "Europa atlântica". Crises de funcionamento, como a extensão da CEE à Grã-Bretanha e as divergências sobre a harmonização de polí-ticas, marcaram a vida comunitária européia por toda a década de 1960.

Sustentada sobre uma união aduaneira que convergia para um verdadeiro mercado comum, uma política agrícola comum e um sistema monetário articulado, a união da Europa seria, portanto, a base para a "construção da Europa", como a define Pierre Gerbet. A criação contínua européia permitiu, ao longo de algumas décadas, o soerguimento do continente e a reinserção ativa dos Estados europeus no coração das relações internacionais contemporâneas. Embora sem contestar os parâmetros da guerra fria, essa emergência da Europa colocava novos desafios à ordem internacional, porquanto deslocava a competição do terreno do liberalismo universal e ilimitado proposto pelos Estados Unidos para o dos mercados organizados e, até certo ponto, protegidos.

6.2.2 A África e a Ásia rompem com o colonialismo

O fenômeno mais espetacular das relações internacionais da segunda metade dos anos 1950 e a primeira da década de 1960 foi o ocaso do colonialismo na África e na Ásia. O mapa político mundial seria redesenhado em função da nova realidade das independências formais de mais de 70 países em menos de uma década.

Há uma gama de teorias acerca da descolonização. Algumas enfatizam, na transição do período colonial ao independente, o declínio do poder das metrópoles, a debilidade econômica destas e as redefinições estratégicas de seus interesses nacionais. Nessa linha de interpretação, aparecem versões como aquelas que explicam a crise do Império Britânico, por exemplo, como uma crise geral do liberalismo econômico e político do pós-guerra, que comportava, aliás, uma atitude humanitária dos homens de Estado que conduziram as transições das colônias para a condição de Estados independentes. Reforça-se, nesses esquemas, a idéia de independências afro-asiáticas resultantes de políticas de concessão e não como frutos das lutas afro-asiáticas anticoloniais.

Outras teorias buscam na guerra fria a explicação das independências. A nova ordem internacional de poder gestada na Segunda Guerra Mundial, dominada pela ascensão dos flancos e pela debilidade de potências como a Grã-Bretanha e a França, teria reduzido as possibilidades de manutenção de extensos impérios coloniais na África e na Ásia. A crise de Suez, em 1956, serviria como um exemplo da confluência de posições das duas superpotências no sentido de pôr fim à era dos velhos colonialismos europeus.

Uma terceira vertente de interpretação sublinha a força dos nacionalismos afro-asiáticos. Para seus defensores, a capacidade de mobilização radical dos colonizados foi a fonte da ruptura com as metrópoles e a base para o nascimento do Terceiro Mundo como uma unidade conceitual própria no sistema internacional.

As três correntes de interpretação isoladamente não explicam a abrangência das transformações empreendidas na África e na Ásia a partir dos tardios anos 1950, mas, tomadas em seu conjunto, vinculadas de forma equilibrada e observadas as especificidades de cada caso, região e continente, essas correntes fornecem elementos ricos para a compreensão da diversidade dos padrões de transição do colonialismo para as independências, das razões das limitadas rupturas em alguns casos e dos motivos que levaram a que algumas transições fossem mais violentas que outras. A atmosfera doméstica das metrópoles desempenhou papel fundamental na descolonização, mas ela não explica a força dos nacionalismos afro-asiáticos. Estes, por sua vez, não se desenvolveram, na maioria dos casos, à revelia de apoios de grupos políticos e da opinião pública metropolitanos. Ao mesmo tempo, foram inúmeros os tipos de nacionalismos, ora confundindo-se com o liberal-burguês, ora conclamando as tradições de poder afro-asiáticas, ora recorrendo ao socialismo como nova fonte de inspiração. As superpotências, embora tivessem incontestável poder global, não interferiram diretamente na maioria dos casos de descolonização afro-asiática senão após este processo ter se iniciado. A presença mais ativa dos Estados Unidos e da União Soviética em alguns países e regiões era compensada pela quase total indiferença em outros.

Assim é o conjunto de fatores políticos, econômicos, estratégicos e ideológicos que operaram sempre em três níveis — no das metrópoles, no internacional e no colonial — que oferece as pistas para a compreensão da emergência afro-asiática nas relações internacionais do final dos anos 1950 e na década de 1960. Além disso, os períodos devem ser sempre considerados. A primeira leva de independências do final da década de 1940 (como as da Índia e da Indonésia) foi diferente, mas nem tanto, daquela grande explosão de independências do final dos anos 1950 e início dos 1960 (como as de toda a África negra). Nos anos 1970, no caso da África portuguesa, outros seriam os padrões de transição.

O fato concreto é que, no período em foco, a história da descolonização afro-asiática remonta à Conferência de Bandung, na ilha de Java (Indonésia), aberta oficialmente em 16 de abril de 1955, com 29 países (23 da Ásia e 6 da África). O Brasil enviou à Conferência, como observador, o diplomata Adolpho Justo Bezerra de Menezes, que passou a advogar, a partir de então, uma reorientação afro-asiática da política externa brasileira.

Bandung marcou o início da manifestação espetacular de um terceiro grupo de Estados nas relações internacionais. Procuraram nortear, desde os primeiros momentos, sua vontade pela eqüidistância em relação aos dois mundos — o do liberalismo capitalista ocidental e o da economia socialista planificada. Sua força residia, portanto, na busca de uma outra alternativa de inserção internacional, mais independente e autônoma, menos alinhada e dependente.

A ruptura afro-asiática, por meio das independências políticas, foi o alimento do espírito libertário de Bandung. A primeira leva de independências, eminentemente asiática, permitiu à Índia, ao Paquistão, à Birmânia e ao Ceilão o acesso à autonomia já em 1947, no contexto das negociações do pós-guerra. A Índia obtinha sua independência em meio a tensões insufladas pelos britânicos, entre hindus e muçulmanos, de que resultou a separação do país, na União Indiana e no Paquistão. Em 1948, o líder da independência, Mahatma Gandhi, apóstolo da não-violência, foi assassinado por um fanático que reprovara sua atitude conciliatória com os muçulmanos.

A força espiritual da independência da Índia e o experimento do parlamentarismo lá adotado tornariam a transição indiana modelar. A influência internacional do novo Estado, alicerçada em sua projeção política sobre o contexto afro-asiático, elevou o país à categoria de referência regional e internacional. A vontade deliberada de não aderir a blocos, a permanência fora dos esquemas da guerra fria e a busca de liderança na Ásia — evidenciada pelo esforço de armistício para a Coréia em 1951 e pela tentativa de solução negociada para a Guerra do Vietnã nas tratativas de Genebra em 1954 — contribuíram para o prestígio internacional da Índia.

A Indonésia seguiria em parte os passos da Índia, ao obter, em 1949, sua libertação da dominação holandesa. Na Indochina, a influência cultural chinesa desempenhou papel fundamental na ruptura com a França e nas transformações revolucionárias ocorridas a partir de setembro de 1945, quando Ho Chi-Minh proclamou a independência do Vietnã. No ano seguinte, a França reconheceu o Vietnã como Estado livre. A Malásia, cuja diversidade nacional tornava difíceis as relações entre malaios, chineses e indianos em seu território, conseguiu a independência por meio da intervenção de tropas britânicas contra os movimentos comunistas liderados pelos chineses. A nova elite governante, malaio-muçulmana, passou 12 anos em luta, entre 1948 e 1960, para pacificar a sociedade. Cingapura, ponto estratégico entre o Índico e o Pacífico, foi um dos centros de tensão. Em 1960, a Malásia conformava-se como um Estado autônomo e determinado a enfrentar a hegemonia chinesa na região.

A segunda leva de independências, predominantemente africana, tornou ainda mais visível para o sistema internacional a emergência afro-asiática. De 1954 a 1966, da experiência de transição dos britânicos na África negra, passando pela crise de Suez em 1956, pela secessão do Congo Belga, pela transição violenta na Argélia, pela feitura do modelo exemplar da independência de Gana em 1957, chegando à descolonização britânica no Mediterrâneo (Chipre e Malta) e à intervenção direta das tropas norte-americanas no Vietnã em 1966, o período foi marcado por grande dinamismo e dramaticidade na vida internacional. A nova fase foi temperada pelo fim da Guerra da Coréia e pelo apelo indiano da não-violência na luta política.

Os padrões de transição da situação colonial para a independência foram, portanto, múltiplos. A maioria dos países alcançou a autonomia política por meio da negociação pacífica. A transição gradual, administrada pelo concurso metrópole-elite local, permitiu certa tranqüilidade no Quênia e em grande parte da África Ocidental britânica. A pressão do espírito de Bandung, das guerras na Indochina e na Argélia e do caso da Índia forneceram o quadro para a busca de soluções concertadas para boa parte das independências do final dos anos 1950 e início dos anos 1960. A independência de Gana foi apresentada pelos britânicos como uma exitosa solução de transição.

Para autores como R. F. Holland, o colonialismo tornara-se desfuncional para as metrópoles, nos campos diplomático e militar, depois de 1957. A crise de Suez, que culminou com a retirada britânica do canal, reforçou as dificuldades para a manutenção de uma política colonial unilateral da Grã-Bretanha e animou o seu processo decisório no sentido da ampliação das políticas de descolonização. A sucessão do primeiro-ministro Anthony Eden, que havia administrado a crise de Suez, por Harold Macmillan evidenciaria a nova tônica da administração britânica para a África.

Esse padrão, no entanto, não impediu a eclosão de transições violentas em várias partes da África. A Guerra da Argélia expôs o vigor do movimento nacional argelino, que evoluiu do legalismo reformista para a luta armada. A Frente de Libertação Nacional (FLN), ao dirigir seus guerrilheiros para a luta contra a França, incendiou o norte da África e moveu a opinião pública mundial em favor dos nacionalistas argelinos. A reação à brutalidade da repressão francesa embotou o conteúdo social da independência. A unidade do movimento nacionalista, sustentado pelo objetivo precípuo de autonomia política do Estado, dividiu a FLN em suas escolhas estratégicas depois da guerra. A inserção internacional da Argélia independente seria, ao contrário daquela da Índia, bastante difícil.

O Congo Belga foi outro caso de transição violenta. A riqueza da província de Katanga, com suas reservas de cobre, manganês e diamante, levou a descolonização para o centro de uma crise internacional que envolveria as superpotências. A crise antecedeu a própria independência formal do Congo, obtida em 30 de junho de 1960. O projeto de seu líder nacionalista e socialista, Lumumba, era o da formação de quadros burocráticos de alto nível e de transformação social do país. A independência não significou a pacificação. A guerra fria contaminou a guerra civil, conduzida pelo seu rival, Mobutu, que pretendia libertar a província de Katanga para uni-la aos grandes capitais e aos interesses estratégicos do Ocidente.

Depois da intensa guerra civil, nascia o Zaire, em 1965, com o reconhecimento internacional do governo de Mobutu, apesar da condenação formal dos métodos de resolução da crise por parte da ONU.

Os Estados Unidos e a União Soviética envolveram-se na descolonização afro-asiática. Há uma corrente de interpretação que sugere que houve um certo favorecimento dos Estados Unidos à emancipação dos territórios coloniais. Essa visão é limitada. Os movimentos do Departamento de Estado no período mostram que a política afro-asiática dos norte-americanos foi conduzida sem organicidade e objetivos definidos, sendo alimentada em função dos movimentos soviéticos e, mais tarde, dos chineses na área. As guerras da Coréia e do Vietnã deram provas disso, como também as disputas pelo Congo Belga e pelos territórios portugueses na África, na década de 1970.

No primeiro semestre de 1957, o vice-presidente norte-americano, Richard Nixon, iniciou sua viagem ao continente africano, definindo-a como uma reviravolta da política africana dos Estados Unidos. O jovem democrata John Kennedy não discordou do prisma de Nixon. Em 1960, durante a campanha presidencial, mandou o futuro secretário de Estado, Averell Harrimann, à África. Em abril de 1961 era o próprio vice-presidente Lyndon Johnson quem desembarcava em Dakar para as festas de independência do Senegal, país que se acomodava à ocidentalização política do continente.

A concessão de bolsas de estudo para jovens do continente africano, a ajuda financeira, a distribuição de alimentos, o recurso à ONU para despolitizar as ajudas à África, a assistência técnica, a cooperação educacional, o estabelecimento de um Fundo das Nações Unidas para o Congo, a ajuda militar a alguns países para a salvaguarda de sua segurança, a criação da Associação Internacional de Desenvolvimento (AID), um fundo de ajuda ao desenvolvimento do Banco Mundial, tudo isso fez parte do pacote político norte-americano para a África. A idéia era afastar os soviéticos do continente.

No final de 1960, os Estados Unidos já tinham cerca de 20 embaixadas na África. Eram aproximadamente 40 os postos diplomáticos e consulares em diferentes partes do continente. Internamente, os Estados Unidos vincularam sua política africana ao desenvolvimento social da população negra americana e ao incremento dos estudos africanos naquele país. Os intercâmbios foram imediatos. No final desse mesmo ano, mais de 200 jovens norte-americanos, negros na sua maioria, foram passar o verão na África para "compreenderem os assuntos africanos e suas necessidades".

A União Soviética, por sua vez, manteve acesa sua política africana, que variou em seus objetivos ao longo do tempo. O continente seria um novo espaço da guerra fria fora da Europa e das guerras asiáticas. Criou-se, na capital soviética, a Universidade da Amizade, que veio depois denominar-se Instituto Patrice Lumumba, aberta aos povos africanos, latino-americanos e asiáticos. Destinava-se à formação de quadros para a atuação nas experiências socialistas nessas regiões, tendo em vista concorrer com os centros ocidentais, os quais permaneciam hegemônicos. Além disso, os soviéticos criaram vários institutos de línguas africanas em Moscou e Leningrado, como também o Centro de Estudos sobre a África Tropical e a África do Sul em Moscou.

A política de empréstimos foi fundamental para o desenvolvimento da presença soviética na África ao longo dos primeiros anos da independência. Os soviéticos passaram a conceder empréstimos ao governo da Guiné, de 1959 em diante. Em 1960, Sekou Touré, líder da independência daquele país, assinou com Moscou um acordo de cooperação econômica para a participação soviética na construção da barragem de Concuré. O exército guineense passou a atuar com armas tchecas, e aviões russos eram pilotados por aviadores da Alemanha Oriental. As forças aéreas de Gana, do líder Nkrumah, foram equipadas com aviões Illiuchin, da União Soviética. Estudantes desses países receberam bolsas para estudar em Moscou. Esse foi o modelo da cooperação soviética para o continente africano no contexto das suas independências.

A emergência afro-asiática nas relações internacionais, no entanto, não é exclusivamente tributária da política dos dois gigantes em sua ânsia pelo controle do condomínio de poder mundial. Há componentes fundamentais da inserção internacional desses novos países no ambiente da coexistência pacífica que devem ser observados.

Em primeiro lugar, a ruptura com o colonialismo, embora desenhada no contexto do enfraquecimento das políticas metropolitanas européias, foi, em grande medida, conquista do nacionalismo africano. Suas elites políticas, algumas delas nascidas no próprio processo colonial, construíram os movimentos de independência por diferentes vias. Da transição negociada pelo governo britânico, com nível de tensão relativamente pequeno, à transição violenta de países como o Congo Belga (atual Zaire), a Argélia e, posteriormente, daqueles colonizados por Portugal, a descolonização foi uma obra dos anseios de liberdade que provinham de dentro para fora na África e na Ásia.

Em segundo lugar, a reinserção internacional dos continentes afro-asiáticos deu-se em um momento no qual a tensão da guerra fria era declinante. Apesar dos dois continentes terem-se tornado, tardiamente, o palco de tensões típico à guerra fria, a percepção das duas superpotências acerca da capacidade destrutiva das armas atômicas levou a que todo o envolvimento delas nas fronteiras ideológica e militar nos dois continentes se fizesse com armas convencionais.

O arrefecimento da ordem política da guerra fria, no entanto, não impediu a continuação de conflitos regionais na África e na Ásia. No Vietnã, na Somália, na Etiópia, no Chade, no Zaire, em Angola e Moçambique, na Libéria, entre outros, a permanência de certos esquemas da guerra fria foi notória.

Em terceiro lugar, a presença afro-asiática nos foros internacionais no início da década de 1960 foi algo numericamente espetacular, mas débil do ponto de vista qualitativo. Há alguma controvérsia sobre essa atuação. Como chama a atenção o estudioso Hodder-Williams, os países africanos não tinham "interesses a serem preservados" (HODDER-WILLIAMS, 1984, p. 195). Suas políticas exteriores teriam sido mais simbólicas e psicológicas que propriamente práticas. A linguagem do anticolonialismo e, muitas vezes, do anticapitalismo e antiocidentalismo expressou uma natural simpatia para com o espírito de Bandung. Essa simpatia expressava a identidade dos africanos com os conceitos políticos que punham em xeque a ingerência das superpotências, o *apartheid* na África do Sul e as remanescências do colonialismo europeu na África negra.

Finalmente, é mister ter cuidado com o excesso de generalismos na interpretação da inserção internacional dos países afro-asiáticos. Essa advertência vale para o próprio espírito de Bandung, quase sempre visto como um conjunto harmônico de propostas políticas coesas dos povos afro-asiáticos. Os Estados que emergiam tiveram, na maioria das vezes, objetivos externos próprios, geralmente conflitantes com os de seus vizinhos. Isso tornou a inserção afro-asiática bastante complexa. Cada país lidou com suas especificidades domésticas, suas circunstâncias regionais e suas relações especiais com as ex-metrópoles e com as superpotências.

6.2.3 A América Latina busca seu espaço

Pouco observada pelos analistas das relações internacionais no período, a América Latina ensejou uma multiplicidade de formas de relacionamento com o mundo exterior. A multiplicidade expressou a própria inadequação do modelo bipolar para a região e a capacidade, de alguns países latino-americanos, de atuar no cenário internacional a seu favor e, muitas vezes, contra os interesses do gigante americano.

O melhor exemplo de adaptabilidade ao ocaso da guerra fria foi o Brasil. Desiludido com as falsas prebendas do ocidentalismo liberal dos tardios anos 1940, o Brasil retomou, nos anos 1950, seu viés nacionalista e desenvolvimentista. A Operação Pan-Americana (OPA), ensaiada por Kubitschek, foi a expressão de um movimento autônomo nas relações internacionais, cuja intensidade cresceu nos primeiros anos da década de 1960 com a chamada "Política Externa Independente", e foi retomada em 1967, com a "Diplomacia da Prosperidade", depois do interregno liberalizante do governo militar de Castello Branco. O pragmatismo, o cálculo estratégico e a retórica do descongelamento de poder foram instrumentos fundamentais para a elaboração de uma política exterior moderna e voltada para a busca obsediante do desenvolvimento industrial do Brasil.

A Argentina, marcada por níveis de instabilidade política interna que se projetaram de forma mais evidente nas decisões de política internacional, foi menos agressiva que o Brasil na reinserção internacional dos anos 1960. Assistiu ao desaparelhamento da agricultura e manifestou-se timidamente nos foros internacionais de desenvolvimento.

O México guardou a tradicional dependência estrutural em relação aos Estados Unidos. Apesar das heranças nacionalistas do cardenismo, o país não ultrapassou o nível retórico. Em todo caso, inicia-se no México um processo modernizador sustentado na riqueza petrolífera e nos investimentos norte-americanos que levaram a certos ganhos do país no novo jogo mais flexível das relações internacionais.

A coexistência pacífica não foi tão pacífica para alguns países latino-americanos. Envolvidos em lutas políticas internas e em atraso estrutural em relação aos grandes da região, o Paraguai, a Bolívia e as repúblicas da América Central não conseguiram elaborar uma agenda própria para a reinserção internacional. Viveram o final da guerra fria, em parte, como ela fora vivida até então: sem horizontes e ambições maiores nas relações internacionais continentais e extracontinentais.

6.2.4 A cisão no bloco comunista e as novas crises internacionais

O arrefecimento da guerra fria não significou que suas características tenham desaparecido do período da coexistência pacífica. Houve crises internacionais ditadas pela permanência do forte embate ideológico entre os Estados Unidos e a União Soviética. Existiram manobras de demonstração das conquistas militares, espaciais e atômicas de ambas as superpotências. Apesar da permanência no centro do poder mundial, a União Soviética teve de enfrentar cisões importantes no bloco comunista que comprometeram sua própria capacidade de domínio imperial.

A Europa do Leste iniciou a ebulição política contra o sistema imperial soviético. A crise de lealdade dos partidos comunistas na região iniciou-se logo depois da morte de Stalin. A reelaboração política do modelo foi processada de forma conflitiva na maioria dos países. Em quatro deles se formulou um novo modelo nacional de comunismo, relativamente desgarrado dos paradigmas stalinistas. A

Albânia, a Bulgária, a Romênia e a Tchecoslováquia modificaram o modelo para acomodar as vicissitudes nacionais e as histórias políticas anteriores.

A Alemanha Oriental, a Polônia e a Hungria passaram a viver, de 1950 em diante um certo processo de abertura política. A nova crise de Berlim, em 1961, com a construção do muro, marcava os limites desse processo. A sociedade civil da República Democrática da Alemanha (RDA) reagia, em junho de 1953, ao governo autoritário e mostrava ao mundo a vulnerabilidade do comunismo alemão. A "prima rica", a República Federal da Alemanha (RFA) e Berlim Ocidental eram as vitrinas do Ocidente a ostentar o bem-estar capitalista.

Incidentes na Polônia e na Hungria tornaram o campo socialista fragilizado. As lutas entre as lideranças dos partidos comunistas locais projetaram-se no XX Congresso do Partido Comunista soviético. Os poloneses criticaram o "culto da personalidade" e a stalinização das instituições políticas de seus países. Intelectuais, jornalistas e líderes políticos regionais criticavam os métodos do ministro da Defesa polonês, Rokossovski.

A tensão entre os partidos comunistas da Polônia e da União Soviética levou o secretário-geral Nikita Khruchtchev a Varsóvia, em outubro de 1956. A chamada "solução Gomulka", que retorna ao poder com o apoio de estudantes, jornalistas e operários contra a burocracia do partido, mostrou a falibilidade no modelo único de socialismo. O viés nacional do socialismo polonês foi, paulatinamente, mudando o estilo stalinista de gestão e afastando politicamente Varsóvia de Moscou.

A China e a Iugoslávia aplaudiram a evolução da solução polonesa. Chu En-Lai, em especial, elogiou o renascimento do comunismo nacional na Europa. Tito aplaudia a emergência de novas formas de comunismo e chamava a atenção para si próprio, apresentando-se como uma alternativa a ser seguida diante da crise do stalinismo.

As mais dramáticas crises do socialismo na Europa Oriental foram a revolta húngara de 1956, o êxodo alemão-oriental em 1960-1961, que obrigou a construção do muro, e a crise do socialismo na Tchecoslováquia em 1968. Como no caso da Polônia, as transformações internas haviam marcado a renovação do partido comunista húngaro. Um comunismo mais aberto e mais nacional era defendido por Imre Nagy. A permanência do stalinismo local era liderada por Mathias Rakosi. A hostilidade política à presença soviética reapareceu na Hungria depois do governo de Nagy, entre 1953 e 1955. As manifestações a favor da renovação da orientação da política agrícola e a proximidade húngara à Áustria serviram de pretexto para a ocupação soviética de Budapeste, em 23 de outubro de 1956. A crise foi internacionalmente discutida. Tito foi convocado para atuar como mediador e terminou por sugerir a substituição de Nagy por outra liderança húngara moderada, mas com trânsito nos setores revoltosos, que foi Janos Kadar. Como na Polônia com a "solução Gomulka", a "solução Kadar" na Hungria foi a forma negociada para manter esses países no campo oriental e garantir relativa abertura política e inovação no setor econômico.

Mas nada disso pôde conter a força de um novo nacionalismo na Europa Oriental. Sufocado pela expansão do socialismo na região, o nacionalismo retornou com todo vigor nos anos 1950 e 1960. A premonição de De Gaulle, feita em sua conferência de 1964, quando previu o ocaso do socialismo do leste europeu, começava a realizar-se. No caso da Tchecoslováquia, em 1968, a idéia de um socialismo com "face humana" expressava, metaforicamente, a severa crítica ao modelo único de socialismo na Europa Oriental.

O conflito sino-soviético veio confirmar, na Ásia, o fim do monolitismo stalinista e elevar uma nova potência ao conjunto das relações internacionais da região. Pequim mostrou a Moscou e a Tóquio que estava preparada para desempenhar um papel de grande importância nos destinos da Ásia. O cisma Moscou-Pequim, nos termos de Charles Zorgbibe, teve suas raízes nas diferenças ideológicas entre os dois partidos comunistas, na questão da energia nuclear, na ambição de Mao Tsé-Tung em erigir-se teórico principal do comunismo internacional e nos sentimentos chineses diante da reforma do comunismo soviético. A China de Mao apresentava-se como centro autônomo de poder em meio à ordem bipolar vigente, contestando o congelamento nuclear em mãos das duas superpotências. Ao explodir sua primeira bomba atômica, em 16 de outubro de 1964, a China mudava a correlação de forças sobre o cenário internacional.

Referências

ALBRIGHT, David. *Africa and international communism*. London: MacMillan, 1980.

CERVO, Amado Luiz; DÖPCKE, Wolfgang (Org.). *Relações internacionais dos países americanos. Vertentes da história*. Brasília: Linha Gráfica Editora, 1994.

CHOTARD, Jean-René. *La politique américaine en Europe, 1944-1948*. Paris: Messidor, 1991.

DECRENE, Philippe. *Pan-Africanismo*. São Paulo: Difusão Européia do Livro, 1962.

DEFARGES, Philippe Moreau. *Relations internationales*: 2. Questions mondiales. Paris: Éditons du Seuil, 1994.

DI NOLFO, Ennio. *Storia delle relazioni internazionali, 1918-1992*. Bari: La Terza, 1995.

DUROSELLE, Jean-Baptiste. *L'Europe de 1815 à nos jours*. Paris: PUF, 1970.

GERBET, Pierre. *La construction de l'Europe*. Paris: Imprimerie Nationale, 1994.

GIRAULT, René; FRANK, Robert; THOBIE, Jacques. *La loi des géants, 1941-1964*. Paris: Masson, 1993.

GRIMAL, Henri. *La décolonisation, 1919-1963*. Paris: Armand Colin, 1965.

HODDER-WILLIAMS, Richard. *An introduction to the politics of Tropical Africa*. London: George Allen & Unwin, 1984.

HOLLAND, R. F. *European decolonisation, 1910-1981*: an introductory survey. London: MacMillan, 1988.

LISKA, George. *Nations in alliance*. Baltimore: The John Hopkins Press, 1968.

MADDISON, Angus. *L'économie mondiale au 20ᵉ siècle*. Paris: OCDE, 1987.

MILWARD, Alan S. (Ed.) *The frontier of national sovereignty. History and theory, 1945-1992*. London: Routledge, 1993.

MOJSON, Lazar. *Dimensions of non alignment*. Belgrado: Jugoslovenska Stvarnost, 1981.

RIMMER, Douglas (Ed.). *Africa 30 years on*. London: The Royal African Society, 1991.

SHULMAN, Marshall. *East-West tensions in the Third World*. New York: Marshall Shulman, 1986.

SUÁREZ, Luis. *Los países no alineados*. México: Fondo de Cultura Económica, 1975.

VIGEZZI, Brunello. *La dimensione atlantica e le relazioni internazionali nel doppoguerra (1947-1949)*. Milano: Jaca, 1987.

VIZENTINI, Paulo. *Da Guerra Fria à crise (1945 a 1992)*. Porto Alegre: Editora da UFRGS, 1994.

WATSON, Adam. T*he evolution of international society. A comparative historical analysis*. London, New York: Routledge, 1994.

_____. *The limits of independence. Relations between States in the modern world*. London: Routledge, 1997.

WOODS, Ngaire. *Explaining international relations since 1945*. Oxford: Oxford University Press, 1996.

ZORGBIBE, Charles. *Histoire des relations internationales*. t. 4: 1962 à nos jours. Paris: Hachette, 1995.

Détente, diversidade, intranqüilidade e ilusões igualitárias (1969-1979)

José Flávio Sombra Saraiva

Quatro grandes fenômenos animaram as re-lações internacionais na década de 1970. A *détente*, consubstanciada no concerto americano-soviético, foi a característica mais nítida daqueles anos. Ela veio confirmar a flexibilização no relacionamento entre os dois gigantes. Essa tendência, em parte já discutida anteriormente, vinha se formando desde os tardios anos 1950.

O segundo originou-se da tomada de consciência da "diversidade de interesses" no sistema internacional e da generalização da percepção, particularmente na Europa, na Ásia e na América Latina, de que havia brechas para sua própria afirmação. A franca aceleração da divisão de interesses no jogo internacional da década mostrou que a bipolaridade já não se aplicava ao campo econômico. A emergência japonesa e a confirmação da vocação integra-cionista da Europa iriam modificar o jogo da bipolaridade. A América Latina viveu uma década de incertezas, mas também de afirmação, tratando de encontrar um perfil próprio no siste-ma internacional. Países como o Brasil e o México reivindicaram, cada um a seu modo, a ocupação de posições de destaque no sistema internacional. O modelo do nacional-desenvolvimentismo, ainda vigoroso, começou a apresentar seus primeiros sintomas de erosão.

O terceiro foi o esforço de construção da "nova ordem econômica internacional" pelos países do Terceiro Mundo. O componente desenvolvimentista das relações internacionais chamaria a atenção para o diálogo Norte-Sul. Animados pelo grito independentista das décadas de 1960 e 1970, os países afro-asiáticos foram os principais gestores das ilusões igualitaristas. A década de 1970 foi marcada pela tentativa dos países do Sul de conformarem um verdadeiro diálogo com o Norte. O Terceiro Mundo procurou apresentar-se como um todo, como uma unidade vigorosa nas relações internacionais. Sua busca obsediante por uma nova ordem internacional moldou um perfil todo especial àqueles anos. Não se trata de um sonho idealista, porquanto certamente guiavam-se os países do Sul por percepções concretas de interesses que jogavam sobre o cenário internacional num movimento concatenado e global. Trata-se, por certo, de ilusões igualitaristas, visto que julgavam os mesmos países deter poder suficiente para reverter os parâmetros da ordem a seu favor.

O último fenômeno foi a "crise econômica", especialmente a energética e a financeira, responsável por um período de grande intranqüilidade para as relações internacionais. O próprio papel dos Estados nacionais na política internacional seria revisado a partir das crises econômicas dos anos 1970.

Os quatro fenômenos formaram o conjunto de transformações observadas na essência do sistema internacional e modificaram suas causalidades. Não houve, nos anos 1970, mudança substancial na hierarquia das potências, mas vários fatores abalaram a ordem bipolar e afirmaram a diversidade, bem como a multipolaridade econômica e ideológica.

As crises energéticas e financeiras mundiais, exemplificadas nos dois choques de preço do petróleo e na crise de conversibilidade do dólar norte-americano, prenunciaram a mudança do paradigma tecnológico-industrial do capitalismo. Essa mudança de referência econômica veio reafirmar a criatividade do capitalismo praticado em grande parte do mundo frente às experiências socialistas. Em certo sentido, os anos 1970 ofereceram as matrizes históricas para a multiplicação de fenômenos — como a chamada globalização liberal, a crise do modelo socialista no Leste Europeu e os movimentos de regionalização econômica — que viriam se afirmar nos anos 1990.

Localizadas temporalmente entre os desdobramentos da *détente* dos fins dos anos 1960 e o sobressalto provocado pelo retorno do antagonismo Leste-Oeste da primeira metade dos anos 1980, as relações internacionais dos anos 1970 possuem unidade histórica e conceitual própria. A década foi de incertezas e de grandes indefinições na ordem internacional, ainda monitorada pelos dois gigantes. A multipolaridade e a recomposição da balança de poder a favor da Europa e de certas partes da Ásia, especialmente do Japão e da China, seriam sua maior contribuição à diversidade nas relações internacionais.

7.1 A *détente* americano-soviética

A força da *détente* dos anos 1970 não pode ser subestimada. Embora seja difícil estabelecer uma periodização adequada da evolução dos entendimentos entre as superpotências, deve-se reconhecer que desde as crises de Berlim e de Cuba, entre 1961 e 1962, percebeu-se relativa modificação nos padrões de conduta dos dois gigantes. Há autores, como Maurice Vaïsse, que estabelecem o ano de 1962 como o verdadeiro marco entre a coexistência pacífica e a *détente*. É certo que a construção do Muro de Berlim e a crise cubana serviram para que as superpotências verificassem os limites da política de coexistência pacífica. Ela pareceria insuficiente para realizar os desígnios de ambas diante dos novos fatores das relações internacionais. O novo tempo, contudo, não encerrou o ciclo de enfrentamento e desconfianças mútuas. O equilíbrio do terror atômico, a corrida espacial e a "queda-de-braço" entre Washington e Moscou durante grande parte da década de 1960 demonstram que os esquemas da coexistência pacífica ainda persistiam. A fase mais madura do relacionamento entre as superpotências só se verificou no final dos anos 1960 e início da década de 1970. Nessa nova fase deslanchou, verdadeiramente, a política de *détente*.

A acomodação das duas crises citadas, bem como os desdobramentos do encontro de Kennedy com Khruchtchev em Viena, em junho de 1961, foram as alterações principais que conduziram a mudanças que se processariam lentamente ao longo da década de 1960. Era o prenúncio de um tempo de concertação entre os gigantes. Essa década foi, assim, uma passagem entre a coexistência pacífica e a política de *détente*.

O conceito de *détente* está vinculado umbilicalmente aos novos arranjos dos tardios anos 1960 e à década de 1970. A erosão do monolitismo ideológico dos dois blocos atribuiu uma nova conotação às relações internacionais. Além de adversários, os Estados Unidos e a União Soviética apresentaram-se como parceiros. Esse foi o ineditismo histórico que permite separar a década de 1970 dos anos rígidos da guerra fria e do período da coexistência pacífica. A confrontação deixaria de ser direta para ser transportada para conflitos localizados na Ásia, na África e no Oriente Próximo.

A era da *détente* foi, sobretudo, associada às negociações para as limitações das armas nucleares. A nítida percepção da espiral do terror provocado pelos arsenais foi o lastro para a concertação dos gigantes. O primeiro marco desse novo tempo foi o Tratado de Não-Proliferação de Armas Nucleares (TNP), concluído em julho de 1968. Depois de três anos de difíceis negociações e de sete anos da aprovação de uma resolução da ONU que conclamava as nações a esse desafio, começava, de fato, a *détente*. Todos os países que não haviam realizado experimentos nucleares até julho de 1967 deveriam cumprir com as obrigações estabelecidas no TNP na categoria de países não nucleares. A outra categoria, a dos países nucleares, congelava para si o poder nuclear. Os países não nucleares concordariam em renunciar ao desenvolvimento e à aquisição de armas nucleares em troca da tecnologia nuclear para fins pacíficos. Concordavam também em submeter seus programas nucleares à inspeção da Agência Internacional de Energia Atômica (Aiea), criada pela ONU em 1956.

Assinado pelos Estados Unidos, pela União Soviética e pela Grã-Bretanha, o TNP foi imediatamente rejeitado pela China e pela França, engajadas na construção da bomba de hidrogênio e de políticas próprias de poder. O congelamento do poder mundial imposto pelo tratado foi criticado por países ricos e pobres. Alemanha, Itália, Bélgica e Japão aborreciam-se com restrições que os deixavam em desvantagem em relação aos países declaradamente nucleares. A Alemanha, em especial, preocupava-se com as investigações sobre os reatores à base de plutônio. Importantes países do Terceiro Mundo, como Índia, Brasil, Israel, Paquistão, Cuba e Argentina recusaram-se a firmá-lo por considerarem-no discriminatório e lesivo aos interesses do desenvolvimento tecnológico. A Índia, em maio de 1974, quatro anos após o TNP entrar em vigor, realizou sua primeira explosão nuclear, dita "pacífica" pela primeira-ministra Indira Gandhi. Esse fato teve um grande impacto internacional, pois deixava clara a possibilidade da utilização de tecnologia e de armas nucleares por países de Terceiro Mundo.

O Brasil recusou-se a aderir ao TNP, mas procurou, desde o início, negociar com outros países da América Latina acordos regionais específicos de criação de zonas livres de armas nucleares. O Tratado de Tlatelolco, de 1967, assinado depois de a União Soviética ter tentado montar mísseis em Cuba no início da década, foi um marco da vontade própria da América Latina em definir e implementar uma política nuclear. Este tratado, com efeito, proscrevia as armas nucleares na América Latina, mas facultava aos signatários a realização de experimentos que lhes abrissem caminho para o domínio próprio da tecnologia nuclear, considerada indispensável ao pleno desenvolvimento econômico. Argentina e Brasil, que desenvolviam programas nucleares mais avançados, chegaram ao domínio completo do ciclo nuclear e somente concluíram o processo de ratificação do Tratado de Tlatelolco em 1994, depois de ajustarem suas políticas nucleares no quadro de negociações do Mercosul. Os dois grandes países, além de transferirem o controle de suas unidades de pesquisa para o setor civil, estabeleceram mecanismos próprios de inspeção por meio da Agência Argentino-Brasileira de Contabilidade e Controle de Materiais Nucleares.

O segundo marco da concertação dos gigantes estabeleceu-se no contexto das conversações sobre a limitação das armas estratégicas. Anunciadas em junho de 1968, as Strategic Arms Limitation Talks, também conhecidas como Plano Salt, dariam início a uma série de reuniões entre soviéticos e norte-americanos. À frente das negociações, o conselheiro especial de Nixon, Henry Kissinger, revelava que os norte-americanos não despojavam-se da longa tradição de desconfiança dos soviéticos, mas estavam dispostos ao diálogo.

O processo Salt de negociação seria desdobrado em duas partes: um acordo provisório inicial e um tratado. Em maio de 1972 era assinado, em Moscou, por Nixon e Brejnev, o acordo Salt, que previa o congelamento, por cinco anos, do desenvolvimento e da produção de armas estratégicas, bem como o controle sobre os mísseis intercontinentais e lançadores balísticos submarinos. Era a segunda vez que os dois países realmente assumiam a responsabilidade internacional pelo controle dos armamentos nucleares. Ampliava-se, de fato, a política de *détente*.

Aquela cúpula de 1972 foi exemplo preciso da consciência sobre os limites do equilíbrio do terror. A primeira visita oficial de um presidente norte-americano à União Soviética revestiu-se de esperanças para a paz e o equilíbrio internacionais. A declaração conjunta, em 12 pontos, sublinhou as bases para um entendimento mútuo sobre as questões fundamentais do planeta. Um verdadeiro código de conduta seguiria os anos da *détente* e realimentaria o sistema de poder dual sobre o mundo. Em menos de três anos, entre 1972 e 1974, os dois chefes de Estado encontrar-se-iam quatro vezes, demonstrando sua percepção da necessidade do convívio entre os dois sistemas de poder. A viagem de Brejnev aos Estados Unidos, em junho de 1973, foi revestida de grande pompa. Do processo negociador resultou enfim o Tratado Salt, que reordenava a inserção internacional das duas superpotências em clima de *détente*.

Os acordos, convenções e declarações assinados naquela primeira metade da década de 1970 demonstraram, ademais, a clara determinação dos dois países de autoproclamarem-se capazes de reger a ordem internacional em bases diferentes daquelas que haviam animado a guerra fria e a coexistência pacífica. A concertação americano-soviética expressava também a percepção das próprias debilidades internas. Apesar da grandeza das economias e da capacidade estratégica de seus armamentos, ambas as economias davam sinais de debilidade. A produtividade industrial norte-americana declinava e a economia soviética enfrentava o problema da modernização tecnológica no campo. As fatias do poder mundial, tão mais claras nas décadas anteriores, começavam a ser repartidas pelos seus próprios aliados, no Ocidente e no Oriente.

O avanço dos entendimentos entre Washington e Moscou é incontestável. Do encontro de Moscou em 1972 à cúpula de Vladivostok de novembro de 1974, em que Brejnev e Ford se encontraram, a concertação deu grandes passos. Desse movimento soviético-americano resultou efetivamente o clima de *détente*. Ela permitiu reativar fluxos comerciais e financeiros estagnados, como aqueles entre a União Soviética e os países capitalistas ocidentais. O Congresso dos Estados Unidos, por sua vez, aprovou o Export Administration Act (1969), que facilitava a criação de mecanismos de intercâmbio comercial com os países do Leste, flexibilizando as regras anteriores de controle das exportações de materiais sensíveis.

De 1970 a 1975, as exportações ocidentais para a União Soviética quadruplicaram, especialmente animadas pela ampliação da demanda soviética por produtos agrícolas e industriais diversificados. Os defensores da *détente* chamavam a atenção, no Ocidente e no Oriente, para os aspectos positivos criados pelos intercâmbios econômicos novos. A abertura comercial entre os gigantes era garantia de paz duradoura no conjunto das relações Leste-Oeste.

A Emenda Jackson, de dezembro de 1974, e o próprio acordo comercial de outubro de 1972 garantiram aos soviéticos, nos Estados Unidos, as vantagens da cláusula da nação mais favorecida. A tradução dessas condições excepcionais no relacionamento mercantil entre as superpotências permitiu a elevação do volume do comércio de 200 milhões de rublos em 1971 para 3 bilhões em 1979. Era claro o avanço econômico resultante das conquistas políticas da era da *détente*.

Esses resultados comerciais não justificam, todavia, a visão simplista das diferenças e desinteligências vividas pelos dois países na década de 1970. A convivência tolerante não significou a inexistência de tensões entre Moscou e Washington. Permaneceram problemas de herança da guerra fria em algumas áreas. Alguns eram ainda tributários das negociações do imediato pós-guerra: o *status* de Berlim, a divisão da Alemanha e a questão fronteiriça da Polônia. Berlim Ocidental, incrustada na Alemanha Oriental, vivia o drama do difícil acesso ao Ocidente. Longas negociações permitiriam, em setembro de 1971, a convivência entre as quatro potências presentes em Berlim. A aceitação soviética da autonomia de Berlim foi um grande passo para a reconciliação gradual entre as duas Alemanhas.

Outros problemas da *détente* advinham da associação da erosão da influência concreta de ambas as superpotências com a vontade de manter, a qualquer custo, o condomínio de poder. Essa ambiguidade foi percebida claramente nos Estados

Unidos. A crise econômica, o escândalo de Watergate, o trauma da Guerra do Vietnã, entre outros fatores, haviam levado os norte-americanos a uma certa crise de consciência na política exterior. Os estrategistas do Pentágono, entretanto, insistiam em manter as linhas dominantes da geopolítica mundial.

Assim, os gritos de *no more Vietnam* crodiram o consenso norte-americano em política exterior nos anos 1960. O declínio dos meios de potência, ainda que percebidos, dividiam a opinião pública. Apesar dos acordos de Camp David sobre o conflito do Oriente Médio firmados sob os auspícios do presidente Carter, em setembro de 1978, que garantiram uma grande publicidade para a retomada norte-americana da liderança mundial, o gigante ocidental não tinha mais capacidade operacional de associar, como fizera no imediato pós-guerra, o universalismo econômico dos seus desejos à vontade de governo internacional.

Os Estados Unidos não permaneceram impassíveis diante das desordens no Irã, da crise da embaixada americana em Teerã, em novembro de 1979, e da invasão soviética do Afeganistão. O moralismo de Carter e as divisões dos formuladores da política exterior também contribuíram para a dificuldade norte-americana de exercer seu antigo gigantismo. Em certo sentido, na eleição de Ronald Reagan, em 1980, desempenhava papel central o tema de uma nova política exterior de retomada da liderança mundial e de combate às ameaças vindas do "império do mal". A passagem da década de 1970 para a de 1980 assistiria ao retorno do discurso da guerra fria. Entrava no jogo político doméstico norte-americano o tema da perda, para a União Soviética, do poder de liderança militar do globo sob o ponto de vista dos arsenais e das armas nucleares. Com efeito, nessa ordem de problemas que persistiram na era da *détente*, não se podem subestimar as dificuldades para implementar as decisões que envolvem o controle de armas estratégicas. Desenvolvia-se, nos Estados Unidos, a percepção de que, ao abrigo do Plano Salt, a União Soviética teria alcançado uma supremacia estratégica sobre seu rival.

Cumpre acrescentar, por um lado, a própria expansão das zonas de influência soviética no mundo, como em Angola (depois de 1975, com a presença de tropas cubanas e armamento soviético), no Afeganistão e na Líbia, que tornou as discussões duras inúmeras vezes. Por outro lado, o próprio sistema condominial de poder estava em discussão, como se observou durante a cúpula de Viena, em junho de 1979, que encerrou a década com um certo pessimismo subjacente ao diálogo diplomático entre as superpotências.

Uma outra dimensão da *détente* americano-soviética da década de 1970 deve ser percebida fora do relacionamento bilateral entre as superpotências. A França ensaiou com De Gaulle os passos da distensão na Europa Ocidental. Eles foram acompanhados pela *Ostpolitik* alemã que levaria, na década de 1970,

Willy Brandt, eleito na Alemanha Ocidental por uma coalizão social-democrata e liberal, a avançar uma política de aproximação com a Alemanha Oriental. Esse entrosamento entre europeus acabou por aliar as duas superpotências, que se curvavam a visões e preocupações regionais de segurança. A Conferência de Helsinki, realizada em 1975 e preparada cuidadosamente desde novembro de 1972, confirmou a tendência do desarmamento dos espíritos entre soviéticos e norte-americanos. Leonid Brejnev e Gerald Ford, ao assinarem o acordo final de Helsinki junto com todos os chefes de Estado e de governo da Europa, amenizaram as três décadas de desconfianças mútuas.

● 7.2 A diversidade de interesses

A Conferência de Helsinki sobre a Segurança e a Cooperação na Europa (CSCE) revelou uma outra grande tendência das relações internacionais dos anos 1970. Os mais de 30 Estados reunidos buscavam algo além de uma saída harmônica para o tema da segurança. Reivindicavam seus próprios espaços de poder negados pelo jogo das superpotências.

A consciência da diversidade de interesses, embora não fosse uma nova característica das relações internacionais do pós-guerra, apareceu nos anos 1970 como uma de suas mais dinâmicas feições. Muitos fenômenos que modificavam a fisionomia do mundo, como o revigoramento da capacidade operativa dos Estados europeus, o nascimento da idéia efêmera da Comunidade dos Estados Europeus, a determinação francesa de construir sua própria política militar, os novos dados estratégicos mundiais que punham em xeque a Aliança Atlântica, a emergência da economia japonesa, o esforço de afirmação da América Latina e os movimentos dos povos e Estados do Terceiro Mundo para encontrar caminhos próprios, fizeram dos anos 1970 um tempo de diversidade de interesses nas relações internacionais. A crise de liderança no Ocidente, que permitiu certa brecha no poder de comando dos Estados Unidos, foi o ponto de partida para a proposição européia de uma política de relativa independência estratégica, militar e econômica. A busca de autonomia européia se sustentou em dois fundamentos: um de matriz histórica e outro vinculado aos desígnios da própria década de 1970.

7.2.1 A construção da Comunidade Européia: uma outra opção

Os fundamentos históricos que haviam levado a Europa, um século antes, a construir uma verdadeira sociedade internacional pesavam na Europa dos anos 1970. A longa experiência da construção do mundo liberal, sucedida pelas décadas de agonia já discutidas anteriormente, havia deixado uma cultura comum e uma percepção própria dos interesses europeus nas relações internacionais.

Superada a agonia, a retomada do crescimento econômico dos anos 1950 e 1960 levou a Europa à recomposição dos seus padrões históricos de conduta nas relações internacionais. A força da tradição da hegemonia coletiva européia do século XIX, ainda que não pudesse ser totalmente restaurada, aparecia como uma possibilidade alentadora nos anos 1970.

O segundo fundamento, mais ligado aos novos fatores criados nos anos 1970, facilitou o exercício de autonomia da Europa no jogo internacional. O soerguimento econômico conduzira a Europa à percepção do seu próprio lugar no sistema ocidental de poder. A aliança ocidental seria fortalecida, para os novos líderes europeus, com a constituição de uma nova constelação econômica e política que considerasse os interesses próprios da Europa.

Daí os tratados de Roma terem abrigado, desde os anos 1950, algo mais que o experimento comunitário europeu. Da Europa dos Seis às novas adesões, como aquelas da Grã-Bretanha em janeiro de 1972, e também da Dinamarca e da Irlanda, criava-se, em janeiro de 1973, a Europa dos Nove, matriz do que viria fornecer, duas décadas depois, o núcleo de poder da atual União Européia.

Os estudos britânicos das relações internacionais, especialmente aqueles liderados por Alan Milward, mostram que a construção européia não é apenas o fruto das idéias de Jean Monnet, nem do neofuncionalismo globalista dos anos 1990. Para entendê-la é preciso recorrer às fraquezas dos Estados europeus depois da Segunda Guerra Mundial, incapazes de desenharem políticas nacionais e de construírem sua legitimidade doméstica. Para essa escola britânica, as bases do esforço integracionista devem ser buscadas nessas razões históricas mais precisas. A abdicação de parcela da soberania nacional para recuperá-la logo mais, por meio da busca da concertação comunitária, foi o segredo da dialética européia ao longo das décadas da construção européia.

Os anos 1970, nesse sentido, não fugiram à tendência da construção complexa, mas permanente, de um interesse comum aos Estados europeus no sistema internacional. Tal constatação não significou o fim de inserções internacionais próprias. A movimentação da França, que nunca abdicou de sua política de segurança própria e de sua *grandeur,* é prova cabal da divergência de interesses no seio da Europa Ocidental. As inclinações atlânticas e insulares dos britânicos, por outro lado, atrasaram calendários e concertos esperados na década de 1970.

No fundo, os líderes europeus trataram de erigir uma alternativa de poder face ao sistema bipolar, mas não da forma harmônica e autônoma que qualificara a hegemonia coletiva do século XIX. A realidade histórica era outra, mais complexa do ponto de vista das múltiplas realidades que se apresentavam não só na Europa, mas em outras partes do mundo, onde havia também vontade política e condições objetivas para a busca de novos espaços no sistema internacional.

A chamada Europa dos Nove apresentou-se, a partir do início de 1973, como o segundo poder econômico mundial. Com 252 milhões de habitantes, ela alcançava, naquela década, a condição de primeira experiência verdadeiramente exitosa de mercado comum. Apesar da crítica dos trabalhistas britânicos que voltaram ao poder em fevereiro de 1974, das medidas protecionistas da Itália e da Dinamarca e da permanente tensão no campo agrícola e energético, a Europa avançou em muito no seu experimento integracionista na década de 1970.

Muitos foram os eventos políticos que tornaram aqueles anos animadores para a construção européia. A Conferência de Lomé, em 28 de fevereiro de 1975, que celebrou uma convenção da Comunidade Européia com 46 Estados africanos, do Caribe e do Pacífico, estabeleceu tratamento preferencial para os produtos das antigas regiões coloniais nas suas ex-metrópoles. No ano seguinte, em 22 de novembro de 1976, o Plano Davignon de restruturação siderúrgica européia era apresentado com grande aceitação pelos Estados-membros. Em 15 de outubro de 1978 era decidido instaurar, a partir de primeiro de janeiro de 1979, um sistema monetário europeu, que terminou sendo realmente implantado em março do referido ano. Entre 7 e 10 de junho de 1979 eram realizadas as primeiras eleições indiretas para o Parlamento Europeu. E em 31 de outubro daquele ano era realizada a 2ª Conferência de Lomé.

A década na Europa era também aberta com as perspectivas democráticas em Portugal, Espanha e Grécia. Nos três casos, os sistemas autoritários cederiam lugar a regimes voltados para a própria Europa, comungando com ela sua vontade de afirmação internacional. A Grécia, que já havia assinado um acordo de associação com a CEE em 1961, foi admitida finalmente em 1982. Portugal e Espanha, que apresentaram suas candidaturas em 1977, só foram admitidos em 1986, compondo a Europa dos Doze.

O terrorismo abalou em parte a construção da estabilidade européia. A esquerda na Alemanha e na Itália e os nacionalistas na Grã-Bretanha e na Espanha revelaram uma face menos tolerante da convivência européia. Velhos conflitos regionais e reivindicações de grupos nacionais insatisfeitos com os destinos das políticas dos Estados nacionais pareciam comprometer a harmonia do bloco. Nada disso, no entanto, foi capaz de abalar a caminhada européia rumo à sua afirmação internacional.

7.2.2 América Latina: o pêndulo entre a autonomia e a dependência

A América Latina foi uma área de viva atuação internacional na década de 1970. Engajada na busca de seu próprio lugar, moveu-se no contexto de incertezas com particular desenvoltura. O movimento pendular entre a busca de autonomia e a inclinação pela manutenção dos cânones da dependência histórica em relação ao Ocidente, especialmente ao centro do poder norte-americano, animou o processo decisório em quase todos os países da região.

O início da década foi marcado pelo debate, que se estendia desde o final dos anos 1960, sobre a vocação pacífica das relações internacionais latino-americanas. Longe das tensões que abalavam o mundo, a América Latina apresentou-se nas relações internacionais como uma região voltada para as negociações pacíficas de controvérsias e pouco preocupada com a evolução das tensões localizadas em várias partes do mundo.

O ambiente da *détente,* portanto, beneficiou e fortaleceu a reinserção internacional da América Latina. Apesar das tensões ideológicas criadas pela Revolução Cubana e pelos movimentos revolucionários que se contrapunham às orientações de vários governos autoritários na região (especialmente na Colômbia, Bolívia, Argentina, Peru e Chile), as relações internacionais da região foram desideologizadas em alguns de seus países mais importantes. O Brasil foi, certamente, o caso exemplar dessa tendência.

A dimensão pacífica da reinserção internacional da América Latina foi, no entanto, utilizada pelos Estados Unidos para alimentar a dependência histórica de vários países da região. A adesão ao Tratado de Tlatelolco, que previa a zona livre de armas nucleares da América Latina, foi levada adiante pela grande maioria dos países. Alguns Estados procuraram desafiar a hegemonia norte-americana ao não aceitar o congelamento de poder imposto pelo TNP.

O fato mais marcante das relações da América Latina com os Estados Unidos, na década, foi a crise da liderança norte-americana na região. Apesar da insistência de algumas análises, como a de Vaïsse, Colard e Di Nolfo, no caráter instável da região e no sentido violento das manifestações ideológicas contra o regime cubano e a favor deste, a América Latina não foi, de fato, um mero "quintal" da superpotência ocidental.

As hostilidades ao governo norte-americano manifestas pelo regime de Fidel Castro inscreveram-se em movimento mais amplo, quase imperceptível a algumas interpretações, de arrefecimento da liderança dos Estados Unidos na região. Outros países procuraram projetar, por meio do modelo do nacional-desenvolvimentismo, seus próprios interesses internacionais. Os estudos de Moniz Bandeira sobre as relações entre o Brasil e os Estados Unidos enfatiza a emergência da rivalidade entre os dois países no período. Sem cair na órbita soviética, países como o Brasil, o México e a Argentina mantiveram, apesar das diferenças dos regimes políticos, uma linha de conduta própria nos negócios internacionais. A diversificação de parcerias internacionais da América Latina com a África e a Ásia, nos marcos da cooperação Sul-Sul, com a Europa Ocidental e o Japão atenuou o peso relativo dos Estados Unidos como eixo econômico e político das vinculações externas.

O México, mais próximo aos Estados Unidos, teve de equilibrar a manutenção do seu forte apelo discursivo a favor do Terceiro Mundo, com a realidade da dependência econômica estrutural em relação ao vizinho do norte. Mais da metade da pauta comercial mexicana dos anos 1970 realizava-se com os Estados Unidos, mas a força das percepções internacionais mexicanas não pode ser negada. O México manteve seu padrão contínuo de inserção internacional, que vinha da década de 1950, e mesmo dos anos 1930, com Lázaro Cárdenas, talvez da própria Revolução Mexicana. Esse esforço autonomista conduziu aquele país à busca por novos nexos e parceiros, além de manter uma relação especial com o regime comunista de Fidel Castro.

Ademais, a estabilidade política mexicana permitiu certa liderança, tanto junto a países da América Central e do Caribe como da América do Sul. Alguns entre os últimos, vivendo momentos débeis da sua vida democrática, não lograram desenhar imagens positivas internacionais, como aquelas que associaram muitos povos do Terceiro Mundo ao México das liberdades políticas e da defesa intransigente da autodeterminação dos povos nos governos de Luís Echeverria e Lopez Portillo.

A Argentina — que viveu na década de 1970 a dramática transição de um segundo momento do peronismo, com a crise do governo de Isabelita Perón, para o chamado processo de reorganização nacional, que se iniciou com o golpe de 1976 — não teve seus movimentos de inserção internacional profundamente alterados. A política externa argentina manteve padrões de conduta, apesar da crítica da opinião pública mundial sobre o desrespeito aos direitos humanos. Características da inserção internacional do peronismo estiveram presentes nos governos militares. As relações da Argentina com a União Soviética durante a ditadura foram normais e regulares, amparadas pela venda de grãos argentinos.

Entretanto, nenhum país da América Latina teve, na década de 1970, um desempenho tão exemplar na busca de autonomia como o Brasil. O complexo e confuso reordenamento do sistema internacional exigiu uma ação declaradamente pragmática e flexível da política exterior do Brasil. O projeto do nacional-desenvolvimentismo correria riscos se não fosse bem entendido pelos formadores de opinião e tomadores de decisão na área externa. Araújo Castro, diplomata que tivera papel importante na formulação da política exterior no início dos anos 1960, afirmou que o Brasil era "chamado a viver" em um novo mundo, com regras próprias e inéditas. O pragmatismo nos anos 1970 não postulou a destruição dessas regras do jogo. Ele procurava alterar a posição relativa do Brasil na hierarquia dos poderes. Daí o Brasil ter representado, para o sistema internacional da época, um papel especial que levou vários especialistas a qualificar o país como "potência média" ou "poder ascendente".

A ideologia do "Brasil grande" também ofereceu sua cota de participação à busca de maior autonomia do país na ordem internacional vigente. A euforia desenvolvimentista dos setores médios da sociedade facilitou a relação simbiótica entre empresários, políticos, burocracia civil, diplomatas do Itamaraty e militares instalados no Planalto. Um certo consenso teve lugar na formulação e na implementação da política exterior brasileira, cujo fim era o fortalecimento de grandes empresas nacionais, chamadas a importar e desenvolver tecnologias ao ponto de superar a histórica dependência estrutural diante das matrizes capitalistas.

A euforia do "milagre brasileiro" também engendrou ilusões. A primeira delas, sustentada na idéia de que o modelo de desenvolvimento com base na obtenção de altos saldos comerciais e de crescente endividamento externo não teria limites, revelou seus efeitos na vulnerabilidade econômica observada ao longo da década seguinte. As crises de preços do petróleo, da elevação das taxas de juros e da dívida externa mostraram os limites desse modelo de inserção internacional.

A segunda, alimentada pela euforia do "Brasil grande", converteu o otimismo excessivo em descrédito acerca da capacidade de reinserção internacional do país nos moldes que vinham da era Vargas. As dificuldades do Estado, de suas contas públicas, dos altos níveis inflacionários, das desigualdades sociais internas, entre outros fatores, reduziram a capacidade de ação internacional do gigante da América do Sul. A América Latina, como um todo, se ressentiria de problemas semelhantes na passagem dos anos 1970 para os anos 1980.

7.2.3 Os novos interesses na Ásia e na África

As relações internacionais na Ásia dos anos 1970 foram dominadas por quatro grandes atores: o Vietnã, a Índia, a China e o Japão. Os três primeiros representaram papel protagônico no início da década. O Vietnã, que foi mais objeto que sujeito da agenda internacional, perderia sua importância relativa ao longo daqueles anos. O Japão emergiria como uma definitiva referência de poder no contexto asiático. A Índia e a China foram acumulando, cada uma a seu modo, capacidade de articular seus interesses próprios e objetivos estratégicos na agenda internacional.

O Vietnã buscou estender sua influência política e militar na região. Desafiando ora os Estados Unidos ora a China, o Vietnã soube aproveitar-se das tensões ainda presentes entre as superpotências nos tempos da *détente.* As elites vietnamitas, apoiadas por Moscou, trataram de explorar as dimensões ideológicas da competição entre os dois gigantes para enfatizar seu projeto de poder para parte do sudeste asiático (Camboja).

O fim da Guerra do Vietnã, em 1973, não trouxe paz ao país. A luta pela reunificação entre o norte e o sul, em favor do regime de Hanói, foi apresentada pelas lideranças comunistas vietnamitas como uma etapa do projeto estratégico de proteção do país contra a China. Em abril de 1975, diante da ofensiva comunista, Saigon sucumbiu. A partir dessa fase, o expansionismo vietnamita levou à transformação do Laos e do Camboja em verdadeiros protetorados, entre 1977 e 1979, com a ocupação militar vietnamita do Camboja.

A Índia, por outro lado, apresentou-se no xadrez oriental não apenas pela força da sua população, mas também pela tradição profissional das suas forças militares. A inclinação indiana em relação aos soviéticos não representou, simultaneamente, qualquer ruptura significativa com o Ocidente. Semelhante ao caso brasileiro, a Índia buscou certa autonomia no jogo internacional da década.

O mais importante desafio internacional da Índia, no entanto, dizia respeito às suas relações com o Paquistão. Na década de 1960, o desentendimento entre os dois países iniciara-se com a progressiva anexação indiana da Caxemira. Na década de 1970, foram a independência de Bangladesh e as alianças estratégicas do Paquistão com a China as causas das desavenças. A situação evoluiu, especialmente depois do primeiro experimento atômico da Índia em 1974, para um ponto de acomodação a favor da liderança indiana na região.

A China, depois de quase 20 anos de isolamento, volta ao sistema internacional nos anos 1970. Superadas as principais razões do isolacionismo chinês, como o ostracismo imposto pelas potências ocidentais, a revolução interna permanente e o condomínio soviético-americano sobre o mundo, a China soube reabrir seus novos caminhos no sistema internacional. Denunciando o congelamento de poder criado pelas duas superpotências, a China, proscrita das Nações Unidas pelo desejo norte-americano, retomou os passos na conquista do seu lugar no concerto das nações.

Disposta a apresentar sua própria proposta ideológica separada da União Soviética e fazendo valer o seu peso demográfico, militar e econômico, a China começou a revelar-se como uma alternativa de poder na Ásia. A nova percepção do lugar da China na Ásia e no mundo foi claramente anunciada em abril de 1971 pelas lideranças políticas e formuladoras da política internacional daquele país. Configuradas como uma nova política externa, as características fundamentais do projeto chinês foram a recusa da hegemonia soviética no mundo e a aproximação com os Estados Unidos.

Estudadas ponto a ponto na visita secreta de Kissinger a Pequim em julho de 1971, as mudanças conceituais na política internacional da China tornaram-se visíveis na visita de Nixon a Pequim, de 21 a 28 de fevereiro de 1972. O equilíbrio na Ásia aproximava, assim, os chineses dos norte-americanos e os indianos dos soviéticos. Em 1973 era a vez de Pompidou visitar a China para mostrar que havia também uma política européia e francesa, em particular, para a China. Chu En-Lai diria que a aproximação sino-européia mostrava a vontade dos povos em preservar suas soberanias e reforçar as independências nacionais. Era o sinal de uma política mundial da China, autônoma e de apoio a experiências de povos que buscavam espaços próprios de afirmação no contexto internacional.

Os novos desafios da China conduziram-na à África, à América Latina e ao Oriente Próximo, nessa última região, especialmente, apoiando os palestinos. Para a Ásia, defendeu uma política de contenção dos interesses soviéticos e criticou o tratado destes últimos com os indianos, bem como a proposta de Brejnev de criação de um sistema de segurança coletiva para a Ásia.

Outro ponto fundamental da reinserção chinesa na década foi a entrada oficial da China como membro das Nações Unidas, substituindo a China nacionalista e ocupando um dos assentos permanentes no Conselho de Segurança. A partir dessa posição, obtida oficialmente em 26 de outubro de 1971, a China pôde realizar seus projetos próprios e afirmar, de forma efetiva, seus interesses no jogo internacional.

O Japão, finalmente, iniciava sua caminhada original à condição de segunda economia do mundo. Apareceu na época como um arquipélago ocidental incrustado nas águas asiáticas. Ancorado em um modelo discreto, mas eficiente, de inserção internacional, o Estado japonês soube aproveitar as brechas da presença norte-americana no país para construir seu próprio projeto. Reconheceu o Japão à China continental e assinou acordos de cooperação comercial a partir de setembro de 1972, com a visita do primeiro-ministro Tanaka à China. Em 1978, eram assinados tratados de paz e amizade entre Tóquio e Pequim.

No Oriente Próximo, o cenário internacional foi conflitivo por quase toda a década. De guerra em guerra, o padrão de comportamento dos países da região demonstrou a efervescência dos ânimos e a difícil convivência dos povos. Da crise de Suez, em 1956, à crise de maio de 1967, quando Nasser exigiu do secretário-geral da ONU a retirada das tropas de paz do território egípcio, as atitudes prenunciavam a guerra do Kippour, em 1973, iniciada com a ofensiva egípcio-síria sobre Israel.

A guerra Irã-Iraque, iniciada em 1980, mas preparada desde a tomada do poder por Khomeine, no contexto da chamada Revolução Iraniana (a partir de janeiro de 1979), elevaria a pressão na região a níveis insuportáveis. Componentes do clima ideológico da guerra fria ainda se faziam presentes no Oriente Médio da década de 1970.

Na África, uma outra leva de independências modificaria as relações de força em algumas partes. O colonialismo resistente de Portugal cedeu, com a Revolução dos Cravos de 1974 e a erupção nacionalista dos movimentos de independência, à emergência de novos Estados. Angola e Moçambique deixariam a condição colonial em 1975 para enfrentar lutas internas quase sempre envoltas em forte presença internacional. Angola esteve no centro de nova tensão entre norte-americanos e soviéticos, envolvendo cubanos e sul-africanos pelo controle estratégico da África austral, bem como das rotas de petróleo e minerais do Atlântico Sul. As independências de Guiné-Bissau, Cabo Verde e São Tomé e Príncipe encerrariam o longo colonialismo português na África. O "chifre" da África viveria, por sua vez, momentos dramáticos, em razão do envolvimento das superpotências, na década de 1970. O *apartheid* sul-africano colheria fortes reações internas e da comunidade internacional. A Nigéria ascenderia como um Estado essencial ao equilíbrio da África negra e à estratégia de poder dos países da aliança afro-árabe do petróleo. A Organização da Unidade Africana (OUA) seria palco de querelas diplomáticas entre Estados agrupados em torno de interesses divergentes e com perspectivas conflitantes acerca da inserção internacional do continente.

7.3 As ilusões igualitaristas

A década de 1970 também foi marcada pela determinação dos povos do Sul em projetar sobre o cenário internacional a expressão de seus próprios interesses. A África como um todo e parte da América Latina e da Ásia buscaram afirmar o conceito de Terceiro Mundo nas relações internacionais. Desde Genebra, em 1964, no contexto das primeiras sessões da Conferência das Nações Unidas para o Comércio e o Desenvolvimento (Unctad), emergira o tema da acumulação da riqueza mundial nas mãos de poucos países. O Grupo dos 77, criado pelos países do Sul para fazer frente às condições que lhes eram impostas pela economia internacional, constituiu-se como força política e ator dinâmico.

Os três continentes, embalados pela perspectiva de incluir o mundo em desenvolvimento no centro das preocupações dos países desenvolvidos, esforçaram-se para a formulação de uma agenda internacional própria. A percepção da condição de dependência estrutural em relação aos centros econômicos e estratégicos fez com que esses países sonhassem com o nascimento de uma nova ordem internacional, econômica e politicamente mais justa.

Na tentativa de influenciar o sistema internacional para alterar as gritantes assimetrias entre os Estados, as elites dos países recém-descolonizados aproximaram-se da América Latina e da Ásia para inventar uma frente comum dos países em desenvolvimento. As 120 nações presentes na Unctad de 1964 olharam-se umas às outras para reconhecer afinidades, potencialidades, carências e diferenças. Os resultados desse encontro projetaram sobre a década posterior o sonho do igualitarismo, em especial junto aos foros multilaterais da agenda internacional.

Com a reivindicação do diálogo Norte-Sul, formava-se a frente dos povos atrasados. A unidade no infortúnio parecia suficientemente sólida, de acordo com seus líderes, para a garantia de um mínimo de concertação de todos em torno de grandes matérias internacionais de interesse comum. A realização de interesses concretos de desenvolvimento, tais como a reforma das regras do comércio internacional, a transferência de recursos e tecnologias para o Sul, a eliminação de barreiras alfandegárias no Norte, a valorização dos produtos de exportação do Sul, a criação de preferências comerciais sem contrapartida, a desideologização das relações internacionais e o reforço da cooperação internacional passaram a integrar os objetivos das políticas exteriores latino-americanas, africanas e de alguns países asiáticos.

Para os novos países africanos, alguns autores insistem na inexistência de objetivos claros de inserção internacional. Isso se tornou particularmente dramático entre os novos Estados da África sub-saárica, cujos inflamados discursos nos órgãos multilaterais atacavam as seqüelas do colonialismo vivido pelas sociedades africanas, mas não ofereciam alternativas políticas aos novos desafios.

As frustrações resultantes das dificuldades de diálogo no contexto da Unctad e as limitadas conquistas das chamadas Décadas das Nações Unidas para o Desenvolvimento (1960 e 1970) levaram os países do Terceiro Mundo a propor a declaração e o programa de ação sobre o estabelecimento de uma Nova Ordem Econômica Internacional (Noei), convertida em Resolução da ONU em 1979. As diplomacias terceiro-mundistas nas Nações Unidas foram muito ativas na defesa do texto da declaração. Por meio dela, buscavam reduzir a dependência em relação aos centros hegemônicos e explorar o ambiente da *détente*.

Esforços deliberados de cooperação econômica foram ensaiados, apesar das dificuldades de coesão prática entre tantos países e interesses distintos. As resoluções aprovadas e recomendadas no sistema das Nações Unidas permitiram, pelos menos, elevar o sentido de justiça nas relações internacionais. Os países do Terceiro Mundo lutaram, nas assembléias gerais das Nações Unidas, e da Unctad em especial, para que se aprovassem textos e conceitos favoráveis ao desenvolvimento dos povos atrasados.

Não resta dúvida de que os esforços convergiram para a ampliação de conceitos fundamentais para a nova organização dos espaços econômicos internacionais. Os resultados práticos, no entanto, foram menores. As recomendações de foros multilaterais como a Unctad tiveram aplicabilidade limitada.

O Movimento dos Países Não Alinhados, nascido na década de 1960, é produto do mesmo contexto de reivindicações da frente dos povos atrasados. Em certo sentido, o movimento foi a tradução política da busca pela nova ordem econômica internacional. O não-alinhamento não era fenômeno inédito à década de 1970, mas alcançou então maior projeção política em razão das novas condições criadas pelo clima de *détente*.

A reafirmação do princípio da coexistência pacífica pelos países não alinhados, por meio de uma política de solidariedade internacional, permitiu uma certa aproximação entre os regimes políticos da América Latina, Ásia e África. Em agosto de 1972, os ministros das Relações Exteriores dos Países Não Alinhados aprovaram um Programa de Ação em matéria de cooperação econômica entre esses países e outros em desenvolvimento. Em 1975, era celebrada uma grande conferência internacional dos países não alinhados sobre o tema das matérias-primas. Também em 1975, recomendou-se a criação de um fundo de solidariedade para o desenvolvimento econômico e social dos países não alinhados, um outro fundo especial para o financiamento de reservas reguladoras de produtos básicos e um conselho de associações de países em desenvolvimento produtores de matérias-primas.

Uma iniciativa importante do Movimento dos Países Não Alinhados foi o desenvolvimento de uma estratégia de eliminação do *apartheid* na África do Sul ao propor um boicote total à Pretória. Na cúpula de Harare, já na década seguinte, várias resoluções foram tomadas para o fortalecimento da capacidade econômica dos países da Linha de Frente (Angola, Moçambique, Zâmbia, Zimbabue, Botsuana, Lessoto, Tanzânia e Suazilândia).

Outras iniciativas podem ser enumeradas, especialmente na segunda metade da década de 1970, no sentido de fornecer ao Terceiro Mundo certa consistência prática a suas ambições de reordenamento internacional. Apesar das dificuldades, alguns ganhos morais e jurídicos foram alcançados pelos países não alinhados. Em Manila, em 1976, produziu-se a famosa resolução que estabeleceu um programa básico para a cooperação econômica entre os países marginais ao sistema de poder mundial. A Declaração e o Programa de Ação de Manila abriram uma série de manifestações oficiais nesse mesmo sentido, como as do México em setembro de 1976, de Buenos Aires em setembro de 1978, da Assembléia Geral das Nações Unidas em dezembro de 1978, de Arusha em fevereiro de 1979 e de Viena em agosto de 1979.

Vale reforçar que os ganhos jurídicos resultantes das resoluções do Grupo dos 77, do Movimento dos Países Não Alinhados e da Unctad não podem ser de todo subestimados. Alguns Estados tiraram proveito do sistema global de preferências comerciais para avançar seus próprios interesses. As reformas do Gatt beneficiavam-nos ao permitir a proteção das indústrias nascentes. O Brasil, que teve discreta e ativa participação na Unctad e no Grupo dos 77, obteve ganhos excepcionais tanto no norte quanto no sul. Em outras palavras, o discurso universalista da política exterior do Brasil, que situava o país entre o Primeiro e o Terceiro Mundo, utilizava o multilateralismo como uma boa estratégia para a obtenção de ganhos externos.

7.4 A intranqüilidade econômica

A intranqüilidade econômica foi também uma das grandes marcas da ordem internacional dos anos 1970, em razão das incertezas acerca do desenvolvimento do capitalismo. Algumas das dificuldades daquela década, para os formuladores de política internacional, lembram os desafios dos anos 1990. As próprias matrizes da economia política da globalização desse período foram plantadas naquela época.

As crises econômicas que se sucederam, de 1973 a 1979, tornaram o sistema internacional da *détente* vulnerável e abalaram os componentes da produção, do comércio e das finanças internacionais. As tensões entre o Norte e o Sul recrudesceram e as relações entre os dois gigantes, que oscilaram entre a cooperação e a desconfiança, se modificariam para uma nova forma de antagonismo no final daqueles anos e no início dos anos 1980.

As forças profundas, no sentido renouviniano, foram modificadas pelas transformações econômicas. A crise do sistema financeiro mundial, iniciada pelas dificuldades de sustentação do padrão monetário do dólar, fez de 1971 e 1973 anos carregados de dramaticidade. A gradual erosão do valor internacional do dólar, que expressava a própria diminuição de importância da economia norte-americana, provocaria, nos anos 1980, a elevação das taxas de juros internacionais. E essa elevação foi um desastre para economias que haviam orientado sua inserção econômica pela via do endividamento externo.

O caso brasileiro foi exemplar: os elevados saldos da balança comercial gerados nos anos 1980 seriam consumidos pelo pagamento de dívidas externas contraídas a juros baixos nos anos 1970. O sugamento de recursos de países do Terceiro Mundo tornaria insustentáveis os projetos nacionais de desenvolvimento de países da América Latina, África e Ásia. O Brasil, o México e a Argentina foram exemplos claros das dificuldades criadas pela crise do padrão dólar e das taxas de juros internacionais.

A segunda grande crise econômica da década, a do petróleo, foi desdobrada em duas fases. Os dois choques de preço, em 1973 e em 1979, mostraram a vulnerabilidade energética de muitos projetos de desenvolvimento. Ao mesmo tempo, trouxeram duas contribuições relevantes ao reordenamento do sistema internacional. Em primeiro lugar, os países periféricos produtores de petróleo puderam apresentar-se em bloco, especialmente os árabes, que, enriquecidos com a crise, passaram a reivindicar posições-chave no planejamento das atividades econômicas em escala global. Em segundo lugar, a crise provocou o drama do custo relativo do consumo de energia, levando agentes produtivos a poupar hidrocarburetos e a encontrar fontes alternativas. Nascia, em 1974, a Agência Internacional de Energia (AIE).

Essa nova carência animou empresas que, reagindo à estagnação da produção de bens, à inflação de preços e ao custo energético, desenvolveram um novo e intrincado processo de produção de bens e de organização do mundo do trabalho e do consumo. O mundo das décadas seguintes seria outro a partir dessas modificações paradigmáticas na economia mundial. Uma primeira seria a explosão de novos instrumentos financeiros associados ao desenvolvimento de sistemas altamente organizados que resultariam na flexibilização geográfica da produção industrial. Uma segunda seria o declínio da economia das chaminés em proveito de uma nova economia sustentada na concentração de inteligência, na robótica, criadores de um novo paradigma tecnológico-industrial. O próprio Estado nacional começa a entrar em reforma diante dos processos acelerados de globalização econômica.

Assim, os anos 1970 assistiram, ao lado da *détente*, da diversificação de interesses no sistema internacional e dos sonhos frustrados dos pobres de participarem das decisões internacionais, ao início de uma verdadeira terceira revolução industrial. Como repercussão dessas profundas mudanças, a balança de poder internacional, por sua vez, seria em parte modificada, ao longo das décadas de 1980 e 1990.

Referências

BERNAL-MEZA, Raúl. *América Latina en la economía política mundial*. Buenos Aires: Grupo Editor Latinoamericano, 1994.

CALVOCCORESSI, Peter. *World politics since 1945*. London: Longman, 1991.

CERVO, Amado Luiz (Org.). *O desafio internacional*: a política exterior do Brasil de 1930 a nossos dias. Brasília: Editora da UnB, 1994.

COLARD, Daniel. *Les relations internationales de 1945 à nos jours*. Paris: Masson, 1991.

DEFARGES, Philippe Moreau. *Relations internationales. 2. Questions mondiales*. Paris: Éditions du Seuil, 1994.

DI NOLFO, Enio. *Storia delle relazioni internazionali, 1918-1992*. Bari: La Terza, 1995.

FAWN, Rick; LARKINS, Jeremy. *International society after the Cold War*: anarchy and order reconsidered. London: MacMillan, 1996.

GERBET, Pierre. *La construction de l'Europe*. Paris: Imprimerie Nationale, 1994.

HALLIDAY, Fred. *Repensando as relações internacionais*. Porto Alegre: Editora da UFRGS, 1999.

HOBSBAWM, Eric. *The age of extremes. A history of the world, 1914-1991*. London: Pantheon, 1994.

INSTITUTE OF CENTRAL EUROPEAN HISTORY. *The history of international relations in Central and Eastern Europe*. Romania: Cluj-Napoca, 1995.

LE BRETON, Jean-Marie. *Les relations internationales depuis 1968*. Paris: Nathan, 1983.

MADDISON, Angus. *L'économie mondiale au 20ᵉ siècle*. Paris: OCDE, 1987.

MILWARD, Alan et al. *The frontier of National Sovereignty. History and theory, 1945-1992*. London: Routledge, 1993.

SARAIVA, José Flávio Sombra. *O lugar da África. A dimensão atlântica da política externa brasileira (de 1946 a nossos dias)*. Brasília: Editora da UnB, 1996.

SARAIVA, José Flávio Sombra; PANTOJA, Selma. *Angola e Brasil nas rotas do Atlântico Sul*. Rio de Janeiro: Bertrand Brasil, 1999.

VAÏSSE, Maurice. *Les relations internationales depuis 1945*. Paris: Armand Colin, 1991.

WOODS, Ngaire. *Explaining international relations since 1945*. Oxford: Oxford University Press, 1996.

ZORGBIBE, Charles. *Histoire des relations internationales*. t. 4: 1962 à nos jours. Paris: Hachette, 1995.

_____. *O pós-guerra fria no mundo*. São Paulo: Papirus, 1996.

As duas últimas décadas do século XX:
fim do socialismo e retomada da globalização

Paulo Roberto de Almeida

Introdução: a grande transformação do final do século XX

Do ponto de vista da história das relações internacionais, as duas últimas décadas do século XX constituem uma espécie de processo inacabado, algo como o equivalente geopolítico de um "canteiro de obras", atuando como linha divisória entre duas épocas: a fase clássica da guerra fria, por um lado, uma emergente e algo incipiente "nova ordem internacional", por outro. Ainda que sua conceitualização pareça incerta, os momentos fortes desse período não são difíceis de serem identificados: entre o final dos anos 1980 e o início da década seguinte, o mundo passou, nos termos do historiador francês Ernest Labrousse, por uma "conjuntura histórica de transformação", separando a bipolaridade estrita do pós-guerra de uma nova situação econômica e política caracterizada por múltiplas polaridades, cujos contornos não estão ainda muito bem definidos.

O historiador de uma geração mais à frente poderá, quiçá, encontrar um conceito que epitome, de forma paradigmática, esses anos de mudanças intensas nos equilíbrios estratégicos construídos durante a era nuclear, confirmando esse período como a verdadeira fase final de um "breve século XX", que teria começado com os canhões de agosto de 1914 para encerrar-se, menos de 80 anos depois, com a queda do Muro de Berlim, em outubro de 1989, e o desmantelamento da União Soviética, em dezembro de 1991.

Segundo o historiador Eric Hobsbawm, o breve século XX teria se concluído nesse episódio melancólico, sucedendo ao "longo século XIX" que, entre 1815 e 1914, tinha sido caracterizado por uma situação de relativa paz européia e assistido, sob a hegemonia da libra esterlina e do padrão ouro, à segunda onda da globalização capitalista. Um "tecnocrata" cristão, como o ex-diretor gerente do Fundo Monetário Internacional (FMI), parece concordar com o marxista Hobsbawm, pois que Michel Camdessus chegou a considerar a insolvência temporária do México como a primeira crise financeira do século XXI. De fato, os anos 1990 foram agitados por grandes turbulências financeiras que, começando pelo México, em 1994-1995, e se espraiando em 1997 pela Ásia Oriental, viriam atingir a Rússia e o Brasil, entre 1998 e 1999.

A "grande transformação" a que o mundo assistiu nessas duas décadas — para retomar o conceito de maior amplitude histórica introduzido por Karl Polanyi — possui, portanto, tanto componentes de ordem econômica como fatores de natureza política, sem que se possam separar os fatores contingentes, ou acidentais, daqueles elementos mais estruturais que, no plano internacional, determinaram algumas das mudanças mais significativas desse período. O império multinacional soviético e o próprio regime socialista na União Soviética, por exemplo, caíram por causa de sua reconhecida ineficiência econômica ou devido à perda completa de sua legitimidade política? O observador do presente não dispõe, ainda, de uma noção unificadora de todo um conjunto contraditório de alterações na economia e na política mundiais, mesmo se historiadores, economistas e cientistas políticos não hesitassem em propor uma profusão de variáveis explicativas para esse período rico em redefinições globais.

De forma não surpreendente, grande parte dessas análises é marcada por um certo sentido de conclusão e de ruptura: queda dos impérios (Paul Kennedy); fim do Estado-nação e aparição do *borderless State* (Kenichi Ohmae); fim do Estado territorial e ascensão do Estado comercial (Richard Rosecrance); fim do Terceiro Mundo (Nigel Harris); fim do dualismo político e econômico entre o socialismo e o capitalismo; aprofundamento da diferenciação entre países pobres e países ricos; fim das ideologias (já anunciado desde os anos 1950 por Daniel Bell); ou mesmo, segundo Francis Fukuyama, o próprio "fim da História". Ainda que este não se tenha manifestado de verdade, o que se logrou, no limiar do século XXI, foi o "fim da Geografia", com a eliminação progressiva e o virtual desapareci-mento de algumas das fronteiras políticas que impediam, até aqui, a unificação efetiva dos mercados globais.

Mesmo que o consenso historiográfico não se tenha formado ainda em torno de uma caracterização uniforme do período, alguns grandes temas emer-gem do exame dessas duas décadas e são eles que devem mobilizar a atenção na análise que se segue:

a) crise e obsolescência do socialismo centralizado como modo alternativo de produção e de organização política, enquanto fator determinante na "grande transformação" do sistema de relações internacionais no final do século XX;

b) reafirmação da economia de mercado e da democracia "burguesa" en-quanto pólos dominantes do novo sistema interdependente dominado pelo modo de produção capitalista, como princípios unificadores da "nova ordem internacional";

c) emergência de "novos" problemas globais — ligados ao meio ambiente, aos direitos humanos, à saúde (Aids), à sociedade da informação e ao terrorismo, entre outros — que passam a dominar a agenda global no lugar da luta em torno de esferas de influências e de esquemas militares dissuasórios ou ofensivos;

d) ascensão triunfal da "nova" economia, com seu cortejo de revoluções tec-nológicas nas áreas de informática, telecomunicações e biotecnologia; e

e) persistência teimosa dos "velhos" problemas de desenvolvimento que dominam a vida (em alguns casos, a morte) de grandes frações, talvez a maioria, da humanidade.

8.1 A década de 1980: dez anos que abalaram o mundo

A década de 1980 tem início, na verdade, em 1979, com alguns eventos re-levantes: a invasão militar do Afeganistão pela União Soviética — que prometia estender ainda mais o alcance mundial do socialismo de tipo soviético —; a revo-lução fundamentalista no Irã, que retomava o radicalismo de suas predecessoras sociais — mas não ideológicas — de 1789 e 1917; o segundo choque do petróleo, cujo objetivo era reforçar o poder dos países em desenvolvimento sobre os desti-nos da economia mundial. Ela termina em 1991, com a derrocada do socialismo, a rotinização da Revolução Iraniana e o esfacelamento da unidade do cartel do petróleo, no rastro da longa guerra Irã-Iraque e da invasão do Kuwait pelo regime de Bagdá, seguida de sua desocupação forçada, em face de uma coalizão militar liderada pelos Estados Unidos.

No que se refere ao Terceiro Mundo, cuja unidade se afigurava tão promissora ainda no final dos anos 1970, ele foi, ao longo da década de 1980, progressivamente erodido pela crise da dívida externa e pela crescente fragmentação entre países de rápido crescimento econômico — na Ásia Oriental — e outros de desempenho sofrível (América Latina), medíocre (Ásia do Sul, Médio Oriente) ou mesmo catastrófico (África). Os resultados econômicos condicionaram, em grande medida, os sucessos políticos: os modelos de economia centralizada ou funcionando sob forte intervencionismo estatal enfrentaram, nos anos 1980, seus limites estruturais, numa época em que se projetou o fenômeno da integração de mercados — globalização — e uma acirrada competição econômica.

A agonia final do modo de produção socialista teve início quando a superpotência americana adotou o programa armamentista conhecido como "Guerra nas Estrelas", forçando a superpotência soviética a tentar reproduzir o "keynesianismo militar" da administração Reagan, numa corrida tecnológica e militar que, a seu termo, se revelará custosa demais para a União Soviética. O final político reativamente rápido dessa "era dos extremos" da competição hegemônica global, para seguir o título do livro de Eric Hobsbawm sobre o breve século XX, pode, no entanto, ser contraposto, do ponto de vista econômico, ao longo século XX de Giovanni Arrighi, isto é, a continuidade cíclica do século americano e o lento deslocamento de hegemonias econômicas (Japão, União Européia), sem claras alternativas ao capitalismo triunfante de um *fin-de-siècle* pouco complacente com os perdedores (ex-socialistas, países da África, partes da América Latina e do Oriente Médio). Os praticantes da *histoire immédiate* não dispõem, ainda, de recuo suficiente para poder avaliar qual dos fatores em jogo — competição militar, globalização econômica, perda de legitimidade política do socialismo — pode ser mais bem invocado para explicar a grande transformação dos anos 1980.

Esse período é marcado pela superação do conflito Leste-Oeste e pela fragmentação do Terceiro Mundo, o primeiro podendo ser considerado um evento já delimitado historicamente e o segundo, um processo ainda em curso de desenvolvimento. O encerramento da oposição ideológica global entre o socialismo e o capitalismo assume, evidentemente, aos olhos dos cientistas políticos do Norte, importância capital na delimitação de uma nova fase das relações internacionais contemporâneas, enquanto a crescente diversificação do Sul não foi ainda devidamente mapeada e interpretada pelos analistas dessa disciplina, geralmente egressos das universidades dos países avançados e pouco propensos, nesse sentido, a inserir países periféricos ou em desenvolvimento em suas equações sobre os equilíbrios globais.

8.1.1 O fim do socialismo e seu impacto nas relações internacionais

Ao publicar, em 1981, a primeira edição de seu consagrado *Tout empire périra*, Jean-Baptiste Duroselle atribuía uma importância particular ao Império Soviético enquanto sistema de poder e como alternativa ao capitalismo. Dez anos depois, ao preparar uma versão revista de sua obra teórica, ele se viu obrigado a considerar a "mutação brusca" representada pela queda do ex-império, procedendo então a algumas transformações em seu livro, entre elas a de "abreviar as passagens onde (*sic*) tentava mostrar a vacuidade das teorias monolíticas" e a de "apresentar um novo desenvolvimento sobre a morte dos impérios, insistindo no exemplo soviético".

Com efeito, os dez anos que se situam entre a morte do secretário-geral do Partido Comunista da União Soviética, Leonid Brejnev, em novembro de 1982, e o próprio fim da União Soviética, em dezembro de 1991, "abalaram o mundo", para usar a expressão consagrada por John Reed ao registrar o nascimento, em 1917, da alternativa socialista ao regime democrático liberal e ao modo capitalista de produção, então considerados as formas naturais de exercício do poder político e de organização econômico-social. Essa década de transformações importantes nos cenários econômico e político mundiais será, sobretudo, retida pelos historiadores como a da derrocada do comunismo de tipo soviético, como o ponto conclusivo de uma experiência, a do socialismo científico, que, em 70 anos de história, não conseguiu mudar o mundo, como prometia, desde o século XIX, o messianismo marxista e como proclamava, mesmo antes de 1917, o projeto bolchevista, inaugurado por Lenin quase no final da Primeira Guerra Mundial.

A liberalização do regime soviético, a partir de 1985, com Gorbachev, e o abandono progressivo do comunismo nos países da Europa Central e Oriental, seguidos do próprio desaparecimento da União Soviética, em 1991, introduziram a mais formidável transformação no sistema de relações internacionais tal como conhecido desde o final da Segunda Guerra Mundial e quiçá desde a conclusão da Primeira, que tinha visto emergir o regime socialista de tipo soviético. Durante o entreguerras, entretanto, o mundo ainda tinha vivido sob o impacto dos conflitos entre diferentes potências européias, segundo um cenário que os marxistas caracterizariam como de "contradições interimperialistas". Apenas no final da Segunda Guerra, com o afastamento daquelas potências do primeiro plano internacional, o cenário evoluiria para a bipolaridade estrita entre duas superpotências emergentes.

O período da guerra fria pode ser caracterizado como o da disputa pela hegemonia entre a União Soviética e os Estados Unidos, e o seu final, em 1989, introduz um sistema pós-hegemônico, no qual as grandes potências e outros grandes atores mundiais passam a reger coletivamente — ainda que nem sempre de maneira coordenada — os negócios internacionais, numa espécie de consórcio informal, protagonizado pelo Grupo dos Sete (G-7: Estados Unidos, Japão, Alemanha, França, Itália, Reino Unido e Canadá), ao qual foi politicamente associada, desde 1992, a Rússia (G-8).

Do ponto de vista político, a coordenação e a consulta regulares entre os grandes atores da cena internacional substituem os antigos cenários de confrontação militar entre os dois grandes blocos militares, a Otan e o Pacto de Varsóvia, este dissolvido com a derrocada final do socialismo de tipo soviético. O sistema de relações internacionais na era da guerra fria era baseado nas zonas de influência de cada um dos blocos e em distintos modelos de organização social e política; o cenário emergente não abandonou totalmente o conceito de zonas de influência, mas passou a oferecer um único modelo, dito liberal-democrático, de organização política.

Do ponto de vista econômico, o ocaso do socialismo significou a incorporação à divisão internacional do trabalho de imensos territórios e de vastas populações antes marginalizadas dos circuitos de mercado. Com efeito, o socialismo sempre foi caracterizado por um desempenho medíocre em termos de produtividade nacional e por uma participação ainda mais insignificante nos fluxos de comércio internacional de bens e serviços. Não estranhamente, um dos processos mais relevantes do ponto de vista das relações internacionais nos anos 1980, contemporaneamente ao final da guerra fria e ao término das tensões político-ideológicas que dividiram o mundo desde o final da Segunda Guerra Mundial, foi o da conversão das economias planejadas em economias de mercado, transformação ainda em curso em alguns cantos do planeta. Esse processo teve um início tímido, ainda no final dos anos 1970, com as reformas econômicas introduzidas na República Popular da China pela equipe de Deng Xiao-Ping, continuou de forma confusa na União Soviética em meados dos anos 1980, com a adoção da *perestroika* por Mikhail Gorbachev, alcançou o Vietnã a partir de 1986, se espalhou de maneira febril pela Europa Oriental a partir da queda do Muro de Berlim em 1989 e acabou provocando o próprio colapso e desintegração da União Soviética em 1991, quando a conversão para a economia de mercado atingiu praticamente todas as ex-repúblicas socialistas da antiga União Soviética. No final dos anos 1990, apenas Cuba e Coréia do Norte ainda resistiam aos ventos da mudança ideológica, mas o desempenho desses dois países no campo econômico pode ser considerado medíocre.

A integração econômica mundial — conceitualmente identificada com o fenômeno da globalização — experimentou um enorme impacto a partir do processo de transição do socialismo ao capitalismo que esses países atravessaram no período: ela se traduziu, simplesmente, pela agregação de cerca de 10% adicionais ao produto bruto mundial, enquanto aproximadamente 30% da população total do planeta passava a ser incorporada aos circuitos já formalizados da divisão internacional do trabalho, contribuindo para a expansão do comércio e a utilização mais intensa das vantagens comparativas inerentes a uma tal diversidade de países. Para muitos desses países, a transição representou inicialmente uma queda nos volumes de produção e de comércio, com uma deterioração sensível das condições de vida e uma desorganização dos circuitos produtivos, por terem sido expostas a novas condições de trabalho empresas estatais que se apropriavam anteriormente de uma parte substancial da renda coletiva.

Outros países do chamado Terceiro Mundo, nem todos socialistas, mas contando muitos deles com uma expressiva presença do Estado em suas economias — o que também é o caso, pontua-se, de vários países avançados —, experimentaram, igualmente, a partir dos anos 1980, uma diminuição sensível do grau de intervenção governamental, que se manifestava sobretudo pelo alto grau de subsídios alocados a diferentes setores e pela fixação de preços em setores considerados estratégicos. Paralelamente, foi operado um processo de abertura econômica, de liberalização comercial e, de modo geral, de mais ampla exposição dos sistemas econômicos nacionais à concorrência estrangeira. As medidas de liberalização geralmente incluíram a eliminação do controle direto na alocação de recursos, nos níveis de preços e no comércio exterior, bem como, no caso dos países institucionalmente socialistas, no desmantelamento de toda a estrutura dos mecanismos de planejamento centralizado.

Considerada em seu conjunto, a crise do socialismo real nos anos 1980 atuou como o fator mais poderoso de transformação sistêmica na ordem política e econômica mundial desde a derrota das potências coligadas do eixo na Segunda Guerra, abrindo caminho para um novo tipo de gestão hegemônica das relações internacionais. Pela primeira vez em muitos séculos, as grandes guerras, conhecidas tanto no sistema de soberanias nacionais de Vestfália, como nos regimes de equilíbrio de poderes do século XIX ou de alianças estratégicas da era bipolar, tornaram-se verdadeiramente obsoletas, muito embora os conflitos regionais e as guerras civis — travadas por motivos étnicos ou nacionalistas — tenham se intensificado, muitas vezes na indiferença das grandes potências. Assim, se o final dos anos 1980 assistiu a uma formidável "desmilitarização" das políticas externas dos grandes atores internacionais, resultou, entretanto, em novos focos de instabilidade, cuja administração passou a ser atribuída a uma Organização das

Nações Unidas liberada dos impasses ideológicos que condenavam seu Conselho de Segurança a uma virtual paralisia.

8.1.2 Fim da guerra fria e mudanças no cenário internacional

A década de 1980 conhece, portanto, a superação do paradigma Leste-Oeste nas relações internacionais e o delineamento de uma espécie de *pax consortis* entre os principais atores mundiais, mas esse período foi também importante — embora desigual, em termos de capacidade transformadora e de inserção econômica internacional — para muitos países emergentes do mundo em desenvolvimento, com uma notável ascensão comercial e tecnológica da Ásia e uma exasperante estagnação econômica na América Latina, fenômeno combinado, neste último continente, a uma bem-vinda transição democrática nos antigos regimes militares, seguida da retomada dos projetos integracionistas que iriam frutificar em princípios dos anos 1990.

O mundo deixou de ser exclusivamente organizado em torno dos eixos Leste-Oeste e Norte-Sul para penetrar numa fase de crescente competição econômica e tecnológica e de acentuada multipolaridade política, muito embora se afirmassem a primazia econômica, a preeminência estratégica e a supremacia militar da única superpotência remanescente. Mas a situação quase imperial dos Estados Unidos era temperada, na verdade, pela relativa diluição de seu poderio econômico absoluto, bem como pela acirrada concorrência tecnológica mantida por "Estados comerciais" emergentes, como a Alemanha e o Japão, imitados progressivamente por muitos "tigres" asiáticos. Essa situação de alteração relativa na balança do poder mundial alimentou, no final da década, um animado debate acadêmico em torno do declínio do gigante norte-americano: "declinistas" (Paul Kennedy) e "hegemonistas" (Joseph Nye) concordavam em reconhecer a natureza mutável do poder americano, mas discordavam sobre a direção e os efeitos das mudanças detectadas.

Ao concluir-se a cisão histórica entre as economias centralmente planificadas e as de mercado livre — uma vez que mesmo a China socialista passou a aderir, a partir de 1979, aos princípios capitalistas de produção e distribuição —, o mundo parecia estar pronto para o que o presidente norte-americano George Bush chamou, em 1989, pouco depois da queda do Muro de Berlim, de uma "nova era nas relações internacionais". Essa suposta nova era, otimisticamente saudada por alguns como representando o fim do primado da força nas relações interestatais, logo se chocaria com a afirmação violenta dos nacionalismos — exacerbada no caso balcânico — e com a recrudescência de alguns conflitos regionais — continuamente explosivos, como no caso do Oriente Médio. Mas ela também evidenciaria o papel solitário — ainda que unilateral — assumido pelos Estados Unidos como uma espécie de *gendarme* do sistema internacional, embora apenas para aquelas áreas cuja estabilidade estivesse diretamente vinculada aos seus interesses nacionais.

Uma espécie de "fim da Geografia" no terreno econômico — em contraposição ao anunciado, mas desmentido, "fim da História" no terreno político — prometia, no final da década, a unificação definitiva dos espaços produtivo e comercial em todas as fronteiras ainda abertas à expansão das forças de mercado, desta vez sob o predomínio exclusivo do sistema capitalista. No campo da ordem econômica internacional e do sistema multilateral de comércio, a constituição de uma Organização Mundial do Comércio, na fase conclusiva da Rodada Uruguai do Acordo Geral de Tarifas Aduaneiras e Comércio (Gatt), encerrou a tarefa iniciada meio século antes, quando, na seqüência do processo iniciado em Bretton Woods, em 1944, se decidiu estabelecer, na Conferência sobre Comércio e Emprego de Havana (1947-1948), uma natimorta Organização Internacional do Comércio.

As linhas essenciais das relações internacionais nos anos 1980 são, assim, dominadas, no terreno político-diplomático, pelo declínio do socialismo — sob o impacto desafiador do capitalismo triunfante —, pela fragmentação dos Estados nacionais e pela ascensão da multipolaridade estratégica e, no campo econômico, pelas forças contraditórias, mas amplamente complementares, da globalização e da regionalização. À conclusão do antagonismo ideológico entre Leste e Oeste e à internacionalização produtiva, comercial e financeira provocada pela interdependência crescente das economias — fenômenos que caracterizam essa "nova ordem internacional globalizante" — contrapõem-se os processos de diversificação cada vez mais acentuada do Sul — com o reforço dos blocos regionais, a emergência da Ásia, por um lado, o marasmo de grande parte da América Latina e o declínio absoluto da África, por outro — e de aprofundamento das desigualdades e do desemprego no próprio coração do mundo desenvolvido, assim como o preocupante, por vezes cruel, renascimento dos nacionalismos, introduzindo novas linhas de tensão, quando não de fissura, na nova geopolítica mundial.

Novos problemas e novos desafios estavam sendo colocados no horizonte político e econômico dos países que participavam ativamente da agenda mundial em princípios dos anos 1990, prometendo, para os anos finais do século XX, um *fin-de-siècle* tão instável como tinha sido o do século XIX e o início do século XX. De fato, as turbulências financeiras da segunda metade dos anos 1990 pareciam dar início a uma nova onda ascendente do ciclo recorrente de pânicos, manias e *crashes* que tinha caracterizado a história do capitalismo até meados do século XX.

• 8.2 Nova guerra fria e derrocada do socialismo

Durante a maior parte do pós-guerra, os Estados Unidos detiveram claramente a hegemonia econômica mundial e, em grande medida também, a preeminência político-estratégica sobre os negócios internacionais. A primeira era assegurada pela sua singular força econômica, comercial e tecnológica em face dos parceiros capitalistas tradicionais — Europa Ocidental e Japão, que empreendiam a reconstrução de seus aparelhos econômicos destruídos pela guerra —, mas também pelo relativo controle exercido sobre as instituições de Bretton Woods — FMI, Banco Mundial e Gatt —, que determinavam o padrão de comportamento esperado de economias colocadas em situação de interdependência no quadro de uma mesma ordem liberal-capitalista. Praticamente dois terços dos fluxos internacionais de bens, serviços e capitais eram feitos entre os próprios países capitalistas desenvolvidos — ou seja, membros da Organização de Cooperação e Desenvolvimento Econômico (OCDE), criada em 1960 a partir da antiga Organização Européia de Cooperação Econômica (Oece) organizada em 1948 para administrar a ajuda dos Estados Unidos à Europa — uma vez que os países socialistas e em desenvolvimento detinham parcela diminuta dessas correntes de intercâmbio global.

Do ponto de vista estratégico-militar, a supremacia norte-americana era regida por um bem disseminado sistema de alianças regionais que, partindo do próprio hemisfério, estendia seus tentáculos aos mais diferentes cantos do planeta. A partir do Tratado Interamericano de Assistência Recíproca (1947), os Estados Unidos tinham indiretamente patrocinado ou promovido de maneira direta os mais diferentes tipos de associação política ou esquemas de defesa militar, todos comprometidos com a luta anticomunista e a promoção dos interesses do Ocidente: União da Europa Ocidental (UEO, 1948); Organização do Tratado do Atlântico Norte (Otan, 1949); os tratados de defesa com a Austrália e a Nova Zelândia (Anzus, segundo as siglas dos países) e com o Japão, no mesmo ano (1951); os esquemas de defesa com os países do sudeste asiático (Tratado de Manila, de 1954, criando a Organização do Tratado do Sudeste Asiático — Otase), com algumas nações do Oriente Próximo (Pacto de Bagdá, de 1955, que evoluiu depois para o Cento, isto é, *Central Treaty Organization*); assim como, ao se iniciar a Guerra do Vietnã, a anticomunista Associação das Nações do Sudeste Asiático (Asean, 1965).

Não se podia dizer, contudo, que a *pax* americana do pós-guerra fosse tão universalista como o foram, em suas épocas respectivas, a *pax* romana ou a *pax* britânica, uma vez que era não apenas contestada pela União Soviética, como também por outros foros regionais a vocação cultural (Liga Árabe, por exemplo) ou claramente política (como o Movimento não Alinhado, criado em 1961, por iniciativa dos líderes nacionalistas Tito, Nasser e Nehru, da Iugoslávia, do Egito e da Índia, respectivamente).

8.2.1 Relações entre as superpotências: da *détente* à nova guerra fria

Depois da longa era de conflitos diretos e indiretos entre as duas superpotências — Coréia (1950-53), Berlim (1961), Cuba (1962), Vietnã (1965-1975), Oriente Médio (1967-1973) —, os Estados Unidos e a União Soviética tinham encontrado um certo *modus vivendi*, materializado nos muitos encontros e negociações entre seus líderes, Nixon-Kissinger e Brejnev-Gromiko, de diminuição de tensões (acordo quadripartite sobre Berlim, de 1971) ou para o controle de armas, como, por exemplo, o Salt I (*Strategic Arms Limitation Talks*, de 1972). O entendimento bilateral se desdobraria numa iniciativa multilateral, com o lançamento da Conferência sobre Segurança e Cooperação na Europa, em 1975, saudada pelos soviéticos como o reconhecimento do *status quo* na região e pelos ocidentais como uma vitória dos direitos humanos.

Mas o condomínio bipolar entraria em nova fase de tensão e a *détente* seria substituída por uma nova fase de guerra fria a partir da invasão do Afeganistão em 1979, da internacionalização da guerra civil em Angola e do desenvolvimento de novos sistemas de mísseis com ogivas múltiplas (SS-20) pela União Soviética. Uma nova era de *containment* ganhou redobrado vigor, com as declarações da Administração Reagan (1980) sobre o "império do mal", personificado na União Soviética, e a decisão de seu governo de aumentar os créditos de defesa e as despesas com equipamentos militares. Os sistemas de aliança militar, à exceção da Otan, não desempenham mais um papel significativo na nova estratégia norte-americana, visto que ela se destinava, sobretudo, a afirmar novamente a liderança inquestionável dos Estados Unidos em matéria de dissuasão e capacidade ofensiva.

Com a invasão do Afeganistão e algumas outras iniciativas soviéticas em países africanos, as negociações para um eventual Salt II ou para uma delimitação geográfica das zonas permitidas de instalação de sistemas de defesa antimísseis ficaram irremediavelmente comprometidas e o presidente Ronald Reagan decide tentar reviver a ordem mundial da *pax* americana. O lançamento, em 1983, de um "projeto de defesa contra os mísseis balísticos", mais conhecido como Iniciativa de Defesa Estratégica (ou "Guerra nas Estrelas"), a um custo de mais de 26 bilhões de dólares, colocou a União Soviética frente à difícil escolha entre aumentar ainda mais sua superioridade "quantitativa" no terreno europeu ou levantar o desafio "qualitativo" colocado pelos Estados Unidos num terreno que ameaçava provocar a desestabilização do *status quo* militar e tornar obsoletos os sistemas conhecidos de dissuasão nuclear.

As relações entre as duas superpotências evoluíram das tentativas de um acordo parcial em torno do projeto de defesa estratégica dos Estados Unidos (tendo como contrapartida a redução do número de mísseis soviéticos na Europa Oriental) ao impasse total em meados da década, tendo em vista a recusa norte-americana de impor quaisquer limitações aos programas já decididos de interceptação espacial de mísseis intercontinentais: a neo-*détente*, já bastante frágil a partir do fracasso de uma conferência sobre os euromísseis em 1981, cede espaço à rigidez da antiga guerra fria. A nova liderança na União Soviética, a partir da ascensão de Gorbachev, em 1985, propõe uma concepção inteiramente nova da redução de armas convencionais e do controle de armas nucleares, consistindo na aceitação de uma certa desproporcionalidade no desarmamento sobre o terreno e na destruição de *todas* as armas nucleares. Mais adiante, Gorbachev retira as tropas soviéticas do Afeganistão (1988) e renuncia unilateralmente, ao exigir o abandono do programa "Guerra nas Estrelas" como condição prévia ao esforço de desarmamento conjunto, já provavelmente consciente de que uma nova corrida armamentista conduziria à exaustão do socialismo real.

De fato, a União Soviética, em meio a tentativas continuamente frustradas de reforma econômica, já não tinha mais condições de se lançar numa competição militar com os Estados Unidos, mas estes tampouco podiam dispor dos excedentes de recursos econômicos que tinham construído, no imediato pós-guerra, a glória do poderio militar norte-americano: o aumento da despesa com equipamentos bélicos resultou no acúmulo de *déficits* orçamentários e numa forte aceleração da dívida pública dos Estados Unidos. A diferença para com a União Soviética era a de que o gigante norte-americano podia financiar tal dívida, fosse pela emissão de uma moeda que permanecia largamente como o principal meio de reserva internacional, fosse pela colocação de títulos nos mercados financeiros mundiais (de fato, a remuneração dos bônus do Tesouro dos Estados Unidos conheceu níveis de juros espetaculares nos anos 1980). O aprofundamento da crise na União Soviética e a retomada do crescimento econômico no Ocidente aproximam o sistema de relações internacionais do pós-guerra do momento unipolar: sua emergência seria dada, evidentemente, pela crise irremediável do sistema comunista.

8.2.2 O socialismo na contracorrente da história

O elemento singular mais relevante para a mudança de padrões nas relações internacionais contemporâneas, nas duas últimas décadas do século XX, foi o fim do socialismo enquanto pólo articulador de um sistema socioeconômico concorrente ao domínio tradicional do liberal-capitalismo. Essa dissolução de um sistema — cujas estruturas de comando e dominação tinham sido até então consideradas dotadas de uma certa rigidez — foi, de certa forma, inesperada, visto que ocorrida num momento no qual o socialismo de tipo soviético buscava, precisamente, reformar-se e adaptar-se às novas condições da revolução tecnológica em curso, caracterizada pela microeletrônica e suas aplicações às telecomunicações. A derrocada do socialismo que, para todos os efeitos práticos, confunde-se com o desaparecimento da própria União Soviética, foi fundamental para a superação substantiva do período conhecido como guerra fria e para a transição da bipolaridade para uma nova situação de equilíbrio e convivência entre grandes potências, cujos contornos não estão ainda bem definidos em termos de relações internacionais.

Em termos de periodização histórica, assistiu-se, nos anos 1980, a uma verdadeira ruptura entre duas épocas, tendo sido os três anos que vão da queda do Muro de Berlim, em outubro de 1989, ao desmembramento da União Soviética, em dezembro de 1991, decisivos nessa conjuntura política de transformação radical de toda uma civilização, o chamado sistema socialista: eles representaram uma nítida aceleração da história, eliminando em três anos o que tinha sido construído nas sete décadas anteriores de edificação socialista.

O processo de desmantelamento do socialismo foi, antes de tudo, ideológico, consubstanciado na perda de sua legitimidade política, mas tinha causas sobretudo estruturais, uma vez que era resultado de anos de irracionalidades econômicas que tinham de ser sancionadas na prática. Assistiu-se, a partir de disfunções recorrentes no funcionamento dos mecanismos de produção e distribuição nos países do Império Soviético e de outras anomalias gerenciais que vinham se acumulando desde o fracasso das primeiras tentativas reformistas nos anos 1970, ao prosseguimento da lenta agonia econômica e à inesperada crise política do socialismo, seguida de seu desmantelamento definitivo enquanto sistema político e forma alternativa de organização social.

A crise estrutural atingiu indistintamente todos os representantes do modelo, a começar pelos satélites da Europa Oriental (Polônia e Hungria, em primeiro lugar), alguns representantes longínquos (na África, na Ásia e mesmo na América Latina), terminando por contaminar a própria sede do império, a União Soviética. Paradoxalmente, alguns discípulos periféricos (Cuba, Vietnã e Coréia do Norte) permaneciam formalmente socialistas, da mesma forma como a China, muito embora a inviabilidade econômica do sistema de planejamento centralizado tenha induzido, em quase todos eles, à adoção de sistemas mais flexíveis de organização da produção. As causas mediatas e imediatas do declínio

político e da ulterior transição para economias de mercado das antigas economias socialistas não são ainda objeto de consenso por parte dos historiadores e
analistas especializados: alguns tendem a privilegiar os elementos de competição
com o imperialismo ocidental — a "Iniciativa de Defesa Estratégica" proposta no
início dos anos 1980 por Reagan, por exemplo —, outros vão buscar no próprio
seio de um sistema esclerosado as raízes da impossibilidade de reforma e a tendência inevitável à implosão dos socialismos reais.

8.2.3 Razões da derrocada socialista: irrelevância econômica internacional

Alguns observadores atribuíram à ação militante anticomunista do novo
papa polonês Karol Woytilla, que assumiu em 1978 sob o nome de João Paulo II,
uma das origens decisivas da derrocada progressiva do Império Soviético. Outros
ressaltaram a fragmentação étnica do imenso Estado multinacional como fator
de crises cada vez mais desestabilizadoras. Estudiosos adeptos do que se convencionou chamar de "história virtual" chegaram a ver nas desastradas experiências
de liberalização ideológica e de reforma econômica, conduzidas de forma ama-
dorística pelo novo líder soviético, a fonte das indecisões políticas que, ao paralisar
os mecanismos de comando e descredibilizar o partido como fonte de poder, atuaram para minar internamente o Estado soviético. Sem Gorbachev, aventaram os
proponentes da "história contrafatual", poderia não ter havido crise política e,
portanto, final do socialismo (FERGUSON, 1999).

Pode-se, contudo, identificar na absoluta irrelevância econômica internacional do socialismo uma de suas dificuldades congênitas em afirmar-se como
modelo a ser seguido ou tão simplesmente em obter recursos financeiros ou tecnológicos para continuar existindo num mundo cada vez mais interdependente.
O mais provável é que um conjunto de fatores econômicos, políticos, diplomáticos e mesmo militares, de peso variável ao longo dessa década, tenham atuado
progressivamente no sentido de inviabilizar o pesado modelo de administração
centralizada e de escassa legitimidade social representado pela gerontocracia do
Partido Comunista da União Soviética.

É certo, por exemplo, que o novo armamentismo protagonizado pela administração Reagan nos Estados Unidos muito fez para introduzir fatores de
pressão adicionais sobre uma economia já funcionando sob tensão constante e
com enorme desperdício de recursos, como a soviética. Sucedendo à diplomacia
moralista de James Carter, que buscava a afirmação dos direitos humanos antes
que o interesse "egoísta" dos Estados Unidos, o militantismo anticomunista de
Ronald Reagan significou o retorno ao realismo nas relações internacionais, com

a substituição das concessões unilaterais feitas pelo governo anterior por uma política de confrontação diplomática e de endurecimento econômico conduzida implacavelmente.

O reforço então imposto pelo governo dos Estados Unidos aos mecanismos de bloqueio econômico e tecnológico aos países do sistema soviético — implementado de maneira unilateral ou por meio dos tradicionais foros ocidentais de coordenação e controle de exportações sensíveis, como o Cocom (*Coordinating Committee for Multilateral Export Controls*) — não deixará de suscitar conflitos de interesse com os demais parceiros da aliança atlântica, como manifestado, por exemplo, nos desentendimentos com vários países europeus a propósito da construção do gasoduto soviético ou em relação ao estabelecimento de listas de produtos controlados. A eficácia relativa dessas restrições foi evidenciada no aumento dos casos de espionagem tecnológica operada diretamente ou por meio de parceiros do campo socialista (Romênia, República Democrática da Alemanha — RDA).

Adicionalmente, a luta ideológico-política entre os dois sistemas rivais por prestígio e poder no Terceiro Mundo apenas podia resultar numa carga insuportável para o império desprovido de uma moeda livremente conversível no mercado internacional. Assim, o financiamento e armamento, pelos Estados Unidos, de grupos guerrilheiros anti-socialistas em diversas regiões e países em situação de conflito "ideológico" (Afeganistão, Nicarágua e Angola) foram muitas vezes conduzidos à margem de dotações orçamentárias normais ou de programas de assistência militar, com dinheiro reciclado a partir de operações comerciais pouco ortodoxas, ou mesmo utilizando recursos provenientes de tráficos de armas, quando não de drogas (escândalo Irangate, caso do Panamá). Na outra ponta, a sustentação pela União Soviética, muitas vezes ao preço de divisas fortes, de combalidos regimes "socialistas" em pontos distantes do planeta (Cuba, Etiópia, Vietnã) despertava reações contrárias mesmo no interior do Partido Comunista da União Soviética, já que contribuía também para drenar recursos de uma economia que, finalmente, retirava escassas vantagens materiais — algumas poucas matérias-primas, de pequena relevância nos mercados internacionais — de sua "clientela" terceiro-mundista.

Do ponto de vista econômico, por sua vez, a tentativa de reforma do sistema produtivo e distributivo iniciada por Gorbachev não conseguiu resolver os graves problemas de gestão da economia socialista. Ao contrário do relativo sucesso da abertura política, consubstanciada na *glasnost*, a *perestroika* nunca foi capaz de eliminar os diversos pontos de estrangulamento existentes no campo econômico, tendo, ao contrário, agravado as disfunções já presentes na economia soviética ao não implementar de maneira conseqüente — como os comunistas chineses o vinham fazendo — mecanismos reguladores de mercado e relações capitalistas de produção e de apropriação em diversos setores da economia (agricultura, pequena produção manufatureira, comércio).

A *perestroika*, a despeito de alusões positivas manifestadas pelo próprio Gorbachev, pôde mesmo ser considerada uma espécie de "nova política econômica" (NEP) invertida: em lugar de permitir a subsistência de elementos de economia de mercado na fase inicial de instalação e reforço do partido-Estado, como pode ser caracterizada a correção de rumos imposta por Lenin na situação de comunismo de guerra de princípios dos anos 1920, o tímido reformismo econômico gorbacheviano foi conduzido num ambiente de tenaz resistência manifestada pelo decadente aparelho do partido-Estado, que lutava contra todas as manifestações nascentes da economia de mercado. Gorbachev foi obrigado a atuar no pior dos mundos, naquele contexto histórico de transição entre dois sistemas econômicos que Marx descrevia como essencialmente revolucionário e que tinha sido sintetizado numa brilhante frase de Trotski a propósito dos estertores da monarquia czarista e do nascimento do sistema soviético: o velho regime se recusa a morrer e o novo ainda não tem força para nascer.

Gorbachev talvez pretendesse implementar uma espécie de NEP da era da microeletrônica, algo que, no contexto da economia globalizada de finais do século XX, tinha tornado-se bem mais complicado do que aplicar a receita leninista de construção do comunismo, descrito como tão simplesmente "o socialismo mais a eletricidade". Com efeito, uma das principais características do chamado mundo socialista sempre foi seu quase total descolamento da economia mundial, seu funcionamento em circuito fechado, de maneira autárquica ou quase auto-suficiente, com reduzidos fluxos de bens materiais ou imateriais a partir do resto do mundo. As relações comerciais e de compra e venda de tecnologia com os países desenvolvidos ou em desenvolvimento da esfera capitalista nunca superaram uma reduzida proporção do já diminuto coeficiente de abertura externa da economia socialista. Ademais, em que pese o estado razoável de avanço da pesquisa científica pura na União Soviética, uma fração difícil de ser determinada dos aportes externos em matéria de inovação industrial era canalizada não por meio dos mecanismos legais de comércio de tecnologia, mas mediante a espionagem direta e indireta dos produtos e processos produtivos ocidentais, uma vez que a estrutura compartimentada da organização soviética em pesquisa e desenvolvimento — na qual a área militar tinha absoluta predominância sobre a civil — não permitia uma osmose regular com o setor industrial para seu *aggiornamento* tecnológico constante.

8.2.4 Impossibilidade de reforma e perda de prestígio externo

Por mais importantes que possam ter sido os fatores externos de pressão sobre os regimes do "socialismo real", parece claro ao historiador do século XX e, mais particularmente, ao observador do movimento comunista, que a formidável ruptura histórica que o mundo viveu entre 1989 e 1991 foi causada em grande parte por iniciativas tomadas pela própria liderança soviética. Mais do que por manobras dos inimigos do socialismo, o regime soviético — e, com ele, toda a herança histórica da Revolução de Outubro — foi inviabilizado e terminou por desaparecer por iniciativas do próprio partido único no poder. Essa situação não deixa de guardar uma certa correlação histórica com a análise de Tocqueville sobre os perigos da reforma política num sistema caracterizado pela rigidez das relações sociais, como revelado em seu ensaio sobre as origens da Revolução Francesa: os elementos precipitadores das crises políticas e econômicas que terminam por desencadear o choque político que provoca a derrubada de um regime de poder são suscitados pelas próprias elites dominantes, ao dar início a ajustes no sistema em vigor, num contexto de tentativas moderadas ou radicais de reforma. Ironicamente, no mesmo momento em que na França se comemorava com orgulho o bicentenário da Revolução Francesa, a convocação de "assembléias democráticas" na União Soviética e nos demais países do "socialismo real", em meados de 1989, servia para acelerar — como no precedente histórico da convocação dos *États Généraux* — a ruptura histórica com o *ancien régime* de tipo soviético.

Quaisquer que tenham sido as causas mediatas e imediatas, econômicas ou políticas da derrocada final, o impacto internacional da crise do socialismo foi determinante para o fim da guerra fria e o abandono definitivo de alguns "órfãos periféricos": Cuba, Coréia do Norte, Vietnã, Afeganistão e Somália. No início dos anos 1980, com a demonstração de sua inevitável rigidez tecnológica em face de uma sociedade capitalista cada vez mais transformada pela revolução da informática, o socialismo já tinha perdido sua aura de sistema intrinsecamente mais justo do ponto de vista social ou "potencialmente" superior ao vilipendiado modo capitalista de produção.

A partir daí, a perda de legitimidade interna e externa do socialismo conduziria à lenta erosão do sistema, muito embora o processo tenha adquirido características diversas, em função das sociedades nacionais envolvidas, e ritmos diferenciados, segundo a profundidade e as dimensões sociais da crise em cada um dos países envolvidos. Nos países dotados de uma sociedade civil relativamente independente em relação ao poder político (Polônia e Hungria), a ruptura ideológica já se tinha consumado muito tempo antes da contestação de fato do poder autoritário. O caso da China é, obviamente, particular nesse cenário, praticamente desde suas origens maoistas até a experiência inovadora da era Deng Xiao-Ping de reformas econômicas dentro de um sistema absolutista, uma vez que o grande país asiático sempre agiu como um Estado comunista guiado por seus interesses nacionais próprios, e não em função da estratégia mundial da União Soviética.

Foi no centro do império, finalmente, que se jogou o destino do comunismo, muito embora seu processo de desmoronamento tenha começado pelas fronteiras rebeldes do sistema, seja no catolicismo polonês, seja no islamismo asiático. A conjuntura decisiva de transformação histórica foi, efetivamente, representada pelo *annus mirabilis* de 1989, com o momento-chave da queda do Muro de Berlim, pois até 1988 praticamente, a União Soviética não tinha modificado substancialmente sua política em relação ao leste europeu e aos países bálticos. Estava voltada, até essa época e em especial durante os três primeiros anos da *perestroika*, para suas relações com os Estados Unidos e a Europa Ocidental, tratando do desarmamento e da liquidação de seu envolvimento no Afeganistão. O sistema congelado do leste europeu permanecia imutável e, com exceção da Polônia agitada pela força do novo sindicalismo, nada muda verdadeiramente nas burocracias de tipo brejnevista instaladas na maior parte dos países. Mas os eventos precipitam-se a partir de outubro de 1989 e, em dezembro desse ano, a reunião de cúpula Gorbachev-Bush em Malta proclama oficialmente o fim da guerra fria.

A situação tinha começado realmente a mudar quando a *perestroika* assumiu, no ano anterior, contornos de uma verdadeira luta entre conservadores e reformistas em Moscou e quando Gorbachev aceitou a descontinuidade da chamada "doutrina Brejnev", isto é, a intervenção nos assuntos internos dos satélites segundo o princípio da soberania limitada. A doutrina, vagamente lembrada durante toda a década de crises políticas sucessivas na Polônia, foi assim considerada caduca quando os dirigentes húngaros solicitaram — e surpreendentemente obtiveram — a retirada das tropas e das armas nucleares soviéticas (formalmente ainda do Pacto de Varsóvia) do território magiar, sob reserva de uma negociação com a Otan, no quadro das negociações da Conferência sobre Segurança e Cooperação na Europa (CSCE) e de redução de armas nos dois lados. A partir do final de 1988 e mais decisivamente no primeiro semestre de 1989, Gorbachev começou a negociar para a União Soviética, a partir de seu primeiro encontro com a primeira-ministra Margareth Thatcher, do Reino Unido — "Esse é um homem com o qual se pode tratar", diria ela —, as condições de uma nova relação (inclusive financeira e tecnológica) com o Ocidente, em especial com os Estados Unidos de George Bush e a Alemanha de Helmut Kohl. Uma das condicionalidades colocadas pelos líderes ocidentais era, evidentemente, o desenvolvimento de um processo político democrático nos diversos países da chamada "cortina de ferro".

Esta já não era bem uma cortina e muito menos de ferro: se tanto, um véu esfarrapado, que começou a ser perfurado em vários pedaços, a começar pela Hungria, que passou a deixar escapar os dissidentes (ou simples descontentes econômicos) da República Democrática Alemã. Também, em relação à vizinha Polônia, o líder reformista soviético apóia as negociações entre o poder do general Jaruzelski e o sindicato contestador Solidarnosc, mas recusa-se, em nome da não-intervenção, a fazer pressão sobre as lideranças "conservadoras" dos demais países (Tchecoslováquia, Bulgária e, especialmente, a RDA). O próprio governo "militar" polonês de Jaruselski, no contexto da Europa sob tutela soviética, já representava uma ruptura de fato com o princípio da "ditadura democrática do proletariado" — isto é, dos partidos comunistas instalados no poder desde finais da Segunda Guerra —, uma vez que formalmente organizado à margem das estruturas de comando do Partido Operário Unificado Polonês.

O elemento decisivo, porém, da transformação do mundo socialista será o próprio povo dos países socialistas, em primeiro lugar o da RDA: ao começar a evasão pelas embaixadas de Praga e pelas fronteiras "mal guardadas" entre a Hungria e a Áustria, eles "voltaram com os seus próprios pés", para usar outra expressão consagrada. Aparentemente, eles se cansaram de pedir por reformas políticas do tipo "Primavera de Praga" a seus dirigentes encastelados no poder: a ordem era simplesmente se instalar no Ocidente. Essa ameaça de uma imigração descontrolada do leste europeu para seus países, já confrontados à recessão e ao desemprego, também atuou na vontade dos líderes ocidentais no sentido de pressionar as autoridades dos países socialistas para uma liberalização mais rápida do processo político.

A visita de Gorbachev a Bonn, em junho de 1989, foi um triunfo de mídia, e também de negociações financeiras: a República Federal da Alemanha (RFA) assumiu quase todo o custo da sustentação da *perestroika* e, poucos meses depois, o da própria retirada das forças soviéticas da ex-RDA, a partir da reunificação, em outubro de 1990. O ano de 1989 marca, portanto, o auge da grande virada, inclusive para a nacionalista e stalinista Romênia, onde a liderança de tipo monárquico-feudal dos Ceausescu é eliminada no próprio sangue de sua incompetência política e brutalidade policial. A partir daí, os fatos se precipitam na própria União Soviética: a tentativa de golpe militar reacionário, em agosto de 1991, contra a liderança de Gorbachev, "salvo" na ocasião pelo "rebelde" Boris Ieltsin, que condena o Partido Comunista a assistir impotente sua eliminação do processo de transição para um novo tipo de regime, moderadamente pluralista.

A confusa negociação das bases de um novo tipo de regime federativo entre as repúblicas da velha União Soviética, que vinha sendo tanto sabotada quanto habilmente manipulada pelo presidente eleito da Federação Russa, Ieltsin, termina por um *coup-de-théatre*, em dezembro de 1991: a própria dissolução da União Soviética, numa negociação semiclandestina com os líderes das duas outras principais repúblicas, a Ucrânia e a Bielo-Rússia. Decidiu-se na ocasião o lançamento de uma nova modalidade de união voluntária entre as partes do império, teoricamente mais igualitária que a extinta União Soviética: a Comunidade dos Estados Independentes. Na prática, a Rússia herdou as obrigações internacionais da finada União Soviética, inclusive no que se refere ao cumprimento dos compromissos de desarmamento que tinham sido assumidos por Gorbachev em negociações sucessivas com Ronald Reagan ou George Bush.

O desmantelamento da União Soviética em 1991 representou, em suma, o mais importante fator político de alteração substantiva no sistema de relações internacionais herdado da guerra fria: dali em diante continuaria havendo afirmação das grandes potências, jogo de poder e mesmo a manutenção de uma certa tensão "psicológica" no tabuleiro nuclear, mas não haveria mais a irredutível oposição ideológica entre as duas superpotências remanescentes. A proliferação de novos Estados soberanos — formados, sobretudo, a partir das cinzas da União Soviética — também causaria um impacto relativo na estrutura institucional das relações internacionais, com um certo "inchaço" da ONU e da maior parte das grandes instituições econômicas multilaterais, sobretudo aquelas que simbolizavam o "mundo capitalista": as instituições de Bretton Woods, por exemplo, são, hoje, tão ou mais freqüentadas do que a própria ONU.

• 8.3 A economia mundial: crises, crescimento e diversificação

As relações econômicas internacionais nos anos 1980 e 1990 são caracterizadas pela irrupção de diversos mecanismos desestabilizadores em vários setores da vida econômica das nações, tornadas cada vez mais interdependentes: os movimentos são particularmente bruscos, traumáticos ou inovadores nos campos financeiro e monetário (flutuação desordenada das moedas e volatilidade dos capitais de curto prazo), dos mercados de capitais e das balanças de pagamentos (alta dramática das taxas de juros e crise da dívida externa dos países em desenvolvimento), bem como no sistema internacional de comércio (expansão do neoprotecionismo e introdução de uma vasta agenda negociadora no Gatt, absorvido depois pela Organização Mundial do Comércio — OMC). No início do período, o mundo emergia de duas graves crises energéticas — os choques do petróleo de 1973 e de 1979 — e os países ditos "responsáveis" buscavam aumentar o grau de coordenação sobre as políticas macroeconômicas e cambiais por meio de mecanismos informais de controle (encontros regulares de ministros de finanças, cooperação entre bancos centrais) ou da criação de novas instâncias de regulação de suas relações recíprocas — como a Agência Internacional de Energia, funcionando no âmbito da OCDE — ou com o Terceiro Mundo (promoção do chamado "diálogo Norte-Sul"). Em meados dos anos 1990, as esperanças depositadas numa nova fase de crescimento rápido no bojo da globalização — na qual se destacaram as economias emergentes da Ásia Oriental — se desfizeram nas grandes crises financeiras e cambiais da segunda metade da década, engolfando sucessivamente vários países asiáticos, a Rússia e o próprio Brasil.

8.3.1 Integração de mercados financeiros e anarquia monetária

O período assiste à erosão contínua do universo regulatório de Bretton Woods, no seguimento da suspensão, em 1971, por decisão unilateral do governo dos Estados Unidos, da convertibilidade do dólar e da eliminação, em 1973, do mecanismo de paridades cambiais fixas entre as principais moedas. As tentativas de controle das variações entre as moedas por meio da cooperação voluntária entre os principais protagonistas do mundo desenvolvido — introdução de bandas restritas a partir de 1979, no Sistema Monetário Europeu, ou a coordenação de políticas financeiras pelas autoridades monetárias do G-3 (Estados Unidos, Japão e Alemanha) ou do G-5 (mais o Reino Unido e a França), logo convertido em G-7 (com a adjunção da Itália e do Canadá) — não produzirão nenhum resultado apreciável em termos de disciplina cambial e os grandes mercados financeiros continuarão a se expandir de maneira mais ou menos anárquica durante toda a década. Os dois choques do petróleo, em 1973 e 1979, enviam ondas depressivas por toda a economia mundial, absorvidas mais ou menos rapidamente em função da capacidade dos países importadores em reverter em seu benefício os fluxos de divisas carreados pelos países produtores. Aqueles que não dispunham de bens duráveis ou equipamentos para satisfazer a nova sede de demanda dos países petrolíferos — isto é, os importadores líquidos de petróleo do Terceiro Mundo — tiveram de endividar-se para continuar a sustentar o nível de atividade.

Os desequilíbrios nas balanças de transações correntes de países desenvolvidos (Estados Unidos) ou em desenvolvimento (sobretudo da América Latina) desencadearão a elevação descomunal das taxas de juros (agora flutuantes) dos empréstimos contraídos em dólar, com terríveis conseqüências para os tomadores. Cabe lembrar que, durante a fase da "bonança dos petrodólares", as taxas de juros tinham-se mantido em níveis quase negativos, em vista dos altos índices de inflação dos países da OCDE: nos anos 1980, elas se tornam violentamente positivas (saltam de menos de 8% ao ano para uma média de 14%, com picos de 18% e mesmo de 21%), no seguimento de medidas norte-americanas voltadas para a correção do poder de compra do dólar. A crise fiscal do Estado instala-se de maneira igualitária nos países desenvolvidos e em desenvolvimento, com tremendo impacto nos movimentos transnacionais de capital.

A conseqüência foi a mais formidável reversão dos fluxos líquidos de capitais ocorrida desde a fase áurea do colonialismo financeiro, em princípios do século: os países pobres convertem-se, de certa forma, em "exportadores de capitais" para os países mais ricos. Na Tabela 8.1, observa-se a dimensão brutal da inversão de recursos operada nos anos 1980.

Tabela 8.1
Transferências líquidas de recursos, 1980-1994 (em % do PIB)

Grupos de países	1980	1985	1990	1994
Em desenvolvimento	−2,6	−0,8	−1,0	0,2
América Latina	1,2	−4,7	−2,3	1,1
Brasil	2,3	−5,2	−1,7	−1,8
África	−1,7	−0,6	1,1	3,3
África Subsaárica	6,8	2,4	5,8	6,8
Ásia Ocidental	−2,0	1,0	−2,6	−0,9
Ásia do Sul/Leste	2,1	−0,3	0,5	−0,2
China	0,2	3,9	−4,1	−2,7
Coréia	7,3	−1,3	0,5	−0,8
Menos avançados	9,2	8,1	8,5	6,4
Industrializados	−0,2	−0,4	0,0	−1,3

O sinal negativo indica uma transferência líquida para o exterior.
Fonte: United Nations, World Economic and Social Condition, 1996.

As transferências líquidas são constituídas pelo conjunto dos fluxos financeiros entre os países, compreendendo tanto as amortizações de capital por empréstimos contraídos anteriormente (integrando a rubrica das contas de capital na balança de pagamentos de um país), como os pagamentos de juros pelo uso de capital estrangeiro. Na verdade, não se devem confundir tais transferências com os fluxos de capital (que compreendem investimentos, pagamentos de determinados serviços, dons e transferências unilaterais, como as de imigrantes) e pensar que os países em desenvolvimento, nos anos 1980, estavam "exportando capital" para os países desenvolvidos: eles estavam, mais exatamente, pagando os juros de empréstimos passados. Não se pode negar, contudo, que, com a abertura da crise da dívida externa em princípios da década (ou seja, uma crise de pagamentos), as transferências líquidas para o conjunto de países em desenvolvimento tornaram-se repentinamente negativas. Entre 1983 e 1984 houve uma queda de cerca de 40 bilhões de dólares, com o término abrupto dos empréstimos bancários para a América Latina e uma extensa fuga de capitais da região, conforme os dados da Tabela 8.2.

Tabela 8.2
Crescimento da dívida externa da América Latina (dívida total em % do PIB)

Países	1977	1982	1987
Argentina	10	31	62
Brasil	13	20	29
Chile	28	23	89
Guiana	100	158	353
Honduras	29	53	71
Jamaica	31	69	139
México	25	32	59
Venezuela	10	16	52

Fonte: Kennedy, 1993, p. 205.

Como nos períodos anteriores de crise das dívidas externas na América Latina (final das independências nos anos 1820, euforia de títulos estrangeiros nos anos 1890, crise e depressão dos anos 1930), tais movimentos de capital apenas poderiam provocar a inadimplência dos mais expostos, tendência rapidamente ampliada em nível continental a partir da crise do México em agosto de 1982 (logo seguida pela do Brasil no mês de novembro). Ainda assim, as instituições multilaterais (FMI e Banco Mundial) e os principais interessados do mundo desenvolvido tentaram, durante um momento, preservar as aparências de normalidade, transferindo novos recursos para o serviço da dívida, uma modalidade, entre outras, de socializar os prejuízos dos banqueiros privados e de evitar uma quebra generalizada do sistema bancário nesses países. Mais para o final da década, reconhecendo a manifesta incapacidade de pagamento dos mais endividados, os países do G-7, capitaneados pelos Estados Unidos (planos Baker e Brady), chegaram ao fato inevitável da necessidade de uma mudança conceitual na forma de tratamento do problema da dívida: passou então a ser aceita, por banqueiros e agências públicas dos países credores, a aplicação de algum tipo de desconto do valor nominal (*face value* dos títulos emitidos) ou real (via taxa de juros) dos títulos oficiais da dívida contraída nos anos de euforia financeira.

8.3.2 Comércio internacional: crescimento e protecionismo

No terreno do comércio internacional, os fluxos sempre crescentes de bens intercambiados aumentaram de maneira sistematicamente superior as taxas de crescimento do produto global durante todo o período, mas a participação dos diversos países no intercâmbio global evolui de maneira desigual. Entre 1980 e 1994, como se pode constatar na Tabela 8.3, a Ásia do Sudeste dobra seu percentual das exportações mundiais, ao passo que a América Latina diminuía ligeiramente o seu transpor e a África via sua participação reduzida à metade. Do ponto de vista da composição do comércio, os países do sudeste asiático obtinham taxas ainda mais significativas no que se refere à oferta de artigos manufaturados, com destaque para material de transporte, produtos químicos e outros produtos de grande valor agregado.

Tabela 8.3

Exportações mundiais, 1980-1994 (em bilhões de dólares e em % do total)

Grupos de países exportadores	1980		1990		1994	
	Valor	%	Valor	%	Valor	%
Industrializados	1.258,9	63	2.410,8	70	2.851,6	67
Em transição	155,2	7	182,6	5	151,0	3
Em desenvolvimento	586,8	29	799,9	23	1.177,4	28
América Latina	107,8	5	134,3	4	189,0	4
África	94,9	4	102,0	3	98,4	2
Ásia Ocidental	211,0	10	110,5	3	123,5	3
Ásia do Sul/Leste	141,6	7	391,5	11	650,1	15
Outros da Ásia	20,4	1	62,1	2	121,0	3
Mundo	2.000,9	100	3.416,4	100	4.208,1	100

Fonte: GATT e OMC (documentos diversos)

Do ponto de vista de sua estrutura normativa e institucional, a década se destacará por dois movimentos contraditórios: por um lado, o surgimento de novas barreiras não tarifárias ao comércio internacional de bens, obstáculos técnicos e "sanitários" que se substituem às tarifas alfandegárias progressivamente rebaixadas nas rodadas anteriores de negociação; por outro, o alargamento e aprofundamento das negociações comerciais de acesso a mercados em áreas inéditas na história do Gatt. Era evidente que, ao excluir das regras multilaterais categorias inteiras como serviços, bens imateriais (investimentos, patentes e tecnologia proprietária) ou mesmo bens tradicionais como os produtos agrícolas, por exemplo, o comércio internacional deixava de fora do terreno legal-contratual do

Acordo Geral de 1947 alguns dos setores mais dinâmicos e rentáveis das trocas mundiais.

Assim, a Rodada Tóquio, concluída em 1979, tinha reduzido ainda mais o nível de tarifas aplicadas aos produtos industrializados, mesmo tendo excluído da liberalização vastas áreas de interesse dos países menos desenvolvidos, como os produtos têxteis (objeto de um Acordo, dito Multifibras, de limitação quantitativa das exportações para os países mais ricos) e os já citados bens agrícolas. Seus resultados mais consistentes, contudo, deram-se no terreno conceitual e político, ao operar o reconhecimento formal das necessidades especiais das partes contratantes menos desenvolvidas por meio de um tratamento diferencial e mais favorável — atenuando, portanto, o princípio da reciprocidade estrita contida no Acordo Geral — para esses países.

Mas o relativo sucesso dos países em desenvolvimento foi de curta duração, uma vez que a nova ortodoxia liberal — Thatcher no Reino Unido e Ronald Reagan nos Estados Unidos — traz novamente as duras regras do mercado ao terreno das relações econômicas internacionais: acordos de matérias-primas, preferências para acesso a mercados, continuidade de políticas intervencionistas, sustentação a setores industriais incipientes, inexistência de legislações adequadas de proteção à propriedade intelectual, desrespeito a normas sociais ou ambientais estabelecidas com base em critérios estritamente unilaterais — todos esses elementos supostos ou efetivos das deficiências das regras do intercâmbio tal como regido pelas normas do Gatt foram esgrimidos pelos países desenvolvidos para exigir não mais o *free trade*, mas o *fair trade*, o comércio julgado justo e leal segundo seus próprios argumentos.

Depois do fracasso parcial da conferência ministerial do Gatt de 1982, os Estados Unidos (e outros países desenvolvidos) reivindicam e obtêm, em Punta del Este, em 1986, o lançamento da Rodada Uruguai do Gatt, o mais ambicioso de todos os ciclos de negociações comerciais multilaterais desde o final dos anos 1940. São constituídos nada menos do que 14 grupos negociadores (inclusive para propriedade intelectual, investimento e agricultura) e estabelecido um processo paralelo de discussão sobre serviços. Prevista para terminar em 1990, a Rodada Uruguai estendeu-se, na verdade, até o final de 1993, em grande medida devido a desentendimentos entre os dois principais parceiros — Estados Unidos e União Européia — em torno dos problemas agrícolas, em que as demandas para a eliminação de subsídios diretos à produção e de subvenções exageradas às exportações eram particularmente difíceis para os europeus. Os resultados foram ainda assim impressionantes em termos práticos e institucionais, com a constituição de uma Organização Mundial do Comércio que, num certo sentido, completa e acaba a obra iniciada em Bretton Woods (e deixada pelo meio em Havana) meio século antes.

8.3.3 Fragmentação e diversificação do Sul

A nova conceituação dicotômica Norte-Sul, ao lado da tradicional caracterização "países desenvolvidos" e "em desenvolvimento", surge na esteira dos choques do petróleo e das tentativas de reformulação das relações econômicas internacionais. Em 1974, a Assembléia Geral da ONU adotava a Carta dos Direitos e Deveres Econômicos dos Estados, reivindicando uma "ordem econômica internacional" mais justa e equitável. A conferência de Cancun, em 1981, convocada no seguimento das recomendações do Relatório Brandt sobre as relações Norte-Sul e depois das conferências organizadas pela França entre 1975 e 1977, representou ao mesmo tempo o auge e a agonia desse tipo de reivindicação "dirigista": Ronald Reagan retruca com a declaração da supremacia prática do mercado livre. O papel da diplomacia econômica não seria mais o de organizar, sob a tutela dos Estados, as condições para o exercício da atividade empresarial, mas tão simplesmente o de liberar o acesso aos mercados de bens e serviços, desregulamentar atividades, proteger a propriedade intelectual e eliminar as fronteiras políticas ao livre fluxo dos capitais privados.

Na seqüência da vaga neoliberal e livre-cambista que ocupou a agenda econômica internacional a partir de meados dos anos 1980, o que se nota de mais significativo nas relações econômicas internacionais é que o Sul fragmenta-se irremediavelmente, com o descolamento para cima de alguns "tigres" asiáticos, uma conjuntura estagnacionista, com alguma deterioração social, na maior parte da América Latina, e uma irresistível tendência ao declínio econômico, quando não à regressão pura e simples, de muitos países africanos. Assiste-se, na prática, a uma reversão completa das tendências políticas observadas nas duas décadas precedentes, quando a agenda internacional era dominada pelas demandas dos países em desenvolvimento por uma nova ordem econômica internacional. Essa "nova ordem" — que, teoricamente, seria implementada sob os auspícios da ONU e de suas agências especializadas, como a Unctad (Conferência das Nações Unidas para o Comércio e o Desenvolvimento) — deveria basear-se no reconhecimento formal das deficiências intrínsecas dos países em desenvolvimento, na introdução de medidas corretivas, na não-reciprocidade e mesmo numa certa "obrigação" para os mais desenvolvidos de aportar-lhes ajuda (capitais, transferência de tecnologia, regime patentário mais permissivo) em seu processo de desenvolvimento.

A nova ideologia liberal, por um lado, com sua ênfase no livre funcionamento dos mercados e na retirada do Estado intervencionista, e a própria crise da dívida externa, por outro lado, ao fragilizar a capacidade de barganha de muitos

antigos porta-vozes do desenvolvimentismo militante, encarregam-se de transformar essa nova ordem numa certa desordem econômica mundial, na qual aos
velhos problemas do subdesenvolvimento clássico vem juntar-se uma série de
novos perigos globais (narcotráfico, terrorismo, criminalidade mafiosa e corrupção, migrações clandestinas, Aids, marginalidade urbana etc.). Nesse contexto de
incertezas, alguns países em desenvolvimento conseguem um melhor desempenho que outros, ao operar uma decolagem espetacular em termos de crescimento
do produto *per capita* e de aumento da competitividade internacional. Sem ter
necessariamente seguido as receitas liberais, esses países, quase todos na Ásia,
adotaram políticas pragmáticas de industrialização e de capacitação tecnológica,
combinando uma certa ortodoxia fiscal e monetária com altas doses de ativismo
estatal (monitoramento dos investimentos, reservas temporárias de mercado,
agressividade exportadora). Os países asiáticos de rápida industrialização, por
exemplo, conseguem fazer passar sua participação no comércio total de manufaturas de apenas 1,5% em 1965 para 8,5% em 1986.

O diferencial de desempenho pode ser mais bem visualizado na Tabela 8.4,
na qual são revelados alguns indicadores explicativos da espetacular disparidade
nos ritmos de desenvolvimento regional observado no curso dos anos 1980: enquanto América Latina e África recuavam nas taxas de poupança e nos recursos
destinados a investimentos, alguns países da Ásia conseguiam aumentar de forma
substancial os volumes destinados ao investimento produtivo.

Tabela 8.4
Investimentos e poupança, 1980-1994 (em % do PIB)

Grupos de países	Investimento bruto				Poupança			
	1980	1985	1990	1994	1980	1985	1990	1994
Industrializados	23,4	21,6	22,2	20,1	23,6	22,0	22,2	21,6
Em desenvolvimento	25,7	23,4	24,7	25,8	28,3	24,2	25,7	25,7
América Latina	24,8	19,2	19,7	19,6	23,6	23,9	22,0	18,6
Brasil	23,3	19,2	21,5	16,5	21,1	24,4	23,2	18,3
África	25,6	20,1	20,2	19,6	27,3	20,7	19,1	16,2
África Subsaárica	20,0	17,4	18,1	19,1	13,2	15,0	12,3	12,3
Ásia Ocidental	24,5	21,2	22,0	21,5	46,6	20,2	24,6	22,4
Ásia do Sul/Leste	26,3	24,3	29,1	29,5	24,2	24,6	28,6	29,6
China	30,1	38,6	33,2	42,6	30,0	34,7	37,3	45,3
Coréia	32,0	29,6	36,9	38,4	24,8	30,9	36,4	39,2
PMDRs*	17,3	14,6	16,1	15,5	8,0	6,6	7,6	9,1

* PMDRs: países de menor desenvolvimento relativo, ou seja, menos avançados.

Fonte: United Nations, World Economic and Social Condition, 1996.

A natureza institucional dos debates nos foros internacionais, sobretudo em Genebra e em Nova York, mascarou parcialmente esse elemento novo do fracionamento do mundo em desenvolvimento em função dos interesses concretos dos países considerados. Naqueles foros observa-se uma certa resiliência da divisão tradicional entre grupos de países — desenvolvidos, socialistas, Grupo dos 77 (G-77), estes organizados por sua vez em subgrupos regionais — que pouco tem a ver com vários dos problemas debatidos. O discurso terceiro-mundista ou não alinhado torna-se, assim, pouco relevante para a organização de uma ação conjunta, ou mesmo para a simples coordenação de posições, ao passo que os países do grupo socialista deixam de reunir-se ou até de expressar-se pelos mesmos porta-vozes. A China, evidentemente, sempre constituiu um grupo à parte, embora, na maioria das vezes, alinhada com as posições do G-77.

O fim da guerra fria aporta, por certo, uma nova relevância para a ONU, em especial para seu Conselho de Segurança. Conceitos como o de segurança coletiva começam a ser debatidos nesses foros multilaterais, ensaiando-se mesmo sua aplicação efetiva em alguns teatros de conflito (Bósnia). Na prática, contudo, assiste-se à expansão daquilo que os realistas chamam de "anarquia estatal" da comunidade internacional, com a defesa individual dos interesses nacionais primando sobre a busca consensual de soluções coletivas a problemas comuns. Na verdade, os problemas confrontados por uma comunidade mundial doravante constituída por quase 200 Estados não são tão comuns quanto o discurso da mídia internacional deixaria supor: mais de dois terços dos países-membro da ONU se debatem ainda nas agruras do subdesenvolvimento tradicional, sem maiores perspectivas para sua superação.

• 8.4 Relações estratégicas internacionais e conflitos regionais

A evolução das relações entre as superpotências mostra, nos anos 1980, movimentos contraditórios entre a vocação hegemônica sempre afirmada por parte de estadistas e lideranças militares e o desejo de uma certa acomodação num patamar razoável de dissuasão nuclear recíproca. A era Reagan nos Estados Unidos (1980-1988) elevou talvez ao seu mais alto nível a satanização do inimigo ideológico, alimentando, numa primeira etapa, o projeto de eliminá-lo enquanto concorrente militar nos espaços aéreos e oceânicos, para, num segundo momento, buscar soluções de equilíbrio no terreno dos mísseis estratégicos e intermediários. A União Soviética, por sua vez, mergulhou numa vertente declinante alimentada pela gerontocracia partidária, cujas manifestações mais exacerbadas, depois de anos de "brejnevismo senil", foram as breves sucessões de Andropov e de Tchernenko. Ela foi depois sacudida, de maneira talvez inepta, pelo reformismo radical de Gorbachev, que terminou contraditoriamente por desorganizar as bases de funcionamento do mecanismo econômico no "socialismo real", sem conseguir reconstituir a legitimidade política do aparelho partidário nos comandos de um Estado soviético cada vez mais contestado interna e externamente às suas fronteiras geográficas.

8.4.1 Controle de armamentos: contenção nuclear vertical e horizontal

A influência internacional de cada um dos inimigos estratégicos variou, evidentemente em função dos recursos efetivos à disposição de suas economias e do grau de inventividade demonstrado por seus aparelhos militares ou laboratórios científicos. A Iniciativa de Defesa Estratégica de 1983 (mais popularmente conhecida como "Guerra nas Estrelas") visava, aparentemente, o estabelecimento de um amplo escudo espacial — tão "eficaz" tecnologicamente quanto irrealizável na prática — suscetível de eliminar a capacidade de penetração dos mísseis intercontinentais soviéticos, quando seu único efeito visível foi esgotar recursos orçamentários dos dois contendores, precipitar a crise fiscal de seus respectivos Estados e acelerar a ruína econômica daquele dotado de estruturas produtivas menos flexíveis ou inovadoras. O "keynesianismo militar" praticado pela administração Reagan confirmou, por um lado, os efeitos multiplicadores — em termos estritamente microeconômicos — do "modo inventivo de produção" desenvolvido pelo capitalismo ocidental, mas também gerou efeitos deletérios do ponto de vista social e macroeconômico, a ponto de ter aberto ao grande público o debate sobre os limites da potência imperial, o qual alimentou, por sua vez, em finais dos anos 1980, a crescente e prolífica "indústria" acadêmica do declinismo norte-americano.

Seja como for, após os esforços feitos na década anterior para limitar os armamentos estratégicos (Salt I em 1972 e Salt II em 1979), os anos 1980 se iniciam sob o signo da corrida armamentista e da disseminação missilística — estratégica, tática e de base naval — em ambos os lados do Atlântico, levando mesmo alguns países da Otan à beira do estresse nuclear (como a Alemanha). A colocação no terreno de novos mísseis soviéticos de ogivas múltiplas (SS-20) obriga os Estados Unidos a responder mediante o desenvolvimento de novos vetores (Pershing-2 e MX). Nessa área, as relações estratégicas passam da busca da paridade ao controle e depois à redução das armas nucleares, num processo pouco linear e nem sempre desprovido de lances espetaculares. Depois de anos e anos de conversas inúteis e desconfianças recíprocas, os líderes políticos das duas superpotências chegam ao limite de um utópico desarmamento nuclear total — encontros Reagan-Gorbachev em Genebra e Reykjavik, em 1985 e 1986 —, para, em 1987, contentar-se finalmente com a eliminação parcial dos mísseis intermediários (também chamados de "euromísseis").

Paralelamente à continuidade das complexas conversações sobre a redução de forças convencionais nos teatros de operações (acordo sobre os arsenais clássicos da Otan e do Pacto de Varsóvia em novembro de 1990) e sobre as chamadas *confidence-building measures* no âmbito atlântico-europeu da Conferência sobre Segurança e Cooperação na Europa (inaugurada em 1975 com 34 países, a CSCE converte-se em organização em 1992, com 48 participantes), o processo de redução das armas nucleares conheceria altos e baixos — em função dos cenários políticos mutáveis na moribunda União Soviética —, para se acelerar espetacularmente entre 1991 e 1993: os novos acordos assinados (mísseis intermediários, Start I e II, sobre vetores intercontinentais) preveem a destruição de grande parte dos arsenais nucleares estratégicos, em meio a procedimentos sofisticados de verificação e controle. Nos anos 1990, norte-americanos e russos deveriam destruir entre um quarto e um terço de suas armas estratégicas — precisamente as mais desestabilizantes no quadro da dissuasão nuclear —, numa iniciativa sem precedentes desde o aparecimento da bomba atômica em 1945.

O desmembramento da União Soviética não chegou verdadeiramente a alterar, quando muito delongou, o processo de desarmamento nuclear das ex-repúblicas soviéticas; do ponto de vista das forças convencionais, fez surgir novas demandas russas por uma redistribuição e relocalização de alguns exércitos terrestres, num quadro estratégico já marcado pela dissolução (em julho de 1991) do Pacto de Varsóvia. Em todo caso, pela primeira vez depois do começo da era nuclear, toda a Europa Central, do Báltico aos Balcãs, encontrava-se livre de armas nucleares em meados dos anos 1990, ao mesmo tempo em que a Rússia flexibilizava sua posição no que se refere à possível integração de alguns ex-parceiros do Pacto de Varsóvia em esquemas de cooperação com a Otan (programa "Parceria para a Paz", prévio à incorporação plena).

Em uma outra vertente, o clima de neo-*détente* e o novo ambiente de cooperação construtiva entre as potências nucleares, bem como a constatação dos horrores verificados no conflito Irã-Iraque, permitiram igualmente progressos notáveis nas negociações sobre a eliminação das armas químicas, que se arrastavam de maneira negligente durante a maior parte dos anos 1980: os avanços foram consubstanciados no notável tratado de janeiro de 1993, que introduz modalidades de inspeção obrigatória — *inspection on challenge*, administrado pela Organização para a Proibição das Armas Químicas (Opaq) — ainda mais estritas e completas que os da Agência Internacional de Energia Atômica. No âmbito da proliferação nuclear propriamente dita, russos e norte-americanos observaram, desde finais dos anos 1980, uma moratória de fato dos testes nucleares subterrâneos, prelúdio ao acordo para a eliminação completa desse tipo de teste (*Comprehensive Test Ban Treaty* — CTBT), muito embora persistissem dúvidas sobre as atitudes respectivas da França e da China, países que aderiram tardiamente (1991-1992) ao Tratado de Não-Proliferação de Armas Nucleares (TNP). Na verdade, esses dois últimos países respeitaram o essencial das obrigações do TNP e, em meados dos anos 1990, pareciam dispostos a se engajar, com menor entusiasmo no caso dos chineses, na negociação de uma cessação definitiva das explosões nucleares. Depois de duas conferências de revisão, o regime de controle da proliferação nuclear consubstanciado no TNP tornou-se praticamente universal, a despeito da recusa persistente da Índia, do Paquistão e de Israel de se conformarem ao sistema discriminatório nele consagrado.

8.4.2 Conflitos regionais: a disseminação horizontal

Essa evolução das relações estratégicas no plano global — da nova guerra fria à neo-*détente* e à cooperação "construtiva" no âmbito das armas de destruição de massa — não deixa de influenciar o cenário dos enfrentamentos militares localizados por aliados interpostos. Os novos dados dos conflitos regionais no Oriente Médio, na Ásia ou na África, evidenciam uma certa "fadiga hegemônica" de ambos os lados, com o desenvolvimento por vezes anárquico de velhos conflitos de inspiração étnica ou tribal, ou alimentados pelas novas paixões nacionalistas não mais reprimidas pela disciplina imperial. Determinados conflitos ou tensões potenciais possuem, assim, dinâmicas próprias e surgem como resultado da emergência de um novo candidato à hegemonia regional, como foi o caso do Iraque no Oriente Médio, do Vietnã no sudeste asiático e, mais espetacularmente, da nova China no contexto do Pacífico.

Depois da retirada humilhante dos Estados Unidos do sudeste asiático, em meados dos anos 1970, ou dos golpes espetaculares suportados de maneira impotente no Oriente Médio, onde se disseminava o terrorismo de base religiosa ou manipulado por algumas potências regionais, foi a vez da União Soviética renunciar às suas ambições terceiro-mundistas, por absoluta falta de meios materiais ou na ausência de real significação geopolítica em muitas das projeções estratégicas operadas durante a era Brejnev (Etiópia e Somália, por exemplo). Os novos dirigentes do poder soviético em declínio operam um recuo em todas as frentes: seja na Ásia, com a retirada de suas tropas do Afeganistão, seja na África, continente abandonado em parte pelas antigas potências coloniais européias, passando vários países sob o controle de novos senhores da guerra aprovisionados pelos mercadores de armas, seja ainda, mais modestamente, no continente americano, onde Cuba foi deixada à sua própria sorte, esgotados os recursos financeiros para manter uma aparência de "prosperidade socialista" na ilha do Caribe.

No continente americano, os conflitos militares observados no período — à exclusão dos sempre presentes movimentos guerrilheiros — são engajados ou entretidos a partir das alavancas nacionais da exclusão social, da guerra civil ou de sentimentos antiimperialistas e anticolonialistas; situam-se nesse contexto a invasão da minúscula ilha de Granada pelos Estados Unidos, em 1983, a sustentação da guerrilha contra-revolucionária contra o poder esquerdista dos sandinistas da Nicarágua, durante a maior parte da década, e a Guerra das Malvinas, entre a Argentina e o Reino Unido, em 1982, de dimensões e conseqüências mais político-diplomáticas do que propriamente militares, a despeito de perdas significativas em homens e equipamentos para o país platino (um de seus efeitos terá sido, aliás, o de acelerar a derrocada da ditadura militar argentina). Os esquemas informais de busca de solução pacífica dos conflitos centro-americanos (grupos de Contadora e de Apoio) evoluíram de maneira mais estruturada a partir de meados da década, dando origem ao mecanismo de consulta e coordenação política, mais conhecido como Grupo do Rio, que viabilizou um debate inter-regional institucionalizado entre as Comunidades Européias e os países da América Latina.

Em outros cenários — conflito Irã-Iraque, disputa israelo-árabe no Oriente Médio, tensão crescente na região balcânica —, as variáveis históricas, militares, econômicas e étnicas envolvidas são por demais complexas para serem equacionadas apenas a partir dos interesses imediatos de uma ou outra das superpotências, ainda quando houvesse entendimento de princípio entre elas. Os conflitos regionais, em finais dos anos 1980, adquirem sua dinâmica própria, não suscetíveis de serem dirimidos ao nível das relações estratégicas internacionais. A longa e cruel guerra Irã-Iraque (1980-1988) é, aliás, circunscrita em seus limites estritos, sem outras intervenções externas que o tradicional desfile dos mercadores de canhões, o apoio discreto de algumas potências ocidentais ao regime de Saddam Hussein, motivado pelo medo da expansão khomeinista, e as tentativas, sempre frustradas, de mediação diplomática: a guerra se desfará pela exaustão dos combatentes, mediante um cessar fogo negociado pelo Secretariado das Nações Unidas. Outro aspecto assumirá a invasão do Kuaite pelo Iraque em 1990, seguida da contra-ofensiva da coalizão liderada pelos Estados Unidos alguns meses depois, cujas implicações internacionais mais evidentes eram representadas pelo problema do acesso às fontes petrolíferas do Golfo e pela emergência de uma potência regional que ameaçava colocar em risco o delicado equilíbrio de forças em toda a região.

A explosão dos conflitos interétnicos em algumas ex-repúblicas soviéticas (Chechênia, Armênia e Geórgia) e na ex-Iugoslávia, precipitando uma cruel guerra civil numa região conhecida pelo seu histórico potencial de enfrentamentos militares, colocou em evidência, por sua vez, o caráter desestabilizador e tendencialmente incendiário desses novos conflitos regionais alimentados por sentimentos nacionais excludentes. A Iugoslávia ilustra um dos casos mais trágicos de violação episódica ou sistemática, dos direitos humanos em situações de conflito militar em prol da autonomia política de nacionalidades irredentistas. Os novos Estados que emergiram das antigas repúblicas federadas, seja com uma relativa uniformidade étnica (Eslovênia, Macedônia), seja de maneira traumática dada a imbricação de populações diversas (Croácia, Bósnia), tiveram de se confrontar militarmente ao hegemonismo sérvio antes de se consolidar a independência. No Kosovo, tentou-se eliminar o nacionalismo albanês mediante operações de limpeza étnica, o que colocou a Sérvia em conflito político com a maior parte da comunidade internacional, até que o massacre de civis inocentes pudesse ser contido com a intervenção direta das potências da Otan.

Mas esses conflitos também confirmam que a instabilidade regional, mesmo aguda, pode conviver tranqüilamente com uma certa estabilidade estratégica. Em zonas declaradamente marginais do ponto de vista dos interesses do(s) império(s), esse tipo de conflito regional ou guerra civil pode desenvolver-se abertamente ou subsistir de forma larvar sem, necessariamente, colocar em risco níveis aceitáveis de tensão internacional; guerras civis internas podem mesmo desenvolver-se na mais completa indiferença da mídia internacional (Ruanda, Sudão, Somália ou Serra Leoa, por exemplo): uma vez garantidas as fronteiras exteriores do império, certas zonas periféricas são abandonadas simplesmente à anarquia tribal dos "novos bárbaros" (Rufin). A África foi, sem dúvida, o continente onde a política do que se poderia classificar como *malign neglect* involuntário por parte das grandes potências consagrou as experiências mais cruéis de guerras fratricidas travadas no alheamento total das antigas potências coloniais (Libéria, Burundi, Congo, Zaire, Etiópia e Eritréia).

O fim da guerra fria trouxe, igualmente, inegáveis benefícios à África, sobretudo na região austral: assistiu-se ali à independência da Namíbia (1989-1990), a um começo de solução ao conflito em Moçambique e à retirada das tropas sul-africanas e cubanas de Angola, seguindo-se a tentativa de superar pacificamente três décadas de guerra civil mediante a convocação de eleições livres. De forma ainda mais decisiva, o fim da competição bipolar também colocou um ponto final no regime do *apartheid* na África do Sul, dando início à transição para um sistema de maioria negra no país mais importante ao sul do Saara. Com efeito, depois de anos de arrogância aparteísta da minoria branca, o poder político na República da África do Sul conformou-se à realidade social da maioria negra, operando-se uma transição relativamente bem-sucedida sob a liderança do líder negro Nelson Mandela, egresso de quase três décadas de isolamento na prisão.

8.4.3 A Ásia e o enigma chinês

Na Ásia, o cenário é bem mais complexo, uma vez que os dados do problema inverteram-se de maneira dramática no decurso dos anos 1980 e princípios dos 1990, com o foco sendo progressivamente deslocado do Japão para a China. Com efeito, quando se discutia, nos anos 1970, o problema da emergência de um novo poder na região da Ásia-Pacífico, a maior parte dos observadores estava se referindo ao Japão, já potência comercial e tecnológica e candidato a assumir um novo papel no equilíbrio regional. O papel da China, que tinha assumido recentemente seu lugar no Conselho de Segurança, no lugar de Taiwan, não era propriamente esquecido, mas o país ainda se debatia no caos da revolução cultural e mantinha uma presença pífia no comércio regional ou internacional. O Japão, ao contrário, era invariavelmente apontado como o novo poder econômico — e, eventualmente, político — do século XXI, depois de derrotar sucessivamente a indústria norte-americana nos mais diferentes ramos da inovação empresarial e da competitividade comercial (produtos siderúrgicos, indústria automobilística, bens eletrônicos de massa etc.). Mas, afetado por uma gigantesca bolha financeira e imobiliária desde o início dos anos 1990, o Japão arrastou-se vagarosamente no decorrer dessa década, cedendo lugar à China em matéria de taxas de crescimento do produto.

De maneira geral, por diferentes motivos, a China tinha estado ausente do cenário regional e mundial durante quase todo o século XX: decadência do regime imperial e insurreições internas dos "senhores da guerra"; Revolução de 1911 e instabilidade política; invasão japonesa da Manchúria e da própria China em 1931 e 1937; dilaceramento no curso da Segunda Guerra; guerra civil e ofensiva comunista no seu imediato seguimento; o longo isolamento a partir de 1949 (a despeito de participação na Guerra da Coréia e nos conflitos da Indochina); os efeitos destrutivos da transformação socialista, com caos e fome nas esteiras do "grande salto para a frente" (1958-1962) e da "grande revolução cultural proletária" (1966-1976); crise da sucessão carismática, enfim, no final dessa década. Em 1979, ao desmantelar a "claque maoísta" que pretendia a herança da revolução cultural, o grupo reformista de Deng Xiao-Ping começava a operar num país quase devastado por décadas de instabilidade interna e de quase irrelevância externa. Ao mesmo tempo em que despontava na região e no mundo o desempenho espetacular, em termos de industrialização e de aumento do comércio, dos "tigres" asiáticos (Coréia do Sul, Taiwan, Hong-Kong e Cingapura), a China, doravante "socialista de mercado", dava início a um vigoroso processo de crescimento do qual decorreria um contínuo aumento de sua participação no comércio internacional. Ela empreendia, simultaneamente, um vigoroso *build-up* armamentista, sustentando a nova expressão de seus interesses em regiões mais vastas do Pacífico (atribuindo uma certa elasticidade ao chamado "Mar da China").

Desde aí, o gigante asiático acumulou conflitos com outros países da região (como com as Filipinas, a Malásia e o Vietnã a propósito das ilhas Spratley, ou demonstrações de sua tradicional beligerância em relação a Taiwan) e despertou inquietações nas demais potências nucleares, em primeiro lugar a União Soviética. A China reivindicou, igualmente, e obteve de suas respectivas metrópoles colonizadoras, Reino Unido e Portugal, o retorno delongado de Hong-Kong (1997) e de Macau (1999) à sua esfera de soberania exclusiva. Seu contínuo aperfeiçoamento em matéria de mísseis balísticos e de equipamentos nucleares não deixou de trazer preocupação quanto à instabilidade da região, uma vez que conduzidos à margem de qualquer regime ou instrumento de controle: a China mantinha, por exemplo, uma recusa de princípio ao TNP. Ela terminou por aderir aos mecanismos multilaterais de controle nuclear, mas sempre ostentou uma desconfiança sintomática em relação aos planos missilísticos dos Estados Unidos.

O impacto da China no comércio internacional emergiria apenas a partir dos anos 1990, mas desde meados da década anterior ela requereria sua adesão (readmissão, diria ela, em virtude da participação da antiga China de Chang Kai-Chek no velho acordo de 1947) ao Gatt, sem, contudo, obtê-la até o final dos anos 1990. Não obstante, a China foi admitida como observadora na Rodada Uruguai de negociações comerciais multilaterais, adotando, porém, uma atitude mais que discreta, com vistas a conservar o tratamento oficioso de nação mais favorecida que lhe era concedido pelos Estados Unidos (contra o qual acumularia, aliás, saldos comerciais expressivos). Um comportamento de *free-rider* nas relações com os demais parceiros comerciais, a reivindicação de um estatuto especial no cumprimento de suas obrigações contratuais e a manutenção de mecanismos e instrumentos pouco transparentes de política comercial impediriam, até o final da conclusao da Rodada, sua aceitação como parte contratante do Acordo Geral (então convertido em Gatt-94), mas não sua constante penetração nos mercados estrangeiros. A admissão da China (e da própria Rússia) à OMC foi igualmente obstaculizada pelos mecanismos pouco ortodoxos de administração de seu comércio exterior, muito embora um acordo estivesse em vias de conclusão em meados de 2000.

No decorrer dos anos 1980, a China e os demais países da Ásia-Pacífico passaram a intercambiar mais entre si do que com as demais regiões do planeta. A intensidade dos vínculos comerciais e dos fluxos de investimentos diretos entre os países da região (aqui incluída a própria diáspora chinesa), bem como os fluxos de capitais provenientes dos demais países desenvolvidos, converteram toda a zona no maior espaço de crescimento econômico do mundo, numa rara combinação de altas taxas de poupança familiar com políticas dirigistas no setor industrial. A interdependência econômica crescente dos países asiáticos não afastou, porém, ameaças potenciais à estabilidade da região, que menos do que qualquer outra dispõe de esquemas viáveis (além do "guarda-chuva" nuclear americano) de segurança estratégica. No final dos anos 1990, a península coreana permanecia como um dos últimos focos de tensão da quase esquecida guerra fria, em virtude das persistentes tentativas do regime norte-coreano de desenvolver sua própria capacitação nuclear e missilística, em desafio às pressões dos Estados Unidos, do Japão e do resto da comunidade internacional.

8.4.4 Progressos na busca da segurança coletiva

No âmbito do desarmamento, ocorreram, em escala regional, o avanço progressivo do conceito de zonas desnuclearizadas e a crescente afirmação da ideia da renúncia unilateral à posse do armamento atômico. A despeito da persistente competição nuclear entre a Índia e o Paquistão, do desafio norte-coreano e das constantes ameaças de capacitação atômica por parte do Iraque e do Irã (depois que Israel adquiriu a sua), as demais regiões do globo observam uma notável contenção nesse terreno: a quase totalidade dos países-membro da ONU aceita, em 1995, a recondução indefinida do TNP, e a África do Sul já tinha renunciado unilateralmente, desde 1991, à posse do armamento nuclear. No caso das instalações nucleares do Iraque, foi preciso que Israel as bombardeasse uma primeira vez (em 1981) e os Estados Unidos duas vezes mais, durante a Guerra do Golfo (em 1991) e em 1993, para que a ameaça fosse temporariamente afastada, ainda assim mediante o estabelecimento de controles abrangentes por parte da comunidade internacional.

A América Latina, região pioneira nesse tipo de iniciativa, viu confirmada, já no início dos anos 1990, a vigência plena do Tratado de Tlatelolco (1967), a partir da exemplar cooperação nuclear empreendida uma década antes entre a Argentina e o Brasil e da decisão tomada unilateralmente pelo Brasil de renunciar às explosões pacíficas (ainda que autorizadas por Tlatelolco). Em 1991, finalmente, o Brasil e a Argentina assinam um acordo quadripartite (envolvendo ainda a Agência Internacional de Energia Atômica — Aiea, e a agência bilateral de controle dos materiais nucleares) que dá todas as garantias requeridas pelo TNP sem se submeter aos dispositivos desiguais e discriminatórios deste último. O Brasil também tinha patrocinado, em 1986, uma amplamente aceita Resolução da Assembléia Geral das Nações Unidas sobre uma "zona de paz e cooperação" no Atlântico Sul (envolvendo ribeirinhos americanos e africanos), iniciativa também existente na área do Pacífico (Tratado de Rarotonga de 1985) e estimulada nas águas do Oceano Índico.

Os progressos foram bem menos sensíveis, para não dizer inexistentes, no terreno do armamento convencional, uma vez que as zonas "periféricas", com destaque para a África e o Oriente Médio, continuaram a ser tradicionais clientes dos "mercadores de canhões" ocidentais ou socialistas. Com exceção da América Latina, bem mais moderada no processo de reequipamento militar — a despeito da preservação de alguns focos de tensão na região, especialmente na América Central e em partes da América do Sul (Peru-Equador, Venezuela-Guiana) —, os demais continentes continuaram a se abastecer de armas norte-americanas, européias ou russas: a proliferação de fuzis automáticos e de armas mais sofisticadas, assim como a disseminação de minas antipessoais em terrenos cada vez mais vastos, trouxeram indizíveis sofrimentos à população civil de muitos países africanos ou asiáticos. Alguns tímidos esforços foram feitos na busca de uma limitação parcial ao uso de armas desnecessariamente danosas (como as minas antipessoais), bem como na tentativa de serem estabelecidos mecanismos de punição dos atentados mais flagrantes aos direitos humanos (como os tribunais *ad hoc* para casos na África ou na ex-Iugoslávia, ou o Tribunal Penal Internacional), mas os esforços meritórios de organizações não governamentais, de governos e órgãos internacionais comprometidos com as causas humanitárias nem sempre lograram resultados eficazes. O número de refugiados e de pessoas deslocadas continuou a aumentar na África, na Ásia e no Oriente Médio, muito embora tenha diminuído na América Latina.

8.5 A década de 1990: a nova balança do poder mundial

No final dos anos 1980, a União Soviética, cujo modelo político e econômico parecia em irresistível ascensão internacional uma década antes, aproximava-se perigosamente de um colapso de sistema: a estratégia gorbacheviana de reforma econômica falhou por completo e o regime socialista monopartidário começou a esboroar-se nas contradições de uma transição política malsucedida. Ele já não era mais brutalmente autoritário ou absolutamente impermeável — como o provou a relativa *glasnost* a propósito do acidente nuclear de Tchernobil —, mas não conseguia deixar de ser politicamente ilegítimo e economicamente inepto.

Os Estados Unidos, de seu lado, a despeito da crise fiscal do Estado, que assumia proporções preocupantes, emergiam claramente como os vencedores da disputa hegemônica com a outra superpotência nuclear. Ao precipitar-se a derrocada da União Soviética, chegou-se mesmo a falar na substituição do mundo bipolar pelo "momento unipolar": o presidente George Bush, por sua vez, em seu discurso de 1991 sobre o "estado da União", preferiu adotar o conceito wilsoniano sobre uma "nova ordem mundial". O sucesso estratégico da potência norte-americana não conseguia, contudo, esconder, em meados dos anos 1980, as marcas indeléveis do que parecia ser seu declínio econômico relativo: novas potências tecnológicas e comerciais, dentre as quais o Japão e a Alemanha quase unificada (processo que culminou em outubro de 1991, pouco antes da derrocada da União Soviética), disputavam a supremacia no terreno mais importante da estratégia moderna, a da constante inovação produtiva a partir da alta qualidade da mão-de-obra. O sucesso das potências emergentes passou a ser explicado pela ausência de "custos" imperiais (Kennedy) e pela adoção pragmática de uma política oportunista de vantagens imediatas: à diferença dos impérios ou potências hegemônicas, influenciados por uma "concepção territorial" do Estado, esses países apresentam-se simplesmente como "estados comerciais" (Rosecrance).

8.5.1 A era do Pacífico: da *pax* nipônica ao triunfalismo americano

A era Reagan e o "credo liberal" tinham confortado os Estados Unidos na noção da preeminência mundial, mas a base social e material da dominação norte-americana parecia estar sendo erodida pela própria idéia que tinha feito o sucesso da potência ocidental: a de um capitalismo austero, feito de muita poupança e de alguma renúncia ao consumo imediato em troca de investimento e acumulação. A Ásia começou a emergir como a nova "Meca" do capitalismo, combinando práticas manchesterianas na organização social da produção (que tinham sido severamente condenadas por Engels, um século antes) e virtudes propriamente calvinistas na dedicação ao trabalho. A concepção weberiana sobre as condições de surgimento e expansão do capitalismo — fortemente enraizada nas virtudes inerentes ao racionalismo ocidental — passou a ter de incorporar, igualmente, uma interpretação confuciana sobre os novos "requisitos" da acumulação capitalista.

O novo peso mundial da Ásia Oriental — saudado apressadamente como a chegada do século do Pacífico por muitos observadores — se destacava, em primeiro lugar, no terreno do comércio e dos investimentos, e bem menos no das inovações tecnológicas ou conquistas científicas, em que pese a ameaça japonesa (ou mesmo coreana) ao monopólio norte-americano dos circuitos integrados. Mas as transformações econômicas e políticas em curso naquela região já prometiam um impacto futuro no campo das relações internacionais, introduzindo novos problemas estratégicos numa região que ainda vive sob a incógnita do enigma chinês. Com efeito, a China ainda formalmente socialista, mas de fato semicapitalista, é o único país relevante em termos econômicos que continua a reclamar para si uma legitimidade política derivada de sua opção preferencial pelo regime de partido único de tipo comunista.

No confronto com as taxas impressionantes e persistentes de crescimento econômico na região da Ásia-Pacífico, o modesto desempenho da Europa Ocidental durante a maior parte dos anos 1980 e começo dos anos 1990 impunha um elemento de caução, do ponto de vista estratégico, sobre o itinerário futuro da Europa como ator internacional. Da "euroesclerose" da antiga Comunidade Econômica Européia (CEE) ao "euro-otimismo" dos primeiros tempos da União Européia de Maastricht, o continente viveu diversos cenários prospectivos, desde o final da guerra fria até a atual fase de multipolaridade instável. A excelência dos recursos humanos e a qualidade da mão-de-obra do continente europeu ainda constituem seu principal capital, acumulado em vários séculos de revoluções científicas e de organização racional da produção material, mas essas virtudes propriamente weberianas podem também reproduzir-se na outra ponta da Eurásia. Não se pode esquecer, no entanto, que os Estados Unidos também são uma potência do Pacífico, com tudo o que isso significa em termos de transferência de tecnologia, de investimentos diretos e de interação empresarial.

Em todo caso, os anos 1980 e início dos anos 1990 foram, indiscutivelmente, os anos da globalização financeira, com uma expansão impressionante das praças financeiras do Pacífico asiático, em primeiro lugar no próprio Japão, mas também em Hong-Kong e em Cingapura. Depois de quase duas décadas de crise energética, as nações capitalistas conheciam uma volta ao ciclo virtuoso dos negócios: emergência das multinacionais, deslocalização produtiva, clima regulatório mais ameno e favorável às incorporações agressivas (traduzidas na linguagem febril dos *business* do momento: *selling-buying, take-overs, fusions and mergers*), enfim, fase ascendente e otimista da globalização que parecia inverter os dados da equação hegemônica no plano econômico. Ao mesmo tempo que os Estados Unidos despontavam como a maior nação devedora do planeta, o Japão tornava-se a locomotiva financeira dos anos 1980, com a Bolsa de Tóquio convertendo-se num dos maiores mercados acionários do mundo.

A formidável inversão então operada nas relações financeiras internacionais pode ser ilustrada pela posição ocupada pelos principais conglomerados financeiros nacionais dos países mais avançados no decorrer das três últimas décadas do século XX, como revelado na Tabela 8.5. Com efeito, em 1970, os cinco maiores bancos dos Estados Unidos ocupavam as principais colocações (dentre elas as três primeiras) em uma lista de dez grandes casas bancárias, que não comportava, até então, nenhum banco japonês. No decorrer dessa década e na seguinte, com a progressiva valorização do iene e a ascensão financeira do Japão, *pari passu* à fragilidade relativa do dólar, os conglomerados japoneses passaram a ocupar sete das dez primeiras posições (dentre elas, as seis principais) de uma lista que não ostentava mais nenhum banco norte-americano no final dos anos 1980. Dez anos depois, como resultado de um processo intenso de fusões e aquisições, o panorama bancário mundial apresentava-se de modo bem mais diversificado nacionalmente, ainda que os atores financeiros primordiais continuassem a ser quase os mesmos.

Tabela 8.5
Evolução da posição dos dez maiores bancos comerciais, 1970-2000

Posição	1970	1990	2000
1	Bank of America (Estados Unidos)	Dai Ichi Kangyo Bank (Japão)	Fuji-Industrial-Dai Ichi Kangyo Bank (Japão)
2	First National City Bank (Estados Unidos)	Sumitomo Bank (Japão)	Deutsche-Dresdner (Alemanha)
3	Chase Manhattan Bank (Estados Unidos)	Mitsuo Tayo Kobe (Japão)	Asahi-Sanwa-Tokai Bank (Japão)
4	Barclay's Bank (Grã-Bretanha)	Sanwa Bank (Japão)	Sumitomo-Sakura Bank (Japão)
5	Manufacturers Hannover Trust (Estados Unidos)	Fuji Bank (Japão)	Bank of Tokyo-Mitsubishi Bank (Japão)
6	Royal Bank of Canada (Canadá)	Mitsubishi Bank (Japão)	Citigroup (Estados Unidos)
7	Morgan Guaranty Trust (Estados Unidos)	Crédit Agricole (França)	Banque Nationale de Paris-Paribas (França)
8	Banca Nazionale (Itália)	Banque Nationale de Paris (França)	Bank of America (Estados Unidos)
9	West Deutsche-Landes Bank (Alemanha)	Industrial Bank of Japan (Japão)	Union de Banques Suisses (Suíça)
10	Banque Nationale de Paris (França)	Crédit Lyonnais (França)	Hong-Kong Shangai Bank (Grã-Bretanha)

Fonte: American Banker, segundo classificação por ativos.

A resistência dos bancos japoneses no final dos anos 1990 — explicável, talvez, pela manutenção de ativos líquidos ainda sobrevalorizados — camuflava, contudo, uma realidade econômica mais frágil do que o suspeitado uma década antes. Assim como a derrocada do socialismo configurou, no final dos anos 1980, uma dessas "astúcias" da história a que talvez se referia Hegel, o rompimento da bolha financeira, a conseqüente diminuição do ritmo de crescimento e o persistente declínio econômico do Japão no decorrer dos anos 1990 representaram uma das maiores surpresas do "modelo japonês" no plano das relações econômicas internacionais. A anunciada era da hegemonia nipônica, apresentada de forma temerosa em muitos livros de estudiosos ocidentais ainda no início dessa década, terminou por ceder lugar à volta do triunfalismo americano, no bojo do mais longo ciclo de expansão econômica de toda a história da potência ocidental. Por compreensíveis razões históricas e diplomáticas, tampouco o Japão soube converter seu formidável potencial financeiro e tecnológico em poder militar ou em liderança política, revelando-se pouco consistentes as análises que previam, na região da Ásia-Pacífico, um grande espaço comercial integrado, ao compasso do dinamismo econômico japonês. Em todo caso, nem uma otimisticamente projetada *pax* nipônica, nem uma hipotética *pax* sínica são suscetíveis de serem realizadas, no futuro previsível, em detrimento dos interesses bem concretos de segurança dos Estados Unidos na região.

8.5.2 Volatilidade de capitais e crises bancárias: a instabilidade financeira

As sucessivas crises financeiras internacionais que tiveram início no México em 1994-1995 abalaram a Ásia a partir de meados de 1997 e estenderam-se em 1998 à Rússia e, logo em seguida, ao Brasil; não foram as primeiras, nem serão certamente as últimas do gênero, de uma série inteira daquilo que um economista-historiador, Charles Kindleberger, já chamou de "pânicos, manias e *crashes*" do capitalismo, desde sua irresistível ascensão, em meados do século XIX, até sua atual preeminência enquanto modo de produção quase universal. As crises — seja de "superprodução", seja de tipo financeiro — são inerentes ao próprio modo de produção capitalista, como já alertava Karl Marx em seu famoso "panfleto" revolucionário de 1848, antecipando-se à tese sobre a "destruição criadora" formulada por Schumpeter.

Depois de alguns anos de relativa euforia nos mercados bursáteis na década de 1980, com a recuperação das principais economias desenvolvidas da estagflação dos anos 1970, o mundo voltou a conhecer, em 1987, os sobressaltos típicos das fases de turbulências financeiras do capitalismo. A queda nos títulos cotados em bolsas chegou a alcançar 22% num único dia de outubro do referido ano, sinalizando para uma possível repetição da crise de 1929. Não foi isso o que ocorreu, porém, a despeito de tremores localizados nas economias centrais; e os mercados de futuros e o velho jogo de especulação nas bolsas conheceram novos patamares de valorização nos mercados acionários dos anos 1990.

Os mercados cambiais, em especial, tiveram uma expansão sem precedentes na história do capitalismo financeiro. As variações extremamente significativas das moedas no decorrer dos anos 1980 não corresponderam exatamente a variações nos ciclos econômicos nacionais, mas mais propriamente ao desenvolvimento extraordinário dos mercados financeiros, com diversos mecanismos de *hedge* e de derivativos que aumentaram o volume — e a fragilidade — do dinheiro circulando diariamente no sistema financeiro. Ocorreram mudanças relevantes nesse sistema, desde a oferta de crédito institucional dos anos 1960 — dominada basicamente pelos bancos de desenvolvimento — até os derivativos dos anos 1990, passando pelo mercado de "eurodólares" dos anos 1960 e os *syndicated loans* dos anos 1970 e 1980. As crises e contrações desses mercados financeiros estiveram associadas às situações de inadimplência temporária de grandes devedores: países emergentes da América Latina e da Ásia, economias então socialistas como a Polônia, a Alemanha Democrática e a Hungria, e os "tigres" asiáticos nos anos 1990. As aplicações em bolsa desenvolveram-se bastante nesse período, conduzindo a um primeiro exemplo de "exuberância irracional" que resultaria na crise de outubro de 1987 acima referida.

A despeito disso, a globalização financeira continuou seu percurso irrefreável. O primeiro teste dos anos 1990 ocorreu no caso da desvalorização cambial "desastrada" do México, entre dezembro de 1994 e princípios de 1995, suscitando efeitos regionais de uma certa amplitude, primeiramente na própria Argentina, mas também no Brasil. Na ocasião, em face das dificuldades do FMI em mobilizar recursos apropriados ou suficientes, um grande programa de sustentação financeira, em base *ad hoc*, foi montado pelos Estados Unidos em favor do México, com a cooperação mais ou menos "voluntária" de outros países do G-7. Tratou-se, como caracterizou o então diretor-gerente do FMI, Michel Camdessus, da primeira crise financeira do século XXI, que parece derivar da abertura excessiva ao chamado capital "volátil", convertido repentinamente no novo vilão do sistema financeiro internacional. Seus efeitos se exerceram inicialmente mais na América Latina do que em outros continentes, entretanto, por um momento, pensou-se na ameaça de uma crise sistêmica, razão da rápida e maciça intervenção dos Estados Unidos.

Aluno tardio da escola liberal e da interdependência, depois de décadas de nacionalismo econômico e de industrialização substitutiva, o México vinha crescendo a taxas razoáveis no começo dos anos 1990, à base de grandes investimentos externos e de uma ampla abertura comercial. Em 1992, no Governo Salinas, o México postulava sua candidatura à OCDE — finalmente concretizada em maio de 1994 —, para a qual lhe foi precisamente solicitado maior esforço de abertura econômica externa e significativa liberalização financeira. Acumulando muitos *déficits* comerciais desde o final dos anos 1980, o México apresentou resultados crescentemente negativos nas transações correntes, com mais de três anos de *déficits* equivalentes a 7% a 8% do PIB. O financiamento vinha sendo feito pela emissão de títulos do Governo — garantidos em dólar — e pela abertura dos mercados financeiros mexicanos, até o momento em que a rigidez cambial começou a lançar dúvidas sobre a capacidade do Governo em honrar seus compromissos externos. Uma tentativa de desvalorização controlada, no final de 1994, sofreu o efeito da fuga maciça de capitais — em primeiro lugar, dos próprios mexicanos — e do ataque especulativo contra o peso, o que reduziu consideravelmente as reservas de divisas do México.

No começo de 1995, consciente dos efeitos sobre outros países da região (Argentina e Brasil, por exemplo, onde também ocorreram crises bancárias e ataques às moedas e às reservas) e outros continentes, o governo dos Estados Unidos montou uma gigantesca operação de salvamento, envolvendo um pacote com aproximadamente 50 bilhões de dólares (dinheiro do FMI, dos bancos multilaterais e de outras agências financeiras internacionais e dos próprios países-membro do G-7, a começar pelos Estados Unidos, via *Exchange Reserve Fund*, mecanismo criado na era Roosevelt, depois da desastrosa crise de 1929 e das quebras bancárias do início dos anos 1930). A crise do México foi superada, mas iniciou uma nova fase no sistema financeiro internacional: a dos capitais voláteis e a da necessidade de melhoria nos mecanismos preventivos e de transparência, monitorados pelas instituições financeiras internacionais.

Os efeitos foram igualmente importantes para o Brasil. O primeiro governo de Fernando Henrique Cardoso, eleito em outubro de 1994 fundamentalmente em virtude do sucesso do Plano Real, inicia sua gestão com um desafio externo de grande amplitude: a manutenção da estabilidade cambial, o que foi obtido mediante pequeno ajuste na política de deliberada valorização cambial do período inicial do programa de estabilização: introduziu-se o sistema de bandas e a prática de minidesvalorizações dentro da banda, de maneira a compensar a erosão inflacionária e a valorização de fato do real.

A crise asiática de 1997-1998, que se disseminou de forma diferenciada em diversos países da região, não apresentou as mesmas características da crise mexicana. Ela se deu no bojo de um processo de crescimento não especialmente inflacionário e de manutenção de políticas fiscais e macroeconômicas relativamente sólidas e responsáveis. Tratou-se, portanto, de uma verdadeira "caixa de Pandora", pois os países da região eram até então louvados como exemplos de boa gestão pública e excelente *performance* na manutenção de altas taxas de poupança, de investimento e de crescimento, com grande inserção econômica externa. Seus efeitos sobre outras regiões foram diferenciados segundo a percepção de riscos implícitos do ponto de vista da solidez das economias, imediatos no caso da América Latina e mais delongados em outros países, provocando, ainda assim, efeitos devastadores sobre alguns grandes atores emergentes, como Rússia e Brasil. A crise teve origem numa rápida expansão dos créditos externos privados, em especial os de curto prazo, cuja utilização nem sempre foi a mais eficiente possível (sobre investimento imobiliário, por exemplo), considerando-se os débeis mecanismos regulatórios e de monitoramento bancário (*surveillance* e medidas prudenciais) existentes na região. Os países asiáticos mantinham políticas fiscais basicamente corretas, mas incidiram por outro lado em *déficits* de transações correntes e numa certa valorização cambial, o que reduziu um pouco sua competitividade global. A desvalorização anterior (1995) do yuan chinês diminuiu provavelmente a competitividade comercial dos produtos asiáticos em determinados mercados, e a rigidez cambial em alguns desses países asiáticos pode ter precipitado ataques especulativos contra suas moedas.

Alguns países asiáticos enfrentavam, ainda assim, eventuais *gaps* orçamentários ligados a problemas previdenciários ou a investimentos governamentais maciços em setores "estratégicos", mas, no geral, suas políticas macroeconômicas não eram, por exemplo, mais inconsistentes do que as européias ou mais "irresponsáveis", do que as dos países latino-americanos nos anos 1970 e 1980. Considerou-se, entretanto, que os problemas ali surgidos eram de natureza sistêmica, estando vinculados a um funcionamento deficiente dos mercados financeiros, em especial do setor bancário (estatal e privado), derivando também de uma certa "promiscuidade" das instituições de intermediação financeira com os meios políticos governamentais e do forte poder de pressão de alguns conglomerados empresariais sobre os círculos do poder.

A desvalorização, sob pressão, da moeda da Tailândia, em julho de 1997, deu início a uma corrida contra as demais moedas da região, provocando um efeito dominó sobre todas elas, com impactos espetaculares na Malásia e na Coréia, respectivamente em setembro e em dezembro desse mesmo ano, e na Indonésia, em fevereiro de 1998, causando a queda da ditadura Suharto. Etapa importante no processo de propagação da crise para outras regiões foi o ataque contra o dólar de Hong-Kong, em outubro de 1997, que quase ameaçou de colapso o sistema de *currency board* mantido pela ex-colônia britânica, reincorporada definitivamente à China no primeiro semestre desse ano. A crise asiática, portanto, assumiu contornos políticos com as turbulências na Indonésia, cujos efeitos foram devastadores, uma vez que a inadimplência de diversos devedores (empresas, bancos e mesmo o próprio governo) precipitou a falência de casas bancárias no Japão, em Hong-Kong e na Coréia, países com instituições mais expostas à crise de liquidez e à desvalorização cambial (em alguns casos, superior a 80%) das economias asiáticas mais afetadas pela crise continuada (Indonésia e Malásia, sobretudo).

A continuada depressão da economia japonesa dificultou, de certo modo, a retomada do crescimento nas demais economias asiáticas. Também, a crise política em determinados países de governo autoritário — como a Indonésia e a Malásia — atuou no sentido de dificultar a correção dos desajustes macroeconômicos e de colocar esses países no caminho da recuperação. Outros países, por sua vez, enfrentaram de forma bastante consistente os desafios colocados pelos capitais voláteis, como Cingapura e Taiwan, enquanto Hong-Kong podia dispor de um colchão de segurança adicional, sob a forma do volume de reservas da China.

Já em meados de 1998, a crise alcançou a Rússia, que vivia o agravamento de um processo de transição malsucedido do socialismo ao capitalismo e de um regime de partido único a uma "democracia de fachada", para empregar um conceito de Max Weber (aplicado à breve experiência democrática do período imediatamente anterior ao bolchevismo). A moratória unilateral decretada pela Rússia em agosto de 1998, em plena crise de governabilidade política e de desvalorização incontrolável do rublo, acarretou o retraimento repentino de todas as aplicações e linhas de crédito colocadas nos países emergentes, abrindo uma crise de confiança que ameaçou deslanchar outra, sistêmica, verdadeiramente mundial. Essa segunda onda da crise financeira mundial teve repercussões imediatas em outras regiões, em especial no Brasil, que assistiu a saídas maciças de capitais de curto prazo e a uma diminuição espetacular do volume de crédito voluntário oferecido pelas instituições privadas. Para controlar seus efeitos, montou-se um pacote de tipo preventivo aplicado em caráter inédito com a cooperação conjunta das autoridades do G-7, do FMI e do governo brasileiro. O acordo concluído com o FMI em outubro de 1998 (revisto em fevereiro de 1999, no seguimento da desvalorização do real) permitiu a liberação de um pacote de ajuda global de mais de 40 bilhões de dólares (cuja estrutura financeira é apresentada na Tabela 8.6), dos quais o Brasil chegou a utilizar efetivamente a metade.

Tabela 8.6
Acordo do Brasil com o FMI e países do G-7 e BIS (US $ bilhões)

Países e instituições participantes	Contribuição total	Desembolso imediato
Fundo Monetário Internacional (FMI)	18	5,25
Banco Mundial (Bird)	4,5	1,1
Banco Interamericano (BID)	4,5	1,1
Banco de Compensações Intern. (BIS)	14,5*	4

* Recursos dos seguintes países: Estados Unidos (US$ 5 bilhões), Reino Unido, Alemanha, França, Itália, Japão (fora do esquema do BIS), Canadá (G-7) e da Bélgica, Países Baixos, Suécia, Suíça (G-10), Portugal, Espanha, Áustria, Irlanda, Luxemburgo, Finlândia, Dinamarca, Noruega e Grécia.
Fonte: Banco Mundial e FMI (documentos diversos).

A recuperação econômica brasileira, na esteira da desvalorização cambial de janeiro de 1999, foi surpreendentemente bem-sucedida, mas em contrapartida a "crise" estendeu-se aos parceiros do Mercado Comum do Sul (Mercosul), com o recrudescimento de pressões protecionistas na Argentina e a queda, pela primeira vez em oito anos, dos fluxos de comércio inter-regionais. Grupos de pressão na

Argentina, sustentados mais ou menos discretamente por funcionários de bancos e agências internacionais, começaram a colocar na agenda econômica a perspectiva da dolarização completa de seu sistema monetário, depois que o próprio presidente Menem aventou essa hipótese como alternativa a uma desvalorização e o conseqüente abandono do Plano de Conversibilidade implementado em 1991 pelo então ministro da Economia, Domingo Cavallo.

A taxa de desvalorização de mais de 60% da moeda brasileira (de 1,22 reais por dólar para cerca de 2,20 reais em fevereiro ou março desse ano) foi progressivamente revertida ao longo do ano, caindo para pouco mais de 30%, o que, descontando-se o pequeno impulso inflacionário e a própria erosão do dólar, conformou um limite aceitável de ajuste cambial. No plano dos investimentos diretos estrangeiros, a tendência já bastante significativa no período recente conheceu uma expansão notável no decorrer de 1999, com mais de 30 bilhões de dólares de ingressos efetivos (não necessariamente ligados a privatizações de empresas públicas, cujas receitas constituíram boa parte dos fluxos nos anos anteriores). No final de 1999, a economia brasileira já havia se recuperado relativamente bem e parecia orientada para uma fase de crescimento sustentado no período subseqüente, na faixa de 4% a 5% de expansão do PIB.

Os sinais mais consistentes da trajetória de recuperação foram, contudo, dados em abril de 2000, quando o Banco Central anunciou o pagamento antecipado dos desembolsos efetuados no âmbito do pacote de sustentação financeira acordado com o FMI. Do total de 41,5 bilhões de dólares colocados à disposição do Brasil sob a forma de crédito *stand by*, empréstimos de longo prazo ou de instrumentos suplementares, as autoridades monetárias tinham feito uso, até março de 2000, de aproximadamente 20 bilhões em recursos emergenciais de curto prazo (ademais de 6,5 bilhões de dólares do Bird e do BID, de mais longo prazo), que constituíram, precisamente, objeto do reembolso antecipado. Depois de ter efetuado, na vertente comercial, lançamentos bem-sucedidos de *global bonds* nos primeiros meses de 2000, o governo brasileiro decidiu não dispensar a utilização desses créditos oficiais, integralizando, em abril desse ano, o pagamento de mais de 10 bilhões de dólares devidos ao FMI e ao BIS, como também renunciar à utilização dos créditos suplementares teoricamente colocados à sua disposição. Na mesma oportunidade, em nova rodada de negociações com técnicos do FMI em relação a seu programa de ajuste, o Brasil logrou reduzir o nível mínimo exigível de reservas cambiais internacionais como garantia para a implementação do pacote de ajuda financeira, trazendo-o para o montante de 25 bilhões de dólares, da cifra anterior de 29 bilhões. A Tabela 8.7 resume o relacionamento do Brasil com o FMI ao longo do extenso período que vai de 1967 a 2000, cobrindo dois períodos de ajuste e de retomada de crescimento, intermediados por várias fases de aceleração inflacionária, de descontrole cambial e de inadimplências temporárias.

Tabela 8.7

Brasil: relacionamento e acordos com o FMI, 1967-2000

Data	Etapas históricas do relacionamento	Ministro da Fazenda
1967	Assembléias do FMI-Bird no Rio de Janeiro; criação dos DES	Delfim Netto
1971	Fim do sistema de Bretton Woods; flutuação de moedas	Delfim Netto
1974 1979	Crises do petróleo; vários empréstimos bancários comerciais	M. H. Simonsen
1982	Crise da dívida externa em toda a América Latina	Delfim Netto (1)
1984	Suspensão do acordo por não cumprimento de metas	Delfim Netto (1)
1987	Moratória dos pagamentos externos; suspensão de créditos	Dilson Funaro
1991 1992	Tentativas não exitosas de acordo; afastamento político	Zélia Cardoso de Mello
1992	Retomada dos contatos, mas inexistência de acordos	Marcílio M. Moreira
1993 1996	Relacionamento discreto, sem politização FHC	Pedro Malan
1997 1999	Entendimentos ativos em torno de um ajuste fiscal; acordos	Pedro Malan

Acordos formais estabelecidos entre o Brasil e o FMI, 1967-1992

Data do acordo	Tipo de acordo	Expiração Cancelam.	Quantia (2) (DES milhões)	Quantia sacada	Quantia não sacada	Ministro da Fazenda
13/02/67	*Stand-by*	12.02.68	30,00	—	30,00	Gouveia Bulhões
29/04/68	*Stand-by*	28.04.69	87,50	75,00	12,50	Delfim Netto
29/04/69	*Stand-by*	4.02.70	50,00	—	50,00	Delfim Netto
04/02/70	*Stand-by*	3.02.71	50,00	—	50,00	Delfim Netto
04/02/71	*Stand-by*	3.02.72	50,00	—	50,00	Delfim Netto
03/03/72	*Stand-by*	2.03.73	50,00	—	50,00	Delfim Netto
01/03/83	EFF	28.02.86	4.239,38	2.743,13	1.496,25	Delfim Netto (1)
23/08/88	*Stand-by*	28.02.90	1.096,00	365,30	730,70	Mailson da Nóbrega
29/02/92	*Stand-by*	31.08.93	1.500,00	127,50	1.372,50	Marcílio M. Moreira

Continua

Continuação

Desenvolvimentos no período recente		
1992	Brasil logra acordo com Clube de Paris sem aval do FMI	Marcílio M. Moreira
1994	Brasil faz acordo com credores privados sem aval do FMI	Fernando H. Cardoso
1998	(out.) Entendimentos com o FMI para um programa de ajuste fiscal	Pedro Malan
03/11/1998	Acordo preventivo com desembolso de até US$ 41 bilhões (3)	Pedro Malan
08/03/1999	Ajuste ao acordo anterior em função da desvalorização cambial	Pedro Malan
05/04/2000	Anúncio de reembolso antecipado dos créditos concedidos no acordo	Pedro Malan

(1) Ministro do Planejamento encarregado dos organismos internacionais;

(2) DES = US$ 1,36; para o período anterior à criação dos DES (1967-1970) trata-se do equivalente em dólares dos Estados Unidos;

(3) Do total, 18 bilhões eram provenientes do FMI e 14,5 bilhões de vários países membros do BIS, quantia sacada apenas pela metade pelo Brasil; agregar mais 4,5 bilhões cada, do Bird e do BID, sacados em parte.

Fontes: Relatórios anuais do FMI; pesquisas do autor.

8.5.3 A emergência de múltiplas polaridades: a nova balança do poder mundial

Alguns observadores das relações internacionais contemporâneas, ao refletir em perspectiva histórica sobre a amplitude e o significado das mudanças nos anos 1980 e 1990, chegaram a especular sobre um possível retorno ao sistema conhecido, em finais do século XIX e princípios deste, como "equilíbrio de poderes", um conceito tipicamente adaptado ao sistema europeu de nações. Não fosse a imediata e visível incongruência histórica desse tipo de interpretação, num mundo tão claramente fragmentado em múltiplas soberanias concorrentes ou superpostas, mas pertencentes a uma mesma estrutura interestatal formalmente igualitária, parece evidente que, neste último meio século, qualquer "concerto de nações" tem de ajustar-se à realidade da emergência e afirmação do direito internacional, à disponibilidade assimétrica do poder nuclear, mas também à lenta disseminação de normas, obrigações e princípios gradualmente incorporados ao sistema de relações internacionais pelas grandes organizações internacionais.

A nova balança do poder mundial implica, a partir do final dos anos 1980, que o equilíbrio entre potências cessa de apoiar-se apenas, ou principalmente, no terror nuclear. A dissolução da União Soviética e, a mais forte razão, do Pacto de Varsóvia, em 1991, afasta o perigo de uma guerra total e, no mesmo movimento, a persistência de certas tensões regionais ou conflitos localizados. O desaparecimento do antagonismo Leste-Oeste empresta um novo vigor ao Conselho de Segurança e aos esquemas de manutenção ou imposição da paz por forças onusianas ou trabalhando formalmente sob sua orientação. O fato é que, a despeito de sua relativa impotência em face de alguns conflitos regionais persistentes e de uma permanente falta de meios materiais, a ONU e o sistema de organizações internacionais cooperativas deste último meio século introduziram uma nova dimensão nas relações políticas e econômicas internacionais, desconhecida tanto na época do "equilíbrio de potências" quanto na fase da paz de Versalhes, entretida pela autoridade precária da Liga das Nações.

No período entre as guerras, o sistema de segurança coletiva da Liga não funcionou devido à não-participação dos Estados Unidos, ao isolamento da União Soviética, ao revisionismo agressivo da Alemanha, do Japão e da Itália e à falta de vontade política de seus membros para conter as violações da Carta de Versalhes pelo uso da força coletiva. De 1947 em diante, o sistema da ONU foi paralisado pela guerra fria e pela falta de unanimidade no Conselho de Segurança: a oposição Estados Unidos/União Soviética limitou severamente sua capacidade de atuação em problemas de segurança regional e mesmo em diversos temas globais.

Essa situação foi rompida em 1989, mas o sistema onusiano ainda é instável e certamente em transição: ele precisa ainda acomodar, por exemplo, os vencidos da Segunda Guerra, Alemanha e Japão, e alguns outros países menos desenvolvidos, como também administrar o complexo e delicado fenômeno da rejeição islâmica ao mundo ocidental. A Resolução de 1990 do Conselho de Segurança das Nações Unidas (CSNU), que aprovou o uso da força para que uma coalizão — de fato os Estados Unidos e outros aliados — empreendesse o rechaço das forças iraquianas que tinham invadido o Kuaite, não deixou de provocar novas tensões numa região ainda particularmente instável. No seguimento de sua fracassada invasão, o Iraque teve de aceitar, ao longo de toda a década de 1990, um dos mais intrusivos sistemas de controle de material militar e de equipamento de uso dual de que se tem notícia no sistema multilateral onusiano. Mas o quadro geral das relações internacionais parece bem mais propenso do que antes ao encaminhamento de soluções pacíficas a muitos conflitos regionais — com destaque para os do Oriente Médio — bem como à lenta emergência da interdependência global, base indispensável à manutenção da paz e à continuidade do processo de desenvolvimento dos países mais pobres.

As mais importantes negociações do ponto de vista da segurança internacional não são, contudo, levadas a efeito em foros da ONU, como a Comissão do Desarmamento, mas no plano das relações bilaterais entre as principais potências.

A esse respeito, depois da fracassada experiência da "Guerra nas Estrelas" da era Reagan, os Estados Unidos pareciam novamente inclinados, no final dos anos 1990, a exercer seu tradicional unilateralismo político-militar, ao propor uma iniciativa mais modesta de defesa contra mísseis, denominada *National Missile Defense* (NMD), que conseguiu recolher não só a oposição frontal da Rússia e da China, mas também a desaprovação dos aliados da Otan. A Rússia argumentou, com razão, que o desenvolvimento de tal sistema contraria o tratado bilateral de limitação dos sistemas de defesa contra mísseis, ao passo que a China agitava, com maior vigor ainda, a ameaça de uma nova corrida armamentista, como conseqüência da situação a ser criada de desequilíbrio estratégico, se a NMD fosse implementada.

As alianças estratégicas do final do século XX eram, de todo modo, bem pouco condizentes com o equivalente geopolítico do "equilíbrio de poderes" de um século atrás. Alguns observadores referem-se a um sistema de polaridades múltiplas ou heterogêneas, ainda que se reconheça a visível preeminência estratégica dos Estados Unidos. Do ponto de vista do historiador, não há, contudo, um conceito unificador ou um único referencial analítico à nova situação emergente no atual sistema — supondo-se que esta seja a noção adequada — de relações internacionais. Cessada a ordem bipolar, as configurações regionais ou os ordenamentos específicos impõem-se nesta fase de transição, na qual a interdependência econômica tem de conviver com a fragmentação política. Em meados dos anos 1990, os grupos regionais — União Européia (UE), Acordo de Livre-Comércio da América do Norte (Nafta), Mercosul, aproximações livre-cambistas na Ásia — reforçavam-se como acomodações parciais aos desafios colocados por um mundo cuja única lógica unificadora parece ser a competição global. O "novo realismo" na política externa dos Estados não se constitui tanto na busca de supremacia militar, mas no sucesso, na atração e mobilização produtiva de enormes volumes de capitais disponíveis sob a forma de investimento direto estrangeiro. Também emerge, de modo triunfante, nesse cenário de difusão geopolítica do poder mas de concentração de riquezas, uma "nova economia", tendo como vetores centrais o comércio eletrônico e a biotecnologia.

● 8.6 Os problemas globais: a nova agenda internacional

Aos problemas que, desde o imediato pós-Segunda Guerra e nas décadas seguintes, freqüentaram habitualmente a agenda política e econômica internacional — comércio, matérias-primas, transferência de tecnologia, cooperação técnica nos setores de saúde, educação, trabalho, telecomunicações, transportes — vem juntar-se progressivamente, a partir dos anos 1970, uma série de novos temas, ou de antigos problemas enfocados de maneira inovadora, que passam a percorrer o cenário sempre mutável das relações internacionais. Danos extensos ao meio ambiente, violações dos direitos humanos, natalidade explosiva em determinadas regiões, epidemias devastadoras como a Aids, desigualdades criadas com a revolução informática e instabilidade associada à volatilidade financeira são alguns desses problemas que, por transcender as fronteiras dos Estados nacionais, passaram a requerer respostas verdadeiramente globais. Ao mesmo tempo, novos atores — entre eles, as chamadas Organizações Não Governamentais (ONGs), ou outros menos bem recebidos, como os terroristas — passam a influenciar, direta ou indiretamente, o tratamento de diversas questões de amplitude universal.

8.6.1 Novos e velhos problemas: a complexa agenda mundial

Quer seja na discussão e encaminhamento de antigas questões da comunidade internacional — população, direitos humanos, desarmamento —, quer seja na reflexão e busca de solução para novos problemas — meio ambiente e desenvolvimento sustentável, recursos naturais e proteção das espécies ameaçadas de extinção, desequilíbrios regionais e sociais, desafios à ordem via terrorismo político ou narcotráfico —, a agenda internacional diversifica-se na medida mesma da complexidade e da dimensão global desses novos temas, que desafiam linhas de divisão regionais, princípios ideológicos ou classificações por renda *per capita*. Alguns problemas chegaram mesmo aos limites do chamado "choque de civilizações", como, por exemplo, o desafio islâmico à tradicional dominação cultural do ocidente desenvolvido, de que são exemplos a impermeabilidade da Revolução Iraniana ao diálogo tentado por europeus e norte-americanos ou o irredentismo terrorista de certos movimentos fundamentalistas.

Outros problemas, de cunho mais tradicional ou de renovado impacto nas relações internacionais — como a desorganização monetária e financeira internacional, as dificuldades dos países em desenvolvimento para o acesso à tecnologia e o conseqüente aprofundamento da distância Norte-Sul, a proliferação nuclear ou o temor inquietante da capacitação em armas químicas ou bacteriológicas e seus vetores missilísticos —, também passam de maneira intensa a ocupar a agenda das organizações multilaterais, constituem o foco de conferências especiais ou são objeto das preocupações de instâncias de coordenação política restritas como a OCDE ou o G-7. A cooperação internacional revela-se no mais das vezes inútil ou insuficiente para equacionar ou sequer circunscrever determinados problemas, e os parceiros considerados "responsáveis" passam a adotar mecanismos excludentes de vigilância e controle — a exemplo do *Nuclear Suppliers Group* (NSG) ou do *Missile Technology Control Regime* (MTCR) —, no limite do que se denominou "*apartheid* tecnológico". O próprio Brasil, considerado à *tort ou à raison*, junto com o Iraque e alguns outros, um país de risco, foi vítima de algumas discriminações dessa ordem, tendo sido objeto, nos anos 1970 e 1980, de controles de transferência de tecnologia que limitaram bastante o desenvolvimento de sua capacitação espacial, até que decidiu aderir, já nos anos 1990, aos princípios e diretrizes do MTCR (constituído em 1987 e regulando os vetores balísticos de mais de 300 km).

O terrorismo não é, por certo, um problema novo na agenda internacional, tendo servido como válvula de escape a antigos grupos anarquistas e niilistas no final do século XIX ou como detonador de causas nacionalistas no limiar da Primeira Guerra Mundial. Ele recrudesceu, contudo, a partir de 1970, quando a média de atentados anuais não ultrapassava cerca de três centenas de casos catalogados em todo o mundo. Em meados dos anos 1970, a cifra já tinha alcançado 350, sobretudo com base em grupos organizados no Oriente Médio para lutar pela causa palestina. Nos anos 1980, a média sobe para 500 atentados (sem descurar muitos casos de origem propriamente européia), para declinar em 1990 para pouco mais de 450 casos registrados. Nem sempre os alvos privilegiados de grupos terroristas nacionais ou internacionais foram as "potências imperialistas" (em primeiro lugar os Estados Unidos), uma vez que tanto Estados formalmente democráticos (como Espanha e Itália) quanto regimes reconhecidamente autoritários (como Argélia, Egito ou Turquia) foram objeto de dezenas de atentados de base política ou religiosa. Em alguns casos, a tentativa de identificação de Estados patrocinadores do terrorismo internacional constituiu motivo de retaliações unilaterais, como os ataques aéreos dos Estados Unidos contra a Líbia, em flagrante desacordo com o direito internacional.

O próprio direito internacional evoluiu progressivamente, para incorporar, ainda que de forma incipiente, novos princípios e mecanismos de proteção aos direitos humanos, com uma crescente afirmação do "direito de ingerência". Em nenhum outro campo, contudo, a globalização dos problemas nacionais adquiriu contornos tão visíveis como na questão do meio ambiente. O ambientalismo, surgido timidamente no final dos anos 1960 e início dos 1970, em associação com as ameaças poluidoras da chuva ácida e do uso da energia fóssil, tornara-se uma espécie de imperativo político no decorrer da década seguinte, para não dizer uma verdadeira religião, mobilizando fração considerável da opinião pública nos países avançados. As prescrições algo ingênuas do Clube de Roma em torno dos "limites ao crescimento" adquirem contornos mais científicos e tecnicamente sólidos nos anos 1980, com o desenvolvimento de debates e conferências a respeito do aquecimento global, da diminuição da camada de ozônio e do papel das florestas e dos oceanos na regulação global da atmosfera. A mudança climática e a extinção de espécies animais e vegetais são os aspectos mais dramáticos e eloqüentes desse debate, que se traduz, no terreno das convenções internacionais, em alguns instrumentos de aceitação quase que universal, mas de difícil implementação prática (como os acordos da Conferência de 1992 do Rio de Janeiro sobre Meio Ambiente e Desenvolvimento).

Nos anos 1990, ao lado dos direitos humanos (que já dispunham de instrumentos e foros relativamente abrangentes no plano multilateral), o desafio democrático também passa a mobilizar um número cada vez maior de grupos de interesse público: as ditaduras são postas na defensiva e a ascensão da idéia de liberdade e da livre afirmação dos direitos políticos contribui para aumentar o número de regimes eletivos, mas a falta de critérios universalmente aceitos e de mecanismos efetivos de avaliação ainda refreia a expansão da democracia no mundo. Também permanecia frágil a situação da mulher — a despeito de progressos alcançados no plano político —, com o recurso desigual a meios contraceptivos, acesso desfavorecido a oportunidades de emprego e de educação e tratamento legal inferior em muitos países de tradição islâmica, atuando como fatores impeditivos ao pleno exercício da igualdade social em relação ao gênero masculino.

Algumas das grandes conferências patrocinadas pela ONU nos anos 1990 — criança, em 1990; meio ambiente e desenvolvimento, em 1992; direitos humanos, em 1993; população e desenvolvimento, em 1994; desenvolvimento social, em 1995; mulher, em 1995; assentamentos humanos, em 1996, além de outras menos publicitadas — contribuíram sobremaneira para aumentar o grau de consciência cidadã sobre as novas dimensões da interdependência global.

8.6.2 Limites da soberania estatal: meio ambiente, revolução da informação, desafio democrático

Parte significativa desses problemas globais, que apresentam dimensões ou implicações propriamente descomunais (como a poluição transfronteiriça), interfere nos limites tradicionais da soberania estatal, mostra-se arredia a qualquer tipo de coordenação intergovernamental e escapa, na verdade, ao controle dos blocos regionais ou políticos, participando ativamente dos debates nos foros multilaterais. Interesses públicos e privados mesclam-se nessa nova agenda internacional global, de tal maneira que o encaminhamento desses problemas exige delongada e paciente ação negociadora (cujo exemplo mais conspícuo é provavelmente a longuíssima Conferência do Direito do Mar). Se no campo da estrita proteção ambiental a construção regulatória multilateral parece apresentar progressos mais efetivos, em novas áreas de difícil compatibilização dos interesses nacionais — como direitos humanos, acesso aos recursos da biodiversidade ou comercialização de produtos contendo organismos geneticamente modificados — a evolução normativa é bem mais lenta.

Outras questões chocam-se com a reduzida vontade dos países mais desenvolvidos em transferir voluntariamente tecnologia proprietária, em assumir os custos da correção de rumos — em poluição e meio ambiente — ou com a suposta "falta de colaboração" dos menos desenvolvidos na sua supressão ou redução — como o problema do tráfico de drogas. O narcotráfico vem sendo tratado de maneira arrogante pelos Estados Unidos como uma simples "economia da oferta", sem qualquer responsabilização do lado da demanda. Comportamentos paranóicos desenvolvem-se em alguns participantes desses debates da nova aldeia global televisiva, sejam eles grupos de ativistas "monotemáticos" ou ONGs de reduzido embasamento técnico ou científico, ou mesmo atores governamentais, como militares brasileiros, que agitam a suposta ameaça da internacionalização da Amazônia.

O campo do direito humanitário foi, sem dúvida alguma, aquele no qual, no final do período considerado, se fez sentir de maneira mais evidente os novos limites impostos à soberania estatal. A ação da opinião pública e de ONGs foi aqui decisiva para impulsionar os organismos intergovernamentais ou os governos de certos países a empreenderem iniciativas no sentido de não apenas reprimir as violações mais grosseiras aos direitos elementares da pessoa humana, como também no de criar novos princípios legais e mecanismos processuais para tentar julgar e condenar os responsáveis por tais atos. A jurisdição "nacional" recebeu, por parte de alguns juízes, uma nova interpretação no plano do direito internacional, o que permitiu que antigos ditadores (como o general chileno Pinochet) e agentes repressivos envolvidos em crimes de tortura, morte ou desaparecimento pudessem ser alcançados em terceiros países. Da mesma forma, a decisão pela criação de tribunais especiais *ad hoc* encarregados de julgar crimes de guerra — a exemplo do tribunal da Haia sobre crimes cometidos na ex-Iugoslávia — ou violações ao direito humanitário — em Ruanda —, bem como o acordo quase universal (auto-exclusão dos Estados Unidos) em favor do estabelecimento de um Tribunal Penal Internacional representam importantes inovações conceituais e processuais, suscetíveis, assim, de erodir a soberania absoluta dos Estados nacionais.

Ao longo dos anos 1990, a democracia tornou-se um valor não apenas universal, mas também global, como evidenciado pela defesa de eleições livres e pelas tendências de se passar da simples defesa dos direitos humanos em abstrato para a defesa dos direitos concretos dos cidadãos ou de grupos minoritários. Reduziu-se, portanto, a esfera da "razão de Estado" que, em última instância, é antidemocrática, ao atribuir poderes desmesurados aos governos, muitas vezes contra os interesses dos cidadãos ou de setores desprotegidos da população.

Uma das primeiras evidências nesse sentido foi constituída pelos novos poderes atribuídos à Corte Européia de Direitos Humanos, à qual os cidadãos europeus podem apelar por cima e algumas vezes contra os interesses de seus próprios governos nacionais. Outra prova foi dada na defesa de minorias étnicas e religiosas na Bósnia e no Kosovo, independentemente do exercício unilateral e por vezes arrogante do poder militar: neste caso, foi preciso a intervenção direta de forças da Otan para fazer cessar operações de limpeza étnica que estavam sendo conduzidas por forças regulares e por milícias em estreita cooperação com o desacreditado poder de Belgrado. Finalmente, no que pode ser apresentado como um dos últimos desenvolvimentos da onda democrática iniciada em 1989 nos países socialistas da Europa, o regime socialista de Milosevic na Iugoslávia, reduzida apenas à Sérvia e ao Montenegro, foi posto abaixo por uma decisiva manifestação popular em outubro de 2000, depois de mais uma tentativa de manipulação dos resultados eleitorais pelo homem responsável, em última instância, pelos massacres conduzidos na Bósnia e no Kosovo. A ativa promoção da democracia, além-fronteiras, assim como a passagem dos direitos humanos *in abstracto* aos direitos da cidadania e da dignidade, contra a soberania absoluta de Estados despóticos constituem, portanto, uma das faces mais conspícuas da globalização no limiar do século XXI.

8.6.3 Globalização e regionalização: tendências irresistíveis?

Um dos resultados indiretos e involuntários da nova estrutura criada para o sistema multilateral de comércio, ao cabo da Rodada Uruguai do Gatt (1993) e a partir do surgimento da OMC (1995), foi o de adaptá-lo aos requerimentos do fenômeno já identificado como globalização, isto é, a internacionalização crescente dos circuitos produtivos e dos sistemas financeiros. Não se tratou mais, tão simplesmente, de negociar reduções tarifárias e não tarifárias para facilitar o acesso aos mercados de produtos industrializados ou agrícolas. Agregou-se, às tradicionais rodadas de desarme aduaneiro as novas componentes do comércio de serviços, dos direitos de propriedade intelectual, das normas relativas a investimentos, além de outras questões institucionais.

Mas o processo de globalização encontra paralelo, ou compensação, no outro fenômeno característico do período, conhecido como regionalização, isto é, a formação de blocos econômicos preferenciais (sob a forma de zonas de livre-comércio, uniões aduaneiras ou mercados comuns) em subsistemas geográficos regionais. A tendência desenvolveu-se a partir de meados dos anos 1980, quando a então Comunidade Econômica Européia, superando anos de recessão e de "euroesclerose", lançou as bases, mediante o Ato Único Europeu de 1986, de ambicioso programa de eliminação de todos os entraves à constituição de um vasto mercado unificado, com calendário fixado para dezembro de 1992.

De fato, a construção européia enfrentava uma certa paralisia, depois da adesão da Grã-Bretanha, da Dinamarca e da Irlanda no princípio da década de 1970, situação provocada em parte pelos choques energéticos dos anos 1970, mas também pelo recrudescimento de barreiras internas à conformação de um espaço econômico integrado na Europa. A decisão de se instituir um Conselho Europeu — reunindo regularmente os chefes de Estado e de Governo dos "Seis", depois dos "Nove", mais adiante dos "Doze" — e a opção pela instituição, em 1979, de um Parlamento eleito diretamente por meio do sufrágio universal — e não mais constituído a partir dos parlamentos nacionais — foram provavelmente decisivas para o renascimento do projeto europeu e com ele, o reforço subseqüente do papel internacional da Europa. O retorno à democracia de três países da Europa Meridional e o desejo dos países-membro de ancorá-los nesse regime sustentam a decisão, mais de natureza política do que propriamente econômica, de aceitar, nas Comunidades Européias, a Grécia (em 1981) e Portugal e Espanha (em 1985), reforçando com isso, ainda mais, a projeção internacional da Europa Ocidental. A partir daí, a região entra num período de afirmado "euro-otimismo", quando não de verdadeira "euro-euforia", com a retomada do ritmo de crescimento e o estabelecimento das bases de grande mercado unificado previsto para 1993. O projeto de uma "moeda única", consubstanciado no Tratado de Maastricht (1992) sobre a União Européia, logrou ultrapassar de maneira bem-sucedida sua segunda fase — o congelamento irrevogável das paridades cambiais em 1999 — na preparação para o lançamento definitivo do euro em 2002.

Respondendo ao que muitos consideraram o projeto de uma "fortaleza Europa", outros importantes parceiros lançaram-se igualmente em processos "minilaterais" — por oposição ao estrito multilateralismo das regras do Gatt — de liberalização comercial, refletidos em acordos seletivos que muitas vezes foram identificados como substitutivos ou alternativas de maior escopo que os esquemas baseados na cláusula de nação mais favorecida do sistema multilateral de comércio consubstanciado no Gatt. De fato, no decorrer dos anos 1980 e 1990, começaram a proliferar os projetos de blocos comerciais, muitos deles sem reais chances de consolidação.

A primeira manifestação dessa nova tendência foi dada pelo acordo de 1988 entre os Estados Unidos e o Canadá, criando uma zona de livre-comércio bilateral. No hemisfério sul, Brasil e Argentina davam início, em 1986, ao processo de integração sub-regional, mediante o Programa de Integração e Cooperação Econômica, que logo se desdobrou no Tratado de Integração de 1988, prevendo a constituição de um mercado comum no espaço de dez anos. Enquanto que, na

Ásia, os países-membro da Asean, consoante o antigo espírito político anticomunista da associação do sudeste asiático, relutavam em engajar-se num processo de conformação de uma área preferencial de comércio, na Oceania, ao contrário, a Austrália e a Nova Zelândia aderiam a um esquema resolutamente livre-cambista, conhecido por CER (*Closer Economic Relations*). Em outros continentes (como na África ou na Ásia Central), experiências nesse mesmo sentido foram menos bem-sucedidas, mas ainda assim o número de esquemas preferenciais cresceu a ponto de justificar a criação, no âmbito da OMC, de um comitê exclusivamente encarregado dos acordos regionais.

No hemisfério ocidental, por exemplo, o presidente George Bush, dos Estados Unidos, dando algumas tinturas plurilateralistas às suas propostas bilateralistas de liberalização negociada dos intercâmbios econômico-financeiros na região, anunciou, em junho de 1990, o lançamento da "Iniciativa para as Américas", vasto esquema de constituição de uma zona de livre-comércio hemisférica, incluindo ainda programas de reconversão da dívida externa e de canalização de investimentos privados. Sintomaticamente, porém, indicou ele que o México seria o primeiro a beneficiar-se de tais possibilidades, o que efetivamente deveria concretizar-se dois anos mais tarde, por meio da conformação do Nafta, o acordo trilateral de livre-comércio da América do Norte, envolvendo ainda o Canadá.

Nesse mesmo momento, Brasil e Argentina decidem acelerar o programa de constituição de um mercado comum bilateral, reduzindo pela metade os prazos previstos nos esquemas de liberalização comercial do Tratado de Integração de 1988 e introduzindo um caráter de automaticidade no processo, doravante calendarizado, de eliminação das barreiras tarifárias e não tarifárias. Com a Ata de Buenos Aires de 1990, é dado início às negociações que conduzirão ao Mercosul, consubstanciado no Tratado de Assunção, que, em março de 1991, associou ao esquema bilateral o Paraguai e o Uruguai. O Chile, que participou das discussões iniciais para a formação do Mercosul, declinou finalmente do convite para nele ingressar, em virtude de seu perfil tarifário mais rígido (tarifa única de 11%, bem mais reduzida em relação à média então praticada por Brasil e Argentina, de cerca de 40%), preferindo mais adiante negociar um esquema de liberalização comercial por meio de um acordo de tipo livre-cambista.

8.7 A globalização e o Brasil

8.7.1 A América Latina no contexto internacional

A América Latina sempre se constituiu como um continente relativamente marginal no cenário estratégico internacional e no que respeita aos principais fluxos de produtos materiais e bens imateriais (tecnologia, capitais, *know-how*). Essa característica foi ainda mais acentuada, no decurso do pós-Segunda Guerra, por opções introvertidas em matéria de políticas econômicas desenvolvimentistas: ao escolher o modelo substitutivo de industrialização, a maior parte dos países latino-americanos confirmou o "descolamento" em relação ao mercado mundial, cujo início tinha sido dado pela crise de 1929. Assim, enquanto os "tigres" da Ásia Oriental — Coréia do Sul, Taiwan, entre outros — aumentavam extraordinariamente, entre meados dos anos 1960 e 1980, sua participação no comércio internacional, os países da América Latina mantinham a sua praticamente estagnada. Da mesma forma, a parte das exportações no PNB dos países asiáticos mais que dobrou entre 1965 e 1983 (de 13% a 32%), contra uma tímida progressão (de 11% a 15%) no caso dos latino-americanos.

Dominada pela crise e estagnação durante a maior parte dos anos 1980, a América Latina começou lentamente a recuperar-se de seus principais problemas econômicos (dívida e inflação) na transição democrática de meados da década. Mas, ainda no final do século, a região não conseguiu desfazer-se de suas mais perversas mazelas sociais, consubstanciadas, em grande número de países, nas altas taxas de desigualdade na distribuição da renda, nos baixos níveis de educação formal e na carência generalizada dos valores da cidadania. Esses fatores econômicos e sociais, como sua própria excentricidade em relação aos principais cenários de disputa estratégica, explicam a perda de importância internacional da América Latina. Em compensação, em princípios dos anos 1990, a América Central estava pacificada e, à exceção de Fidel Castro, quase todos os líderes políticos do continente tinham sido democraticamente escolhidos em eleições livremente disputadas. A persistência de guerrilhas e eventuais tendências bonapartistas ou populistas em países andinos não chega a colocar em risco o compromisso global com a normalização institucional.

Do ponto de vista da segurança estratégica, a América Latina aparece, no confronto com os demais continentes, como singularmente desprovida de grandes focos de conflitos interestatais. A dupla herança da mensagem bolivariana e do "sentimento" pan-americano, a forte vocação integracionista (ainda que em grande parte frustrada) da componente ibero-americana e a existência de mecanismos flexíveis de cooperação regional (tratados da Bacia do Prata e de Cooperação Amazônica, por exemplo) concorrem para mantê-la numa situação de baixa tensão potencial. Os poucos casos de enfrentamentos armados ou de iminência de conflitos militares — Peru-Equador, Chile-Argentina, Chile e seus antigos adversários da Guerra do Pacífico, disputas fronteiriças entre a Colômbia e a Venezuela ou entre este país e a Guiana, por exemplo — não chegam a conformar um cenário de instabilidade estratégica absoluta ou um obstáculo fundamental à continuidade de relações. O Chile e a Bolívia conviveram tranqüilamente no Grupo Andino, na Associação Latino-Americana de Integração (Aladi) e na associação com o Mercosul, mesmo com a ausência momentânea de relações diplomáticas durante a maior parte do período considerado.

Os processos em curso de integração econômica sub-regional, em primeiro lugar no Mercosul, em muito contribuíram para reforçar a estabilidade democrática no continente, para aumentar a interdependência recíproca de suas economias e para realçar novamente a capacidade de barganha da América Latina no cenário mundial. Os esquemas preferenciais já existentes ou em curso de implementação — zonas de livre-comércio bi-, tri- ou plurilaterais — permitem operar processos cooperativos e negociados de acesso recíproco aos mercados europeu e norte-americano. A Iniciativa para as Américas, de junho de 1990, evoluiu, a partir da cúpula de Miami, de dezembro de 1994, para uma ampla proposta hemisférica na Área de Livre-Comércio das Américas (Alca) no horizonte 2005, enquanto a União Européia propunha uma associação comercial privilegiada com o Mercosul. No plano inter-regional, a vocação espanhola para servir de ponte entre a América Latina e a Europa Ocidental permitiu o surgimento de conferências ibero-americanas a partir de 1991, cuja orientação é, contudo, mais política do que econômica.

No final do período, o Brasil dava seguimento a uma antiga proposta do então chanceler Fernando Henrique Cardoso (1992-1993) de dissociar o conceito geograficamente mais inclusivo de América do Sul daquele politicamente ambíguo de América Latina ao convidar, em setembro de 2000, todos os presidentes do continente meridional para uma reunião em Brasília colocada sob o signo da democracia, da integração física e comercial, da luta contra o narcotráfico e da cooperação em matéria de ciência e tecnologia.

8.7.2 O Brasil na globalização

No decorrer dos anos 1990, sobretudo depois das crises financeiras inauguradas em 1995 no México, continuadas em 1997-1998 na Ásia e na Rússia e em 1999 no próprio Brasil, disseminou-se a impressão de que o país teria aberto indiscriminadamente sua economia ao capital estrangeiro ou de que o governo teria operado uma abertura comercial externa "irresponsável", sem "reciprocidade e sem barganha". A realidade das estatísticas relativas aos processos de abertura externa e de interdependência econômica internacional modifica, contudo, esse cenário negativo derivado de impressões não confirmadas pelos dados disponíveis. Com efeito, o exame dos números relativos à inserção econômica internacional do Brasil confirma que sua economia é uma das menos abertas e "globalizadas" do planeta, como revelado na Tabela 8.8.

Tabela 8.8

Inserção de países selecionados na economia mundial, 1986-1997

Países	PNB per capita (PPP*)		Comércio exterior como % do PIB		Tarifa mediana (todos os produtos)	Investimento direto estrangeiro como % do PIB
	1997	1986	1996	1990-96	1986	1996
Argentina	9.950	5,9	14,0	11,2	0,3	1,3
Brasil	6.240	5,8	10,2	12,2	0,1	0,7
Chile	12.080	11,6	18,9	11,0	0,5	3,0
México	8.120	6,8	26,1	13,1	0,6	1,0
Paraguai	3.870	8,2	29,3	9,4	0,0	1,1
Peru	4.390	6,6	13,0	13,3	0,1	3,3
Uruguai	8.460	14,7	22,8	9,7	0,3	0,7
América Latina	6.660	7,9	17,3	—	0,3	1,1
Índia	1.650	3,9	4,5	30,9	0,0	0,2
China	3.570	6,6	7,1	23,9	0,2	1,0
Hong-Kong	24.540	111,8	247,6	—	—	—
Japão	23.400	21,5	26,1	6,0	0,9	0,9
Coréia	13.500	33,6	46,7	11,3	0,8	1,1
Malásia	10.920	33,6	70,2	9,1	0,7	2,0
Ásia Pacífico	3.560	9,1	13,0	—	0,2	1,0
Alemanha	21.300	—	55,1	6,8	—	2,0
Canadá	21.860	45,6	58,5	8,5	1,9	2,3
Espanha	15.720	18,4	36,6	6,8	1,1	1,9
Estados Unidos	28.740	14,0	19,4	6,0	1,4	2,6
França	21.860	33,7	45,4	6,8	1,1	3,7
Países Baixos	21.340	86,7	106,4	6,8	4,0	9,0
Países alta renda	22.770	26,5	38,9	—	1,6	2,7

* = Paridade de Poder de Compra (*Purchasing Power Parity*), segundo estimativa do Bird.

Fonte: World Bank, *World Development Indicators*, 1998 CD-ROM.

O Brasil continua a ser um dos países de menor coeficiente de abertura externa da América Latina e do mundo e, a despeito da alardeada abertura brasileira ao capital estrangeiro, o país apresenta um dos menores índices de participação de Investimento Direto Estrangeiro (IDE) no PIB, na média quatro vezes menor do que os países de alta renda. O que os dados revelam é que o Brasil ainda tem um longo caminho pela frente no sentido de uma maior inserção econômica internacional, processo que deve caminhar *pari passu*, como geralmente é o caso em todas as outras experiências conhecidas, com o desenvolvimento de seu mercado interno e com a incorporação de frações cada vez mais amplas da população economicamente ativa em setores da economia voltados para o comércio exterior.

O Brasil, cuja política externa esteve basicamente voltada nos anos 1980 para as relações com os países latino-americanos, passou a desempenhar um papel de primeira ordem nesses processos simultâneos de formação de espaços econômicos integrados no continente (integração Brasil-Argentina, Mercosul, Iniciativa Amazônica, área de livre-comércio sul-americana), de busca de uma reinserção da região na economia mundial e de reassunção, para si próprio, de um novo papel político internacional. Estado-continente e certamente o país de maior peso no contexto sul-americano, sua diplomacia jamais reivindicou, contudo, qualquer estatuto de potência regional ou mundial. Afastadas as lembranças guerreiras das longínquas peripécias platinas no decurso do século XIX — a Guerra do Paraguai foi, finalmente, a única experiência bélica de terreno colocada ao exército brasileiro —, e mesmo a possibilidade atual de uma capacitação nuclear independente para fins diretamente estratégicos, a concepção doutrinal do Estado brasileiro aproxima-se evidentemente bem mais do ideal do "Estado comercial" do que do modelo "territorial" de que falou Rosecrance.

Tendo iniciado a década de 1980 — ainda sob o regime militar — com um discurso diplomático de tipo desenvolvimentista, reivindicatório (sem ser confrontacionista) e "terceiro-mundista", a política externa do Brasil encaminhar-se-ia para uma aceitação refletida da necessidade de interdependência, passando sua posição negociadora no âmbito da Rodada Uruguai por uma revisão moderada no sentido da aceitação de algumas teses dos países mais desenvolvidos (serviços, propriedade intelectual, especialmente). Ainda que recusando o conceito de "graduação", que se lhe procurava impingir de maneira unilateral, e chegando mesmo a decretar a moratória de sua dívida externa, em 1987, o Brasil buscou, mesmo assim, melhorar a qualidade de suas relações com os países ricos, em especial com os Estados Unidos: conflitos na área de informática e de patenteamento farmacêutico, ademais da natural dificuldade das negociações então em curso no Gatt, obstaram porém esse objetivo.

Sua posição, por exemplo, no quadro da coordenação dos países devedores da América Latina (Consenso de Cartagena), nunca foi de um ardente militantismo, ao contrário: o Brasil favorecia a busca de um entendimento global nessa área, com base em sua dupla natureza, financeira e política. Fundamentado em sua diplomacia universalista, respeitadora dos princípios mais sagrados da convivência entre os Estados, o Brasil passou a reivindicar o estudo da reforma da Carta das Nações Unidas e a assunção de um maior papel para si no cenário internacional. Sintomaticamente, no final da década de 1980, o presidente brasileiro, em discurso perante a Assembléia Geral da ONU, relançava a idéia da entrada do país no Conselho de Segurança, ainda que como membro sem direito de veto. No final dos anos 1990, o projeto continuava em aberto, não apenas em virtude das dificuldades esperadas no processo de revisão da Carta da ONU, mas também porque, para não melindrar outros países da região — como o México ou a Argentina, parceira no Mercosul —, o Brasil decidiu tratar da questão da maneira mais discreta possível.

Referências

Sobre as relações internacionais em geral:

ALMEIDA, Paulo Roberto de. *O estudo das relações internacionais do Brasil.* São Paulo: Editora da Universidade São Marcos, 1999.

ART, Robert C.; JERVIS, Robert. *International politics*: enduring concepts and contemporary issues. New York: Harper Collins, 1996.

DUROSELLE, Jean-Baptiste. *Histoire diplomatique de 1919 à nos jours.* 11. ed. Paris: Dalloz, 1993.

_____. *Tout empire Perira.* Paris: Armand Colin, 1992 (1. ed.: 1981).

GLENNON, Lorraine (Ed.). *The 20th century*: an illustrated history of our lives and times. North Dighton: J. G. Press, 2000.

KEHOANE, Robert O.; MILNER, Helen V. *Internationalization and domestic politics.* Cambridge: Cambridge University Press, 1996.

KRIEGER, Joel (Ed.). *The Oxford companion to politics of the World.* New York: Oxford University Press, 1993.

LINN-JONNES, Sean M.; MILLER, Steven (Ed.). *The cold war and after*: prospects for peace. Cambridge: The MIT Press, 1994.

MILZA, Pierre; BERNSTEIN, Serge. *Histoire du XXe siècle*: 1973 à nos jours, la recherche d'un monde nouveau. Paris: Hatier, 1993.

POLANYI, Karl. *The great transformation*: political and economic origins of our time. New York: Rinehart, 1944.

REYNOLDS, David. *One World divisible*: a global history since 1945. New York: W. W. Norton, 2000.

ROBERTS, J. M. *Twentieth century:* 1901 to 2000. The history of the World. New York: Viking, 1999.

ROE GODDARD, C.; PASSÉ-SMITH, John T.; CONKLIN, John G. *International political economy*: State-market relations in the changing global order. Boulder: Rienner, 1996.

ZORGBIBE, Charles. *Histoire des relations internationales.* t. 4: 1962 à nos jours. Paris, Hachette, 1995.

Sobre a crise final do socialismo:

ALMEIDA, Paulo Roberto de. *Velhos e novos manifestos*: o socialismo na era da globalização. São Paulo: Juarez de Oliveira Editora, 1999.

_____. Retorno ao futuro. Parte III: Agonia e queda do socialismo real, *Revista Brasileira de Política Internacional*, Rio de Janeiro: ano XXXV, nº 137-138, 1992/1, p. 51-71.

FERGUSON, Niall (Ed.). *Virtual History*: alternatives and counterfactuals. New York: Basic Books, 1999. [em especial cap. 9, Mark Almond: "1989 without Gorbachev: what if communism had not collapsed?"]

FUKUYAMA, Francis. *The end of History and the last man*. New York: The Free Press, 1992.

FURET, François. *Le passé d'une illusion*: essai sur l'idée communiste au XXᵉ siècle. Paris: Robert Laffont/Calmann-Lévy, 1995.

HOBSBAWM, Eric J. *Age of extremes*: 1914-1991. The short twentieth century. Londres: Michael Joseph, 1994.

Sobre a economia mundial e as relações econômicas internacionais:

ALMEIDA, Paulo Roberto de. *O Brasil e o multilateralismo econômico*. Porto Alegre: Livraria do Advogado Editora, 1999.

ARRIGHI, Giovanni. *O longo século XX*: dinheiro, poder e as origens de nosso tempo. Rio de Janeiro, São Paulo: Contraponto, Editora da Unesp, 1996.

BECKER, Bertha K.; EGLER, Claudio A. G. *Brasil*: uma nova potência regional na economia-mundo. Rio de Janeiro: Bertrand Brasil, 1993.

DAVID, François. *Les échanges commerciaux dans la nouvelle économie mondiale*. Paris: Presses Universitaires de France, 1994.

GAUTHIER, André. *L'économie mondiale depuis la fin du XIXᵉ siècle*. Paris: Bréal, 1995.

GILPIN, Robert. *The political economy of international relations*. Princeton: Princeton University Press, 1987.

GOLDIN, Ian; KNUDSEN, Odin; VAN DER MENSBRUGGHE, Dominique. *Trade liberalisation*: global economic implications. Paris, Washington: OECD, The World Bank, 1993.

KENNEDY, Paul M. *Preparing for the twentieth-first century*. New York: Vintage Books, 1993.

KEOHANE, Robert O. *After hegemony*: cooperation and discord in the World political economy. Princeton: Princeton University Press, 1984.

KINDLEBERGER, Charles P. *World economic primacy, 1500 to 1990*. New York: Oxford University Press, 1996.

MADDISON, Angus. *L'économie mondiale, 1820-1992*: analyse et statistiques. Paris: OCDE, 1995.

MESSERLIN, Patrick. *La nouvelle organisation mondiale du commerce*. Paris: Dunod/IFRI, 1995.

MUCCHIELLI, Jean-Louis. *Relations économiques internationales*. Paris: Hachette, 1994

RICUPERO, Rubens. *Visões do Brasil*: ensaios sobre a história e a inserção internacional do Brasil. Rio de Janeiro: Record, 1995.

ROBERTS, Brad (Ed.). *New forces in the world economy*. Cambridge: The MIT Press, 1996.

ROSECRANCE, Richard. *The rise of the trading State*: commerce and conquest in the modern world. New York: Basic Books, 1986.

VAN DER WEE, Herman. *Histoire économique mondiale, 1945-1990*. Louvain-la-Neuve: Academia-Duculot, 1990.

YERGIN, Daniel. *The Prize*: the epic quest for oil, money and power. New York: Simon and Schuster, 1991.

Sobre as relações estratégicas internacionais e os conflitos regionais:

BROWN, Michael E.; LINN-JONNES, Sean M.; MILLER, Steven (Ed.). *The perils of anarchy*: contemporary realism and international security. Cambridge: The MIT Press, 1995.

DESFARGES, Philippe Moreau. *Les relations internationales dans le monde aujourd'hui*: entre globalisation et fragmentation. 4. ed. Paris: Ed. S.T.H., 1992.

COUTEAU-BÉGARIE, Hervé. *Géostratégie de l'Atlantique Sud*. Paris: Presses Universitaires de France, 1985.

KENNEDY, Paul M. *The rise and fall of great powers*: economic change and military conflict from 1500 to 2000. New York: Random House, 1987.

TOURAINE, Marisol. *Le bouleversement du monde*: géopolitique du XXIe siècle. Paris: Seuil, 1995.

Sobre os países em desenvolvimento, a América Latina e a integração:

ALMEIDA, Paulo Roberto de. *Relações internacionais e política externa do Brasil*: dos descobrimentos à globalização. Porto Alegre: Editora da UFRGS, 1998.

_____. *Mercosul*: fundamentos e perspectivas. São Paulo: LTr Editora, 1998.

BRASIL. Ministério das Relações Exteriores. *A palavra do Brasil nas Nações Unidas: 1946-1995*. Brasília: Fundação Alexandre de Gusmão, 1995.

CERVO, Amado L.; RAPOPORT, Mario (Org.). *História do Cone Sul*. Rio de Janeiro, Brasília: Revan, Editora da UnB, 1998.

CHALOULT, Yves; ALMEIDA, Paulo Roberto de (Org.). *Mercosul, Nafta e Alca*: a dimensão social. São Paulo: LTr Editora, 1999.

FLORÊNCIO, Sérgio Abreu; LIMA E ARAÚJO, Ernesto Henrique Fraga. *Mercosul hoje*. São Paulo: Alfa-Omega, 1996.

FONSECA Jr., Gelson; NABUCO DE CASTRO, Sergio Henrique (Org.). *Temas de políticas externa II*. Brasília, São Paulo: Fundação Alexandre de Gusmão, Paz e Terra, 1994. 2 vols.

HARRIS, Nigel. *The end of the third World*: newly industrializing countries and the decline of an ideology. Londres: Penguin Books, 1987.

HEWITT, Tom; JOHNSON, Hazel; WIELD, Dave. *Industrialization and development*. Oxford: Oxford University Press, 1992.

HOOGVELT, Ankie M. *The third World in global development*. Londres: MacMillan, 1982.

KEMP, Tom. *Industrialization in the non-western World*. Londres: Longman, 1983.

MADDISON, Angus. *Two crises*: Latin America and Asia, 1929-38 and 1973-83. Paris: OCDE, 1985.

MONIZ Bandeira, L. A. *Estado nacional e política internacional na América Latina*: o continente nas relações Argentina-Brasil (1930/1992). São Paulo, Brasília: Ensaio, Editora da UnB, 1993.

MUÑOZ, H.; TULCHIN, J. S. (Ed.). *A América Latina e a política mundial*: uma perspectiva latino-americana das relações internacionais. São Paulo: Convívio, 1986.

RUFIN, Jean-Christophe. *L'empire et les nouveaux barbares*. Paris: Editions Jean-Claude Lattès, 1991.

O final do século XX e o início do XXI:

dificuldades para construção de uma ordem global

Amado Luiz Cervo

● 9.1 Depois da guerra fria, um período de transição

Após a Segunda Guerra Mundial, a ordem internacional definiu-se teoricamente com simplicidade, porquanto os princípios das fronteiras ideológicas e das zonas de influência com que as duas superpotências organizaram o mundo eram princípios claros e correspondiam a uma realidade. Com o término desse sistema de Yalta, após a erosão do socialismo no leste europeu e a desintegração da União Soviética em 1991, o mundo foi posto ante o desafio de produzir novas regras ou novo paradigma para as relações internacionais.

A grande maioria dos politólogos não previu a mudança do início dos anos 1990, mesmo porque não era sua função. O estudo das relações internacionais tem por fim a elaboração de quadros conceituais que venham iluminar a compreensão do objeto. Muitos houve, todavia, que se precipitaram em definir a nova ordem, uma desordem para alguns, como algo inteiramente novo e distinto. Outros mais prudentes ou com maior recuo inclinaram-se sobre a transição dos anos 1990, percebendo que a mudança lançava raízes no passado e que a estrutura das relações internacionais não se definia com clareza, mesmo havendo-se adentrado pela segunda metade da década.

Duas análises sistêmicas deixam perceber a dificuldade de caracterizar a organização internacional que sucedeu à guerra fria. Segundo Adam Watson, a sociedade internacional dos anos 1990 revela pressões que geram regras e práticas, muitas vindas do passado e traduzindo-se por meio de normas e instituições que perduram. Essa sociedade internacional difere daquela que organizou o mundo no século XIX porque não vem da sociedade internacional européia, não tem cultura única e não nasce de única experiência. É menos discriminatória (WATSON, 1992).

Servindo-se de outro conceito-chave, o de balança do poder, Michael Sheehan observa que as relações internacionais dos anos 1990 não podem ser vistas como simples mudança da forma bipolar para a multipolar de poder. Mais importante é identificar quais os Estados soberanos que fundamentam a nova balança do poder e que tipo de unidade ela confere ao sistema. Com efeito, a política de balança do poder agiu no passado tanto para preservar o *status* das grandes potências quanto para se pensar as relações internacionais como sistema internacional. Tal política teria, portanto, capacidade de regular a ordem internacional à condição de definir regras válidas tanto para as grandes quanto para as médias e pequenas potências, reconciliando interesses em competição e integrando as nações em nova sociedade internacional (SHEEHAN, 1996).

A política internacional não muda de natureza nos anos 1990, se considerarmos seu caráter anárquico, a hierarquia das potências, a prevalência de relações hegemônicas, as estruturas capitalistas de dominação e os conflitos de interesse (SENARCLENS, 1992). Não há contudo como negar que o mundo pôs-se à busca de novos princípios e regras de conduta, que mudanças na estrutura da organização internacional estão em curso e que essa transição vinha se preparando pelo menos desde 1985, com uma aceleração a partir de 1989.

A distensão entre Estados Unidos e União Soviética tomou novos rumos desde o diálogo iniciado sob o governo Ronald Reagan em 1984 e impelido decididamente pelo líder soviético Gorbatchev a partir do ano seguinte. Entre 1987 e 1991, inúmeros acordos de desarmamento entre os dois países puseram seguramente um fim à guerra fria e uma nova ordem parecia vislumbrar-se quando Yeltsin foi escolhido pelo governo norte-americano como o herdeiro de Gorbatchev, porque se dispunha a acabar com o socialismo e a aceitar a independência das repúblicas que integravam a União Soviética. Os anos 1980 corresponderam, por outro lado, a uma década de evolução generalizada para a democracia, movimento esse que se estendeu ao leste europeu após a queda do muro de Berlim em 1989 e aos novos Estados independentes oriundos da ex-União Soviética. Preparava-se uma distensão planetária mais intensa para os anos 1990. Teriam o direito internacional e os direitos humanos maior peso nas relações internacionais desse novo mundo?

Apesar da distensão oriunda do desarme ideológico e de uma redução significativa nos gastos com a defesa em todo o mundo, o início de uma nova era não trouxe a paz a todas as regiões. Zonas de conflitos localizaram-se na área de dissolução do Império Soviético, bem como nos Bálcãs, no Oriente Próximo e em alguns países africanos (Somália, Chade, Congo, Angola e Libéria). Algumas tensões no Caribe mantiveram-se. A unificação da Alemanha causou apreensão aos europeus. O Terceiro Mundo desintegrou-se, deixando de existir como frente unida diante da ordem bipolar para esfacelar-se em Estados entregues à própria sorte, que se agravava em algumas partes com o crescimento da população, a deterioração do meio ambiente e uma colossal dívida externa (1,3 bilhão de dólares em 1990). Levas de imigrantes das zonas pobres para o Primeiro Mundo e redes internacionais de crime eram novos problemas a enfrentar. A paisagem geopolítica descortinava, além disso, a ascensão de centros de poder na Europa (Alemanha, Rússia) e no Extremo Oriente (Japão), postos diante de uma posição de solidão dos Estados Unidos. Aparentemente legitimada pela ONU, uma estranha mistura de pax americana com restos de alianças da guerra fria agia para manter a ordem de forma intempestiva, como na Guerra do Golfo, ou hesitante, como nas guerras da Iugoslávia e da Somália.

O que se assemelhava a uma unificação do mundo por obra dos modernos meios de comunicação, da abertura e globalização dos mercados e do avanço das instituições democráticas não impediu o refluxo das políticas de segurança para dentro dos Estados, como evidenciou de forma radical a decisão francesa de realizar uma série de testes nucleares nos anos de 1995 e 1996 mediante explosões subterrâneas no atol de Mururoa. O novo mundo tornava-se mais incerto, mais complexo e não menos perigoso (LELLOUCHE, 1992; VAISSE, 1991; DI NOLFO, 1995; VIZENTINI, 1992).

Com o fim do mundo bipolar, as relações internacionais acentuaram as características de uma fase de transição. Algumas tendências descortinam nos anos 1990 o que pode vir a configurar-se como uma nova ordem internacional. Não convém iludir-se, todavia, e aceitá-las como parâmetros definidos da nova ordem. Antes de examiná-las, é mister descrever os efeitos localizados e a complexidade das características desse período de transição, ou seja, dificuldades e indefinições que o mundo enfrenta nos meados dos anos 1990 para a construção da nova ordem.

9.1.1 Para a área do Terceiro Mundo

Extinguiu-se o diálogo Norte-Sul encaminhado desde os anos 1960, desviando-se o interesse dos grandes pelo desenvolvimento apenas para o intuito de evitar catástrofes ecológicas e migrações indesejáveis. O tradicionalmente denominado "fardo do homem branco", uma doutrina que justificava a colonização em nome da civilização e da cristianização, foi substituído pela polêmica doutrina do direito-dever de ingerência, aceita entre grandes do Ocidente e considerada por países do Terceiro Mundo a nova via da dominação. Posto só diante de seus enormes problemas, o Terceiro Mundo enfrenta os condicionamentos dessa doutrina que contaminou as decisões do Fundo Monetário Internacional (FMI) e do Banco Mundial (BM) ao exigir democracia, respeito aos direitos humanos e limitação de despesas militares para liberação de recursos, além de planos de estabilização econômica que ferem as estruturas e aceleram crises sociais.

9.1.2 Para a área das grandes potências

Diminuiu a coesão entre os três pólos do Ocidente, Estados Unidos, Europa e Japão, que se guiam mais por percepções do interesse nacional do que pela aliança trilateral, amolecida com o fim do comunismo. Na Europa, enquanto se aguarda o apaziguamento do leste e das relações entre a Rússia e as ex-repúblicas soviéticas, manifestam-se tendências introspectivas com a nacionalização da segurança e o protecionismo do bloco.

9.1.3 Para os Estados Unidos

Tomando-se em consideração a variedade de meios com que operar a política internacional, os Estados Unidos emergiram da guerra fria como única superpotência global. Não apresentam todavia condições de estruturar por si uma nova ordem e talvez nem o desejem, hesitando entre tal responsabilidade exercida desde a Segunda Guerra e as vantagens de seu remoto isolacionismo, que mirava diretamente para os interesses nacionais. Daí porque a política exterior dos Estados Unidos orientou-se, nos anos 1990, seja para a criação de um duopólo com a Rússia (alargando o G-7 para G-8) com o intuito de não terem que arcar sozinhos com a ordem a construir, seja para o papel de "Estado catalisador" de uma ordem com a qual se empenhariam igualmente seus aliados (como na Guerra do Golfo), seja ainda como garantes de uma ordem tirada de suas raízes sociais (o liberalismo econômico, a democracia política e os direitos humanos).

9.1.4 Para a Rússia

A dissolução do Império Soviético desencadeou na Rússia um debate animado e febril sobre sua identidade e seu papel no novo mundo. Após o frustrado golpe de agosto de 1991, Yeltsin proclamou a Comunidade dos Estados Independentes, dissolvendo a União Soviética. A Rússia emergia com sua antiga autonomia, sem perder de vista os desígnios do Império Czarista e a influência a exercer sobre a Europa Oriental. Isso explica a abertura ao Ocidente e as linhas diretivas da criação da Comunidade dos Estados Independentes, em dezembro de 1991. O fracionamento colocou muitos desafios, entre os quais o de administrar a segurança da nova comunidade. Militares e civis propunham estratégias de coesão e união militar e de reformas de base para o período de transição. O Ocidente, particularmente os Estados Unidos, deram força à preeminência russa na suposição de que convinha preservar a Rússia como potência singular que pudesse controlar o caos regional, monopolizar o arsenal nuclear da extinta União Soviética e que fosse aberta ao diálogo internacional. A Rússia não se deixou todavia seduzir pelo apoio norte-americano. Guardou-o de reserva e tomou iniciativas próprias na Europa e na Ásia. Na verdade, por trás da prudência em política exterior, eram os problemas internos — as revoltas regionais, a crise monetária, o desabastecimento, as migrações, a escassez de recursos naturais — os maiores desafios a enfrentar. O futuro da árca permanece incerto meia década após a derrocada do comunismo. O pensamento geopolítico dividido em três correntes espelha as incertezas: europeanistas advogam a aproximação com a Europa em razão de afinidades culturais e por verem nela e nos Estados Unidos modelos a seguir; pan-eslavistas reivindicam para Moscou a liderança do mundo eslavo e uma missão universal; eurasistas sugerem a união dos dois continentes e apontam as potências oceânicas, particularmente os Estados Unidos, como inimigos potenciais.

9.1.5 Para a região dinâmica da Ásia-Pacífico

O Japão, os países que compõem a Asean (Associação das Nações do Sudeste Asiático) e a China desafiam o Ocidente de várias formas: contestam o direito-dever de ingerência e os valores do liberalismo, da democracia e dos direitos humanos, negando serem universais e devolvendo-os ao Ocidente, e com isso dão novo alento ao Terceiro Mundo, abrindo-lhe perspectivas de desenvolvimento segundo os modelos asiáticos, à margem do controle do FMI e do BM — embora o Japão mantenha uma postura ortodoxa nesse particular. Expõem ao mundo seu dinamismo econômico e projetam uma ordem estribada em valores civilizatórios que podem vir a converter a geoeconomia antiocidental em geoestratégia antiocidental e a revelar ao Terceiro Mundo que desenvolvimento não tem a ver com democracia e direitos humanos.

9.1.6 Para a América Latina

Integra-se mais intensamente com o mundo, de duas formas: após estabilizar as instituições democráticas e as moedas, procede à abertura dos mercados, atenuando o insistente protecionismo que vinha do modelo de desenvolvimento substitutivo de importações; ao abandonar o nacionalismo reativo de sua política exterior, o discurso e o pensamento terceiro-mundistas, reforça vínculos com o Ocidente e aproxima-se da Europa e dos Estados Unidos, dando força à ordem baseada nos valores ocidentais acima referidos. As dimensões universalista e regional dessa nova inserção internacional da América Latina tendem a tirá-la do bloco terceiro-mundista e a inaugurar talvez uma fase de crescimento econômico e de aperfeiçoamento político.

9.1.7 Para os órgãos e a política multilateral

A configuração desse complexo quadro de valores pluralistas e de impulsos de múltiplas origens não só cria dificuldades para a gerência do multilateralismo como conduz à erosão do prestígio e da legitimidade das Nações Unidas, do Conselho de Segurança, do BM, do FMI, da Organização Mundial do Comércio (OMC), do G-7 etc. Os órgãos globais têm dificuldades para regular a ordem e alargar as Nações Unidas e o Conselho de Segurança com a admissão do Brasil, da Índia e da Indonésia (neste último, os problemas regionais estariam presentes na instituição; a entrada da Alemanha e do Japão deslegitimaria a ONU diante do Terceiro Mundo). Elementos ou fatores globalizantes não diminuíram o papel do Estado-nação como parecia no início dos anos 1990 — suas funções se modificaram, é bem verdade, mas ele permanece como sujeito fundamental do sistema internacional, readquirindo importância redobrada em razão da anarquia que perdura, do neomercantilismo e do neocolbertismo tecnológico, da criação de blocos regionais, bem como em razão do peso acrescido da cultura e da religião na política internacional em confronto com o peso tradicional da força militar.

A transição dos anos 1990 pôs em marcha tendências de organização da ordem internacional que lhe abrem um espectro entre a globalização e a balcanização, com o pêndulo ainda inclinado para a civilização ocidental, mas pendendo para o Estado-nação, cujo papel se reforça em detrimento dos fatores globalizantes, venham eles embutidos no liberalismo ou no veludo da civilização, e por necessidade de administrar a interdependência (JEAN, 1995).

9.2 As tendências de globalização e integração e o papel do Estado-nação

O observador identifica sem dificuldades três fenômenos que afetam, nos anos 1990, a construção de uma nova ordem internacional sob sua dimensão tanto política quanto econômica. Foram eles designados pela literatura especializada com os termos globalização, regionalização ou integração e novo papel do Estado-nação. Esses fenômenos não correspondem a mudanças bruscas nas relações internacionais, porquanto vinham eles se delineando há décadas, como se pôde observar com a leitura dos capítulos anteriores, porém sua aceleração, desde o fim da bipolaridade, tende a convertê-los em novos parâmetros das relações internacionais.

As ciências sociais, em especial a política, acostumadas a trabalhar com postulados como Estado nacional, soberania, território nacional, interesse nacional, sociedade nacional separada, entraram em crise, na medida em que tais categorias conceituais comprovaram certos limites quando aplicadas à compreensão dos fenômenos recentes. A teoria das relações internacionais e a história, esta em menor escala, também enfrentaram esse problema epistemológico. Ao final dos anos 1980, suas correntes ramificavam-se em três direções, prevalecendo a *grosso modo* o realismo nos Estados Unidos, o pluralismo na Europa e na literatura recente da América Latina e o globalismo das interpretações de esquerda. Para o realismo, o Estado é o ator principal das relações internacionais, age de forma unitária, busca racionalmente, por meio da política exterior, a realização de seu próprio interesse e tem a segurança como preocupação central; o pluralismo pressupõe a existência de atores estatais e não estatais, a desagregação do Estado em diversos componentes, operando alguns de forma transnacional, a barganha da política exterior, que não atinge necessariamente a otimização dos interesses nacionais e uma agenda diversificada de negociações que envolvem preocupações e fins socioeconômicos mais importantes do que as questões de segurança. O globalismo, por sua vez, opera com as unidades analíticas de classes, Estados e sociedades e atores não estatais que agem como componentes do sistema capitalista mundial, vê as relações internacionais em perspectiva histórica condicionada à evolução do capitalismo, dá ênfase aos padrões de dominação e toma os fatores econômicos como determinações mais importantes (VIOTTI; KAUPPI, 1993).

Diante dos novos fenômenos dos anos 1990, o realismo passou a ser objeto das maiores críticas em razão da dificuldade que tem o Estado para administrar as forças transnacionais, o globalismo arrefeceu com a crise do socialismo real e o pluralismo revelou-se inadequado, porquanto as preocupações com as questões sociais teriam sido desleixadas pela política internacional. Contudo, antes de eliminar o instrumental teórico e o imaginário das ciências sociais, convém determinar o papel do Estado, das diversas forças sociais e da estrutura capitalista na construção da ordem internacional dos anos 1990. Com esse intuito, nossos passos nos levam a descrever e conceituar o fenômeno da globalização e a proceder da mesma forma com o fenômeno da integração, para, enfim, examinar o novo papel do Estado na política internacional.

É necessário considerar os fenômenos da mundialização e da internacionalização como etapas prévias da evolução do capitalismo rumo à globalização. Esta corresponde à soma de fluxos transnacionais que percebemos afetar o quotidiano das pessoas e que levam à crise do Estado-nação, cujo universalismo e cuja soberania são questionados. Atores não estatais agem não necessariamente contra o Estado, mas exigem mudanças de sua conduta tanto em termos de políticas internas quanto externas. Exigem que o Estado considere a comunidade internacional, uma vez que a interdependência e os problemas globais são responsabilidades de todos. A modernidade afastou o tempo do espaço que antes se vivia, edificando uma aldeia global. As sociedades tornam-se sistemas confederados cuja identidade é solapada; a democracia é arrancada do território porquanto os cidadãos do mundo têm direitos sobre todas as democracias; a economia desliga-se do espaço nacional e das regulamentações do Estado, funcionando para o exterior; as correntes culturais permeiam as identidades e os imaginários. Entendida dessa forma simples e genérica, a tendência para a globalização consiste, segundo Gilles Breton, numa redefinição dos parâmetros que organizam no espaço e no tempo a vida social, política, econômica e cultural (BRETON *apud* RAPOPORT, 1994).

Tomada como paradigma da nova ordem internacional, a globalização haveria de se contrapor à bipolaridade e, nesse sentido, segundo Raúl Bernal-Meza, representa um triunfo com base em três fatores: uma aliança ideológica na essência do capitalismo entre a ordem doméstica (direitos individuais e políticos) e os princípios econômicos (economia de mercado); uma aliança militar estratégica na qual os Estados Unidos desempenham papel superior a seus sócios (Otan, Alemanha, Japão); a capacidade de o capitalismo vir a superar suas tradicionais crises cíclicas. O neoliberalismo seria a ideologia da globalização, e o capitalismo, sua ordem. Mas a transição da bipolaridade para a globalização ocorreu sem que a nova ordem demonstrasse capacidade para superar problemas globais, como o endividamento internacional, a hegemonia do setor financeiro, o arrocho econômico mundial requerido para o ajuste de economias centrais, o desemprego estrutural (BERNAL-MEZA *apud* RAPOPORT, 1994).

Se for tomada de um ponto de vista geopolítico, a globalização estaria substituindo os conflitos da guerra fria pelos da trilateralidade dos anos 1970, tendo os Estados Unidos, a Alemanha e o Japão dificuldades de abrir-se e as outras potências, particularmente a Rússia, dificuldades de integrar-se. São as novas disputas pelo poder, excluída a União Soviética (BURKUM *apud* RAPOPORT, 1994).

Para o observador, entretanto, a globalização corresponde antes de tudo a uma nova realidade econômica. O fenômeno, segundo Renato Baumann, envolve as seguintes dimensões:

a) financeira, que corresponde ao crescente volume e velocidade dos recursos que transitam pelo mundo e à interação desses fluxos com as economias nacionais;

b) comercial, que leva à semelhança crescente de demandas e ofertas de bens e serviços em todos os países;

c) da produção, que significa convergência das características do processo produtivo;

d) institucional, que leva à semelhança crescente dos sistemas nacionais e de suas regulações;

e) da política econômica, que implica redução dos atributos da soberania diante do crescente condicionamento externo. Os efeitos econômicos da globalização são extremamente diversificados e em grande parte incontroláveis: especulação financeira, ganhos em escala, uniformização técnica, nova tecnologia de processos produtivos, oligopólios mundiais, declínio da cooperação bilateral e de blocos, novas coerções sobre o salário, o fisco, o meio ambiente etc.

Os antecedentes da globalização sugerem a hipótese da reação do Ocidente diante do dinamismo oriental. Com efeito, a internacionalização e a regionalização precederam a globalização, mas esta produz efeitos mais intensos do que aquelas. Desde os anos 1960, o declínio do dinamismo econômico e a redução do ritmo de aumento de produtividade dos Estados Unidos, o que também se verificava na Europa, contrastavam com o dinamismo das exportações asiáticas. Ao enfrentar esse desafio, o Ocidente passou a desregular e a reduzir a intervenção do Estado na economia. Essa hipótese, contudo, é por demais simples para colher todos os antecedentes da globalização. Ao dinamismo oriental, outros fatores se somaram para desencadear fenômeno tão complexo: os choques dos preços do petróleo nos anos 1970, as reações defensivas das empresas, a pressão sobre os custos de produção, a crise do sistema fabril tradicional, os saltos tecnológicos da robótica e da informática, em síntese, a terceira revolução industrial, cujas raízes são ocidentais. O comércio crescerá acima da produção (2% a 3% entre 1950 e 1980) e os fluxos financeiros, liberados e informatizados, multiplicar-se-ão para atingir a extraordinária cifra de 15 trilhões de dólares em 1994. O processo produtivo desprender-se-á dos Estados nacionais, integrando uma nova estrutura competitiva transnacional (BAUMANN, 1996).

A tendência da globalização encontra em sua evolução aquela da regionalização. Não se trata de uma antítese, como pensam alguns, mas de fenômenos interrelacionados, cuja compreensão não cabe em nenhuma teoria simples. Por trás dos processos de regionalização, encaminhados há décadas, existe uma ideologia de aproximação dos países. A bipolaridade provocou-a, alinhando muitos países a um ou outro dos dois blocos ideológicos, porém a construção da unidade na Europa Ocidental desvinculou-se do confronto Leste-Oeste, como também o movimento da descolonização, o dos países não alinhados, a frente dos povos atrasados. Os países procuraram, portanto, agrupar-se por razões muito diversas, econômicas, políticas, ideológicas, por razões de segurança, de afinidades culturais, de vizinhança, de proteção contra coerções de potências mais avançadas ou coerções de escala planetária.

O mais antigo processo de integração, em curso desde os anos 1950, a União Européia (UE), revela bem essa complexidade. Nos anos 1980 e 1990, a tendência para a regionalização acentuou-se com o fortalecimento ou a formação de espaços econômicos e instâncias de cooperação que respondem a necessidades precisas e que buscam uma dimensão também política. Os mais conhecidos são a UE, a Cooperação Econômica da Ásia-Pacífico (Apec), o Acordo de Livre-comércio da América do Norte (Nafta), a Associação Latino-Americana de Integração (Aladi), a Associação das Nações do Sudeste Asiático (Asean), o Mercado Comum do Sul (Mercosul), mas outras associações de menor densidade proliferam em outras regiões da América Latina e do Caribe, da África do Norte e da África negra, do mundo muçulmano e do continente asiático. Se prevalecer a regionalização, o processo de globalização pode ser afetado, porque são tendências distintas que deslizam pelo comércio e pelas finanças internacionais. Ambas deprimem, à primeira vista, o papel do Estado-nação, como também de órgãos multilaterais como o Gatt, convertido na OMC em 1995, e o FMI, cujo controle sobre as finanças internacionais está cada vez mais distante nessa nova ordem.

A globalização trabalha contra o regionalismo ao intensificar e ampliar a interdependência econômica entre todas as nações e ao fazer emergir temas globais como meio ambiente e direitos humanos, que geram instituições de base não regional. Além disso, desperta forças poderosas de integração global, como demonstram as dimensões econômicas descritas anteriormente, que ultrapassam os limites das regiões. Por outro lado, a globalização pode atuar como estímulo ao regionalismo. Pode parecer politicamente mais operacional construir instituições regionais, entre o Estado nacional e o mundo, do que construir instituições globais. Porém, a regionalização configura-se por vezes como reação para aumentar o controle de grupos de Estados sobre os efeitos da globalização e, nesse sentido, esta última representa poderoso estímulo à primeira. Nos processos de integração, substitui-se a consideração de vantagens nacionais pela consideração de vantagens regionais — no mínimo, agregam-se ambas — porém, o dilema da maior ou menor abertura dos blocos em construção desafia os tomadores de decisão no interior dos processos negociadores.

Pode-se concluir que as tendências de globalização e regionalização deprimem o papel do Estado-nação e do multilateralismo? Paradoxalmente, as políticas nacionais tornam-se mais importantes diante do desafio que requerem a adaptação a um maior grau de interdependência — dimensão universal — e a necessidade de sincronizar os objetivos nacionais com o dos Estados integrados num determinado bloco — dimensão regional. Em outros termos: as duas tendências supõem uma adaptação do Estado nacional, que uns interpretam como diminuição de sua autoridade, outros como mudança de função (TOMASSINI, 1995; HURREL, 1995).

Com efeito, os Estados permanecem como garantidores da organização socioeconômica, como antes, mas não se posicionam todos da mesma forma diante das tendências de globalização ou regionalização. A reunião ministerial da OMC em Cingapura, em dezembro de 1996, provocou quase todos os Estados com a proposta norte-americana de liberalização do comércio de produtos de informática e dos serviços de telecomunicação. O governo norte-americano mantém-se forte, portanto, seja com o escopo de fornecer apoio logístico à hegemonia econômica, seja com o de prover meios de segurança, seja ainda como fiador dos direitos do capital. Na matriz da ordem global, o Estado nacional permanece forte, até mesmo para agir sobre os outros no sentido de moldar suas instituições e dobrar sua vontade de resistência ao liberalismo, enfraquecendo-os. O dinamismo das economias orientais forçou, por outro lado, uma evolução do Estado rumo ao Estado nacional concorrencial e, ao mesmo tempo, geoeconômico. Depois do Estado keynesiano e do Estado desenvolvimentista, o capitalismo globalizante estabeleceu, assim, nova relação com o Estado. Este passa a aceitar o pressuposto da concorrência, sem deixar de lado o velho apoio logístico à hegemonia econômica. Move-se politicamente para proteger grupos ou capitais definidos no espaço, fortalecendo-os na concorrência. As comunidades concorrenciais absorvem parte das novas funções do Estado, exercendo-as em espaços econômicos regionalmente integrados, sem extinguir seu registro de nascimento nacional. Quer sejam agentes, quer pacientes das duas tendências em curso, os Estados nacionais estão mais vivos do que nunca ao final do milênio.

Na América Latina, a adaptação dos Estados às novas funções significou o abandono da estratégia de crescimento com base no nacional-desenvolvimentismo conduzido pelo Estado. Novas atitudes substituíram-na pela liberalização do comércio, das inversões diretas desde o estrangeiro e pelos regimes de pagamento da dívida. Essa adaptação modificou a natureza da inserção internacional da região e elevou sua participação na economia mundial. A nova inserção não teria sido possível sem uma reação política dos Estados latino-americanos diante das tendências de globalização e regionalização. Confirmando a tese da mudança de função e esvaziando a tese do enfraquecimento do Estado-nação, percebem-se, pois, como funções novas do Estado na América Latina, nesse período de gestação da nova ordem global, as políticas visando dar impulso à economia voltada para o exterior, liberalizar o comércio por meio da queda tarifária, visando o ajuste estrutural e a estabilidade das moedas e, enfim, a retirada do Estado empreendedor por meio das privatizações. Na América Latina, rendidos à democracia, e mesmo antes disso no Chile, os Estados exageraram contudo na adoção dos cânones neoliberais, como se bastassem para promover uma inserção competitiva madura no sistema global. Entre um extremo de concessões sem barganha e uma cautela defensiva ao estilo dos países avançados, situam-se as condutas de Argentina e Brasil nos anos 1990. O desafio que se coloca para a América Latina é o de tomar parte no sistema produtivo global, mediante a apropriação de tecnologias e de processos produtivos competitivos, e não apenas o de abrir seu mercado, desnacionalizando a produção interna sem equilibrar a abertura com a internacionalização de empresas e capitais locais. A integração regional do Mercosul foi concebida originalmente como uma estratégia adequada de inserção produtiva competitiva na nova ordem, porém o neoliberalismo que contaminou o Cone Sul comprometeu-a, reduzindo a capacidade de manobra do Brasil, disposto politicamente a uma inserção madura.

As reações dos governos e as experiências de adaptação diante das tendências de globalização e regionalização permitem definir as novas funções gerais (e ideais?) de um Estado-nação que se move por dentro da ordem internacional em transição nos anos 1990:

a)   ter como meta-síntese da política a elevação da competitividade do sistema produtivo de base nacional ao nível sistêmico global;

b)   exercer controle sobre o capital financeiro, mormente o flutuante, dirigindo-o para inversões que fortaleçam as vantagens comparativas;

c)   fortalecer as instituições financeiras nacionais e assegurar elevado índice de poupança para evitar a dependência;

d)   zelar pelo bem-estar do povo de modo a controlar a exclusão social derivada da maior competitividade e a satisfazer as necessidades da população. Esse último ponto é para alguns mais relevante do que a participação em mercados mundiais como meta absoluta, enquanto outros insistem na tradicional função de garantir a paz e a segurança dos cidadãos como a mais relevante (BERNAL-MEZA, 1994; BAUMANN, 1996; GORENDER, 1995; ALTVATER, 1995).

9.3 A expansão mundial dos negócios

Nas últimas décadas, o comércio internacional vem crescendo em ritmo superior à produção mundial. As estatísticas não coincidem entre os diversos organismos que as produzem (ONU, Unctad, FMI, OCDE, Gatt). Segundo o Acordo Geral de Tarifas Aduaneiras e Comércio (Gatt), entre 1955 e 1991, o valor do comércio mundial foi multiplicado por 37, crescendo em termos reais 8,5% ao ano nos anos 1960, 5,2% nos 1970 e 4% nos anos 1980, períodos em que a produção mundial cresceu, respectivamente, 6%, 3,8% e 2,5%. Segundo a Organização de Cooperação e Desenvolvimento Econômico (OCDE), as exportações tendem a representar parte crescente do PIB dos países industrializados: entre 1967 e 1991, as exportações de mercadorias, o chamado índice de abertura, evoluiu de 5,1% para 10,2% do PIB norte-americano, de 9,7% para 11,2% do japonês, de 13,6% para 22,5% do francês, de 20,1% para 25% do alemão, de 19,3% para 25% do inglês. Entre 1953 e 1991, os Estados Unidos perderam domínio, caindo de 19% para 12% das exportações mundiais, ficando próximos da Alemanha (11,5%) e do Japão (9%). Os países industrializados apresentam, todavia, crescimento relativo de sua parte nas exportações mundiais, passando de 64% do total em 1963 a 71% em 1991. Quanto aos países em vias de desenvolvimento (inclusive os Novos Países Industrializados — NICs asiáticos e os exportadores de petróleo) mantiveram a mesma participação, crescendo significativamente apenas nos anos 1990 (20,5% em 1963, 20% em 1991, 25% em 1994) (DAVID, 1994).

Entre todas as atividades econômicas, o comércio internacional foi objeto das maiores discussões multilaterais desde a Conferência de Bretton Woods. Concebido como o terceiro pilar do sistema econômico do pós-guerra, ao lado do FMI e do BM, o Gatt foi implantado cm 1947 com a responsabilidade de organizar e regular o comércio internacional, segundo os parâmetros de uma concepção liberal da ordem econômica nacional e internacional. Já em 1947, realizava um primeiro ciclo de baixa de tarifas entre os signatários do acordo, 37% na média.

O Gatt permaneceu com um acordo provisório até criar-se a Organização Mundial do Comércio (OMC) ao final da Rodada Uruguai. Não obrigava contra todas as leis nacionais. Sua atuação foi marcada por crescentes tensões, em razão de mudanças havidas no comércio internacional no pós-guerra, como o aumento do volume, variações na estrutura, criação do Mercado Comum Europeu nos anos 1950, pressões do Terceiro Mundo desde os anos 1960, emergência da Ásia e da América Latina nos anos 1990. Tensões advinham em razão igualmente do aumento de seus membros, de 23 em 1947 para 123, ao assinar-se, a 14 de abril de 1994, a Ata Final de Marrakesh que encerrou a Rodada Uruguai, criando a OMC. Embora ainda não congregasse a todos os Estados, o Gatt transformou-se enfim em OMC, a organização desejada desde o início. O texto do velho Gatt não impunha em parte alguma o livre-comércio, mas regras que disciplinavam o comércio internacional, evitando entraves e admitindo o protecionismo transparente. A filosofia liberal, a propensão para uma liberalização progressiva, salta entretanto das rodadas de negociações, indicando haver uma tensão entre texto e dinâmica, gerida com largo senso democrático.

Estendendo-se por oito anos, de 1986 a dezembro de 1993, a Rodada Uruguai foi o momento mais fecundo de reflexão, com desacordos e entendimentos de que resultou a Ata Final, firmada em Marrakesh, a 14 de abril de 1994. Era o fim do Gatt provisório e a criação da OMC. Essa minicarta em que se converteu a Ata Final avança na regulamentação ao disciplinar três domínios e não mais um só: compreende um acordo sobre o comércio de bens (corresponde ao Gatt tradicional), outro sobre serviços e um terceiro sobre propriedade intelectual. Ela inova nas negociações ao criar procedimentos para solução de controvérsias que unem em sólido vínculo as três áreas regulamentadas.

Ao nascer, a primeiro de janeiro de 1995, a OMC tem pela frente um intenso e exaustivo leque de problemas a resolver, de negociações a prosseguir. Os Estados Unidos sentiram "perder a soberania" ao ratificar a Ata Final e, para compensar seu incomparável nacionalismo econômico, se dispõem a vigiar os procedimentos de regulamentação de contenciosos. Talvez não aceitem a aplicação automática contra si das decisões acerca de contenciosos. Os europeus assinaram-na por país e pela União, não deixando claro a quem competia decidir. A OMC não detém poderes muito superiores ao velho Gatt. Os dois órgãos que a compõem destinam-se um a regular contenciosos, outro a examinar políticas comerciais. Aos três acordos de base acima referidos, agregam-se quatro acordos plurilaterais de adesão voluntária, relativos a compras governamentais, aeronáutica civil, lácteos e carnes. A OMC não se guia pelo realismo, na medida em que cada país tem nela um voto, o que coloca os grandes negociantes em pé de igualdade com os irrelevantes. Estabelece todavia regras cheias de sabedoria e de bom senso para solução de contenciosos e para o exame das políticas comerciais, passando-se tudo isso em jogo democrático e transparente.

A necessidade de se criar a OMC apressou o fim da Rodada Uruguai, deixando para negociações posteriores inúmeros pontos em desacordo. A Ata Final não define a relação entre comércio internacional e meio ambiente. Não conclui inúmeras negociações sobre as velhas questões (agricultura) e novos objetos (serviços, sobretudo financeiros, navegação e telecomunicações). Quanto aos quatro acordos plurilaterais, poucas adesões recolheram. A ata não deixa clara a relação entre política comercial e política de concorrência. França e Estados Unidos tentaram de última hora e sem êxito introduzir a cláusula social, iniciativa que produziu desconfiança em países do Primeiro Mundo e hostilidade do Terceiro Mundo, que nela viu uma tentativa a mais de discriminação protecionista contra os países em desenvolvimento. Ao nascer, em 1995, a Organização Mundial do Comércio era como um bebê a ensaiar seus primeiros passos (MESSERLIN, 1995).

A primeira Reunião Ministerial da OMC prevista pelo estatuto teve lugar em Cingapura, em dezembro de 1996. Os Estados Unidos lograram êxito nessa primeira reunião. Obtiveram aprovação ao acordo de livre adesão que propunham no sentido de eliminar até o ano 2000 toda barreira alfandegária para computadores, programas e semicondutores — o chamado Acordo sobre Tecnologias de Informação — e prepararam o terreno para liberalizar o mercado global dos serviços de telecomunicações. Os países em desenvolvimento nada alcançaram dessa primeira reunião, a não ser obstruir mais uma vez a regulamentação da cláusula social que vêem como uma armadilha protecionista dos países ricos. A proteção aos produtos agrícolas no Primeiro Mundo, um campo que muitos países competitivos desejam negociar para poder compensar sua abertura de mercado, não marcou presença na reunião. O balanço da primeira reunião ministerial foi bom para alguns países, ruim para os países em desenvolvimento e medíocre para o comércio internacional. Os desafios permanecem.

Desde os anos 1960, o comércio internacional foi considerado pelos países do Terceiro Mundo uma alavanca para o desenvolvimento, caso nele aumentassem a participação, em virtude das mudanças estruturais que poderia deslanchar internamente e do acúmulo de capitais para investimentos que poderia induzir. Nos anos 1990, os países em desenvolvimento dividem-se em cinco categorias:

a) a América Latina ainda mantém, em certas partes, os desequilíbrios sociais em razão de uma organização distributiva injusta, porém superou problemas como a instabilidade política e a elevada inflação, abrindo o mercado e ampliando sua participação no comércio internacional;

b) os novos países industrializados da Ásia ostentam desde 1976 elevados índices de crescimento, em torno de 8% ao ano, com um crescimento da renda per capita de 6,6% na última década, tendo a Coréia do Sul, Taiwan, Hong-Kong e Cingapura alcançado a OCDE, estando Malásia, Tailândia e Filipinas a caminho;

c) nessa última década, a África negra apresentou crescimento *per capita* negativo, alojando-se num chamado Quarto Mundo;

d) os países produtores de petróleo que auferiram enormes ganhos com o aumento do preço nos anos 1970, entraram em crise nos anos 1990 em razão da baixa do preço e da instabilidade política da região;

e) no Oriente não industrializado e muito povoado situam-se particularmente Índia e China, embora esta última se lance desde 1979 num processo acelerado de industrialização e comércio.

Nenhuma unidade existe, portanto no Terceiro Mundo dos anos 1990. Mesmo sua participação crescente no total do comércio internacional é uma ilusão, na medida em que decorre do dinamismo das exportações asiáticas e, em menor escala, da abertura da América Latina.

Gatt e OCDE no passado, OMC no presente, todos pregam o livre-comércio para resolver os problemas do subdesenvolvimento. Sob pressão, a América Latina baixou suas tarifas nos anos 1990, quando se registrou uma liberalização geral do comércio dos países em desenvolvimento. Durante a Rodada Uruguai e a reunião de Cingapura, entretanto, os ricos ditaram as regras a seu favor, mesmo porque detinham 75% do comércio internacional. Nada melhorou para fornecedores de matérias-primas e produtos brutos. Percebendo tais impasses e mudando de estratégia, países de desenvolvimento médio como Brasil, México, Índia, Coréia do Sul e outros associaram-se às negociações de temas que antes tomavam como tabus e, abandonando o discurso reivindicatório terceiro-mundista, alcançaram sob pressão certos ganhos como redução de tarifas para vender seus produtos nos países ricos.

Desfeita a frente dos povos atrasados e a unidade do Terceiro Mundo, novas relações Norte-Sul definiram-se nos anos 1990. Um argumento de peso que figurou durante décadas nas reivindicações foi o conceito elaborado por Raúl Prebisch de deterioração dos termos de troca: esse conceito é contestado de forma generalizada nos anos 1990 e considerado inadequado para compreender o comércio internacional. Embora acordos sobre produtos de base tenham atenuado a deterioração dos termos de troca, observa-se, por outro lado, uma queda maior dos preços de produtos industrializados, considerando-se aliás positiva, em termos econômicos, toda tendência para baixa dos preços de exportação.

Outra dimensão da nova relação Norte-Sul advém da mudança no tratamento da dívida externa. Os países em desenvolvimento somavam uma dívida de 732 bilhões de dólares em 1982, feita em parte de empréstimos para consumo e investimentos duvidosos facilmente contraídos nos anos 1960, em razão da alta liquidez internacional dos "petrodólares" e, em parte, da elevação das taxas de juros dos países centrais nos anos 1980, que assim procediam a um ajustamento de suas economias, auferindo poupança dos países devedores. O tratamento político da dívida não foi aceito, acabando por prevalecer junto ao FMI o tratamento contábil e técnico desejado pelos Estados Unidos. Aos países do Terceiro Mundo que fossem assimilando tais procedimentos, os países ricos acenavam com planos de pagamento: o Plano Baker, de 1985, reescalonava e concedia um deságio; em 1988, pensava-se num perdão de 33%; em 1989, o "Plano Brady" dava garantia do tesouro norte-americano em troca de títulos que previssem descontos da dívida. Foram todavia esforços do Terceiro Mundo que encaminharam soluções adequadas. Detentora de metade da dívida em 1982, a América Latina freou seus gastos, sacrificou seu crescimento e sua renda e liberalizou os fluxos financeiros. Em 1992, sua parte caía para 30% daquela dívida, ficando 20% com a Europa do Leste e a Ásia Central, 19% com o Extremo Oriente e o Pacífico, 12% com a África Subsaárica, 11% com o Oriente Médio e a África do Norte, 8% com a Ásia do Sul. A relação-serviço da dívida sobre exportações também decresceu na América Latina, entre 1980 e 1992, de 37,1% para 29,8%, ao passo que aumentou em todas as outras regiões, com o próprio endividamento (total de 1.662 bilhão de dólares em 1992). Diante destas cifras, é forçoso reconhecer que a pequena ajuda aos países em desenvolvimento concedida pelos países da OCDE de pouca ou nenhuma valia é para solução de problemas de tal magnitude.

A aceleração do fenômeno da transnacionalização industrial afetou, nos anos 1990, a forma e os ritmos do crescimento econômico e do desenvolvimento. Do estoque de 1.850 bilhão de dólares de investimentos diretos no mundo em 1990, os Estados Unidos detinham 456 bilhões. Cerca de 80% dos investimentos diretos globais permaneciam, em 1990, confinados no Primeiro Mundo. Porém, essa globalização industrial expandiu-se desde aí, atrás do baixo custo e da qualidade da produção, e separando o lugar de produção do lugar de consumo. O Terceiro Mundo exerce capacidade de atração ao oferecer mão-de-obra competente, flexível e barata, além de vantagens tentadoras como isenção tributária para importar componentes para montagem e reexportação de produtos (Taiwan) e isenção de imposto de renda para as novas indústrias (Tailândia); Ásia e África do Norte rivalizam na oferta de condições favoráveis, como também os países liberados do socialismo na Europa Oriental. Países mais cautelosos, sobretudo na América Latina, zelam por manter certa margem de controle dos processos produtivos, preferindo a criação de *joint-ventures* à desnacionalização ou à abertura incondicional. A indústria têxtil e de calçados migraram mais do que as outras, desativando fábricas na Europa e nos Estados Unidos e deslocando-as por meio de licenças para fabricação ou de encomendas. A relojoaria tende a migrar do Primeiro Mundo. Nos setores de fabricação de televisão, magnetoscópio e rádio para automóveis, a Europa perdeu metade da mão-de-obra entre 1978 e 1991 (DAVID, 1994).

O crescimento do PIB por habitante não depende unicamente desse fenômeno de globalização industrial e do valor das exportações, porém é por eles afetado. Entre 1973 e 1992, a variação (em dólares internacionais de 1990) foi de aproximadamente 74% no Japão, 50% na Europa Ocidental, 30% nos Estados Unidos, 18% na América Latina, mas acima de 160% na Tailândia, de 200% em Taiwan, de 250% na Coréia do Sul. Observando-se alguns países-chave por região, confirma-se a tendência de crescimento desigual do PIB por habitante entre 1990 e 1994, em ritmo mais lento em toda parte (em dólares de 1990): França de 17.777 para 17.968; Alemanha de 18.015 para 19.097; Grã-Bretanha de 16.302 para 16.371; Estados Unidos de 21.866 para 22.569; Japão de 18.548 para 19.505; Argentina de 6.581 para 8.373; Chile de 6.380 para 7.764; Brasil de 4.812 para 4.862; México de 4.997 para 5.089. Entre 1990 e 1992, Coréia do Sul de 8.977 para 10.010; Taiwan de 10.324 para 11.590; Filipinas de 2.300 para 2.213; Tailândia de 4.173 para 4.694; China de 2.700 para 3.098; Egito de 2.030 para 1.927; Nigéria de 1.118 para 1.152; África do Sul de 3.719 para 3.451; Zaire de 458 para 353; Etiópia de 350 para 300 (Maddison, 1995).

Enquanto o Terceiro Mundo rivaliza em oferecer vantagens para atrair indústrias, os países da OCDE procuram retê-las por meio da atenuação da carga fiscal sobre as empresas, de medidas protecionistas contra o Terceiro Mundo ou de medidas anti-*dumping*. Não sem muita hesitação. O efeito social desastroso da globalização industrial para os países ricos é o desemprego. Em 1994, as empresas européias empregavam mais trabalhadores no exterior do que nos países de origem. Em compensação, os países que aceleram seu processo de industrialização aumentam as importações e obstruem a saída de imigrantes, fenômenos de que se beneficiam os países ricos. A globalização industrial não é, portanto, negativa somente para o Primeiro e positiva para o Terceiro Mundo. Tampouco sugere, como parecem entender o FMI e o BM, uma estratégia global única: a produção para o mercado externo associada à retirada do Estado das atividades econômicas e à coerção sobre privilégios sindicais como fórmula de melhoria das condições de vida da massa dos trabalhadores (WORLD BANK, 1995; MAZUMDAR *apud* ONU-CNUCED, 1996).

A globalização industrial e o comércio internacional foram afetados nos anos 1990 não só pelas condições ideais de custo e qualidade de produção, mas ainda pela intensidade de medidas de proteção ao meio ambiente. Regulamentos constrangem a produção em razão de riscos de acidentes, de lixo poluente; classificam as fábricas, exigem reciclagem de produtos, proíbem produtos como o gás clorofluorocarbono e os carros sem catalisador, por essas e outras medidas estimulando a fuga de indústrias do Primeiro Mundo. Também os anos 1990 deram margem a falsas medidas de proteção do meio ambiente que desvirtuam a concorrência para discriminar nações, como o selo verde dos produtos. Conclui-se que pouco se avançou em termos de informação e de proteção ao meio ambiente. As discussões travadas pelos organismos internacionais poucos resultados agregaram, apesar dos alertas do Clube de Roma em 1972, da Conferência da ONU de Estocolmo em 1972, do artigo XX do Gatt, que autoriza restringir importações de produtos que prejudiquem a saúde e causem danos aos recursos naturais não renováveis, da Conferência da ONU do Rio de Janeiro em 1992 e do comitê provisório criado no âmbito da OMC para estudar a relação entre comércio internacional e meio ambiente.

Dois outros desafios estão à espera de soluções nessa ordem internacional que se esboça no final de século XX. As flutuações monetárias ou desvalorizações que os organismos internacionais, particularmente o FMI e o G-7, procuram limitar — ainda com poucos resultados — podem perturbar os fluxos do comércio. Os capitais especulativos que migram, à margem dos controles dos Bancos Centrais e do FMI, em volume e velocidade crescentes, independentemente dos fluxos do comércio internacional, podem desestabilizar as finanças e a economia de países e grupos de países.

Para proteger-se dos riscos e das incertezas dessa ordem econômica global do fim do século XX, como também para nela se inserir de forma dinâmica, além de buscar soluções universais nos órgãos multilaterais, os Estados nacionais adaptam suas políticas públicas internas e integram-se com os vizinhos. São atitudes sábias e prudentes. Os diversos processos de integração e de formação de blocos avançam nos anos 1990 em ritmo diferenciado. Mais rápido e profundo do lado da UE e do Mercosul, mais lento do lado do Nafta e da Apec.

9.4 Política internacional e segurança

A política internacional acompanhou, na última década do século XX, a tendência para a globalização em sua dimensão multilateral, ao passo que refluiu para a regionalização senão mesmo para a nacionalização dos conflitos e da segurança. Três grandes conferências internacionais pareciam anunciar uma era de responsabilidades e consensos transnacionais. A 2ª Conferência das Nações Unidas sobre Meio Ambiente e Desenvolvimento (Rio de Janeiro, 1992) difundiu as noções de desenvolvimento sustentável, de incompatibilidade entre crescimento demográfico ilimitado e um planeta finito, de subordinação da tecnologia às exigências ambientais, de que a pobreza polui tanto quanto o consumismo incontido e de que medidas de proteção ambiental devem ser tomadas simultaneamente nos planos local e global. A 2ª Conferência Mundial das Nações Unidas sobre Direitos Humanos (Viena, 1993) fomentou a implementação de medidas nacionais, a interação e a ação conjunta dos órgãos e agências da ONU, como também dos órgãos globais e regionais, tendo por objetivos construir uma cultura comum de respeito aos direitos humanos e assegurar seu cumprimento universal (TRINDADE, 1993). A Ata Final de Marrakesh ao término da Rodada Uruguai, em 1994, instituiu a

Organização Mundial do Comércio, destinada a regulamentar os fluxos de bens, serviços e propriedade intelectual entre as nações e a dirimir controvérsias a seu respeito. Contudo, nos meados da década de 1990, a grandiosa diplomacia de conferências com sua política multilateral global produzia ainda resultados concretos insatisfatórios, que não correspondiam às intenções dos negociadores.

Ao se comemorar em 1995 o cinqüentenário de fundação das Nações Unidas, um clima de pessimismo reinava diante das possibilidades dessa organização vir a assegurar a paz mundial, sua principal razão de ser. Com o fim da guerra fria, muitos analistas julgaram que a segurança havia-se deslocado de uma dimensão global inserida no confronto bipolar para outra sob controle das Nações Unidas, talvez de um Conselho de Segurança mais representativo e democrático. Essa evolução não se confirmou e a segurança refluiu para o âmbito regional, estimulando a nacionalização de políticas e meios.

Um aumento extraordinário na demanda por serviços de garantia e manutenção da paz junto às Nações Unidas, expresso no número crescente de resoluções do Conselho de Segurança, não foi acompanhado de vontade política para sua realização. Pequenas e grandes operações de paz com baixo ou nulo índice de sucesso, como no Camboja, na Somália, em Ruanda e na antiga Iugoslávia, erodiam o prestígio da instituição e lançavam dúvida quanto à sua capacidade operacional. As grandes potências queriam o fim, não os meios de cumprir com a missão de paz da ONU. O custo ínfimo dessas operações relativamente aos orçamentos nacionais de segurança vinha demonstrar que não se tratava de uma dificuldade financeira, mas de um impasse político.

É bem verdade que o Conselho de Segurança passou a baixar resoluções aprovando operações de paz com o objetivo de conjurar conflitos internos em número muito superior àquelas destinadas a pacificar Estados em conflito. Essa nova política não recolhia consensos, dada a valorização dos velhos princípios de não-intervenção e de soberania nacional. A Guerra do Golfo despertou, por sua vez, o fantasma do velho imperialismo ocidental sob cobertura das Nações Unidas, o que contribuía para tornar mais difícil a aprovação e o apoio generalizado a novas operações de paz. Se operações destinadas a coibir o genocídio, como aquela levada a cabo pelos Estados Unidos na Somália em dezembro de 1992, e logo depois a operação em Ruanda, decorrem de pressões incontestes da opinião e de ONGs, outras operações em favor dos direitos humanos não recolhem o mesmo consenso, querendo alguns que a interpretação sobre direitos humanos permaneça como prerrogativa nacional. Enquanto os valores democráticos, a exemplo da Carta das Nações Unidas, não permearem as instituições e a conduta de todos os Estados, como os fazer valer na prevenção da violência (MAYALL, 1995)?

Durante a guerra fria, as duas superpotências eram estimuladas a buscar aliados, socorrê-los ou reprimir insubordinações diante da repartição dos países em zonas de influência. A globalização desse intervencionismo declina com o término da bipolaridade e os Estados liberam seus impulsos, na expectativa de que ninguém lhes venha obstruir a política de segurança. A ONU vem falhando em sua missão preventiva e os países do Ocidente não incrementaram seu desejo de fiscalizar os resultados dos conflitos regionais, a menos que estes afetem seus interesses essenciais ou sua segurança imediata. A descrença em resultados duradouros de uma intervenção maciça como ocorreu no Oriente Médio durante a Guerra do Golfo é outro fator desestimulante de operações conjuntas, como estaria a demandar a situação na antiga Iugoslávia. Existem restrições políticas, econômicas e particularmente eleitorais, além das doutrinas estratégicas, que se conjugam para impedir a construção de um sistema de segurança global. Segundo Edward A. Kolodziej, esses e outros fatores explicam a tendência para a diversidade de sistemas de segurança e para sua regionalização.

A União Européia não constitui uma organização para a segurança coletiva, mas uma comunidade de segurança, uma sociedade internacional que compartilha valores, regras e princípios comuns de conduta e de convívio pacífico. Por meio da Organização do Tratado do Atlântico Norte (Otan), estende sua sociedade de segurança aos Estados Unidos, e por meio da Conferência sobre Segurança e Cooperação Européia vincula-se a países criados com a desintegração da União Soviética. A Europa dos anos 1990 busca a fórmula do concerto do século XIX, mais do que a realização da balança do poder. Enquanto a Rússia, após extinguir o Pacto de Varsóvia e opor-se à extensão da Otan ao leste, reivindica papel especial nesse concerto, a Inglaterra subordina-se à Otan, mas a França não desiste de suas forças nucleares nacionais. Especialmente esta última ousou afrontar a ira internacional, concluindo em 1996 uma série de testes nucleares que lhe garantiram uma posição estratégica especial entre as grandes potências. A Europa hesita, pois, entre o concerto e a nacionalização da segurança.

O Oriente Médio desvenda uma situação complexa em que vários equilíbrios interagem, envolvendo a relação tradicional entre a Organização para a Libertação da Palestina (OLP) e Israel, a parceria dos Estados Unidos na proteção de aliados e eixos locais instáveis de cooperação e conflito. Uma comunidade de segurança ao estilo europeu está longe do horizonte regional, mesmo porque a Guerra Fria acirrou aí as tensões enquanto as atenuava na Europa Ocidental. Somente o conflito OLP-Israel avançou no caminho da distensão com o fim da guerra fria, porque foram interrompidos os fornecimentos de armas soviéticas à região.

O Nordeste Asiático representa outro complexo regional em que se miram e se confrontam os interesses de quatro grandes potências — Estados Unidos,

Japão, China e Rússia. As tensões têm origem na existência das duas Coréias, na questão de Taiwan e na rivalidade entre Estados Unidos e Japão acerca das políticas de comércio exterior e de outras questões econômicas. A Associação das Nações do Sudeste Asiático (Asean) e a América Latina conformaram o que se pode denominar de comunidade pluralista de segurança. As duas regiões permaneceram à margem do grande confronto Leste-Oeste e criaram instituições de controle da segurança, além de fomentar a confiança mútua. O grau de tensão e de conflitos potenciais é muito baixo. Já o Caribe e a América Central continuam sendo, depois da guerra fria, zona de intervenções unilaterais dos Estados Unidos, como demonstram as operações desse país no Panamá e no Haiti, embora feitas sob a cobertura formal da Organização dos Estados Americanos (OEA), e sua política de implacável perseguição ao regime cubano. No sul da Ásia, dominado por Paquistão e Índia, continua prevalecendo a percepção de interesses nacionais sobre o envolvimento internacional nas concepções de segurança. A herança pacifista de históricos líderes indianos não desarma em seu país tensões com os vizinhos e tampouco oculta um moderado projeto de hegemonia regional. Quanto à África negra, os problemas de crescimento da população e da pobreza e a desinstitucionalização convergem para situações calamitosas, com exceção talvez da África do Sul, que ensaia as novas instituições democráticas após o término da segregação racial (KOLODZIEJ, 1995).

Assiste-se, pois, a uma gradual regionalização dos sistemas de segurança com o término da guerra fria. Os conflitos dos anos 1990 foram classificados por Joseph S. Nye Jr. em quatro categorias:

a) conflitos de balança global de poder opondo grandes potências em disputa pela preeminência mundial;

b) conflitos de transição entre grandes potências, como China e Rússia, que mantêm riscos de confronto com a potência hegemônica do pós-guerra fria, os Estados Unidos;

c) conflitos de balança regional de poder entre Estados que buscam uma hegemonia regional, tais como Coréia do Norte, Iraque e Irã, considerados inimigos pelos Estados Unidos porque sua ascensão perturba a ordem vigente;

d) conflitos entre comunidades, identidades nacionais (islamismo, identidades nacionais na Rússia) ou identidades subnacionais com substrato religioso, étnico ou lingüístico, como na Iugoslávia e na África. Esses conflitos entre comunidades são os mais disseminados no pós-guerra gria. Entretanto, Estados falidos como o Afeganistão e a Somália também são propensos a desencadear conflitos, sobretudo guerras civis.

Visto que os conflitos entre comunidades preponderam nos anos 1990 e que apenas 10% dos 170 Estados formam comunidades etnicamente homogêneas, além da necessidade de fomentar a transigência, cogitam muitos analistas norte-americanos sobre o papel pivotal dos Estados Unidos para prevenir e gerir aqueles e outros conflitos. Esse papel fundamentar-se-ia no fato de ser a maior potência econômica e militar do mundo, no apelo de sua cultura e suas instituições e na capacidade de promover coalizões, e seria exercido com o uso da força quando necessário, tanto por motivações humanitárias quanto por interesses próprios unilaterais (NYE Jr., 1996; ART; JERVIS, 1996).

O papel pivotal dos Estados Unidos para manter a ordem e a segurança do mundo, segundo outros analistas, tem pouca chance de vingar como novo paradigma geoestratégico em virtude da visão unilateral e introspectiva da ordem internacional, da baixa capacidade de diálogo, do peso do xenofobismo, mormente em períodos eleitorais e da dificuldade de tolerar interesses de outros povos e comunidades em jogo nas relações internacionais. Esses defeitos de sua política acentuaram-se durante o mandato de Bill Clinton, fazendo lembrar a política do *big stick* do início do século XX e indicando que o papel pivotal convertia-se no de polícia do mundo. As leis Helms-Burton e D'Amato, uma estabelecendo sanções econômicas aos países que mantivessem relações comercias com Cuba e outra o bloqueio comercial contra Irã e Líbia e sanções a países infratores, realizaram o consenso antiamericano dos países da OEA e da UE, numa demonstração de que a *pax* americana não convinha ao mundo por tais métodos e imposições unilaterais (ZORGBIBE, 1995).

Referências

ALTVATER, Elmar. O mercado mundial como área de operações, ou a transformação do Estado Nacional soberano no Estado Nacional concorrencial. *Indicadores Econômicos FEE*, 23(1): 153-189, 1995.

ART, Robert J.; JERVIS, Robert JERVIS (Org.). *International politics*: enduring concepts and contemporary issues. New York: Harper Collins, 1996.

BAUMANN, Renato. Uma visão econômica da globalização. In: BAUMANN, Renato (Org.). *O Brasil e a economia global*. Rio de Janeiro: Campus, 1996. p. 33-51.

BERNAL-MEZA, Raúl. Globalización, regionalización y orden mundial: los nuevos marcos de inserción de los países en desarrollo. In: RAPOPORT, Mario (Org.). *Globalización, integración e identidad nacional*: analisis comparado Argentina-Canada. Buenos Aires: Grupo Editor Latinoamericano, 1994. p. 45-65.

BERNAL-MEZA, Raúl. *América Latina en la economía política mundial*. Buenos Aires: Grupo Editor Latinoamericano, 1994. p. 73-123.

BRETON, Gilles. *La globalización y el Estado*: algunos conceptos teóricos, p. 19-32.

BURKUM, Mario. *La globalización en el ordenamiento de las relaciones de poder internacional*. In: RAPOPORT, Mario (Org.), op. cit., p. 33-44.

DAVID, François. *Les échanges commerciaux dans la nouvelle économie mondiale.* Paris: PUF, 1994. p. 65-87.

DI NOLFO, Ennio. *Storia delle relazioni internazionali (1918-1992).* Bari: La Terza, 1995. p. 1383-1388.

GORENDER, Jacob. Estratégias dos Estados nacionais diante do processo de globalização. *Estudos Avançados* (USP), 9 (25): 93-111, 1995.

HURREL, Andrew. Explaining the resurgence of regionalism in World politics. *Review of International Studies*, 21(4): 331-358, 1995.

JEAN, Carlo. *Geopolitica.* Bari: La Terza, 1995. p. 159-180.

KOLODZIEJ, Edward A. A segurança internacional depois da guerra fria: da globalização à regionalização. *Contexto Internacional*, 17(2): 313-349, 1995.

LELLOUCHE, Pierre. *Le nouveau monde*: de l'ordre de Yalta au désordre des nations. Paris: Grasset, 1992. p. 485-491.

MADDISON, Angus. *L'économie mondiale (1820-1992)*: analyse et statistiques. Paris: OCDE, 1995.

MAYALL, James. As contradições da manutenção da paz: as Nações Unidas na Nova Era. *Contexto Internacional*, 17(2): 229-244, 1995.

MAZUMDAR, Dipak. Labour issues in the World Development Report: a critical assessment. In: ONU-CNUCED. *International Monetary and Financial Issues for the 1990s*: research papers for the Group of Twenty-Four, 1996. v. 7, p. 63-82.

MESSERLIN, Patrick. *La nouvelle organisation mondiale du commerce.* Paris: Ifri-Dunod, 1995.

NYE Jr., Joseph S. Conflicts after the Cold War. *The Washington Quarterly*, 19(1): 5-24, 1996.

SARAIVA, José Flávio S.; CERVO, Amado. (Org.). *O crescimento das relações internacionais do Brasil.* Brasília: Ibri, 2005.

SENARCLENS, Pierre de. *La politique internationale.* Paris: Armand Colin, 1992.

SHEEHAN, Michael. *The balance of power. History and theory.* London, New York: Routledge, 1996. p. 196-203.

TOMASSINI, Luciano. Globalização e regionalismo. *Política Externa*, 4(2): 150-152, 1995.

TRINDADE, Antônio A. C. Balanço dos resultados da Conferência Mundial de Direitos Humanos: Viena, 1993. *Revista Brasileira de Política Internacional*, 36(2): 9-27, 1993.

Vaisse, Maurice. *Les relations internationales depuis 1945.* Paris: Armand Colin, 1991. p. 145-175.

VIOTTI, Paul R.; KAUPPI, Mark V. *International relations theory*: realism, pluralism, globalism. New York: MacMillan, 1993.

VIZENTINI, Paulo G. F. *A grande crise*: a nova (des)ordem internacional dos anos 80 aos 90. Petrópolis: Vozes, 1992.

WATSON, Adam. *The evolution of international society*: a comparative historical analysis. London, New York: Routledge, 1992. p. 299-302.

WORLD BANK. *World Development Report 1995*: workers in a integrated World, 1995.

ZORGBIBE, Charles. *Histoire des relations internationales.* t. 4: 1962 à nos jours. Paris: Hachette, 1995. p. 357-438.

A história das relações internacionais contemporâneas entre o passado recente e os desafios da globalização

José Flávio Sombra Saraiva

Conclusão

Ao concluir esta obra, ressalta-se a preocupação em estabelecer o balanço entre o passado recente, desde o tão próximo e referido século XIX — particularmente ao longo dos primeiros capítulos —, até os novos desafios para o século que se inicia. Qual o peso relativo que a história irá conferir, nos próximos duzentos anos, aos momentos atuais da vida internacional? A globalização, como um fenômeno de grande impacto para as relações internacionais das últimas décadas, ampliará seu peso relativo na planetarização das relações entre povos, nações e Estados? Ou será a globalização mais uma onda da criativa vida material dos povos que, imbricada nas novas formas do exercício hegemônico dos grandes Estados, modificaria, apenas em parte, as hegemonias anteriores, estabelecidas historicamente, abordadas nesse livro? Será a globalização, ela mesma, um marco para uma nova periodização que terá que ser refeita para o aperfeiçoamento da história das relações contemporâneas no início do próximo século?

Aquilo que se tem como presente é, inúmeras vezes, puro passado. E o passado, como ente sepultado, está quase sempre se recriando nas elaborações do presente e na imaginação do futuro. Daí a relevância do esforço de periodização conceitual que se ensaiou nessa obra. Periodizar é arbitrar e cortar processos complexos. A periodização é como um mal necessário, que funciona para organizar tempos múltiplos e processos que se superpõem no tempo.

No caso da história das relações internacionais, não há unanimidade entre os autores acerca da melhor forma de periodizar os dois últimos séculos. Nota-se uma forte tendência dos historiadores da tradição renouviniana de marcar os anos 70 do século XIX como o ponto de partida para o estudo das relações internacionais contemporâneas. Os britânicos têm procurado recuar ao passado longínquo em busca de padrões de continuidade e ruptura de sistema, como o fez Adam Watson. Em especial, vale sua contribuição ao tema da gênese da sociedade internacional européia do século XIX. Para os autores de tradição watsoniana, a ordem de Viena é aquela que marca a construção de um ordenamento verdadeiramente global, uma vez que a anterior, a ordem westfaliana dos tempos modernos, não tivera relevante projeção externa ao continente europeu.

Inaugurou-se aqui uma nova forma de periodização. Ela incluiu elementos sugeridos pelas escolas abordadas no primeiro capítulo do livro, mas os ordenou em torno de temas que atribuem ao hemisfério sul uma ponderação superior àquela registrada nas historiografias européia e norte-americana das relações internacionais. Entende-se que uma das limitações das obras européias recentes é a sua pouca percepção do conjunto das relações internacionais nos dois hemisférios.

Daí a insistência, especialmente no segundo capítulo, escrito por Cervo, nas reações negativas e positivas de países das Américas, da África e da Ásia, ao tratar da projeção da sociedade internacional européia do século XIX. As reações otimistas dos Estados Unidos e do Brasil ao ordenamento liberal que se fez regra da expansão da Europa sobre outras áreas geográficas no século XIX contrasta, por exemplo, com as reações negativas das regiões que se submeteriam a um novo ciclo colonial. A obra, aqui, procedeu a uma renovação interpretativa e reivindicou novas matrizes conceituais para analisar as relações hegemônicas e as relações entre o chamado centro e a periferia. Criticou-se, neste volume, parte dos esquemas generalistas de várias vertentes da teoria da dependência.

No entanto, pareceu imprescindível começar a abordar as relações internacionais contemporâneas pela formação e expansão do mundo liberal ao longo do século XIX. Sem essas raízes históricas, não se pode compreender a divisão do mundo em vastas regiões atrasadas e adiantadas, um fenômeno que resultou da economia política do capitalismo no século XIX, mas também do peso estratégico de um sistema europeu que se tornaria em sociedade graças ao seu amálgama cultural e às suas potencialidades de gerir a ordem européia, depois de um período generalizado de guerra como fora a era napoleônica.

Gestaram-se, com efeito, na passagem do século XVIII para o XIX, um sistema e uma verdadeira primeira ordem internacional, comandados pelos valores e pela prática política e econômica universalista do liberalismo. A sociedade internacional européia estendeu sua hegemonia coletiva pelos quatro cantos do mundo. A China, o Japão, a África e a América, na inserção externa, viveram ajustes, negativos e positivos, que devem ser entendidos na perspectiva da expansão do mundo liberal. Mas não apenas nela.

A esse longo período, sucede outro mais curto (1871-1918), tratado por Döpcke, que discutiu o apogeu e as crises da ordem do século XIX de matriz européia. A migração de um modelo flexível de alianças, marca da hegemonia coletiva reinante na Europa ao longo da primeira metade do século XIX, para uma forma bipolar de aliança, no final desse século e no início do seguinte, é o pano de fundo na abordagem proposta por Döpcke no segundo capítulo. Os colonialismos, os novos expansionismos, os movimentos de nacionalidade convertidos em nacionalismos xenófobos alimentaram uma passagem de século conturbada na Europa e fora dela.

A Grande Guerra mereceu atenção especial no término do período iniciado pela era de Bismarck. A emergência da Alemanha como um fator de perturbação da ordem européia, a deterioração sistêmica, as tensões na balança de poder européia e fora da Europa, o novo imperialismo, entre outros fatores, são discutidos pelo autor na busca da compreensão das razões da eclosão de um novo ciclo de guerra generalizada entre 1914 e 1918, bem como no esforço de remontar o impacto da Primeira Guerra Mundial na redefinição das tendências nas relações internacionais contemporâneas.

O quarto capítulo analisou o período entre as guerras (1919-1939), marcado por profunda instabilidade, cujas causas situam-se na forma como foi regulamentada a paz ao término da Primeira Guerra Mundial e no desmonte do mundo liberal edificado ao longo do século XIX. A falha na regulamentação transformou a Europa em área de alta pressão e ampliou os espaços das novas potências: a União Soviética, o Japão e os Estados Unidos. As margens do sistema internacional em desmonte permaneceram, entretanto, relativamente tranqüilas no período. Ao redigir o capítulo, Cervo insistiu na dimensão das crises desta etapa, mas também o identificou como uma fase de criação positiva em vários países às margens dos centros hegemônicos, com a Argentina e o Brasil, que aproveitaram certas brechas para avançar posições de interesse de suas nações.

O quinto capítulo descortinou a marcha da Segunda Guerra Mundial e abordou a gestação da nova ordem (1939-1947). Foram nove anos excepcionais na história das relações internacionais contemporâneas. A agonia européia e o vazio criado pela crise na balança de poder, bem como a emergência gradual dos flancos da Europa (os Estados Unidos e a União Soviética), orientaram o curso das relações internacionais para o aparecimento das superpotências. Discutiu-se, especialmente, o ônus da guerra para o período que a sucede. Afinal, o mundo que se divisou em 1947 rompeu radicalmente com as heranças da balança de poder do século XIX e com o período de transição e de instabilidade do espaço temporal entre as guerras. O fim da supremacia européia foi o retrato dos novos tempos. A gestação de uma nova ordem internacional, que elevou dois países das fronteiras européias, ao Ocidente e ao Oriente, à condição de superpotências despontou como o grande legado da Segunda Guerra Mundial

Os capítulos 6, 7, 8 e 9 dialogam entre si. Os dois primeiros mostram o quanto a guerra fria não foi um modelo acabado. Nos dois seguintes, Almeida e Cervo não têm exatamente a mesma percepção a respeito dos desafios da transição das últimas décadas. Em todo caso, o balanço da segunda metade do século XX, ao iniciar-se o século XXI, evidencia a dimensão planetária alcançada pelo reordenamento global do pós-Segunda Guerra Mundial. Pela primeira vez, os sistemas internacionais hegemônicos alcançaram porções geográficas não atingidas pelos seus antecessores, apesar de uma longa história de ruptura de fronteiras e de ampliação de fluxos comercias e políticos em escala global que datam do período mercantilista. Nem o modelo westfaliano nem a sociedade internacional européia do século XIX, sem citar outras formas originadas do mundo clássico ou de expressão mundial considerável, como o otomano no mundo moderno ou o japonês no entre-guerras desse século, planetarizaram-se completamente.

Do ponto de vista qualitativo, as ordens do pós-guerra penetraram mais profundamente nos tecidos sociais e culturais das múltiplas e diversas sociedades nacionais. Há, portanto, uma mudança de substância em relação às experiências históricas anteriores. Mas as regras da hegemonia coletiva gestadas em Viena não foram suficientes para alterar, na essência, os fundamentos de vários sistemas internacionais extra-europeus de seus tempos.

O contrário ocorreu com a última metade do século XX. A emergência do modelo condominial americano-soviético e sua posterior flexibilização, além do impacto das transformações das últimas duas décadas do século XX, demonstram que os sistemas internacionais tornaram-se cada vez mais hegemônicos.

Uniformizando padrões de conduta ao redor do mundo, afirmaram-se como novas formas de ordenamento do mundo.

A inédita ordem internacional do pós-guerra, aquela desenvolvida nos parâmetros do que se convencionou chamar de guerra fria, foi a primeira que verdadeiramente se impôs sobre o curso da história de povos e nações de todos os quadrantes do planeta. Difícil imaginar região ou país isolado, na atualidade, das forças sistêmicas globais. Devem ser evitadas, contudo, as vinculações automáticas entre sistemas econômicos de escala global, como aquele derivado da evolução do capitalismo, e seus ordenamentos políticos. Os últimos têm natureza própria, ainda que sofram, em suas formações, fortes condicionantes da economia. Há nuanças que necessitam ser tratadas. A primeira delas é a especificidade ontológica da política internacional. A segunda é a percepção gnosiológica acerca da multiplicidade de processos, fatores, movimentos e ritmos em torno do tempo.

Demonstrou-se, nos últimos capítulos desta obra, que existe certo descompasso entre a evolução da economia política do capitalismo e a formação de sistemas e ordens internacionais contemporâneos. O tempo econômico não se traduziu, de imediato, em um sistema político que lhe correspondesse. Daí a importância da rediscussão da guerra fria que vem sendo feita hoje em todo o mundo. O capítulo da ciência política dedicado ao estudo da guerra fria assistiu ao fim desta sem uma explicação para seus fundamentos.

Entraram em cena os novos historiadores das relações internacionais para demonstrar que, aparentemente, a guerra fria não foi uma ordem em si mesma, mas um período histórico limitado temporalmente e circunscrito a um ordenamento maior, que evoluiu do consórcio americo-soviético no imediato pósguerra às formas de flexibilização que tomaram corpo já nos anos 1950 em torno da diversidade de interesses e da generalização da percepção, particularmente na Europa, na Ásia e na América Latina, de que havia brechas para sua própria afirmação. A franca aceleração da divisão de interesses no jogo daquela década mostrara que a bipolaridade já não se aplicava ao campo econômico. A emergência japonesa e a confirmação da vocação integracionista européia iriam modificar gradualmente o jogo duro e esquizofrênico da bipolaridade. A América Latina, apesar das incertezas econômicas, construiu uma inserção de perfil próprio sem reduzir-se aos esquemas exclusivos da guerra fria.

Ainda pode ser mencionado o esforço de construção, nos anos 1960 e 1970, de uma nova ordem econômica internacional. O componente desenvolvimentista das relações internacionais chamaria a atenção para o diálogo Norte-Sul. Motivados pelo grito independentista das décadas referidas, os países afro-asiáticos foram os animadores de uma possibilidade igualitarista na ordem. Embora não se tenha alcançado, a discussão da hipótese gerou a expectativa de que a intervenção da política nos desígnios econômicos serve como um laboratório para o experimento da diversidade, da crítica à hegemonia e do exercício da dimensão ética e de justiça nas relações internacionais.

Pergunta-se se a nova ordem planetária dos anos 1990 e início do novo milênio é realmente inédita — questão atual e viva não apenas para seus analistas, mas para todas as sociedades e pessoas comuns envolvidas na rede das transformações globais em curso. Para alguns, como Cervo, Sheehan, Watson, entre outros, há enormes dificuldades para a construção de uma ordem global. Preferem o recurso à idéia de transição. Uma grande corrente faz finca-pé na idéia de uma nova *pax* americana, em um mundo unipolar, ou ainda sob o impacto dos impérios da insegurança e do terror emerge a interpretação da ascensão do Oriente, catapultado pela elevação da China à condição de superpotência e de país em desenvolvimento, ao mesmo tempo, quase que a perpetuar um paradoxo.

Outros, mais incautos, preferem a solução de uma ordem definida em torno de uma hierarquia flexível, multipolar por excelência, e dominada pela economia política da globalização. Para outros, os impactos dos atos terroristas de 11 de setembro de 2001 são o verdadeiro *turning-point* nas relações internacionais pós-guerra fria. A lista de autores aqui seria muito maior.

Apesar da grande influência exercida pela economia política da globalização e pelas transformações paradigmáticas nos processos produtivos e de consumo em escala global, entendo que o sistema político internacional apresenta alto grau de anarquia transicional e de permanência de hierarquias herdadas da ordem anterior. Nesse sentido, ainda não houve substancial mudança de natureza nas relações internacionais do presente.

Deve-se estar atento, no entanto, ao processo de transição em curso, para não absolutizá-lo ou naturalizá-lo. A redução da discussão à idéia de transição também tem a inconveniência de não permitir, eventualmente, abordar especificidades do tempo presente. Existem mudanças em curso, há busca por novos princípios e regras de conduta que conformariam uma nova ordem. Os conflitos mudaram, em alguma medida, sua própria natureza, movida sua motivação para as guerras por recursos naturais escassos. Emergiram vários arquipélagos de valores e interesses que tornam difícil a comunicação entre as diferentes visões acerca do devir da sociedade internacional do futuro.

Ficou demonstrado aqui que essas transformações paradigmáticas não se iniciaram com a derrubada do Muro de Berlim, com o ocaso da União Soviética ou com os atos terroristas de 11 de setembro de 2001. Reivindicar a dimensão do movimento em substituição aos esquemas estáticos e excessivamente estruturais é uma outra recomendação para o debate em torno da busca de explicação plausível para a construção de um ordenamento inédito internacional.

Há, finalmente, um componente que mereceria uma melhor abordagem em futuro próximo. A mobilização social a favor de uma vida internacional equilibrada, menos fluida e mais segura, ciosa da proteção dos indivíduos e das comunidades fragilizadas pelas tormentas das diferentes formas de incerteza, emerge mundo afora. O chamado "fantasma de Seattle" está presente, na passagem do milênio, em outras partes do mundo, como nas manifestações de abril de 2000 em Washington, de setembro do mesmo ano em Melbourne e Praga, bem como nas lutas de rua que levariam ao "mártir de Gênova" de 2001, a formação de redes e movimentos internacionais pela reforma da ordem global com os Foros Sociais Mundiais ou as grandes reações mundiais contra a invasão norte-americana do Iraque em 2003.

Essas falas e esses gestos constituem gritos que aparentemente não explicitam uma nova agenda internacional, dada a diversidade e multiplicidade de interesses e reivindicações, mas servem de alerta. Indicam, no mínimo, uma outra grande modificação paradigmática para a nova ordem em construção: a da discussão em torno da cidadania universal, transfronteiriça e solidária. A mudança no clima político mundial, especialmente diante dos fracassos expressos por meio das políticas desenfreadas dos promotores da liberalização e da financeirização da economia e da política mundiais, é fato notório mesmo para o observador desavisado.

Quiçá não venha o novo ordenamento a ser apenas mais uma ordem, mas também uma utopia societária, emergente das múltiplas perspectivas acerca das possibilidades mundiais. A nova ordem, auscultando as frustrações do acumulado experimento histórico descrito na obra, instauraria a verdadeira modernidade, aquela derivada das identidades de povos e nações, das suas culturas, expressa em um projeto de participação soberana de todos.